[插图珍藏版]

消费与一个王朝的盛衰

宋代消费史

何辉 著

九州出版社 JIUZHOUPRESS | 全国百佳图书出版单位

图书在版编目（CIP）数据

宋代消费史：插图珍藏版 / 何辉著. -- 北京 ：九
州出版社，2016.1
　　ISBN 978-7-5108-4122-4

　　Ⅰ. ①宋… Ⅱ. ①何… Ⅲ. ①消费－经济史－研究－
中国－宋代 Ⅳ. ①F129.44

中国版本图书馆CIP数据核字(2015)第317171号

宋代消费史：插图珍藏版

作　　者	何辉 著
出版发行	九州出版社
地　　址	北京市西城区阜外大街甲 35 号（100037）
发行电话	(010)68992190/3/5/6
网　　址	www.jiuzhoupress.com
电子信箱	jiuzhou@jiuzhoupress.com
印　　刷	三河市东方印刷有限公司
开　　本	787 毫米 ×1092 毫米　16 开
印　　张	36.25
字　　数	500 千字
版　　次	2016 年 6 月第 1 版
印　　次	2016 年 6 月第 1 次印刷
书　　号	ISBN 978-7-5108-4122-4
定　　价	98.00 元

插图珍藏版序言

拙作《宋代消费史：消费与一个王朝的盛衰》首版于 2010 年，由中华书局出版。

书的内容包括：绪论、第一章至第三章、结论。绪论与结论之外的三章，是该书的主要内容。第一章内容是研究的框架。第二章、第三章是全书的核心内容，分别探讨北宋和南宋时期影响消费的诸因素及消费状况，北宋、南宋又分别分成前期、中期、后期三个阶段加以研究。针对每个历史阶段，我通过影响消费的政治与军事因素、经济因素、舆服制度与社会风尚、广告因素、观念因素等五个向度展开研究，并分阶段综论当时的社会消费状况。

正如副标题所言，在这部书中，我关注的是消费状况与宋朝的盛衰关系。从研究思路来说，具有宏观性。但是，在具体研究时，为了解决宏观性的问题，一些微观的问题是必须搞清楚的。因此，读者也会在此书中读到关于某一问题非常具体的研究，其间常常进行一些考证或考辨。例如：通过对北宋至道末年（公元 997 年）北宋政府财政总收入、赋税收入、政府消费以及两税与榷利在赋税收入中的比例情况的考辨，以及对天禧五年（公元 1021 年）北宋政府收入、政府消费以及两税与榷利在赋税收入中的比例情况的考辨，我得出了新的结论：从至道末年到天禧末年，两税之外的其他收入确实在保证北宋政府消费方面逐渐超过了两税的地位，但是，在这一段时期，这一变化趋势是比较平缓而稳定的，而非是急剧发生的。（之前一些学者的研究得出的结论，显示这一变化是比较急剧的。）再如，我也对宋朝各个时期的雇佣工人及朝廷官员的生

1

活消费水平进行了一些考证。我希望，通过在一个宏观性框架中呈现出一些微观的细节，通过在宋朝的消费状况与整个王朝盛衰图景之间建立起联系，从而使读者能够更加深刻、全面、细致地再认知中国历史上的一个重要朝代。

这次，九州出版社提出出版该书的插图珍藏版，以使这部学术著作能够显得更加生动、有趣，能够更加贴近当下的读者。九州出版社的杨鑫垚编辑多次就增加插图的想法与我沟通，我最终同意了这个建议。现在读者看到的插图珍藏版《宋代消费史：消费与一个王朝的盛衰》中，精心添加了一百多幅与内容相关的图片。其中有些图片来自古代典籍、书画的翻印，有的是我在博物馆或图书馆展出期间陆续拍摄的。

借此书再版的机会，我也根据读者提出的建议，为该书编制了《内容导读——考证、考辨、考论及所引古籍补正的索引》放在该书的正文之前。此前，有读者提出，此书所涉及的具体问题比较多，全书随处可见考证或考辨，许多重要的考证、考辨和结论淹没在了巨大篇幅之中。因此，我希望这次添加的索引能够帮助有兴趣的读者快速切入到他（她）所感兴趣的问题。

这次再版，除了修改首版的错漏之外，没有对全书内容进行大的修订。因本人水平有限，书中难免还会有错漏或不当之处，敬请方家不吝指正，以期今后再行修订。

何辉

2015 年 7 月 17 日

内容导读
——考证、考辨、考论及所引古籍补正的索引

目 录

绪　论

一、研究宋代消费史的意义

每一个人的体内，都携带着祖先的基因；每一个国家，穿越时间的隧道，经过漫长的跋涉走到今天，历史的风风雨雨也早已经将某些特性深深植入它那特殊的"肌体"。宋代是中国历史上非常重要的一个朝代，也是中国漫长的中央集权制封建社会[①]的一个非常有特色的发展阶段。《宋史纪事本末》的作者明

[①]　我在这里提出"中央集权制封建社会"，是为了与"封建社会"这一概念加以区别。因为，"封建社会"这一概念，在东西方存在差别；即使是中国学者，对"封建社会"这一概念的理解也不尽相同。至于宋代的社会形态是否属于封建社会，学者们也有不同的解释。我主张将周代至秦代之前的中国社会形态称为"封邑制封建社会"，而将秦代至清末的中国社会形态称为"中央集权制封建社会"。这种提法，主要是为了强调：秦代之前和秦代之后的中国社会在以土地组织为中心而确定权利义务关系的具体制度方面，既有差异，也存在共性（稍后我将说明在我的概念中，"封邑制"与"封建"这两个似乎重复的概念是如何区分的）。周代至秦代之前的中国社会形态，与西方学者所称的"封建社会"非常相似，在以土地组织为中心而确定权利义务关系时，都采用封邑制，故我称这段时间为"封邑制封建社会"。秦代建立以后直到清末，中国在国家制度上采取典型的中央集权制度，中国社会的经济制度仍然以土地组织为中心而确定权利义务关系，但并非采用封邑制度（不过依然有形式上的残余），而是在中央集权制度下走向土地私有制，故我将秦代之后的中国社会称为"中央集权制封建社会"。我的这种提法，主要受到瞿同祖先生的启发（尚钺、吴海若、束世澂、柯昌基、王方中、吉敦谕、邓广铭、漆侠、范文澜、朱瑞熙、傅筑夫、郭正忠等前辈学者有关宋代是否产生资本主义萌芽的讨论与争论，也不断为我思考中国社会形态问题提供了思想推动力）。瞿同祖在1936年出版的《中国封建社会》一书（该书上海人民出版社2005年有新版）中，借鉴西方学者对"封建社会"的定义，考察了中国封建社会形成直至崩溃，深入分析了中国封建社会的特征。他研究了西方学者亨利·梅因（Henry Sumner Marine）、维纳格鲁道夫（Paul Vinogradoff）、亚当斯（G.B.Adams）、莱韦特（A.E.Levett）、柯慈士克（Rudolf Kötzchke）、马克·布洛赫（Marc Block）等人的观点，认为

代人陈邦瞻早已洞察到宋代对后世的深远影响，在说明著书理由时，他这样写道："宇宙风气，其变之大者有三：鸿荒一变而为唐、虞，以至于周，七国为极；再变而为汉，以至于唐，五季为极；宋其三变，而吾未睹其极也。变未极则治不得不相为因。今国家之制，民间之俗，官司之所行，儒者之所守，有一不与宋近者乎？非慕宋而乐趋之，而势固然已。……善因者鉴其所以得与其所以失，有微，有明，有成，有萌，有先，有后，则是编者，夫亦足以观矣。"①

正如陈邦瞻所言，宋代对后世产生了多个方面的影响。这是因为，两宋那风云多变的三百二十年间（960—1279），在政治、经济、文化、社会生活等多方面都表现出许多新的面貌，而最终在历史进程中发展成为对后世影响深远的特殊力量。政治上，宋代结束了五代十国的混乱局面，使中国重新走向统一。经济上，宋代出现了新的繁荣，在社会生产恢复与发展的基础上，市场规模扩大，

这些学者的看法虽各有差异，但是归纳起来不外乎从两点来分析一个社会的形态是否属于封建社会：（一）土地所有权的有无。（二）主人与农民的相互关系。而封建社会只是以土地组织为中心而确定权利义务关系的阶级社会而已，其以土地组织为中心而确定权利义务关系的方式是封邑（封建）。借鉴西方学者的分析方法，瞿同祖先生认为，采取大规模封邑制（封建）的周代是封建社会的完成时期，而封建的崩溃是逐渐发展的，在春秋时代已经呈现出崩溃的现象，到秦统一天下的时候，封建被全盘否定。在他的概念里，"封邑"这一概念与"封建"几乎是相同的，或者说，后者是前者的制度形式。瞿同祖先生在结论中写道："秦国若不如此，迟早总有一国会这样地结束了封建制度，而代以中央集权的国家。"由此可见，瞿同祖先生认为中国自秦代建立以后，已经不是封建社会，而是采用中央集权的国家。这样一来，其实无疑将"封建"与"中央集权"都作为一种政治与土地组织制度。但是，其实秦代建立直到清朝灭亡之前，尽管土地私有制逐步发展起来，但是中国社会中的土地主人与农民的阶级关系，依然与周朝至秦代之前中国社会中土地主人与农民的阶级关系相仿，存在着剥削与被剥削的关系（比如借助长期沿袭的土贡制度确立的阶级关系）。我的主张是，仍可将"封邑"这一概念作为政治与土地组织制度，从而仍然以"中央集权"这一概念与它对应，而同时可将"封邑"这一概念与"封建"加以区别，可以将后者视为一种以土地为中心形成的阶级关系特征。这样一来，在"封邑制封建社会"、"中央集权制封建社会"这两个概念中，"封邑制"与"中央集权制"被用来界定以土地组织为中心而确定权利义务关系的具体方式、制度；"封建"被用来说明社会中的各阶层在权利义务关系基础上形成的阶级特征。所以，在本书中，我将宋代视为中国"中央集权制封建社会"的一个有特色的阶段。这一问题，并非本书论述的重点，但是若不做说明，则不利于本书对宋代社会中不同社会阶层的阶级关系做出界定。而若简单地将宋代社会称为阶级社会或封建社会，一方面可能回避不了关于社会形态的争论，另一方面也可能使对社会形态的认识显得含糊不清，因此，在此不厌其烦地将我这不成熟的见解赘文说明。在本书中，我将宋代社会视为"中央集权制封建社会"；同时，如无特殊说明，本书提到"封建社会"这一概念时，即包含了"封邑制封建社会"、"中央集权制封建社会"两个阶段。

① 陈邦瞻《宋史纪事本末》，中华书局，1977年，第1191—1192页。

商品生产增加，物资流通活跃，商人资本实力剧增，国内外贸易都非常发达，而且各种经济制度也有了新发展。文化与科技方面，宋代出现了高度繁荣的景象。在这个时代，中国人发明了活字印刷和指南针并付诸实际应用，为推销商品还开始制作雕版印刷广告。宋代文化方面之成就，泽被至今，以至于陈寅恪先生说："华夏民族之文化，历数千载之演进，造极于赵宋之世。后渐衰微，终必复振。"①

政治、经济、文化等多方面的发展，使宋代人民的社会生活比以前更加丰裕，城市消费更远远超过前代，城市商业的繁荣景象至今仍在历史长河中透过时间的滚滚浪涛放射着眩目的光芒。著名历史学家斯塔夫里阿诺斯甚至说："除了文化上的成就外，宋朝时期值得注意的是发生了一场名副其实的商业革命。"②（宋代发生商业革命之说最初由几位日本学者提出，后为许多欧美学者、中国学者所认同。关于"名副其实的商业革命"这一说法，笔者将在本书中予以探讨。）同时，宋朝外患不断，宋初未能收复边陲，北宋末年又失去了半壁江山。在宋朝三百二十年内，政治、经济以至人民的社会生活、消费活动与消费内容都或多或少受到军事的影响。政治统一，经济道路曲折，文化空前繁荣，不时面临被侵略的危险，种种因素并存于宋代这个丰富绚丽而又积贫积弱的朝代。因此，在宋代，影响消费的因素非常复杂。其实，在任何一个时代，政治、经济、文化、军事、科学技术等因素中的任何一个，绝非孤立地对人们的生活消费产生影响，分门别类的政治史、经济史、文化史绝不可能对消费问题做专门的讨论。而在宋代，影响消费的诸因素表现得尤为复杂，更使专辟研究道路，以消费为枢纽，从影响消费的多种因素展开宋代消费史研究具有了毋庸置疑的意义。

在宋代的历史进程之中，各种因素对消费的影响力也变化不定、大小不一。政治、军事、经济、文化等诸多因素在复杂的社会环境中究竟会怎样影响消费，

---

① 陈寅恪《金明馆丛稿二编》，上海古籍出版社，1982年，第245页。
② 斯塔夫里阿诺斯《全球通史》（上），董书慧等译，北京大学出版社，2005年，第260页。

即使对于当今社会而言，也是一个非常有价值的研究课题。可以说，宋朝几乎遇到了一个国家、一个社会可能遇到的各种复杂的情况。

虽然历史不会原样重现，但是前世足可以为后世之鉴。正因为如此，宋代为今日的中国提供了一个极好的研究样本。围绕宋代影响消费的诸因素及消费这一研究主题，如果我们能够将那些漂浮于历史时空中的万千碎片按它们的内在联系重新拼合成一幅完整的图景，我们就可能使那如皮影戏般影影绰绰的宋代消费史活生生地呈现在我们的眼前。如果我们能够进一步穷于有数而追于无形，迹坚求通而钩深取极，则我们将不会仅仅因那个逝去王朝的繁华而惊叹，也将不会仅仅因它的衰亡而感喟。更为重要的是，通过对这幅宋代消费图景进行全面深入的考察，将有助于我们深入理解一个大国在不同的发展阶段，在遇到各种情况的时候，其消费究竟会受到怎样的影响；将有助于我们深入理解一个大国的国民消费心态在政治、军事、经济、文化等诸多因素的影响下可能会呈现何种状态；同时，还将有助于我们思考一个大国在历史发展的进程中如何努力做到未雨绸缪，进而去及时、有效地应对各种可能发生之社会危机，以促进国家与社会的可持续发展，捍卫并增进人民的福祉。

因此，本书实无意于去迎合心灵追求轻松、愉悦的欲望，恰恰相反，它可能使那些久已在丰裕社会中沐浴幸福之光的心灵感到沉重而焦虑。但是，这并不妨碍那些伟大和智慧的心灵在沉重与焦虑中去寻求令生活更美好、令国家更加繁荣昌盛的道路。本书的写作目的，一言以蔽之：通过考察影响消费的诸因素，以消费为枢纽，考大国之变，制今明之鉴。

二、研究状况和史料状况

有关宋代的研究著述很多，用"浩如烟海"一词形容恐怕毫不为过。方建新先生曾花数十年心血以令人钦佩之精神编成《二十世纪宋史研究论著目录》一书，该目录中所记论著条目达 41000 条之多。[①]朱瑞熙、程郁所著的《宋史研究》[②]一书,对 20 世纪宋史研究的主要成果进行了评述。该书从大处着眼，抓住主要问题和曾经展开热烈争论的问题，突出具有开创性的重要学术成果，对 20 世纪宋史研究进行了一次较为全面的梳理，评述中亦融入作者之新见，言简意赅，甚为精要。通过检阅这些前辈的宋史学术史研究成果，加上对 20 世纪宋史主要论著及 21 世纪以来宋史研究论著进行的研究，笔者发现，今人宋史研究大多集中在政治、军事、经济、文化、社会生活等领域；至今为止，尚没有将宋代影响消费的诸多因素和消费置于同一个研究框架下的综合性研究。

在大量已有的宋代研究著述中，与本书的研究较为相关的研究主要集中在宋代政治史、宋代经济史、宋代社会生活史等方面。

在宋代政治史方面有何忠礼的《宋代政治史》，李华瑞的《宋夏关系史》，陶晋生的《宋辽关系史研究》，安国楼的《宋朝周边民族政策研究》等。

在宋代经济史方面，整体性经济史研究成果有李剑农的《中国古代经济史稿》，漆侠的《宋代经济史》(上海人民出版社初版，后作为《中国经济通史·宋代经济卷》由经济日报出版社出版)，葛金芳的《中国经济通史·宋代卷》，傅筑夫的《中国封建社会经济史》，汪圣铎的《两宋财政史》，漆侠、乔幼梅的《辽夏金经济史》，日本学者斯波义信的《宋代商业史研究》等。

区域性经济研究有程民生的《宋代地域经济》，龙登高的《宋代东南市场研究》，斯波义信的《宋代江南经济史研究》等。《宋代地域经济》一书研究的问题包括宋代各地区的生产环境、农业经济的地域特征、手工业的地域分布、各地商业及物资流通、各地区财政特点与区域性经济政策、区域经济的历史变化等，重点研究了宋代地域经济特征及地位，对宋代地域经济研究得非常透彻。

① 方建新《二十世纪宋史研究论著目录》，北京图书馆出版社，2006 年。
② 朱瑞锡、程郁《宋史研究》，福建人民出版社，2006 年。

该书虽然在某些章节论及消费问题，但是并没有就宋代影响消费的诸因素及消费状况做集中的、系统性的历史研究。

专题性的经济研究有傅宗文的《宋代草市镇研究》，汪圣铎的《两宋货币史》及《两宋货币史料汇编》，包伟民的《宋代地方财政史研究》，梁庚尧的《南宋农村经济》，马润潮的《宋代的商业与城市》，姜锡东的《宋代商业信用研究》，李晓的《宋朝政府购买制度研究》《宋代工商业经济与政府干预研究》，陈高华、吴泰的《宋元时期的海外贸易》，黄纯艳的《宋代海外贸易》，魏华仙的《宋代四类物品的生产和消费研究》等。

部门经济研究有李华瑞的《宋代酒的生产与征榷》，戴裔煊的《宋代钞盐制度研究》，郭正忠的《宋代盐业经济史》，朱重圣的《北宋茶之生产与经营》，孙洪升的《唐宋茶业经济》，斯波义信的《南宋米市场分析》（论文）及《宋元代粮食消费与生产水准之探讨》（论文），全汉昇的《南宋稻米生产与运销》（论文）等。

在宋代社会生活史、宋代城市及城市消费研究方面有朱瑞熙等人的《辽宋西夏金社会生活史》（再版时改名为《宋辽西夏金社会生活史》），周宝珠的《宋代东京研究》，林正秋的《南宋都城临安》，陈国灿的《宋代江南城市研究》，全汉昇的《南宋杭州的消费与外地商品之输入》（论文），吴晓亮的《略论宋代城市消费》（论文），王荣的《略论宋代市民消费》（论文），余江宁的《论宋代京城的娱乐生活与城市消费》（论文），陈国灿的《宋代江南城镇的物资供应与消费》（论文），刘益安的《略论北宋开封的物价》（论文），程民生的《宋代物价考察》（论文），顾全芳的《北宋的华靡之风》（论文），徐吉军的《宋代都城社会风尚初探》（论文）等。这方面已有的研究成果为本研究提供了丰富的参考资料。如《辽宋西夏金社会生活史》有许多章节介绍宋代的饮食、服饰、居室与居室用具、交通与通信、婚姻与丧葬、医疗保健、休假、节日等。该书的特点是史料丰富详实，其局限在于只对史料进行了归类式的处理，因此虽然对宋代的社会生活和消费内容的方方面面进行了描述，但是却并没有以时间为轴清楚地揭示出宋代消费特征的变化，更没有揭示出宋代不同时期影响消费的诸多因素的变化以及消费动力的变化情况。其他一些宋代社会生活史、宋代城市及城市消费的研究则多着眼于宋代消费的具体问题。

有关宋代阶级结构及宋代商人的研究有王曾瑜的《宋朝阶级结构》，姜锡东的《宋代商人与商业资本》，赵晓耕的《宋代官商及其法律调整》，魏天安的《宋代行会制度史》等。

此外，李华瑞的《宋史论集》，张金花的《宋诗与宋代商业》等宋史研究著述也涉及宋代消费问题。如李华瑞的《宋史论集》中《宋代酿酒业简述》《宋代画市场初探》等论文对一些与消费有关的专题进行了研究，对本研究有一定的参考价值。

研究宋代的著述还有很多，因篇幅有限，本书在此不能一一评介，但凡笔者在研究时参考过的，都将在注释或参考文献中注明。

在史籍中，也没有集中论述宋代消费问题的著作。对于本研究有较大史料价值的有徐松的《宋会要辑稿》，脱脱等的《宋史》，马端临的《文献通考》，李焘的《续资治通鉴长编》，李心传的《建炎以来系年要录》和《建炎以来朝野杂记》，乐史的《太平寰宇记》，王存等编撰的《元丰九域志》，孟元老的《东京梦华录》，吴自牧的《梦粱录》，耐得翁的《都城纪胜》等。关于宋代消费的史料散见于这些著述。此外，《宋诗钞》《全宋词》以及宋代的笔记、小说、地方志等也可为本研究提供一些有价值的史料。但是，有关宋代消费的史料是散布在各种史籍中的，收集、整理与使用都有很大的难度。

当然，以上介绍的研究状况和史料状况也为笔者在前人基础上进行创新提供了空间。在之前的诸多研究中，关于消费问题的研究多集中在宋代城市消费、市民消费、具体物品的消费以及消费与生产供应的关系等方面，有关宋代消费问题的研究和探讨则散见于经济史研究、社会生活史研究之中。在考察研究现状的过程中，我发现一个比较大的问题是：有些学者在研究宋代经济、文化或消费的过程中，在运用史料说明问题时，往往忽略了史料所反映的历史现实的时间背景，或者有可能受制于史料梳理的难度而将宋代不同时期的史料混杂使用，忽略了对更加具体的时间背景进行区分。比如，有学者将《东京梦华录》中的史料与《梦粱录》中的史料并举，用来说明宋代经济、文化或消费发展状况。其实，研究者都很清楚，《东京梦华录》反映的是北宋后期的社会生活状况，准确地说主要反映的是北宋后期的汴京城内的社会生活状况，而《梦粱录》反映的则主要是南宋后期的临安城内的社会生活状况。将《梦粱录》与《西湖老人繁胜录》《都城纪胜》《武林旧事》等几部书中未表明具体时间的史料不加说明地并列，用来阐释所研究的南宋时期的相关问题，勉强还说得过去。但是，如果将《东京梦华录》与《梦粱录》这两本书中的史料简单并举（不是为对比之目的所进行的），用来说明宋代相关问题，这样的举证则不免显得过于粗疏。《东京梦华录》与《梦粱录》所反映的社会现实，可能相去超过百年。如果将《东京梦华录》《梦粱录》两书中的史料并列，有时几乎等同于将整个南宋初期、中期的发展变化情况忽略不计。这样的史料处理方法无疑是欠妥的。因此，本研究将特别注意对不同时期的史料进行梳理并合理运用，力求更加细致地甄别史料，用各具体时期的史料来说明各个具体问题，当然这并不排斥在必要时做跨越时代的比较研究。

第一章　研究框架

刘曰梧说："夫古今之有史，皆纪事也，而经纬不同。左、马之义例精矣，一以年为经，一以人为经，而建安袁先生复别开户牖，乃又以事为经而始末具载。"[1] 不错，古人治史，有以年为经，如左丘明；有以人为经，如司马迁；有以事为经，如袁枢：方法不同，各有千秋。我参考前人义例，同时根据研究目的之需要，确定本书之研究框架，以宋代历史进程为研究之经，而以研究对象——宋代影响消费的因素及消费状况——为纬，经纬相交，以求达到研究之目的。

第一节　重要概念的界定

中国古代并没有"消费"这个词。在中国古代，"消"和"费"这两个字一般是单独使用的。在古汉语中，"消"和"费"都有多种字意。其中，"消"字是动词，有"消耗、浪费、减削"之意，如范晔《后汉书·庞参传》："农功消于转运，资财竭于征发。""费"的本义是消耗的钱财。"费"作动词，有"损耗、耗费"之意，如左丘明《左传·僖公三十三年》："老师费财，亦无益也。""费"作名词有"费用"之意，如范晔《后汉书·张皓传》："惜费重人，

---

[1]　刘曰梧《刻宋史纪事本末序》，文载陈邦瞻《宋史纪事本末》，第 1193 页。

故家给人足。"以上所举的几个例句，就句子本身看，都不是什么特别的例子，在《古代汉语字典》中都能查到。但是，本书之所以在此举这些例子，是想说明一个问题：在中国古代，不论是"消"和"费"，当它们作动词时，其行为主体（施动者）可以是物，可以是个人和家庭，也可以是军队和国家，甚至可以是某种抽象的概念。当"费"作名词时，它可以是钱，也可以是物。这是符合中国古代的实际情况的。实际上，中国古代许多朝代，物资除了直接使用外，常常可以折成钱用来纳税或进行物物交易。

在现代，"消费"这个词一方面是经济学的一个术语，同时也是一个大众用语。在经济学中，消费是国民总收入（国民总产值）的重要组成部分，也是社会总需求的重要组成部分，同时还是一个与"储蓄"相对应的概念。消费是"家庭用于食物、衣着、汽车、医药和住房等物品和劳务上的开支"。[①]（根据习惯，现代经济学家认为"用于新住房的支出是划归投资的家庭支出的一种形式而不是消费"。[②]）政府在物品和劳务上的开支被视为是国家集体消费或政府消费。[③] 消费（C）加上投资（I）——包括国内投资和净出口——加上政府用于物品和劳务的开支（G）等于国民生产总值（GNP）。[④]"政府用于物品和劳务的开支"也常被表述为"政府购买"。比如，美国经济学家曼昆将"政府购买"定义为"地方政府、州政府和联邦政府用于物品和劳务的开支"，[⑤] 并补充说明政府向官员支付的薪水是政府购买的一部分，但社会保障津贴等转移支付不是政府购买。他将国内生产总值（GDP）分为四个组成部分：消费（C）、投资（I）、政府购买（G）和净出口（NX）。[⑥]（他在其著作中遵循用 GDP 的标准做法来衡量经济活动的价值，针对美国实情，认为 GDP 和 GNP 之间的区别并不

---

① 保罗·A·萨缪尔森、威廉·D·诺德豪森《经济学》（第 12 版）（上册），中国发展出版社，1995 年，第 204 页。
② 格里高利·曼昆《经济学原理》（下册），梁小民译，北京大学出版社，1999 年，第 108 页。
③ 保罗·A·萨缪尔森、威廉·D·诺德豪森《经济学》（第 12 版）（上册），第 184—185 页。
④ 保罗·A·萨缪尔森、威廉·D·诺德豪森《经济学》（第 12 版）（上册），第 188 页。
⑤ 格里高利·曼昆《经济学原理》（下册），第 108 页。
⑥ 格里高利·曼昆《经济学原理》（下册），第 108 页。

十分重要。）在曼昆的新版著作中，指出"政府购买包括地方、州和联邦政府用于物品和劳务的支出。它包括政府员工的薪水和用于公务的支出。近年来，美国国民收入账户更名为'政府消费支出和总投资'……"[1]这种变化体现了美国政府倾向于把政府视为一个市场参与者的观念，或者说，进一步肯定了政府的"消费者"角色。但是，不论现代经济学对"政府在物品和劳务上的开支"如何定义，有一点是可以肯定的，即这种支出可以被视为是国家集体消费或政府消费。在我国，政府购买也被称为政府消费。政府购买是"指各级政府购买物品和服务的支出，包括中央和地方各级政府的购买支出，如支付公务员薪金，政府花钱设立医院、学校，以及国防、教育等方面的支出。政府购买只是政府支出的一部分，政府的另一部分支出——转移支付等——不计入 GDP 中，因为这类支出不是政府用于购买当年生产的产品，只是社会收入的转移"。[2]"在我国，把居民消费和政府消费统称为消费"。[3]显然，在什么是政府消费和什么是消费的问题上，现代经济学已经达成了一定的共识。

　　关于政府消费需要特别加以说明一下："政府消费是社会总需求中的重要组成部分。但在不同的历史阶段和经济条件下，政府消费的供给方式却有所不同。"[4]研究宋代的消费，不可能回避宋代政府消费，因此也自然必须考察政府如何通过赋税、官营生产和政府市场购买等途径获得财物。古代社会由于商品货币经济落后，政府消费物资的主要来源是征调赋税（包括货币形态和实物形态）以及获得贡品。随着社会生产和商品经济的发展，政府通过购买获得消费物资的比例逐渐增大。政府获得的贡品和通过征收赋税获得的实物产品可以直接用于消费，而"就政府而言，其对货币形态的赋税的消费不是直接享用，而要经过市场交换向'民庶'购买"。[5]具体就宋代政府来讲，将货币转换成可供

---

[1]　格里高利·曼昆《经济学原理》（第四版宏观经济学分册），梁小民译，北京大学出版社，2006 年，第 10 页。
[2]　商务部编写组编《宏观经济》，中国商务出版社，2007 年，第 22 页。
[3]　商务部编写组编《宏观经济》，第 22 页。
[4]　李晓《宋朝政府购买制度研究》，上海人民出版社，2007 年，第 1 页。
[5]　李晓《宋朝政府购买制度研究》，第 2—3 页。

直接享用的物品或劳务的途径主要有两个：第一个途径是政府可以将货币形态的赋税的一部分支付给宗室、官员等人，就政府而言，这种支付即是"政府消费"，但是作为组织机构存在的政府却并没有对物品或劳务进行直接享用，最终享用是通过人来实现的。通过这种途径，就政府而言，该部分"政府消费"在发放货币后已经完成。就货币受领者而言，这些货币则既可被用于消费，也可被用于投资或储蓄。第二个途径是政府将货币形态的赋税的一部分经过市场交换向"民庶"购买实物产品或劳务，然后再分配给宗室、官员等，由他们来实现最终的消费。当然，政府也可将所获得的贡品和实物产品直接支付给宗室、官员等，由他们来实现最终消费。由于宋代政府在物品和劳务的开支方面形式与形态多种多样，其消费结构和消费方式实际要比现代的政府消费更加复杂。

为了避免重复计算，我们把宋代宗室、官员、军兵等人的消费、储蓄或投资都归入政府消费，因为这部分已经被计入"政府在物品和劳务上的开支"。在本书中，我们所指的宋代政府消费包括宋朝宗室及官吏的物品和劳务开支、军费、祭祀、岁币、兴学支费、官工商业及公共工程支费等。根据经济学、财政学的传统观点和前人的研究，一般情况下，我们将宋朝政府用于蠲放、赈济的物品和劳务视为转移支付。[①] 由于所能接触到的宋朝财政支出统计数据常常是笼统的数据，往往难以将宋朝宗室及官吏的物品和劳务开支、军费、祭祀、岁币、兴学支费、官工商业、公共工程支费等与蠲放、赈济等支出分离出来，也往往难以将消费性支出与投资性支出分离出来，因此，我在文中有时也近似地将宋朝政府消费情况用宋朝政府的财政开支来估量，既包含了蠲放、赈济等方面的支出，也可能包含一些投资性支出。在讨论储蓄和投资问题时，将宋朝政府净剩余（可近似理解为政府储蓄）视为宋朝政府收入高出其用于物品和劳务以及转移支付上的开支的差额。

总之，结合中国古代对"消"和"费"的认识以及现代经济学对"消费"的定义，本书所指的宋代消费既包括民间消费（包括民间生产经营者的消费），

---

① 参见李晓《宋朝政府购买制度研究》，第30—33页。

也包括政府消费。民间消费指宋朝民间家庭用于食物、衣着、住房等物品和劳务上的开支，由于数据和材料的原因，其中也可能包含无法分离出来的家庭用于新住房的开支。政府消费指宋朝政府在物品和劳务上的开支，近似地用宋朝政府的财政开支来估量。在讨论宋朝社会整体消费量时，消费指宋朝社会在一定时期内的消费支出总量。在讨论宋朝社会整体消费水平（或社会平均消费水平）时，消费指宋朝家庭（或个人）每户（或每人）在一定时期内的平均消费支出。与此相对应，在讨论宋朝社会整体收入情况时，收入指所有家庭（或个人）收入的总和。在讨论宋朝社会整体收入水平（或社会平均收入水平）时，收入指宋朝家庭（或个人）每户（或每人）在一定时期内的平均收入。（当然，针对以上这些指标，我们今天已经很难根据有限的史料给出精确的计算。）为了深入分析宋朝的消费情况，本书在有可能且必要的时候，也直接讨论宗室消费、官员消费、军兵消费等具体消费情况。

中国古代没有现代意义上的"消费"这一概念，宋代政府也没有对消费（包括民间消费和政府消费）进行过系统完整的统计。但是，由于民间消费和政府消费都是国民总收入的重要组成部分，因此，我们可以尝试通过从土贡、政府赋税、官营生产收入以及政府市场购买情况大致了解到政府消费的物资及其供应情况。由于政府收入是政府消费的重要供给来源，我们也可以尝试通过政府收入大致推算出各个时期的政府消费力，并可根据政府财政收入、税收比率、赋税结构等数据或资料估计宋朝的国力和民间的消费潜力。由于宋代统计数据非常不完备，加之赋税结构非常复杂，不仅有货币和实物形态的产品，还有差役等多种形式；而且，由于宋代各种形态的赋税常常经过反复折变和支移而变得难以计算；因此不得不承认，我们很难系统地计算出宋代各个时期民间消费和政府消费的准确数据。当然，这并不妨碍我们对宋代影响消费的因素及消费状况展开研究。

第二节　研究的主要问题与思路

（一）研究之"纬线"：宋代影响消费的因素及消费状况

有哪些消费动力影响着宋代的消费以及如何影响了宋代的消费呢？具体而言，我们可以提出这样的问题：宋代社会的人们"消费多少""消费什么"、"如何消费"受到哪些因素的影响？这些因素在什么情况下产生出社会消费的动力推动或刺激社会消费？在什么情况下消费动力减弱又制约了社会消费？这些消费动力的力量变化以及力量对比情况又是如何的呢？

消费动力是因影响消费的诸多因素的变化而产生、加强或减弱的。因此，研究影响消费的诸多因素以及这些因素的变化，是了解消费动力及动力结构变化的必经之路。

为了解消费动力的来源和变化情况，我们首先必须研究影响消费的因素有哪些，在影响消费的诸多因素中，有些因素可能对"消费多少"有较大影响，有些因素可能对"消费什么"有较大影响，有些因素则可能对"如何消费"有较大影响。笔者认为，影响消费的因素在变化中产生消费动力或削弱消费动力，消费动力至少可以在消费的量、消费的质及消费的场等三个向度上影响消费。

笔者假设宋代社会的消费受到经济、政治、文化（尤其是社会风尚）、军事、科学技术等因素影响。在宋代三百二十年之中，宋王朝与辽、西夏、金、蒙古（后为元）各政权相继或同时处于对峙或战争状态，宋代的政治往往与军事紧密交融，难以分割。因此，本书将影响消费的政治与军事因素放在一起加以讨论。科技对消费的影响大多是通过社会生产、社会文化来实现的，因此，本书将科技因素融入经济因素内加以考察。至于文化因素，因为涉及面过于宽泛，本书将关注重点集中于文化中与消费最为密切的社会风尚。

笔者在本书中将有意把舆服制度、广告、消费观念等从以上诸多因素中分离出来加以考查，因此，笔者也假设舆服制度、广告、消费观念等是影响消费的因素。其中，舆服制度与政治、经济、文化、军事等因素密切相关，广告与经济、文化等因素密切相关，消费观念则可以说是经济、政治、文化（尤其是社会风尚）、军事、科技、舆服制度、广告等诸多因素交错影响的结果。

关于消费观念，需要多说几句。政治、经济、社会文化、军事、科技、舆服制度、广告等因素影响着人们的生活条件、社会关系，进而影响着人们的消费观念。消费观念是社会的上层建筑，是社会经济基础的反映。马克思和恩格斯曾指出："人们的观念、观点和概念，一句话，人们的意识，随着人们的生活条件、人们的社会关系、人们的社会存在的改变而改变。"[①] 笔者认为，消费观念也是消费的意识，也会随着人们的生活条件、社会关系和社会存在的改变而改变；消费观念的变化也进一步影响着消费。由于社会风尚与消费观念密切相关，因此本书中将社会风尚与消费观念放在一起加以考察。

为避免陷入不必要的争论，请允许我再对将要考察的广告这一因素做一点说明。在人类社会众多的现象中，消费现象似乎是理所当然的一种存在——当"我"需要某物的时候，"我"就消费某物。然而，在本书研究过程中，我所感兴趣之处是：对于宋代社会而言，这种"理所当然"的想法是如何形成的，以及消费现象的变化过程是否有其内在的规律。这也是本书研究的动机之一。当然，我对此问题进行研究的目的，却并不仅仅是试图研究影响消费诸因素本身的变化，我还希望在这一研究过程中，寻找人与物、人与在时间与空间中演变的世界存在着何种关系。广告作为一种传播形式，正是人与物的联系方式之一，也是人与世界的联系方式之一。对于宋代的人们而言，虽然许多现代广告的具体表现形式不可能为他们所熟悉，但是他们对于传播信息、促销商品的具体形式——或者说是宋代的广告形式——并不陌生。关于这个论断，有必要做简单的论证：我们身处现代社会，因此我认为将现代社会作为思考的基地或参照物是可以接受的。在现代社会中，广告是连接人与物、人与周围世界并对人

---

① 马克思、恩格斯《共产党宣言》，《马克思恩格斯选集》第 1 卷，人民出版社，1995 年，第 291 页。

的消费产生影响的中介之一，这一点是毋庸置疑的，尽管人们对于广告对消费的影响程度以及它究竟如何影响消费的看法不一。如果我们对"广告是连接人与物、人与周围世界并对人的消费产生影响的中介之一"这一论断不予否认，那么我们也可以根据逻辑来推断，在宋代，这种中介也必然有存在之可能性。（诚然，除广告之外，还存在连接人与物、连接人与周围世界并对人的消费产生影响的其他中介。）这样一来，我们可以进一步推断，在现代广告成为这种重要中介之前，必然存在其他形式的广告中介。我们能否将现代广告视为"连接人与物、人与周围世界并对人的消费产生影响的中介"的一种现代形态呢？我对此问题的回答是肯定的。接下来引出的一个问题是，既然广告是这种重要中介的现代形态之一，那么它——广告的现代性——必然不是这种重要中介的本质，而只是具体表现。也就是说，宋代广告虽然与现代广告的具体表现形式可能不一样，但是作为"连接人与物、连接人与周围世界并对人的消费产生影响的中介"，与现代广告却具有共性。因此，用何种术语去称呼这种中介（为方便起见我们仍然称之为"广告"）对于本研究而言无关宏旨，真正重要的是，要研究这种中介在宋代的历史进程中作为影响消费的因素如何改变并发展自身的具体形式及特征。

这样一来，本书其实已经将所要研究的宋代影响消费的因素选定为以下五大方面：（1）政治与军事；（2）经济（包含了科技因素）；（3）舆服制度；（4）广告；（5）消费观念与社会风尚。在本书中将政治与军事因素置于经济因素之前考察，并非意味着前者比后者重要，只是考虑到政治是经济的表现，从考察的可操作性角度看，要更容易切入。

根据前人的研究和一般性常识，"经济因素影响着消费"这一点几乎是不证自明的。而政治、文化（尤其是社会风尚）、军事、科学技术、舆服制度、广告、消费观念等因素能够影响到消费也无须做特别的证明。但是，对于本书的研究来说，以上假设的成立只不过提供了一个研究可以推进的前提，更为重要的是要：（1）研究这些可能影响消费的因素是在什么样的历史背景中发生了什么样的变化；(2) 研究这些变化如何强化消费动力或削弱消费动力，并进而影响消费；(3) 研究这些消费动力的力量变化情况、不同消费动力的力量对比的情况以及各种消费动力的力量对比是否存在结构性的变化。

就影响消费的经济因素而言，我们可以做进一步分析。在社会生活中，是什么因素带动了消费开支呢？经济学家保罗·A·萨缪尔森、威廉·D·诺德豪森通过对现代美国经济进行研究后提出，消费的决定因素包括：可支配收入、永久性或生命周期的收入、财富以及高税率和储蓄的低实际收益（或矫正通货膨胀后的收益）等其他一些因素。两位经济学家提出，假如收入与储蓄之间的关系极其稳定的话，许多经济学家也会怀疑，非收入因素是否具有非常重要的作用。[1] 两位经济学家通过对消费决定因素的考察，进一步得出结论："可支配收入是社会消费的中心决定因素。"[2] 尽管现代经济学的研究方法并不完全适用于对宋代消费问题的研究，但是现代经济学家关于可支配收入、永久性或生命周期的收入、财富等因素是社会消费的中心决定因素等结论，对于我们的研究却具有重要的启发意义。

在研究影响消费的诸多因素基础上，本书将进一步研究宋代各个时期的消费情况，即我们前面提到的"消费多少""消费什么""如何消费"等问题。"消费多少"是消费的量——消费开支的问题，"消费什么"是消费的质——消费内容的问题，"如何消费"是消费的场——消费场合与方式的问题。这三个问题弄清楚了，也就弄清楚了一个社会的消费水平、消费结构以及消费方式。

中国古代没有完整、系统的消费统计数字，尤其缺乏民间消费的统计数据，受限于这些客观因素，本书在宋代影响消费的诸多因素这一研究重点基础之上，将研究的另一重点放在对宋代各个阶段的政府消费情况、社会整体消费水平以及社会平均消费水平的变化等几个具体方面。

---

① 保罗·A·萨缪尔森、威廉·D·诺德豪森《经济学》（第12版）（上册），第214—216页。
② 保罗·A·萨缪尔森、威廉·D·诺德豪森《经济学》（第12版）（上册），第217页。

⊙ 宋太祖像（《历代帝后像》局部）

（二）研究之"经线"：宋代的历史进程

本书将以年代作为研究的"经线"，研究宋代影响消费的诸多因素及消费情况。

我们完全可以用宋代每朝皇帝在位的时间作为分阶段的标准，逐次进行宋代的消费分析。我们甚至可以逐年进行宋代的消费分析。但是，笔者认为，针对本研究主题，按照历史发展的内在联系，将宋代划分成几个较大的时期进行研究更加合适。

不以每朝皇帝作为分析阶段的理由有二：首先，有些重大的历史事件前因后果超过一个皇帝的在位时间；其次，每朝皇帝在位时间长短不一，对历史的影响也不一样，研究时也没有必要平均用力。不逐年进行宋代的消费分析的理由有二：首先，很难找到充分的史料以支持逐年研究宋代的消费情况；其次，如果逐年进行消费分析，有可能妨碍本研究目的之实现。因为逐年分析会导致多个事件分散在各年，使人难以看清事物的发展规律。因此，笔者认为抓住历史发展的内在联系，将宋代划分成几个较大的时期进行研究更有利于研究目的之实现，也更有利于我们认识宋代历史、宋代的消费及消费动力。

首先，按照在史学界得到较多认同的观点，本研究将宋代分成北宋和南宋。宋自960年迄至1279年，共三百二十年。北宋时期是从960年至1127年，其间共经历了九个皇帝，一百六十八年中一共使用了三十五个年号。南宋时期是从1127年至1279年，其间共经历了九个皇帝，一百五十二年间一共使用了二十二个年号。在本章中，笔者列出《宋代纪元表》，以便于此后的研究，同时也方便读者的阅读和理解（见表1）。

表 1　宋代纪元表

	帝王名号	年号（年号使用年数）①	元年的干支及年中改元月份	元年之公元纪年（年）
北宋（960—1127）	太祖（赵匡胤）	建隆（4）	庚申一	960
		乾德（6）	癸亥十一	963
		开宝（9）	戊辰十一	968
	太宗（赵炅，本名匡义，赐名光义）	太平兴国（9）	丙子十二	976
		雍熙（4）	甲申十一	984
		端拱（2）	戊子	988
		淳化（5）	庚寅	990
		至道（3）	乙未	995
	真宗（赵恒）	咸平（6）	戊戌	998
		景德（4）	甲辰	1004
		大中祥符（9）	戊申	1008
		天禧（5）	丁巳	1017
		乾兴（1）	壬戌	1022
	仁宗（赵祯）	天圣（10）	癸亥	1023
		明道（2）	壬申十一	1032
		景祐（5）	甲戌	1034
		宝元（3）	戊寅十一	1038
		康定（2）	庚辰二	1040
		庆历（8）	辛巳十一	1041
		皇祐（6）	己丑	1049
		至和（3）	甲午三	1054
		嘉祐（8）	丙申九	1056
	英宗（赵曙）	治平（4）	甲辰	1064

---

① 每个年号使用年数不等。改元，一般是要到了当年十二月过后才改，比如，宋太宗是至道三年三月去世的，而真宗于当月登基，于当年十二月结束后改元咸平，改元日为咸平春正月辛酉。（参见《宋史》卷五《太宗本纪》、卷六《真宗本纪》。）但是，有时也有例外情况，太宗、高宗、端宗、帝昺这四位皇帝就是在即位当年改元的。（除此之外，宋代的其他诸位皇帝都是在即位后的次年进行改元。）

	帝王名号	年号（年号使用年数）	元年的干支及年中改元月份	元年之公元纪年（年）
北宋（960—1127）	神宗（赵顼）	熙宁（10）	戊申	1068
		元丰（8）	戊午	1078
	哲宗（赵煦）	元祐（9）	丙寅	1086
		绍圣（5）	甲戌四	1094
		元符（3）	戊寅六	1098
	徽宗（赵佶）	建中靖国（1）	辛巳	1101
		崇宁（5）	壬午	1102
		大观（4）	丁亥	1107
		政和（8）	辛卯	1111
		重和（2）	戊戌十一	1118
		宣和（7）	己亥二	1119
	钦宗（赵桓）	靖康（2）	丙午	1126
南宋（1127—1279）	高宗（赵构）	建炎（4）	丁未五	1127
		绍兴（32）	辛亥	1131
	孝宗（赵眘）	隆兴（2）	癸未	1163
		乾道（9）	乙酉	1165
		淳熙（16）	甲午	1174
	光宗（赵惇）	绍熙（5）	庚戌	1190
	宁宗（赵扩）	庆元（6）	乙卯	1195
		嘉泰（4）	辛酉	1201
		开禧（3）	乙丑	1205
		嘉定（17）	戊辰	1208

	帝王名号	年号（年号使用年数）	元年的干支及年中改元月份	元年之公元纪年（年）
南宋 （1127— 1279）	理宗（赵昀）	宝庆（3）	乙酉	1225
		绍定（6）	戊子	1228
		端平（3）	甲午	1234
		嘉熙（4）	丁酉	1237
		淳祐（12）	辛丑	1241
		宝祐（6）	癸丑	1253
		开庆（1）	己未	1259
		景定（5）	庚申	1260
南宋 （1127— 1279）	度宗（赵禥）	咸淳（10）	乙丑	1265
	恭帝（赵㬎）	德祐（2）	乙亥	1275
	端宗（赵昰）	景炎（3）	丙子五	1276
	帝昺（赵昺）	祥兴（2）	戊寅五	1278

本研究进一步将北宋分为北宋前期（太祖、太宗朝，960—997）、北宋中期（真宗、仁宗、英宗、神宗朝，998—1085）、北宋后期（哲宗、徽宗、钦宗朝，1086—1126）等三个时期，将南宋分为南宋前期（高宗朝，1127—1162）、南宋中期（孝宗、光宗、宁宗朝，1163—1224）、南宋后期（理宗朝至帝昺时期，1225—1279）等三个时期。这样的具体分期，参考了传统的观点，基本上是以政治因素作为分阶段的标准，但是对于本书所研究的消费问题，并不意味着有任何事先的定论。不过，由于政治是影响社会消费的重要因素，因此，以政治作为分期标准，必然意味着目前所分的各个具体发展阶段的消费有可能存在某些区别于其他阶段的特征。当然，就本书的研究而言，这种分期的意义在于提供了一个大的时间框架，因为本书研究的重点并不是宋代消费阶段的分期，而在于研究宋代影响消费的因素是在什么样的历史背景中发生了什么样的变化，以及这些变化对消费产生了什么样的影响。实际上，即使对于宋代的政

治史分期，学者们也是有不同的意见的。有的学者以宋人编撰的国史作为划分阶段的依据，有的学者则依据社会矛盾的发展作为划分阶段的标准。而且，即使是以社会矛盾的发展变化来划分宋代政治史的阶段也有不同的方法。比如，李华瑞以民族矛盾作为影响宋代政治最主要的矛盾，将宋代政治史划分为三个时期："第一个时期从宋建国到金兵发动第一次灭宋战争（建隆元年至宣和七年，960—1125）为宋辽西夏鼎立时期；第二个时期从金兵发动第一次灭宋战争到金哀宗宣布'更不南伐'（宣和七年至嘉定十七年，1125—1224）为宋金和战时期；第三个时期从金哀宗宣布'更不南伐'到元灭南宋（嘉定十七年至祥兴二年，1224—1279）为南宋衰亡期。"[①] 这一宋代政治史的分段法打破了北宋、南宋的时间界线。何忠礼的《宋代政治史》则采用更细的分段法，就北宋初、太宗朝、真宗朝、仁宗朝（后期略论英宗朝）、神宗朝、哲宗朝、北宋末年、南宋高宗朝初期、高宗朝中后期、孝宗朝、光宗宁宗朝、理宗朝、度宗朝、南宋的灭亡等多个阶段分章进行论述。[②] 这种划分避免了一些难以处理的时间段的划归阶段问题。笔者认为，比较难以处理的时间段是北宋时期的哲宗朝以及南宋时期的宁宗朝。如果将北宋、南宋都按前、中、后期来分别进行划分，哲宗朝由于出现了以王安石新法为斗争中心的政治反复，可以划归北宋中期，因为整个哲宗朝都与王安石新法有联系；但是该时期也可划归北宋后期，因为哲宗朝政治上的反复其实并没有解决北宋的社会问题，可以归入新法失败后的北宋。笔者认为，不论从政治因素、经济因素还是从其他一些宏观因素角度讲，王安石变法的失败对于整个宋代乃至此后中国历史的发展都具有深远之影响，因此，笔者参考翦伯赞等学者的观点，将变法失败后的哲宗朝归入北宋后期。南宋时期的宁宗朝难以划归阶段的原因在于，宁宗朝期间发生了"嘉定和议"以及史弥远于宁宗朝后期开始上台，前者使南宋政治风气为之一变，与此同时蒙古逐渐取代金成为南宋最大的威胁，而后者则实际上影响了宁宗朝后

---

① 李华瑞《宋史论集》，河北大学出版社，2001年，第71页。
② 何忠礼《宋代政治史》，浙江大学出版社，2007年，相关章节。

期和理宗朝前期的政治局面。考虑到在宁宗朝后期金哀宗宣布"更不南伐"，这对南宋来说也算是一个重要事件（由于此时金已经处于衰落期，实际上这一事件对于整个东亚局势之意义已经不大），同时为了讨论问题的便利，笔者将宁宗朝往上归入南宋中期。以上就是笔者对本研究之时间框架的主要说明。

　　历史研究的时间范围，向来没有定论。重分析善演绎的费正清先生认为应以二十年为范围进行研究，重综合善归纳的黄仁宇先生则动辄牵涉一个世纪或一个朝代。[①] 有的学者则抓住一个细小问题进行深入考证。诚然，以上面所确定的时间框架作为本研究的"经线"，并非十全十美，其实只是在合理性与可操作性之间寻求一种平衡。这样一来，在本研究中，我将有机会用综合之眼光去审视整个宋代大历史中影响消费诸因素的变化；同时也有机会对宋代每个具体的分期作较为深入的研究关照，甚至有机会对某些历史之细节做出考证并以演绎法分析相关问题。

---

① 黄仁宇《中国大历史》，三联书店，2007 年，《序》。

第二章　北宋时期影响消费的诸因素及消费状况

第一节　新王朝的新气象：
北宋前期影响消费的诸因素及消费状况

（一）影响消费之政治与军事因素

　　对割据政权的吞并使人口激增。新政区建置奠定整体经济与市场格局。边区的战事成为吞噬财富的毒瘤。雍熙北伐的后果。军费的增加与并未降低的官员待遇。

　　在北宋的一百六十八年中，发生了许多重大政治与军事事件。这些事件，不一定与社会消费发生直接关系，但是无疑在某种程度上间接影响着北宋的社会消费。

　　人口是最重要的社会生产力，也是最主要的社会消费力。关于人口问题，本该放在影响消费的经济因素中加以探讨为宜，但是考虑到在北宋初年政治与军事因素实为影响人口的突出因素，因此，笔者将宋初的人口问题置于此处探讨。

　　唐末五代之乱后，中国北部人口大量减少，土地多有荒废，社会生产力遭到很大程度的破坏。根据南宋人袁燮的记载，宋朝取代后周之初，总户数大约为九十六万七千五百五十三户，到了开宝末年，增至二百五十万八千六十五户。① 为什么在短短二三十年间户数增长如此之快呢？最主要的原因不在于人口的繁殖加快，而在于宋在这段时间内吞并了蜀（965 年为宋所灭）、广南（971 年为宋所灭）、南唐（975 年为宋所灭）。② 宋吞并蜀，"得州四十五、县一百九十八、户五十三万四千三十有九"。③ 宋平广南后，"得州六十、县二百十四、户十七万二百六十三"。④ "江南平，凡得州十九、军三、县一百八十、户六十五万五千六十"。⑤ 以《枫窗小牍》所记宋初总户数约九十六万七千五百五十三户，加上《宋史》记载的于开宝末之前归入宋朝的蜀、南汉、南唐户数，是二百三十二万六千九百一十五户，如果再加上"建隆四年（963），取荆南，得州、府三，县一十七，户一十四万二千三百"，"平湖南，得州一十五、监一、县六十六、户九万七千三百八十八"，⑥（这是《宋史·地理志》中的记载，与《宋史·太祖本纪》中的记载略有不同。《太祖本纪》记太祖乾德元年宋吞并荆南"得州三、县十七"，⑦ 吞并湖南"得州十四、监一、县六十六"。⑧）总计户数二百五十六万六千六百零三户（其中通过吞并版图获得一百五十九万九千五十户），这个数字比《枫窗小牍》记开宝末的二百五十万八千六十五户多五万八千五百三十八户。这个差距并不算大。可见，这两个数字基本上是能够反映

---

① 袁褧在《枫窗小牍》中写道："国初杭、粤、蜀、汉未入版图，总户九十六万七千五百五十三。至开宝末，增至二百五十万八千六十五户。"

② 关于宋初户数增加，也可参见李剑农《中国古代经济史稿》，武汉大学出版社，2006 年，第 561 页。李剑农根据《枫窗小牍》中的相关资料认为"有宋一代户口，始终以南部为重心"。

③ 《宋史》卷二《太祖本纪》。另，卷八五《地理志》记载："乾德三年，平蜀，得州、府四十六，县一百九十八，户五十三万四千三十九。"

④ 《宋史》卷二《太祖本纪》。另，卷八五《地理志》记载："开宝四年，平广南，得州六十、县二百一十四、户一十七万二百六十三。"

⑤ 《宋史》卷三《太祖本纪》。另，卷八五《地理志》记载："八年，平江南，得州一十九、军三、县一百八、户六十五万五千六十五。"该数字与《文献通考》中记录吻合。《太祖本纪》中所载户数比此处记录户数少五户。本书取两种记载中较小的数据计算。

⑥ 《宋史》卷八五《地理志》。

⑦ 《宋史》卷二《太祖本纪》

⑧ 《宋史》卷二《太祖本纪》。

宋初的户数的。[①]

《文献通考》的数据和《宋史》记载的宋初户数基本吻合。根据《文献通考》，我们可以知道宋初太祖太宗朝的户数变化情况（见表2）。宋太祖建隆元年（960）大概有九十七万户，到了太宗至道三年（997），大概有四百一十三万户。

表2　《文献通考》中记载的宋初户数[②]

时间	户
宋太祖建隆元年（960）	967,353
平荆南得	142,300
平湖南得	97,388
平蜀得	534,029*
平广南得	170,263
平江南得	655,065**
开宝九年[③]（976）	3,090,504
太宗至道三年（997）	4,132,576

说明：表中带"*"的数据为《文献通考》与《宋史》记录户数不合之数据；带"**"的数据为《文献通考》与《宋史·地理志》记录户数吻合，但是与《宋史·太祖本纪》记录户数不吻合之数据。另，从《文献通考》可知，开宝九年户数原为《宋会要》记载的数字。《文献通考》中马端临按语曰："开宝八年平江南以前户数，出《通鉴长编》，通算只计二百五十六万六千三百九十八。"马端临认为，该通算数字与《宋会要》中开宝九年户数不符，因此说"与《会要》不合，当考"。

---

① 程民生的《宋代户数探研》中，指出宋初建隆元年的总户数不是九十六万余，而是前一年后周显德六年统计调查的总户数二百三十余万。笔者没有看到《宋代户数探研》原文，此一说法从李华瑞《2000年"国际宋史研讨会暨中国宋史研讨会第九届年会"论文综述》一文中读到。该文见李华瑞《宋史论集》，第457—464页。如果按照程民生的看法，宋初总户数二百三十余万，以此为基数进行推算，那么宋开宝末的人口要比《枫窗小牍》所记二百五十万八千零六十五户多出近一百四十万，达三百九十万左右。

② 《文献通考》卷一一《户口考二》。

③ 吕思勉的《中国制度史》一书也曾摘录《文献通考》的数据，但是将"开宝九年"误作"建隆九年"。参见吕思勉《中国制度史》，上海教育出版社，2005年，第314页。

尽管今天我们已经无法获知当时精确的户数，但是有一点是可以肯定的：在宋朝统一南北的过程中，宋统治区的户数、人口数在短短几十年内获得巨大的增长。虽然当时的中国并没有形成统一的市场，但是随着统治疆域的扩大、统治人口的增多，宋王朝整体社会生产能力大大增加，整体社会消费能力也大大增加了。

南唐曾于946年和951年先后灭了闽和楚。因此，宋再灭脱离南唐的湖南，继灭南唐其实是继承了南唐、闽和楚的社会生产力和社会消费力。978年，宋吞并了吴越。979年，宋灭北汉。宋太祖先南后北的战略方针基本上得到了实现。大片版图的陆续归并，使得宋王朝获得了大量社会生产力。这个在数十年分裂与战乱基础上统一起来的国家，其整体经济实力因此在短时期内如芝麻开花一般获得了很快的提升。经过隋唐的统一、五代的分裂，以及发生在年代更为久远时代的统一与分裂的轮回，统一所能带来的繁荣和分裂所能导致的混乱给人留下深刻印象。在中国这片土地上，一个统一的地广人多的国家所造就的社会共同体更容易创造美好生活已经不仅仅是一种心理暗示，实际上已经成为一种历史教训，对宋代乃至后世的中国社会都产生了深远影响。

宋太宗至道三年（997），宋王朝将行政区域划分为十五路。《宋史》卷八五《地理志》载："至道三年，分天下为十五路。"①《续资治通鉴》记曰："是岁，始分天下为十五路：一曰京东路，二曰京西路，三曰河北路，四曰河东路，五曰陕西路，六曰淮南路，七曰江南路，八曰荆湖南路，九曰荆湖北路，十曰两浙路，十一曰福建路，十二曰西川路，十三曰峡路，十四曰广南东路，十五曰广南西路。"②太祖时宋王朝的版图曾被分为十三道，由于那时吴越、北汉还未归入版图，疆域还未及太宗末年之疆域，整体市场规模也不及太宗末年。太宗

---

① 《宋史》卷八五《地理志》。
② 《续资治通鉴》卷一九，太宗至道三年十二月。

末年的这一次全国政区的建置具有重大的意义。[①] 实际上，到太宗末年，宋王朝的整体经济与市场格局已经基本上通过行政区划体现出来。在此后的三百二十年中，宋王朝多次重新进行政区建置，但是建置的思路变化都算不上很大。（当然，宋王朝在宋金战争中丧失的统治区则另当别论。）这些政区的建置，与其说便利了官僚开展行政管理，还不如说使中央政府能够对全国的经济进行全面而强有力的控制，以便根据统治需要征收或调配物资。宋王朝非常注意动用政府手段在各地进行物资调配。宋代路一级最高行政长官即被简单明了地称为"转运使"，由此可知宋代从开国之初就对经济事务表示出特别之重视。太宗在十五路分派转运使，转运使司又称漕司，掌管地区性财政等事务。因此，政区的建置无疑以一种隐性的机制形式影响着宋代的政府消费以及各地的民间消费。

关于太宗统治后期宋王朝版图内的户口数，袁裒在《枫窗小牍》中写道："太宗拓定南北，户犹三百五十七万四千二百五十七。"《文献通考》中记载的太宗至道三年（997）的户数是四百一十三万二千五百七十六户。对于太宗至道末年的户数，今人比较认同《文献通考》的数字，比如翦伯赞等认为，"宋太宗晚年，北宋政府公布的全国民户数是四百一十多万，其后逐年有所增加……"[②] 不论是太宗拓定南北时的户数，还是太宗至道末年的户数，都足以说明到宋太宗朝后期，大宋王朝的人口已经比宋建国之时增加了数倍。

然而，需要指出的是，宋与辽争夺燕云十六州的战争，一直到澶渊之盟之后才宣告平息。实际上，宋初太祖、太宗两朝，宋与周边政权长期处于战争状态。战争对于边疆地区的人民生活与消费产生了一定的负面影响，而且在整个宋代牵制着宋王朝的政府消费，间接拉低了社会平均消费水平。不安定的边

---

① 太宗朝时期，宋王朝多次改动政区建置，太平兴国四年（979）分全国为二十一路，七年（982）分为十九路，淳化三年（992）分为十六路。至道三年（997）分为十五路后，宋王朝政区建置在大多数时期比较稳定（熙宁时期政区建置变动较频繁）。

② 翦伯赞主编《中国史纲要》（第三册），人民出版社，1979年，第14页。

因此，我们可以认为，在太祖太宗朝，与人口直接相关的整体社会消费应该处于增长状态，且这种增长主要是因为政治与军事上的成功扩大了统治版图。

区，犹如一个又一个专门吞噬财富的毒瘤，源源不断地消耗着宋代大量的国民收入。

不过，在太祖时期，虽然宋王朝进行了一些战争，但是这些战争规模都较小，而且基本上取得了胜利。因此，在宋王朝扩大版图的同时，并没有对社会生产造成很大破坏。太宗初年，宋王朝出现了社会生产恢复、天下升平的局面。《宋史纪事本末》专有一卷名为"太宗致治"，由此亦可见宋王朝初期统治者确实曾致力于改善社会状况，当时的宋朝也的确出现了自建立以来难得的好局面。该卷记："（太宗雍熙）二年（乙酉，985）秋七月，诏诸道转运使及长吏，乘丰储廪，以防水旱。"[①] 这不仅说明太宗颇具忧患意识，而且也足以说明当时北宋王朝的消费资料（至少是朝廷和官府所能拥有的消费资料）在丰收的年份时还是比较充裕的。

但是，在宋太宗雍熙北伐失败之后，宋王朝的某些地区的局面发生了一些变化，自此严重影响了宋朝政府的政府支出。我们知道，在消费中存在交替关系和机会成本的问题。消费中的交替关系是人们在不同消费物之间的取舍。消费中的机会成本则是为了消费某物而放弃的东西。正如现代经济学所指出的，"一种东西的机会成本是为了得到这种东西所放弃的东西"。[②] 个人的消费中存在交替关系和机会成本，由个人消费积累而成的社会消费中也存在交替关系和机会成本。交替关系、机会成本影响着消费的内容。宋王朝由于面临着北部和西部边疆威胁，不得不将大量的财富用于军费支出。

在太祖初年，宋王朝军队总数并不是很大，大约有二十二万人。但是随着太宗两次北伐的失利，宋王朝为了防备边患，军队人数也不断增加。于是，宋王朝的军费开支出现不断增长的局面。太宗时期，宋王朝的岁赋收入比太祖初年大为增加，然而由于军费开支的增加，宋王朝只能走上靠国家机器强力干涉经济的道路。《杨文公谈苑》一书中的一段记载很能说明宋王朝在政府收入增

---

① 《宋史纪事本末》卷一七《太宗致治》。
② 格里高利·曼昆《经济学原理》（上册），第6页。

加的同时政府消费开支（尤其是军费）不断增加的情况："太宗初即位，幸左藏库，视其储积，语宰相曰：'此金帛如山，用何能尽？先皇居常焦心劳虑，以经费为念，何其过也！'薛居正等闻上言，皆喜。其后征晋阳，讨幽蓟，岁遣戍边，用度寖广，盐铁榷酤，关市矾茗之禁弥峻。太宗尝语近臣曰：'俟天下无事，当尽蠲百姓租税。'终以多故，不果。"[①]太宗有蠲免百姓租税之心，却不能如愿，亦是迫不得已也。

为加强中央集权，宋王朝给文武官僚的待遇非常优厚。在军费增加的同时，为了维护封建王朝的稳定，宋王朝采取措施积极推进社会生产，同时加强朝廷对经济的干涉力，但并不降低官员的待遇。

宋初的官员俸钱大体上是后唐所定的数目。宋乾德四年（966），宋朝廷认为州县官的俸钱由物资折价支给，但是物资价值不够俸钱，这样要求州县官廉洁奉公，实在很难。于是皇帝下诏，从今以后调整各处俸钱户交纳官俸的办法，每一官员所接受的俸物，价值一贯者，由两户分纳，将俸物折成钱，每户纳钱五百，免役的办法沿袭后汉；俸户所纳官物，令各州计算一年所给的数目，与蚕丝和盐同时交纳；万户县令、五万户州录事、两京司录等官，原有月俸二十贯者，给四十户俸物，按照此办法分成差级；主簿、县尉以及户、法掾等官，原来有月俸六贯者，加一贯，按照所加数目给予俸户。当年，西川的官员又全部给实钱。开宝三年（970），又给西川州县官员常俸之外另加铁钱五千。四年（971）十二月，太祖又下诏，节度副使、观察副使、防御副使、团练副使权知州事，节度掌书记从朝廷授任以及判别厅公事者，也给加铁钱五千；副使不是知州、掌书记奏授而不理事务的，与原来一样，折物支给官俸。[②]

太宗太平兴国元年（976），宋朝廷又取消俸户，官员的俸钱，都给予官方物资令其将十分之七变卖，并按照后周的标准，增加米麦。二年，下令诸道给官员三分之一现钱，三分之二折物。雍熙三年（986），"文武官折支俸钱，旧

---

① 《杨文公谈苑·太宗欲蠲租税不果》。
② 《宋史》卷一七一《职官志·奉禄制上·职钱》。

以二分者，自今并给以实价"。① 现金形式的收入的增加，使文武官员有可能更多地通过市场去购买自己所需要的商品，极可能使他们的消费结构变得更加复杂。

宋至道年间，兵数为六十六万六千，禁军数为三十五万八千，军兵人数比太祖朝大为增加，军费开支相当大。而此背景之下，宋朝廷并未降低官员的俸禄标准。太宗至道二年（996）下诏说，原来京官满三十月罢给俸钱的，从此后连续支给。② 我们可以看到，在太宗朝后的真宗朝咸平年间，"诏河北、河东、陕西转运使副，按行边陲，经度军费，比之他路，甚为劳止，其月俸可给实钱"。③ 月俸是宋王朝政府官员的常规工资收入，不属于军费开支。因此，我们可以推断，宋王朝除去军费之外的政府消费并没有因为军费开支的增长而有所减少。这就意味着，宋王朝的政治军事局面和政策间接地影响了整体国民总收入的分配，在特定的时刻，宋王朝为维持政府消费（支出），以牺牲民间家庭（或个人）的消费支出作为代价，民间家庭（或个人）的消费成了北宋政府增加消费所付出的机会成本。因为，在社会经济发展的大背景之下，如果军费和官员俸禄的开支不增加，民间家庭（或个人）的可支配收入就可能获得更快的增长，消费支出由此也可能大幅度增加。

（二）影响消费之经济因素

北宋前期政府消费开支的来源。南方的消费资源。北方经济对中央财政的重大意义。利农政策与百姓的可支配收入。统一与社会财富的积累促发积极的未来预期与激增的消费信心。

---

① 《宋史》卷一七一《职官志·奉禄制上·职钱》。
② 《宋史》卷一七一《职官志·奉禄制上·职钱》。
③ 《续资治通鉴长编》卷五五，咸平六年六月辛酉条。本书引《续资治通鉴长编》之文，凡引文所在条中有具体日期（如"辛酉"）者，皆在注释中注明出自"×年×月××条"，如所在条中无具体日期，则注释中只注明出自"×年×月"。特此说明。引其他编年史文献，注释方式类此，后不赘言。

从获得钱财、物资的方式看，为了满足政府的消费需求，宋朝政府大致有赋税征敛、异地调拨、官营生产、市场购买四种方式，前三种方式的局限性，通过政府的市场购买来弥补。[①] 如就宋朝政府财政收入的项目而言，主要有：田赋，即土地税，又叫两税；口赋，即人口税（这一税种在宋代比较少见）；土贡收入；商税，即过税（流通税）和住税（销售税），商税中还有针对大宗商品交易的田契税或印契税；榷场税和舶税，即关税；矿业税；城郭税，包括宅税、地税等；垄断经营收入（如茶、盐、酒、矾等的垄断经营收入）；非垄断经营收入（如官营生产收入，通过和买、和籴及科买等方式获得收入等）；特殊商品交易收入（亦有垄断之性质）；出卖官爵及僧尼度牒获得的收入，等等。宋朝政府的消费支出，正是以这些收入作为来源。

政府财政收入的多少，对政府消费支出的多少具有直接的影响。民间消费，则与人民的可支配收入、财富拥有量紧密相关。不论政府消费还是民间消费，都与社会的经济发展状况紧密相关。

宋王朝吞并的南汉、南唐（它在自己被吞并之前兼并了闽）、吴越等地原来就有较好的经济基础。李剑农言："吴与南唐，跨地较广（吴有淮南及江南二十八州，南唐后失江北亦尚有二十余州，其后又并吞楚闽之地），能维持经久之势力，不甚足奇；南汉据有岭表，跨地亦大，'广聚南海珠玑，西通黔蜀，得其珍玩'（《旧五代史·刘龚传》语），利尽南海，如汉初赵佗故事，亦不足奇；所可注意者，吴越闽楚，据地皆甚促狭，亦竟各能维持数十年之割据政权，是可于经济上得一解释，即此等区域，经济上之发展，已达相当程度，非但各足以维持一政府机关，并足以维持相当兵力以保守之；换言之，此类割据势力之能存在，即各区经济势力发展之反映也。"[②] 李剑农之言，明确指出了原来南方各政权本身即具有良好的经济基础。这些政权统治地区入宋之后，对于宋王

---

① 李晓《宋朝政府购买制度研究》，第 62 页。

② 李剑农《中国古代经济史稿》，第 558 页。李剑农的《中国古代经济史稿》初版于 20 世纪 50 年代中期，此后相关研究有很多新发现、新成果。

朝之意义，不言自明。

关于当时南方对于宋王朝经济之意义，程民生认为："处于调整、恢复中的南方地区经济，在当时宋朝的国民经济中尚未起重要作用。"[1] 他用太宗端拱二年（989）王禹偁的一段话来引证："今郡县虽多，要荒且远，除河北备边之外，民力可用者惟东至登、莱，西至秦、凤，南抵淮、泗而已。此数十州者，中土之根本，不可不惜也。"[2] 程民生据此指出，北方经济是宋政府赖以生存、统一的基础，而南方地区还没有什么大发展，即使未经战乱的两浙，也还比较荒凉。随后，他征引仁宗朝范仲淹的说法："祖宗时，江、淮馈运至少，而养六军又取天下。"[3] 指出宋实现统一战略并没有依赖南方地区的财富，认为宋"先南后北"的战略"目的之一是取得南方财富"，并且"事实上所取并不多，在四川收缴的后蜀府库之财，只是丰富内库的浮财，用于储备而已"，"而400万石粮食的通漕，已接近于统一战争的尾声了"。[4]

李、程之说似乎相互抵触，其实不然。李说重在说明南唐、南汉、吴越、闽楚自身的经济发展状况。程说则重在将南方与北方并列比较讨论。但是，笔者认为值得指出的一点是，程民生只论述了当时南方经济的地位，而未指出南方对于宋王朝未来发展的重大意义。笔者认为，王禹偁是站在北方统治的立场来谈论问题的，他所谓的"要荒且远"并不是特指整个南方，只是强调了距宋王朝统治中心较远的地方，民力难以很方便被朝廷所利用，或者更准确地说，当时的南方经济对于宋王朝的备边等政府消费的作用不占中心地位，但是这并不等于南方经济对于整个国民经济不起什么作用，也并不等于对于整体社会消费的意义不大。范仲淹的说法则只是强调了宋统一战争的胜利主要凭借北方实力这一事实。实际上，在统一南方之前，宋王朝也只能主要依靠北方经济来发

① 程民生《宋代地域经济》，河南大学出版社，1992年，第280页。
② 《续资治通鉴长编》卷三〇，端拱二年正月。
③ 《续资治通鉴长编》卷一一二，明道二年七月甲申条。《宋代地域经济》一书中范仲淹此语注释为"明道二年七月甲申"，据《续资治通鉴长编》原文语意，范仲淹此语应出于甲申日之后。
④ 程民生《宋代地域经济》，第280页。

动战争。因此，程民生先生的说法容易使人低估南方对于宋王朝未来发展之意义。

笔者认为，宋太祖先南后北之统一方略得以实现后，宋王朝的经济实力一是来自于继承了后周的国力，二是来自于兼并南方各个割据政权。宋兼并南方各个割据政权的意义不仅仅在于政治方面，也在于经济方面。南方各个政权割据局面的消失，使更大的市场得以形成。比如，原来的闽地因吴和南唐政权的割据，"与中国隔越"，[①] 主要靠海上交通来获取商利。吴越也同闽地相似，主要靠海事获利。自入宋后，两地不仅能够发挥原来的优势，更从陆上融入内地市场，与内地互通有无，大大促进当地百姓和内地的消费。再如，原来楚地与吴和南唐是敌国，除了向当时的朝廷供奉茶叶数万斤之外，自身通过向中原贩卖茶叶来获取巨大的利益。自入宋以后，楚地的资源也成为宋王朝的重要资源，统一的政治局面客观上也便利了地区间各种物资的交换。另外，就北宋政府而言，由于统治区域扩大，其通过土贡制度可获得的消费品大量增加，从而使政府消费的内容变得更为丰富。

我们接着再来看看宋初北方的经济。在宋太祖太宗时期，宋的重要经济区域，主要是在陕西、河北、京东、京西等地。这些地区，在周世宗时期获得了恢复和发展。

宋初，陕西行政辖区范围广大，包括灵夏地区。当时，宋在陕西的防守比较稳定。元祐时期的吕大防说："伏闻国初西戎之患，多在环、庆，太祖皇帝择姚内斌、董遵海二骁将以守，二州租赋之入，兵械之费，一切付之，而听其自为。西人畏之，不敢入寇。今以四海九州之力奉边而不足，太祖以二州租入之费御戎而有余。以此言之，守御之方，在于得人而已。"[②] 从这段后来者对宋初太祖用人的评价可以看出，由于北宋王朝正处于上升期，在陕西边防方面能够较好地稳定局势，从而为内地的经济发展创造了相对和平的环境。

---

① 《旧五代史》卷一三四《王审知传》。
② 《续资治通鉴长编》卷三六六，元祐元年二月丙子条。

  其他一些地区，局势在整体上也比较稳定，这无疑亦是经济发展的有利因素。河北在宋太祖时期，没有发生大规模战争，社会生产得到了基本保障。太祖建隆年间，河北连年丰收。当时沿边屯兵也不多，不过数万人，都以地方的财力给养。河东在宋初分成两部分，南部原来属于后周，入宋即在比较安定的环境中。河东北部大部分原来属于北汉，经济原先就不发达，加上统一战争，当地的社会经济在宋初衰落到最低点。河东经济在北宋前期的社会经济中发挥的作用比较小。京东、京西在宋初的发展环境比较好，对于北宋王朝的中央财政具有很大的意义。

  我们再来看看西南地区的四川。四川在宋朝初期经济形势不好。宋王朝在平后蜀之后，将成都府库之物全部收归内库，这样就极度削弱了当地的经济实力。此后，宋在四川地区设置博买务，禁止百姓、商旅进行民间的冰纨、绮绣等精美丝织品的交易。四川土地有限，人口众多，农业无法满足自给的需要。而宋政府不顾实际情况，冒然而武断地进行茶叶禁榷，使得茶农茶贩利益受到损伤。当地的手工业者的利益在这一时期也受到严重打击。此外，四川地区土地兼并现象非常严重，客户数目高达总户数中的百分之七八十。当地的地主残酷剥削佃客（"每富人家役属至数千户"），每年应向朝廷交纳的课税，都转嫁给各佃客。① 种种原因造成了四川地区社会贫富分化严重，百姓生产资料和生活资料严重缺乏，民间消费能力低下。由于经济政策失误，阶级矛盾激化，终于引发了太宗朝淳化四年（993）二月的王小波、李顺大起义。宋政府对起义进行残酷镇压，屠杀了大量民众，使得四川经济受到严重打击。

  宋太祖太宗年间，虽然出现了一些由于政治、军事原因造成地方经济受到摧残的情况，但是从总体上看，宋统治者采取了相对宽松的经济政策。这一时期，宋朝取消了藩镇留守的办法，将粮食布帛钱币聚集到王畿。中央集权的加强也为农业发展创造了有利条件。中国长期以来是重农的国家，自上古就强调"农用八政"，"农，食货之本也"。唐代杜佑编撰《通典》，首推农业，并且先

---

  ① 《宋会要辑稿》，刑法二之五。

讲田制。强大的统治中枢一旦确立，更便于动用国家力量来推动农业生产。宋初，宋王朝的统治者很快建立起强大的中枢，尊崇重农思想，大力劝农，充分发挥地力种植稻、梁、桑、麻。因此，从太祖立国，"至于太宗，国用殷实"。[①]宋初统治者推行减轻赋税、减少征敛的制度，对于农业经济的发展是具有很大促进作用的。

太祖即位后，下诏书允许百姓开辟土地，并且下令州县不许查田收税，而是仅以现在的租佃数字为标准收取税收。此外，他还派官员到京畿及各地接受百姓交纳的租税，如果发现当地官员多收百姓租税，就要加以治罪。有的官员因此还被处死。凡是无名苛刻的征敛，常常加以革除。遇到水灾旱灾，徭役则依据条例减免，几乎没有不宽限的年头。由此观之，我们可以认为，在宋朝初年，由于某些地区耕地有所恢复甚至增加，同时赋税有所减免，田赋减少，这意味着某些地区的百姓的可支配收入相对增加了。按照当今经济学家对现代经济的研究，可支配收入是影响消费的中心决定因素，且与消费支出基本成正比关系。我们可以据此推断，宋初某些地区百姓的消费支出应有所增加。

笔者暂时没有找到宋初全国消费支出的数据，但是《建炎以来朝野杂记》中有一条资料值得注意。该书中李心传语："国朝混一之初，天下岁入缗钱千六百余万，太宗皇帝以为极盛，两倍唐室矣。"[②]另，《宋史》记载宋代岁赋收入"至道末，总七千八十九万三千"。[③]（此处岁赋应该包括缗钱岁入之外的其他项目。《宋史》此句前文为："凡岁赋，谷以石计，钱以缗计，帛以匹计，金银、丝绵以两计，藁秸、薪蒸以围计，他物各以其数计。"[④]）这说明当时宋王朝政府收入确实已经大大超过了前代。毋庸多言，与任何政府一样，宋政府岁赋也来自于民间。宋初的天下岁入，从侧面大致反映了宋朝社会整体财富和收入的增加。从逻辑上推断，宋朝初期民间的总体消费潜力和消费支出也必然是有所增

---

① 《宋史》卷一七三《食货志·农田》。
② 《建炎以来朝野杂记》甲集卷一四《国初至绍熙天下岁收数》。
③ 《宋史》卷一七四《食货志·方田、赋税》。
④ 《宋史》卷一七四《食货志·方田、赋税》。

加了。

需要特别强调的是，这里所说的收入和消费潜力的增加是指宋朝国民总收入和社会总体消费潜力的增加，而不是指单个人的收入和消费潜力的增加。实际上，宋朝的两税远重于建中定制之时，而且附加杂税层出不穷，这些在宋朝被称为"杂变"或"沿纳"。因此，从另一方面看，就个人来说，其实税额是增加了。税额的增加主要有三种原因：附加杂税引起税额增高，因和买变异为附加税而整体税额增高；因反复折变而整体税额增高；因支移而引起整体税额增高。① 但是，在宋王朝不同的发展时期，不同的地区，税额的高低变化情况不大一样。就宋朝初年而言，统治者吸取前代经验，同时意识到战乱之后民力尚未恢复，所以减轻或免除某些地区的赋税，使得某些地区的人民赋税压力确实减少了。

但是，由于宋初田制还没有完全确立，出现了田地转移易手、隐瞒丁口等情况，所以当时岁入中的田赋收入反而比前代少了（"故赋入之利视前代为薄"②）。于此，我们可以认为，宋初期已经暴露出前代也未曾解决的土地问题。这一问题，在北宋中后期和南宋中后期因土地兼并而变得更加严重。

不过，宋王朝建立初期在政治和军事上的胜利以及所推行的积极劝农政策，使经过五代战乱的百姓看到了未来的希望，百姓的生产积极性提高了。宋前期王禹偁的五首《畲田调》③是当时民间劳动者心态与情绪的一个极好写照。现引录两首于下：

《畲田调》其一

大家齐力劚孱颜，耳听田歌手莫闲。

各愿种成千百索，豆其禾穗满青山。

---

① 李剑农《中国古代经济史稿》，第 754—765 页。
② 《宋史》卷一七四《食货志·方田、赋税》。
③ 下引《畲田调》诗句参见吴之振、吕留良、吴自牧撰，管庭芬、蒋光煦补《宋诗钞》之《小畜集钞》，中华书局，1986 年，第 41—42 页。

《畲田调》其四

北山种了种南山，相助力耕岂有偏？

愿得人间皆似我，也应四海少荒田。

《畲田调》的创作时间是在淳化三年（992）春天。王禹偁于淳化二年（991）被贬官至商州（治所在今陕西商县）。王禹偁虽然正在贬官之中，但是他已经完全被老百姓的劳动热情所感染。他创作的《畲田调》五首以质朴的语言、鲜明的意象，表现了北宋太宗年间老百姓对未来生活的美好希望。

《畲田调》五首其他三首诗，都表现类似的情绪，让人联想到投身于生产的热情洋溢、干劲冲天、相助力耕的老百姓。比如，其二有诗句云："杀尽鸡豚唤厮畲，由来递互作生涯。"其三有诗句云："鼓声猎猎酒醺醺，斫上高山入乱云。"其五有诗句云："畲田鼓笛乐熙熙。"王禹偁在个人仕途不顺心时能写出这样一些积极向上的诗句，更从一个侧面说明经过五代之乱后，北宋前期整个社会处于恢复与快速发展中，不论士大夫还是老百姓，整体的精神面貌是非常积极的。

北宋前期的士大夫对于未来的积极预期可以从那个时代许多著述中看出来。比如，乐史在《太平寰宇记》的序言中，就极其兴奋地写道："臣闻四海同风，九州共贯，若非圣人握机蹈杼，织成天下，何以逮此？自唐之季，率土缠兵，裂水界山，窥王盗帝。至于五代，环五十年，虽奄有中原，而未家六合。不有所废，其何以兴？祖龙为炎汉之梯，独夫启成周之路。皇天骏命，开我宋朝，太祖以握斗步天，扫荆蛮而干吴蜀；陛下以呵雷叱电，荡闽越而缚并汾。自是五帝之封区，三皇之文轨，重归正朔，不亦盛乎！有以见皇王之道全，开辟之功大，其如图籍之府未修，郡县之书罔备，何以颂万国之一君，表千年之一圣？"[1] 这篇序言，行文之间虽有溢美之词，但是乐史所流露的兴奋之情，

---

[1] 乐史《太平寰宇记》序。

却实出于内心。乐史在这篇序言最后写道："臣职居馆殿，志在坤舆，辄撰此书……"① 正是怀着对刚刚建立不久的宋王朝的无限忠诚与热爱，以及对宋王朝振兴的积极憧憬，乐史才倾心撰成《太平寰宇记》二百卷。乐史对宋王朝的积极预期，是宋初士大夫对王朝未来心理预期的一个很好写照。

五代大混乱之后形成的大宋王朝，完全不同于依靠霸权建立起来的罗马帝国，也不同于为寻求资本主义发展所需的市场而构建起来的空中楼阁般的大英帝国。罗马帝国依靠强权与实力拼凑成一个内部矛盾重重的帝国；大英帝国则用炮舰和金钱来铸造它本土与那分布在世界各地的"省份"之间的纽带（或者说锁链更为合适），最终被证明只不过是一个令人耽迷的美梦。而大宋王朝——这个后来逐渐变得积贫积弱的王朝，却是在多年战乱之后，各地区人民为谋求生存与发展而在多种力量角逐中所做出的最佳选择。因此，自宋代开始，民族国家的观念比以往中国历史上任何一个朝代都要强烈。大宋王朝的出现，使当时社会在整体上产生了一种积极的心态。不论是处江湖之远的老百姓，还是居殿堂之高的士大夫，对于未来都满怀着美好的希望。这对于消费支出来说显然是一种潜在的推动力。同时，宋初期社会生产的恢复，也在客观上增加了民间扩大消费的可能性。

以上，我们分析了宋初社会经济和财富的概况，从历史数据可知太宗朝末年的国民收入增加了，并由此推断出太宗朝末年的社会整体消费支出相对于太祖朝时已经大为增加。此外，宋太祖、太宗统治期间，社会财富的进一步积累，全社会对未来所抱有的比较普遍的乐观心理，也足以支持宋前期社会消费信心大为增长的观点。

社会消费有赖于生产与交易的发展，下面我们再具体通过宋朝初年农业、手工业、商业发展以及货币发展等情况来分析宋初的社会生产为消费提供了什么样的基础。

---

① 乐史《太平寰宇记》序。

1. 农业生产与消费

农民消费以实物为主。人身自由的扩大与生产工具的改进提高了劳动生产率。庄园经济为消费创造了一定的有利条件。政府是农业生产的主要管理者。垦田的增加与局部的废坏。

宋朝农民的课税非常繁重，但是与晚唐之前按照丁口交纳租庸调相比，计亩纳税的负担要轻一点。"杂变之赋"也相对稳定下来，比起五代十国时期名目繁多的苛捐杂税要好一些。这种赋税结构使宋初的农民基本上可以根据田地的亩数估计出自己的收入。以现代经济学的视角看待宋初赋税结构的变化，我们可以认为宋初农民对于生命周期收入的估计比五代十国时期要乐观一些，有利于促进支出和消费。但是，宋朝的农民主要还是从事自给自足的生产与消费，支出与消费仍然以实物为主。

生产积极性与劳动生产率的提高大大促进了农业生产，为宋王朝的消费提供了坚实的经济基础。宋朝实物地租占支配地位，佃户对地主的人身依附关系比前代稍有减弱。佃户在宋朝具有更大的人身自由，可以主动脱离原来的地主去佃种其他地主的土地。佃户在购买一定土地之后，也可以脱离地主自立户名。佃农的生产积极性比前朝有所提高。由于弯锄、铁耙、铁铧等农具在中原和华北地区普遍使用，汲水灌田的龙骨翻车、往山上引水的高转筒车等工具在南方普遍使用，宋朝的农民劳动生产率也提高了很多。宋初，朝廷非常关心农业生产工具的状况。比如，"淳化五年（994），宋、亳数州牛疫，死者过半，官借钱令就江、淮市牛。未至，属时雨沾足，帝虑其耕稼失时，太子中允武允成献踏犁，运以人力，即分命秘书丞、直史馆陈尧叟等即其州依式制造给民"。[①]

宋朝庄园经济的发展，也为社会消费的增长创造了一定的有利条件。从唐末至宋朝，大田产的所有者土地私有的观念加强了。许多人在私有田产（被称为庄田、庄园等）之前冠以自己的姓（至宋中期，这种情况非常普遍）。数目

---

① 《宋史》卷一七三《食货志·农田》。

众多的佃户依托地主的庄田为中心开展的生产以农业为主，但是同时从事多种副业甚至手工业。由于"庄"内人群聚集生产，因此也形成小规模的消费聚集点。这种不大的消费空间，其实接近于一个自给自足的生产消费体系。宋初李诚庄"方圆十里，河贯其中，尤为膏腴，有佃户百家，岁纳租课"。① 虽然这个生产与消费系统一定不是封闭的，但是其中的多种经营可能并不是来自系统之外的商业刺激，而可能主要是因为人口聚集，自然产生出多种消费需求所导致。庄园内部分工加剧很可能也成为制约大规模商品经济发展的因素之一，因为庄园内部分工使庄园内部多种消费需求可以在一个相对封闭的系统中也能得到满足。庄园在小范围内创造了消费的刺激因素，但却有一种更为强大的组织生产与影响消费的力量凌驾于它之上。

在中国封建社会，政府在农业生产中扮演着重要的管理者的角色。（这种政府角色，对后世中国政府的职能产生了深远的影响。）中国人习惯将地方官员称为"父母官"，并非完全出于对执政者之尊敬，实乃中国社会中以政府为重要管理者的传统农业生产管理方式在人们的意识中的真实反映。以小自耕农方式存在并进行生产的中国农民，对于政府的依赖心理是日积月累形成的。在中国封建社会，政府统治能力的强弱，则很大程度上表现在能否对小自耕农进行合法而稳定的抽税。在宋朝，中国农民对于政府的依赖也是显而易见的。宋初，宋太宗非常重视农业生产，"太宗太平兴国中，两京、诸路许民共推练土地之宜、明树艺之法者一人，县补为农师，令相视田亩肥瘠及五种所宜……劝令种莳，候岁熟共取其利。为农师者蠲税免役"。② 太宗甚至亲自耕田劝农。《宋史》记曰："端拱初，亲耕籍田，以劝农事。"③ 有人建议南北交叉种植各种粮食作物可以防止旱涝灾害，宋太宗便"诏江南、两浙、荆湖、岭南、福建诸州长吏，劝民益种诸谷，民乏粟、麦、黍、豆种者，于淮北州郡给之；江北诸

---

① 《东轩笔录》卷八。李诚为太祖时邑酒务专知官。
② 《宋史》卷一七三《食货志·农田》。
③ 《宋史》卷一七三《食货志·农田》。

州，亦令就水广种秔稻，并免其租"。[①] 当时，越南传入的占城稻已经从福建大量传入长江与淮水领域。占城稻耐旱易生，使得江浙某些地区有了一岁两熟的稻米，江南的谷物产量因此大增。

此外，在太宗朝，凡州县荒废土地，允许百姓请求开垦作为永久产业，而且"蠲三岁租"，[②] 三年后，交纳租税的三分之一。官员劝导百姓开垦土地，都有记录，给予嘉奖。（这种措施，很容易使人联想到美国西部大开发时期的政府政策。）在宋朝廷的鼓励下，宋初年的农民状况从整体上看有所改善。根据生活在北宋中叶的王安石记载，自北宋初年以来，南方多山地带，如福建、江西、湖南等地，农民开山为田，[③] 使垦田的面积比前代有所增加（见表3）。

表3　北宋前期太祖太宗朝的户口数和垦田数 [④]

年代	户数及其增长指数		垦田数及其增长指数	
	户数（户）	指数	垦田数（顷亩）	指数
宋太祖开宝末／开宝九年（976）	3,090,504	100	2,953,320 顷 60 亩 2,952，320 顷 60 亩*	100 100
宋太宗至道二年（996）	—	—	3,125,251 顷 25 亩	105 106**
宋太宗至道三年（997）	4,132,567	134	—	—

说明：表中数据据《文献通考》和《宋史》记载录入，两书宋太祖开宝九年垦田数目的记载不一致，表中带"*"的垦田数为《宋史》记载数据，带"**"的指数以带"*"的垦田数为基数计算。

表3中的数据说明，北宋前期，在户口增长的同时，垦田数目也获得了一定的增长。这就使北宋前期的农业恢复有了最基本的生产力保证。同时，北宋

---

① 《宋史》卷一七三《食货志·农田》。
② 《宋史》卷一七三《食货志·农田》。
③ 翦伯赞主编《中国史纲要》（第三册），第20页。
④ 垦田数参见《文献通考》卷四《田赋考四》、《宋史》卷一七三《食货志·农田》。户口数参见《文献通考》卷一一《户口考二》。另外，漆侠于《中国经济通史·宋代经济卷》（经济日报出版社，1999年）一书之中，也摘引《文献通考》和《宋史》中的垦田数，但误将"至道二年"垦田数作"至道三年"垦田数，特指出。

⊙ 北宋王居正《纺车图》中在纺织的女人

前期的户口数和垦田数都一致呈现增长的趋势，也显示了农业经济时代，在人地矛盾不突出的阶段所具有的生产力发展特征。

但是，宋初也有一些影响农业生产发展和社会消费的情况出现。根据庆历年间范仲淹记载，自五代开始南方以"圩田"为名的田地在北宋初年开始废坏，南方部分地区粮食减产，粮价上涨。[①]（江淮间水高于田，筑堤捍水而成的田叫作"圩田"。）另外，宋初有些地区常常出现一些人为阻碍农业生产和影响

---

① 《范文正公集》，《奏议卷上》之《答手诏条陈十事》。范仲淹在《答手诏条陈十事》中指出："自皇朝一统，江南不稔，则取之浙右，浙右不稔，则取之淮南。故慢于农政，不复修举，江南圩田、浙西河塘，太半隳废，失东南之大利。今江浙之米，石不下六七百文足至一贯文者，比于当时，其贵十倍，而民不得不困，国不得不虚矣。"《范文正公集》商务印书馆1937年"万有文库"版中，"石不下六七百文"之后句读，笔者认为此句中"足"为宋时钱价值之计量表示法之一，句中意为"石不下六七百文足"，故去原文"文"与"足"之间句读。

百姓财富积累的情况："富者操奇赢之资，贫者取倍称之息，一或小稔，富家责偿愈急，税调未毕，资储罄然。"① 一旦出现这种情况，贫穷人家除了勉强糊口，更无多余的支出和积蓄。财富的过于集中，极大限制了社会中下阶层的消费能力。这一点值得引起我们的重视。

宋初农副业的发展也为农业经济发展做出了贡献。宋朝茶叶的种植有了很大的发展。② 宋政府实行茶叶专卖制度。茶叶是宋代的重要消费内容，但是本书的研究重点并非在于考察某些物品的具体消费情况，因此不专门对茶叶消费做深入研究。酒也是宋人重要的消费内容，但亦非本书之研究重点。下文不赘言。但是，值得一提的是，对茶、酒以及盐等生活必需品及战略性物资的禁榷制度却是影响宋代政府消费与民间消费的重要制度，本书将会时有论及。

2. 手工业与消费

手工业为政府消费与民间消费提供了丰富的消费品。金属制品。绢帛。瓷器。纸。漕船。

宋代的手工业范围很广泛，为政府消费与民间消费提供了大量的消费品。从经营性质角度分析，宋代手工业包括官营手工业和民营手工业。从行业性质角度分析，宋代手工业包括纺织业（可进一步细分为丝织业、棉织业、麻织业、印染业等）、食品加工业（可进一步细分为粮、茶、食盐、糖、酒等加工或制造业）、以木为原料的制造业（可进一步细分为伐木、烧炭、建筑、造船等行业）、日用品制造加工业（可进一步细分为瓷器、漆器等制造业）、文化用品制造加工业（可进一步细分为造纸业、印刷业、文房四宝制造加工业等）、矿冶业（可进一步细分为各种金属的冶炼业）。北宋时期，独立手工业者的数量比前代增加了，矿冶、丝织、陶瓷和造纸等手工业部门的发展非常显著。手工业

---

① 《宋史》卷一七三《食货志·农田》。
② 《宋史》卷一八三《食货志·茶》。

生产部门生产的产品，为当时的人们提供了丰富的消费资料，提高了人们的生活水平。尤其是丝织业、陶瓷业为社会提供的产品，更是宋代人喜爱有加的消费品。但是，各个手工业部门在宋代不同的发展阶段内，发展速度并不保持同一节奏。本书对于手工业各部门不做面面俱到之研究，而重点关注宋代每个具体发展阶段内对消费产生明显影响的相关手工业部门的发展。

矿冶业、金属制造业与消费

> 金属货币与生产工具对生产与消费具间接影响。朝廷禁止百姓铸造佛像等无用之物。

矿冶业与金属制造业提供的产品主要有制造货币所需的金属、制成品的货币、日用品（如铜镜）以及一些金属材料的生产工具（如农具）。作为手工业的重要部门，它们对于人们的生产与消费影响重大，尤其是该生产部门所制造的货币量直接影响着市场上的货币流通额，从而间接对物价以及人们生活消费水平的高低产生影响。

宋初有金、银、铜、铁、铅、锡等矿开采，场务有二百零一处。此外，还出产水银、朱砂。虽然北宋政府对矿产资源在政府消费中的重要性有充分的认识，但是宋初统治者比较重视安抚百姓，在采矿方面也有与民享利之心。太祖开宝三年（970），"诏曰：'古者不贵难得之货，后代赋及山泽，上加侵削，下益凋敝。每念兹事，深疚于怀，未能捐金于山，岂忍夺人之利。自今桂阳监岁输课银，宜减三分之一。'民铸铜为佛像、浮图及人物之无用者禁之，铜铁不得阑出蕃界及化外"。[①] 至道二年（996），有官员建议说定州诸山多产银矿，而凤州山里铜矿又可开采了，而且采治很多，质量很好，因此请求在那里设置官署来掌管开采事务。太宗说："地不爱宝，当与众庶共之。"[②] 由此可见，当时宋

---

① 《宋史》卷一八五《食货志·坑冶》。
② 《宋史》卷一八五《食货志·坑冶》。

⊙ 宋《耕织图》局部

统治者考虑通过减税来使百姓享有一定的留存，并且不对采矿进行绝对垄断。这实际上就使当地百姓有了更多的可支配收入。根据这两条史料我们也可以看到，在北宋初年，朝廷以实用主义的态度对待资源的开采和利用，禁止百姓将铜铸造成佛像等"无用者"。这一方面说明当时铜矿资源比较紧缺，另一方面也说明宋初统治者不鼓励生产与消费"无用"之物的心理。显然，北宋王朝的最高统治者已比较清楚地意识到，对紧缺资源的浪费不利于资本的积累、生产的发展与国家财富的增长。在禁止民间滥用铜铸造"无用"之物这一点上，宋初的执政者倒是在思想上有可能同后世的英国经济学家李嘉图、亚当·斯密产生某种共鸣。然而，所不同的是，当时北宋政府关于不得滥用铜铸"无用"之物的禁令更多的是源自于维护统治阶级的利益，而两位英国经济学家则更多地从社会整体利益出发，主张社会应该节制消费、保证积累，以促进生产和国民财富的增长。

纺织业与消费

绢帛消费的增加及刺激绢帛消费增加的因素。

就北宋初期的消费问题，宋代纺织印染业中最值得一提的是丝织业。丝织业的织造与原料生产在宋代已经分离了。丝织业最初从家庭手工业中分离出来的是绫锦织造业。绫锦属于奢侈品，其消费群体主要是达官贵人和富有者。从事该类丝织工艺的最初只是少数妇女，一般的农家对此类工艺并不熟悉。而绢布则属于普通农户的生产品，因为产量较大，唐征收自农户的庸调，虽然折为钱，但是实际征收时仍旧折为绢帛。随着绢帛产量增加，同时货币缺乏，绢帛价格下跌。李剑农认为，两税制实施后，绢帛生产的增加，是因为机织业范围扩大以前的机织业，专以绫锦等奢侈品为生产对象，至宋代已经开始制造普通的绢帛。笔者认为，绢帛织造业的扩大，其主要原因还在于民间对于绢帛需求的增加。这种需求的增加，原因比较复杂，一部分是因为税制征收绢帛的刺激,同时也因为当时下层消费者对上层的绫锦消费进行模仿,从而刺激了绢帛消费。

"机织手工业离农户而分立,已见端于晚唐。宋代赋税仍沿唐代之习惯,其税入品之一部分亦有折为绢布者,是尚认绢帛为普通农户之生产品。然事实上纳税人户所纳之绢帛,一部分当系购之于所谓'织帛之家'"。[1]为了交纳绢帛形式的赋税,纳税人从"织帛之家"购买绢帛。这种做法也促进了绢帛制造业进一步从家庭手工业中分离出来。

随着绢帛制造业从家庭手工业中分离出来,丝织品的生产目的具有了较为明显的商品性。产品除了提供家庭消费或交纳赋税外,亦可以投入市场进行交易。丝织品交易的扩大无疑反映了当时市场上对丝织品的消费需求在增长,而丝织品交易量的增加反过来又进一步促进了丝织业的专业化分工。

丝织业在北宋初年得到了较快的发展。宋代沿袭前代的制度,征调绢绸、布、丝、绵以供军需,同时也就出产地定额摊派进行以物易物(在宋代叫"折科")或按照市价购买(在宋代叫"和市")。[2]北宋朝廷对于丝织品的消费需求主要通过土贡、赋税、物物交换和政府购买等几种方式来实现。朝廷对丝织品的消费在一定程度上拉动了丝织品的市场。当时,丝织技术比较高的是四川地区。宋太祖在乾德四年(966)曾将平后蜀所得的锦工二百人置绫锦院于开封。绫锦院的产品主要供皇室、高层官员消费。宋太宗至道元年(995)二月下诏在杭州设置了织室,"岁市诸郡丝给其用"。[3]显然,在丝织品的消费方面,统治阶级与普通百姓之间的消费差距在北宋初年就存在。

制瓷业与消费

瓷器消费的阶级性。大众的消费情趣。

---

① 李剑农《中国古代经济史稿》,第 597 页。
② 《宋史》卷一七五《食货志·布帛》。
③ 《宋会要辑稿》,食货六四之一八。

对瓷器的消费，一为实用，二为审美。谈宋代的消费，不得不提到在瓷器发展史上具有重要地位的宋瓷。宋初的制瓷业比前代有了较大的发展。由于制瓷工艺的发展，宋代的瓷器在色彩烧制、花纹制作方面等都超过了前代。宋代以前，上等瓷器颜色可观者只有青白二色，其他诸如黄褐色一般都是下品。宋代的瓷器除了青白二色，红色、紫色工艺也非常出色，因此，宋代的瓷器已经五彩具备。宋初，最为著名的瓷窑是在京西许州阳翟（今河南禹县）建立的钧窑。钧窑以制作青瓷为主，其烧制的红釉瓷器被称为"胭脂红"。所谓"胭脂红"，乃是釉中含铜的化合物，在烧制过程中经过窑变而成。胭脂红瓷器色彩艳丽，是时人和后人珍视之名品。

宋初耀州窑的青瓷也值得一提。与前代相比，这一时期耀州窑的青瓷不论是釉色还是装饰手法，都有创新。釉色方面，其青瓷逐渐放弃五代之时的天青釉色，而开始探索烧制类余姚秘色的新青釉。这种新青釉，因其青翠晶莹而在后来被赞为"精昆琢玉"。在装饰手法方面，宋初耀州青瓷采用五代晚期新创的剔刻花工艺和器内贴花工艺。其剔刻花纹样与同期越窑的划花相比，形象更鲜明，纹样更流畅优美。纹样种类包括植物花卉类、动物类、人物类等几大类；具体纹样有牡丹、菊花、枫叶、卷草、凤、鸾鸟、龟、鱼、各种袍服人物、婴儿等。宋初耀州青瓷纹样远比前代丰富。对淡雅的天青色的放弃和对更鲜丽明快的类秘色的追求，显示了宋初耀州青瓷对大众品味的迎合。而更加精美和多样的纹样，则与宋初人心趋稳，审美开始追求精巧繁丽不无关系。政治的统一与崇文抑武的衍生之果，亦在瓷器这一小物件上结出。

宋代的瓷器有官窑瓷器和民窑瓷器之别。宗室与高级官僚消费的瓷器均为官窑出品，普通老百姓是没有资格使用官窑出品的瓷器的。瓷器的消费，与宋代许多物品的消费一样，具有明显的阶级性、等级性。

⊙ 北宋开宝四年开刻的《开宝藏》之《大宝积经卷第一百一十一》

造纸业、雕版印刷业与消费

纸的大量消费。雕版佛画的消费不减于前代。通俗文化需求的增长。

纸早在东汉就发明了，到了宋代，造纸技术有很大的改进，造纸业有了长足的发展。宋代的纸，除了有书写、作画、印刷书籍、纸币等用途，还用于做纸衣。宋代活人也有穿纸衣的。《续资治通鉴长编》卷三一的记载中，曾提到宋太宗年间一个叫蒋元振的知州，清苦节俭，"缝纸为衣"。[①] 当然，这只是一个特例，并不表示民间有纸衣的大量消费。在当时，纸的最主要的消费方式，还是书写、作画、印刷书籍等。宋代最著名的纸张是蜀川地区制造的。在宋代之前，蜀川出品的麻纸号称"玉屑"、"屑骨"，天下闻名。南唐后主曾从蜀川引进技术，仿制"玉屑"纸。蜀川出品的薛涛笺是宋代纸笺名品，彩色有砑花，精美而实用，书写效果流畅而不走墨晕染，深受文人墨客的喜爱。因此，这种纸的生产与消费在宋代发展很快。

在雕版印刷业发展的基础上，宋代的版画也获得了进一步发展。宋代的

---

① 《续资治通鉴长编》卷三一，淳化元年冬十月乙丑条。

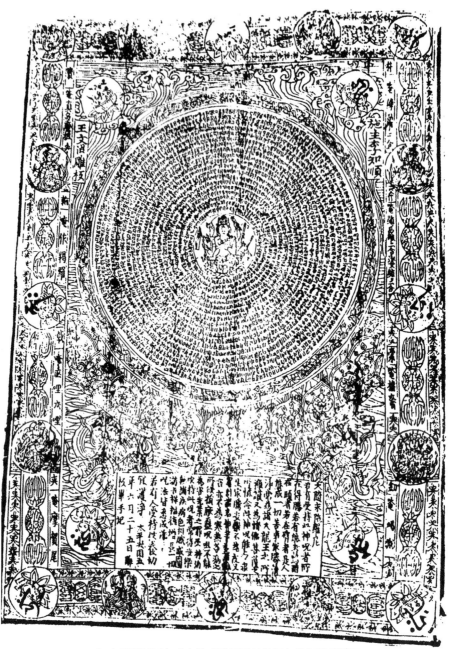

⊙ 太平兴国五年《大随求陀罗尼曼陀罗》独幅雕版佛画

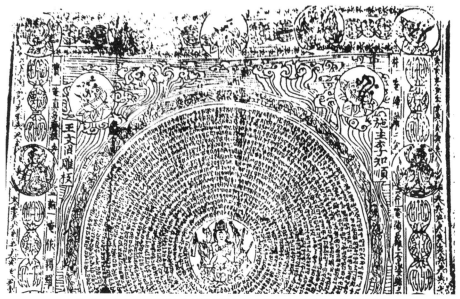

⊙ 北宋太平兴国五年《大随求陀罗尼曼陀罗》独幅雕版佛画局部 1

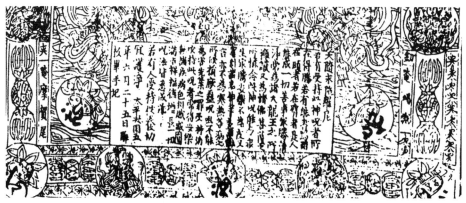

⊙ 太平兴国五年《大随求陀罗尼曼陀罗》佛画局部 2

⊙ 雍熙元年《弥勒佛像》独幅雕版佛画

版画有书籍中的木刻插图、民间日用的雕版画、佛教题材的雕版画等多种类型。佛像画的消费在宋代之前就已经出现，唐代咸通九年（868）用雕版印刷的《金刚经》中就有佛像画扉页。王伯敏先生指出："我国的雕版事业，自从雕版佛经、佛画而逐渐扩展到子书文集及医书历书等刊印，又经过五代大规模的雕版九经，从此就奠定了雕版印刷的基础。这里，应该特别指出来的，那便是雕版印刷当面向了文学艺术以及民间日用书册的出版上之后，这就给雕版印刷开辟了一条无比广阔的道路。"[1] 两宋时期民间文化的发展（如北宋时期的"杂戏"、南宋时期的"话本"等），都为版画提供了广阔的空间。现存的宋代版画比较多，在这些版画中，有宋代各个时期的版画作品，比如北宋前期的版画作品有《大随求陀罗尼曼陀罗》独幅雕版佛画（北宋太平兴国五年，980）、《慈悲道场忏法》佛画（太平兴国年间）、《弥勒佛像》独幅雕版佛画（雍熙元年，984）、《文殊菩萨》独幅雕版佛画（雍熙元年，984）、《普贤菩萨》独幅雕版佛画（雍熙元年，984）、经折装《金刚般若波罗密经》刊本中的佛像（雍熙二年，985）、《金光明经》刊本中的佛画（端拱元年，988）等。[2] 王伯敏先生谈的是雕版与版画的发展，但是通过研究版画的发展情况，我们也可以知道，版画应用范围的扩大主要是由于通俗文化消费需求的增长。

食品加工业中的盐业与消费

北宋统治区食盐消费量的增大。

　　① 王伯敏《中国版画史》，上海人民美术出版社，1961年，第20页。
　　② 这些版画在《新编中国版画史图录》一书中有图版。参见周心慧主编《新编中国版画史图录》（第二册），学苑出版社，2000年。《大随求陀罗尼曼陀罗》独幅雕版佛画，图见该图录第31页；《慈悲道场忏法》佛画，图见该图录第32页；《弥勒佛像》独幅雕版佛画，图见该图录第33页；《文殊菩萨》独幅雕版佛画，图见该图录第34页；《普贤菩萨》独幅雕版佛画，图见该图录第35页；经折装《金刚般若波罗密经》刊本中的佛像，图见该图录第36页；《金光明经》刊本中的佛画，图见该图录第37页。《弥勒佛像》《文殊菩萨》《普贤菩萨》于《新编中国版画史图录》中均注北宋雍熙元年（985）刊本，《金光明经》注端拱元年（989）刊本，其公元纪年标注有误，雍熙元年为984年，端拱元年为988年，于此校改之。

盐是日常生活的必需品，盐的消费与粮食消费、蔬菜肉食等食物的消费有着很强的关联性。通过研究盐的消费量，可以大概了解到一个社会的粮食、蔬菜、肉食等食物的消费量的变化情况。

入宋之后，由于人口增加，食盐的消费量也大大增加。宋初政府在政治与军事上的成功，经由人口因素，在食盐消费量上体现出来。政治与军事的成功，亦意味着政府将承担更大的经济方面的责任。然而如何应对，却有多种选择。在如何组织食盐生产与满足需求这一问题上，宋政府选择了"大政府"的角色。宋朝政府对盐实行专卖制度。盐是作为官方经营并投放市场的主要产品，具有明显的商品性质。"即使在自然经济占支配地位的封建时代，食盐生产也大都属于商品生产"。[①] 与宋代中后期相比，盐业在北宋初期生产规模比较小。这可以从北宋初期政府的榷盐收入推知。至道末年，榷盐收入只有二百三十五万余贯，其中，"卖颗盐钱七十二万八千余贯，末盐一百六十三万余贯云"。[②] 但是，随着人口的不断增多，消费需求不断增大，盐业日渐成为宋代政府的重要财政收入来源。

造船业与消费

造船业。消费物资的调度。产量巨大的漕船。

当大宋王朝将广大版图纳入自己的统治之中时，也同时在统治区内造成了物资运输的压力。一旦物流出现问题，中央政府的消费以及一些重要城市的消费就必然会受到影响。与政治上实现高度中央集权相适应的是，北宋政府在经济上极力希望将各地的物资统一纳于中央政府的调控之下。各道或路的财政大员负有极大之使命，务必在任何时候首先要保证中央政府的需要。对于北宋中央政府而言，宗室、官僚以及整个都城的消费都严重依赖于漕运。都城和一些

---

① 姜锡东《宋代商人和商业资本》，中华书局，2002 年，第 151 页。

② 《续资治通鉴长编》卷九七，天禧五年十二月。

重要城市的消费品供应和各种物资的调度，极大地促进了北宋造船业的发展。因此，造船业在北宋前期就很发达。北宋初年以来，"诸州岁造运船：至道末三千三百三十七艘……"[①]漕船数目是非常大的。江西的虔州、吉州，浙江的明州、温州、台州、婺州，湖南的潭州，陕西凤翔的斜谷等地，都逐渐发展成为造船中心。这些造船中心所制造的数目巨大的漕船，频繁地行驶在这片刚统一的国土上，向都城和各地源源不断地运去各种消费品。

3. 交通、商业与消费

汴河的漕运。海外贸易、禁榷与消费的等级化。商业城市。

一个社会的消费受到商业发展程度的影响。在宋代的商业发展过程中，宋政府的商业资本在其中起到了很大的作用。正如有学者指出："到两宋时期，国有商业资本又有空前发展，其活动范围之广，持续时间之长，都是前所未见的。"[②]在宋代，宋朝政府经营着大量官营生产机构，并直接影响着商业活动。那么，在这部分，我们来探讨一下与商业有关的一些具体因素对消费的影响。

交通与消费

重要的运输通道——汴河。汴河漕运与汴京的消费。漕运反映并拉开了汴京与地方的消费水平差距。

宋平定割据政权后，国内的市场大为扩大。朝廷备边的军事需要、官府消费需要以及各地市场需要促使宋朝廷大力发展交通事业。就消费问题而言，宋代的交通值得专门关注的有两方面：一是漕运；一是航海。

宋代的商业交通线与漕运路线紧密结合在一起，并以都城为中心。宋建都汴京，形成了一个巨大的消费中心。宋太祖获得天下后，吸取唐与五代的教训，

---

① 《文献通考》卷二五《国用考三·漕运》。

② 姜锡东《宋代商人和商业资本》，第87页。

在京师驻扎重兵，形成了强干弱支的局面。因此，汴京及周边地区不仅存在巨大的官府和民间消费需求，还具有巨大的、集中的军需。当时承担向汴京输送物资重任的有四条河以通漕运，分别是汴河、黄河、惠民河、广济河，其中，汴河的漕运是最多的。《文献通考》引止斋陈氏（陈傅良）之说，这样记载："本朝定都于汴，漕运之法分为四路：江南、淮南、浙东西、荆湖南北六路之粟自淮入汴至京师；陕西之粟自三门白波转黄河入汴至京师；陈蔡之粟自闵河蔡河入汴至京师；京东之粟自十五丈河自历陈济及郓至京师。四河所运，惟汴河最重。"① 由此可见，汴河交通对于保证京师及周边地区的物资供应和消费具有举足轻重的地位。

建隆以来，宋朝廷首先组织力量疏通了汴河、惠民河、广济河三条河，命诸州将每年收取的赋税、管理榷场买卖获得的钱财货物、上贡的绢帛都通过这三条河运往京师。为了不妨碍百姓的农业生产，朝廷要求官府给予车船输送财物。

"开宝五年（972），率汴、蔡两河公私船，运江、淮米数十万石以给兵食"。② 可见，当时的军需已经非常巨大。但是，即使这样，据《宋史》记载，这时的京师粮食消费还不算多的："是时京师岁费有限，漕事尚简。"③ "至太平兴国初，两浙既献地，岁运米四百万石"。④ 从开宝五年到太平兴国初年（976），也就是短短四五年时间，每年仅从汴河运往京师的粮食，就从数十万石增长到四百万石。即使无法排除有从京师往西北边防地区转运部分粮食以及储备部分粮食的可能性，多运米近四百万石这一事实，也足以说明京师及周边地区的消费潜力大为增加了。

《宋史》载："太平兴国六年（981），汴河岁运江、淮米三百万石，菽一百万石；黄河粟五十万石，菽三十万石；惠民河粟四十万石，菽二十万石；广济

---

① 《文献通考》卷二五《国用考三·漕运》。
② 《宋史》卷一七五《食货志·漕运》。
③ 《宋史》卷一七五《食货志·漕运》。
④ 《宋史》卷一七五《食货志·漕运》。

河粟十二万石；凡五百五十万石。非水旱蠲放民租，未尝不及其数。至道初（995），汴河运米五百八十万石。"[1] 北宋汴京及京畿地区不仅从汴河获得粮食等消费品，实际上还获得了满足需求的其他各类物品，比如，在运往汴京的物品中，还有制造兵器所需的铁、从广南进贡的藤等。可以说，四条漕运路线使得汴京成了一个巨大的敛财敛物中心，仿佛是一个聚宝盆，源源不断地从全国各地吸取资源。

在通过漕运运送粮食货物过程中，由于途经各地时要在当地雇佣民工牵引运输船，因此，各地就有官员乘机作弊，私自往船上夹带钱物运往京师，返回来时也有官员夹带财物运往各地。这种私下违法夹带财物现象的出现，说明当时各地与京师之间经济发展水平差距很大，对各类消费品的需求也存在着严重的不平衡。由于大量的资源集中性地不断向京师输送，因此，我们可以说，包括漕运等在内的各种运输活动在保证京师及京畿地区的需求得以满足的同时，也进一步拉大了各地消费水平与京师消费水平之间的差距。京城消费所产生的拉动力，并不以人的喜恶爱恨为转移，其背后最为重要的驱动因素，是京城中巨大的消费需求。

贸易与消费

　　边境贸易政策体现实用主义。北部边境贸易与生活消费受时局的影响。海外贸易对消费的刺激。舶来品、禁榷及消费的阶级性。对犯禁的惩罚与对消费特权的保护。

宋初，边境人民的生活消费深受多变的贸易政策的影响。刚刚建立的宋王朝沿袭后周的制度，与南唐互通贸易。乾德二年（964），宋朝廷禁止人过长江，在建安、汉阳、蕲口设置三个榷署，与南唐进行交易。这是中国古代政府对经济进行干预，对贸易进行管制的典型事例。这一方式，既带有浓重的贸易保护

---

① 《宋史》卷一七五《食货志·漕运》。

主义色彩，但是也考虑到了要以某种有限度的方式来满足一个区域内的消费需求。宋代统治者的实用主义精神在这一贸易制度中给人的印象非常深刻。宋初地方政权的割据并无法遏止各地的需求。宋王朝采取了一种既能保证消费，又能保护朝廷利益的方式来解决割据所造成的消费需求问题。可以说，当时朝廷对于违反规定私自贸易的处理办法是比较温和的。从《宋会要辑稿》记载的情况来看，乾德二年禁人渡江的规定带来的负面效果迫使朝廷对禁令做出了进一步变通与缓和处理。乾德四年（966）四月，"诏江北诸州县镇：近闻自置榷场禁人渡江以来，百姓不敢渔樵，又知江南仍岁饥馑，自今除商旅依旧禁止外，缘江百姓及诸监煎盐亭户等，并许取便采捕，过江贸易"。① 宋朝廷在开设榷署的同时，禁止官员私下做生意，但是却处罚不重，"内外群臣辄遣人往江、浙贩易者，没入其货"，② 对于沿江百姓生产与贸易活动也再没有什么严格限定，"缘江百姓及煎盐亭户，恣其樵渔，所造屦席之类，榷署给券，听渡江贩易"。③ 这种现实的管理措施，使得长江两岸的生活必需品和日用品得以互通有无，对于保证当地百姓的基本生产与生活消费是有帮助的。在平定南唐后，沿江的榷署（开宝三年即 970 年，建安的榷署移至扬州）依然存在，但是只管理茶叶的买卖。从这点看，当时茶叶依然是紧缺物资，宋朝廷并不想放宽对茶叶买卖的控制。

北宋前期，北部边境的贸易为边界军民的生活消费提供了方便。但是，北部边境的贸易常常因为政治、军事局面的变化而受到很大影响。"契丹在太祖时，虽听缘边市易，而未有官署。太平兴国二年（977），始令镇、易、雄、霸、沧州各置榷务，辇香药、犀象及茶与交易"。④ 在范阳之战后，这几处榷务被罢停，不得进行贸易。雍熙三年（986），又禁止了河北商人和契丹人贸易。但是，由于北部边境连年有战事，有些地方的军民连基本生存消费都很难得到满足，

---

① 《宋会要辑稿》，食货三八之二六。
② 《宋史》卷一八六《食货志·互市舶法》。
③ 《宋史》卷一八六《食货志·互市舶法》。
④ 《宋史》卷一八六《食货志·互市舶法》。

必须依靠长距离运输粮食来支援。《宋史》记载："时累年兴师，千里馈粮，居民疲乏，太宗亦颇有厌兵之意。"[①] 在这种背景之下，端拱元年（988），太宗下诏说："朕受命上穹，居尊中土，惟思禁暴，岂欲穷兵？至于幽蓟之民，皆吾赤子，宜许边疆互相市易。自今缘边戍兵，不得辄恣侵略。"[②] 可是，没过多久即禁止边疆通商，违者处死，"北界商旅辄入内地贩易，所在捕斩之"。[③] 直到淳化二年（991），"令雄霸州、静戎军、代州雁门寨置榷署如旧制，所鬻物增苏木，寻复罢"。[④] 由此可见，北宋与契丹北部边疆地区的不稳定局面，使双方边疆人民的生活消费受到长期的影响。

北宋前期，消费市场比较发达，宋朝人已经能够消费比较丰富的舶来品。宋朝消费市场的发达，有很大一部分功劳要记在海上贸易方面。至宋代，海上贸易比前代更兴盛。五代割据的时候，吴越、闽、南汉等割据政权都大力发展海上贸易以获取利益。宋朝平定这几处割据政权后，继续发展当地的海上贸易。宋朝在广州及闽浙沿海各地设置有市舶司，以管理和从事海外贸易。市舶的收入，是宋朝廷的重要收入来源。海外贩来的各类商品，则丰富了中国市场上的消费内容，尤其是使宋宗室、官僚能够享受来自海外市场的各种奢侈品。

开宝四年（971），宋朝廷在广州设立了市舶司，后来又在杭州、明州设置市舶司。"凡大食、古逻、阇婆、占城、勃泥、麻逸、三佛齐诸蕃并通货易，以金银、缗钱、铅锡、杂色帛、瓷器，市香药、犀象、珊瑚、琥珀、珠琲、镔铁、鼊皮、玳瑁、玛瑙、车渠、水精、蕃布、乌樠、苏木等物"。[⑤] 从这一史载可以看到，当时宋朝用金银、缗钱、铅锡、杂色帛、瓷器等去购买香药、犀象、珊瑚、琥珀、珠琲等物。缗钱、银在宋朝属于法币（银是逐渐成为法币的），是重要的岁赋收入形式，杂色帛、瓷器则属于主要物产，其中帛是重要的岁赋

---

① 《宋史》卷一八六《食货志·互市舶法》。
② 《宋史》卷一八六《食货志·互市舶法》。
③ 《宋史》卷一八六《食货志·互市舶法》。
④ 《宋史》卷一八六《食货志·互市舶法》。
⑤ 《宋史》卷一八六《食货志·互市舶法》。

形式。香药、犀象、珊瑚、琥珀、珠琲等大多数是非生活必需品。实际上，宋朝廷是动用了一部分岁赋去购买奢侈品和药材。这说明，宋太祖后期，朝廷的岁赋收入除了维持军事需要和一般性消费，还是比较宽裕的。

在太平兴国年间，北宋朝廷"始议于京师设置香药易院，增香药之直，听商人市之"。[①]因此可以说，在朝廷与民间消费方面，当时已经出现了奢侈消费的萌芽。北宋政府非常清楚民间存在着对奢侈品的需求，自然不会对奢侈品的巨大商业价值视而不见。对于香药宝货等奢侈品的买卖，北宋政府加以严格控制，使自身成为具有垄断性的供应商。《宋会要辑稿》记载："太平兴国初，京师置榷易院，乃诏诸蕃国香药宝货，至广州、交趾、泉州、两浙，非出于官库者，不得私相市易。"[②]《宋史》也记载，宋太宗时，还在京师设置了榷署，"诏诸蕃香药宝货至广州、交趾、两浙、泉州，非出官库者，无得私相贸易"。[③]所有海舶入港，都必须马上报告市舶司，由市舶司先抽其所运货物的十分之一作为入口商税，其余则由市舶司分别收买。经市舶司抽解收买的剩余部分，才允许商人与民间进行交易。市舶司收买的货物品类，最初不加区别。后来，对禁榷品的禁榷范围进行具体规定，并就一些药品放宽了限制，皇帝下诏说："自今惟珠贝、玳瑁、犀象、镔铁、鼊皮、珊瑚、玛瑙、乳香禁榷外，他药官市之余，听市于民。"[④]《宋会要辑稿》对放通行之药物记载得比较详细："（太平兴国）七年（982）闰十二月诏：'闻在京及诸州府人民，或少药物食用，今以下项香药，止禁榷广南、漳、泉等州舶船上，不得侵越州府界，紊乱条法。如违，依条断遣。其在京并诸处，即依旧官场出卖，及许人兴贩。凡禁榷物八种：瑇瑁（即玳瑁）、牙、犀、宾铁、鼊皮、珊瑚、玛瑙、乳香。放通行药物三十七种：木香、槟榔、石脂、硫黄、大腹、龙脑、沉香、檀香、丁香、皮桂、胡椒、阿魏、莳萝、荜澄茄、诃子、破故纸、豆蔻花、白豆蔻、硼沙、紫矿、胡芦、芭、

---

① 《宋会要辑稿》，食货五五之二二。
② 《宋会要辑稿》，职官四四之一。
③ 《宋史》卷一八六《食货志·互市舶法》。
④ 《宋史》卷一八六《食货志·互市舶法》。

芦荟、毕拨、益智子、海桐皮、缩砂、高良姜、草豆蔻、桂心苗、没药、煎香、安息香、黄熟香、乌樠木、降真香、琥珀。后紫矿亦禁榷。'"①

　　北宋前期，舶来品的消费是有等级性的。宋代政府并没有让贵重物资、奢侈品完全进入市场自由交易。后世英国古典政治经济学家李嘉图认为，对奢侈品课税有利于限制人们用来购买奢侈品的消费支出，从而有利于生产资料的积累和生产力的发展。但是，宋代的统治者似乎从来没有想过用奢侈品课税的方法来限制人们用以购买奢侈品的消费支出。中国古代统治者善于运用或倾向于运用管制的方法来限制某些物品的消费。这种倾向有着深刻的制度背景，历史悠久的中国封建等级制度可能使各个封建王朝的统治者在潜意识中就产生了一种以管制来维护统治特权的想法。或者，也可将此看成是封建制度一种强大而无形的惯性。北宋前期的统治者乃至于后世历代封建王朝的统治者，整体上都没有挣脱这一惯性的影响。对奢侈品课税有利于社会财富的重新分配，但是在制度上削弱了特权阶层的特权，具有无视特权与身份的意味。这也许是宋代的统治者不用对奢侈品课税的方法来限制人们用以购买奢侈品的消费支出的原因之一。

　　太宗雍熙中，皇帝"遣内侍八人赍敕书金帛，分四路招致海南诸蕃"。②这种做法，等于是皇帝出面亲自向海外招商。从当时希望引进的物产来看，其中很多都属于稀有的奢侈品。由此可见，宋朝皇帝亲自下诏的招商除了有通过榷卖增值获利的意图，同时也是为了满足皇室和各级官员的消费需要。从消费的心态来看，宋朝廷是非常积极的（尽管这主要是为了满足统治阶级的消费需要），对于海外市场的态度也是非常开放的。

　　从北宋初年的互市舶法可以清楚地看到，凡属于禁榷的商品，都由官府全部收买，在官府应用和消费之余，再出售给商人和老百姓。那些非绝对禁榷的物品，则在抽解交纳入口商税之余，只由官府收买其一部分，这叫作"抽买"。

---

①　《宋会要辑稿》，职官四四之二。
②　《宋史》卷一八六《食货志·互市舶法》。

抽买剩余部分准许商人与民间交易。不过，抽买的比例，经常有变动。《宋史》记载："淳化二年（991），诏广州市舶，除榷货外，他货之良者止市其半。"① 《宋会要辑稿》对太宗淳化二年四月诏有更加详细之记载，诏云："广州市舶，每岁商人船舶，官尽增常价买之，良苦相杂，官益少利。自今除禁榷货外，他货择良者止市其半。如时价给之。粗恶者恣其卖勿禁。"② 这就是说，按照这种规定，民间所能买到的舶来商品，其实大多是品质粗劣之物。

宋代政府对于海舶出入管制之所以非常严格，其目的一是为了防止漏税，一是对某些舶来商品进行专卖，谋取高额利润，同时也可通过消费品的区别显示统治阶级的社会地位。

为了收取税收，同时也为了使各类商品的消费有所规范，保护统治阶级的消费特权，朝廷要求凡是出入各海口的船舶在出发前必须先赴市舶司登记，领取公据或公凭引目。海船回航时，仍须于发航处住舶，违者治罪。《宋史》卷一八六《食货志·互市舶法》载："商人出海外蕃国贩易者，令并诣两浙市舶司请给官券，违者没入其宝货。"③ 宋朝廷对违反互舶法者的惩治不可谓不严格。

维护消费特权也是统治者维护自身身份的一种重要方式。为了维持统治阶级的消费特权，统治者往往会采取一些惩罚措施。在太平兴国初年对全部舶来商品禁榷时，宋朝廷对犯禁之罪的惩罚是非常严厉的。《宋史》记载："太平兴国初，私与蕃国人贸易者，计直满百钱以上论罪，十五贯以上黥面流海岛，过此送阙下。淳化五年（994）申其禁，至四贯以上徒一年，稍加至二十贯以上，黥面配本州为役兵。"④ 《宋会要辑稿》对这一系列惩罚措施的记载更为详细，其中记太平兴国元年（976）五月诏云："敢与蕃客货易，计其直满一百文以上，量科其罪，过十五千以上，黥面配海岛。过此数者，押送赴阙；妇人犯者，配

---

① 《宋史》卷一八六《食货志·互市舶法》。
② 《宋会要辑稿》，职官四四之二。
③ 《宋史》卷一八六《食货志·互市舶法》。
④ 《宋史》卷一八六《食货志·互市舶法》。

充针工。"① 根据《宋会要辑稿》记载，淳化五年二月，宋朝廷又宣布了有关违反禁榷的惩罚是"四贯以上徒一年，递加二十贯以上，黥面配本地充役兵"。②这与《宋史》记载是一致的。淳化五年的惩罚措施，看来比以前是稍稍减轻了。这一阶段政策的调整，说明北宋初年，政府的市场开放观念是逐渐增强的。自太平兴国七年（982）允许三十七种药禁榷放开，民间在市舶司抽解抽买完成后，就可与海外商人直接交易，但是，仍必须向市舶司领取公凭引目，才能通行。国内的商民，虽然不能与海外商人自由交易，但也可自己安排船只，只要向市舶司登记后，就能享受与外商同样待遇，可以入海做贸易。

宋朝是不允许官吏派遣人员私自和外来商船入海做生意的。《宋会要辑稿》记载，至道元年（995）三月，太宗诏广州市舶司曰："朝廷绥抚远俗，禁止末游。比来食禄之家，不许与民争利。……自今宜令诸路转运司指挥部内州县，专切纠察，内外文武官僚，敢遣亲信于化外贩鬻者，所在以姓名闻。"③即使是市舶司监官及当地知州通判，也是不得私收蕃商货物的。至道元年六月诏曰："市舶司监官及知州县通判等，今后不得收买蕃商杂货及违禁物色。如违，当重置之法。"④之所以会有这样的诏书，是因为之前有南海官员以及使臣常常托市舶官，向海外商人私买香药，而且不给合适的价钱。此种禁令，不仅仅是防止破坏榷利，也是为了避免由于官吏剥削勒索而使海外商人亏损。

相对于太祖朝来说，太宗朝对于输入国内的海外物品的交易进一步放宽了限定，除了某些禁榷的香药宝货，已经允许百姓购买官方收购之余的药材。这一事实，显示宋初民间一直具备一定的消费能力。宋统治者为了首先满足官府的消费和保护朝廷利益，采取不同程度的禁榷，在一定程度上限制了民间消费。

宋初朝廷对海外贸易的管理要比对与地方割据政权之间的买卖严格得多。

① 《宋会要辑稿》，职官四四之一、四四之二。
② 《宋会要辑稿》，职官四四之二。
③ 《宋会要辑稿》，职官四四之二、四四之三。
④ 《宋会要辑稿》，职官四四之三。

除了谋求对奢侈品禁榷以获取高额利润之外，我们不排除华夷之别是其中的一个原因。但是，亦无法排除统治者为维护自身消费特权而做出严格管理规定的可能性。由于严格的管制，民间就无法直接和海外进行贸易。普通百姓对于海外珍奇物品和药材的消费，也只有经过官方收购剩余之后才有可能获得。所以，宋朝初年，民间和朝廷在该类物品的消费方面必然存在着一定的差距。

商业城市与消费

日渐扩展的汴京城。一批商业城市的出现。城市消费日渐旺盛。

商业城市是消费集中之场所，其出现有很多原因。"由于农业手工业之发展，水道运输之改进，政治中心之迁移，都市消费之增加，国内市场之发达，海外贸易之兴起，各种条件，造成大都市之出现。而大都市之面貌，则以商业繁荣为其表征"。[①] 朝廷在各地设置征收商税的场务，这些地方都是商业聚集之地，因此便于收取商税。宋朝设置的县治所，也大多位于场务所在的市镇。这些商业发达的地区，物资辐辏，交易旺盛。

宋朝最值得注意的商业都会是汴京。在唐末五代之乱后，长安、洛阳等古都渐渐衰落。宋在五代之后，以汴京为都城。汴京在隋唐时，已经比较兴盛。周显德年间，汴京得到了扩建。《五代会要》卷二六"城郭"条记显德二年（955）诏云："东京华夷辐辏，水陆会通，时向隆平，日增繁盛，而都城因旧，制度未恢。诸卫军营，或多窄狭，百司公署，无处兴修。加以坊市之中，邸店有限。工商外至，络绎无穷。僦赁之资，增添不定。贫乏之户，供办实多。而又屋宇交连，街衢湫隘。入夏有暑湿之苦，居常多烟火之忧。将便公私，须广都邑。宜令所司于京城四面，别筑罗城，先立表识，候将来冬末春初，农务闲时，即量差近甸人夫，渐次修筑。"[②]

---

① 李剑农《中国古代经济史稿》，第 672 页。
② 《五代会要》卷二六"城郭"条。

　　由这段史载我们可以看出，显德年间的汴京已经比较繁华。它既是政治军事中心，又是商业中心。由于后周社会经济比较稳定，因此作为都城的汴京到显德初，旧城建制就显得不够用了，以至于"诸卫军营，或多窄狭，百司公署，无处兴修"。而且，由于商业发展很快，也给城市造成了很多压力，"工商外至，络绎无穷。僦赁之资，增添不定"。在这种背景下，后周决定在旧城外再加建罗城。我们同时可以发现，当时汴京建筑多为木结构，因此"居常多烟火之忧"，加之房屋建筑得比较紧密，"屋宇交连，街衢湫隘"，为城市增添了很多隐患。从这一细节可以知道，当时汴京城中人口密度已经比较大了。城中显然也有贫富分化现象，有所谓的"贫乏之户"。

　　到了宋代，汴京进一步发展起来。《宋会要辑稿》记载，宋初太宗至道元年（995）十一月时，汴京新旧城内有八厢一百二十一坊，其中，旧城内左右共四厢四十六坊，新城内东西南北共七十五坊。[①] 由此可见，当时汴京新旧城内的居民生活区已经不少。

　　除了汴京之外，还有一些城市由于榷署、市舶司的设置而发展成为比较重要的商业城市。乾德二年（964），北宋政府禁人过长江，在建安（开宝三年即970年，建安的榷署移至扬州）、汉阳、蕲口设置三个榷署。开宝四年（971），宋朝廷在广州设立了市舶司，后来又在杭州、明州设置市舶司。此外，泉州、温州等地也在宋初设置了市舶司。这些地方，由于贸易发达，逐渐聚居了大量人口，从而使需求进一步旺盛，逐渐成为比较繁华的商业城市。

　　北宋初期，商品交易已经不仅仅局限在城市。在城市内部，交易又不仅仅局限于市区。在宋朝，唐代的"市坊制"已经渐渐崩溃。宋朝的城市内部到处都有小商小贩，活动范围比较广泛。在城市的街面上，商店、酒楼、旅社、瓦子开设得很多，这些地方都是重要的消费场所。市场交易行为的时间也不受限制，从白天到黑夜都可以做生意。商业城市成了宋代人消费最为集中的场所，尽管这一时期，在当时人们的思想中还不存在明确的城市意识。

---

　　① 《宋会要辑稿》，方域一之一二。

⊙ 宋太祖朝铸造的宋元通宝铜钱之一种

⊙ 淳化元宝之一种

4. 货币与消费

货币政策对消费的影响。纸币的产生。政府对金融手段的尝试。

商品交易是获得消费品的重要途径，而货币是商品交易中最为重要的支付手段。因此，我们也可以通过考察货币的发展情况，来研究当时的消费。

淳化元年（990），朝廷开始铸造元宝钱，所铸造的钱币由太宗亲笔书写"淳化元宝"四字。从此以后，改元必铸钱，且以年号加上"元宝"或"通宝"二字作为钱币上的文字。

中国自汉代以来，铁钱铸造并不常见。唐末五代时期，各地方政权割据，各自为政，铜铁钱并行于世。宋代也是铁钱和铜钱并行。此前，南唐既有"唐国通宝"，又铸造流通铁钱，每十钱以铁钱六加上铜钱四用于交易，后来还专门用铁钱来进行贸易，铁钱十只能抵铜钱一。其他几个割据政权区域内也是铜铁钱并行，但总体来看，铜钱很少。宋初本来禁止使用铁钱，民间有铁钱必须送到官府销毁。但是，由于有些地区本来是行使铁钱的区域，铁钱无法被真正禁止。出于实际情况考虑，对于原本使用铁钱的地方，北宋政府迫不得已实行不同的政策来区别对待。

在原来的南唐统治区，朝廷采取逐渐消灭铁钱的政策。平定南唐后，朝廷最初下令铁钱不得过江北。江北、江南一直以来有贸易关系，存在大量的民间商品交易，朝廷的这一政策，势必造成江南在与江北交易时的钱币短缺。钱币短缺有可能刺激了江南在与江北交易时以物换钱（因为需要交纳赋税并在当地消费使用）。因此，宋初民间的现钱流向应该大体从江北流向江南（尽管将铜钱非法输入江南、塞外以及南蕃地区是要被治罪的）。但是，政策性限制铁钱过江北不仅可能造成江南在与江北交易过程中的钱币短缺，影响江北从江南获

⊙ 出于福建泉州的天平通宝大铁钱

⊙ 太平通宝铜钱之一种

得现钱，还可能制约江北物产的输出。朝廷后来通过两个办法来改变这一政策所造成的不利影响：一种办法是在没有铜钱的地方发给铜钱，以使民间可以用来购买生活消费品；另一种办法是在江南产铜的地方大批铸造铜钱。当江南铜钱渐渐多时，朝廷回收铁钱加以销熔，并将铁铸造成各种农器工具，以供应从江北归附过来的流民用于生产。由此可知，当时江南地区不仅物产丰富，消费需求也是比较旺盛的，这使朝廷不得不通过发放和增发铜钱来平衡消费与需求、供给与生产的关系。而当时的江北，则可能有大量的生产力未能得到充分释放。

后蜀平定后，北宋政府允许当地照旧使用铁钱。开宝年间，朝廷诏令在雅州百丈县设置监铸造铁钱，禁止铜钱进入两川。太平兴国四年（979），开始解除禁令，但铁钱不许出川境，命令百姓交纳租税及榷利（相当于贸易税），每铁钱十折纳铜钱一。当时铜钱民间已经很少，因此老百姓因铜钱少而苦恼。精明的商人们争着将铜钱运入川界与百姓兑换，铜钱一可兑换铁钱十四。太平兴国五年（980），转运副使张谔上言说川峡地区铁钱不断贬值，请求一方面大量铸造铜钱，一方面允许百姓暂时交赋税时以银绢形式交纳，等铜钱多了后再逐渐交纳铜钱。朝廷基本同意了张谔的请求。但是原铜却始终难以获得。同时，转运副使聂咏、转运判官范祥说百姓乐意交纳铜钱，请求每年递增十分之一铜钱的纳税形式，十年后全部征收铜钱。朝廷同意了他们的意见。可是，两位官员却将月俸所得的铜钱用高价与百姓兑换以谋取私利。后来，这两人都被罢官。鉴于这一事件所造成的不良影响，朝廷命令川峡地区交纳租税和榷利不再收铜钱。（此后又有几次变异，但是宋初四川基本上为使用铁钱区。）因此，宋初的四川地区，人们进行消费活动时，铁钱实为最重要的支付手段。

为什么宋初会出现这种不同地区使用不同币材的复杂情况呢？究其原因大致有三方面：其一，自唐末以来，战乱使得钱币减少。其二，宋初统一南北后，各地割据政权各自为制，货币材质比较混乱，很难在短时间内划一。其三，宋初统一南北后局势大为稳定，社会生产得到恢复，物产逐渐丰富，消费需求逐渐增长，各地交易逐渐增多，但各地生产水平、消费水准、物价水平差距比较大，很难在短时间内统一币材。第三方面的原因实际上还造成了钱币供给和消费需求的错位，民间出现了钱币短缺的局面。《宋史》记载："宋初，凡输官者亦用八十或八十五为百，然诸州私用则各随其俗，至有以四十八钱为百者。至是（太平兴国年间），诏所在用七十七钱为百。"[1] 这段史载，说明了长期战乱造成钱币短缺的情况，但也使我们可以从一个侧面推知，宋初由于社会生产恢复，商品交易发展，虽然朝廷大量增铸钱币，但是由于币材少（尤其是铜少），依然无法满足社会对货币的需求，钱币短缺的情况依然比较严重。笔者认为，唐末五代的货币短缺和宋初的货币短缺有所不同。前者主要是由战乱所致，后者则是因为战乱之后社会生产逐渐恢复，货币短缺融合了战乱的消极因素和生产恢复、消费复苏的积极因素。

宋朝建立后，缗钱虽然短缺，但依然是形式上的法币，论价总是以钱来计算。具体支付时，则是金银绢帛与缗钱一起使用。比如，太宗雍熙二年（985）三月，令河东北商人如要折博茶盐，就让他们在当地纳银后赴京领交引。[2]（后来，金银作为货币的作用进一步受到注意。在真宗咸平四年，秘书丞、直史馆孙冕上言："茶盐之制，利害相须，若或江南荆湖通商卖盐，缘边折中粮草，在京纳金银钱帛，则公私皆便，为利实多。"[3]）民间折博茶盐而纳银（及后来在京交纳金银钱帛）的例子从另一个侧面说明，由于缗钱已经满足不了购买和交纳赋税的需要，因此，银就逐渐具备了替代"法币"的作用。于是，宋朝初年，人们购买物品进行消费活动时，所支付的"货币"实际上就有铜钱、铁钱、银、绢帛（虽非钱但却具有货币之功能）等多种。

研究宋朝的消费，还有一个不可错过的研究对象是纸币。纸币的产生，可以视为是消费旺盛、商品交易频繁、单笔交易额增大、交易距离拉长的必然结

① 《宋史》卷一八〇《食货志·钱币》。
② 《文献通考》卷一五《征榷考二》。
③ 《文献通考》卷一五《征榷考二》。

⊙ 北宋的交子

果。试想，如果商业凋敝，交易不多、交易额不大，短距离从事商品交易，使用铜铁铸币未尝不便。当然，纸币的产生也与宋代铜铁钱铸造有限且流失严重有关系。

据李剑农考证，纸币本来属于信用券之一种，其产生约在宋太宗淳化、至道年间。宋朝的纸币最初叫作"交子"，后来有"钱引"、"关子"、"会子"、"交钞"、"宝钞"等种种变名。"交"、"引"、"钞"等最初都似乎是其他信用券的名称，而不是纸币的名称。因为在纸币产生之前，已经有茶盐等的交引钞券在公私间流通，而茶盐等的交引钞券则是由唐代"飞钱"蜕变而来。

唐代的"飞钱"其实就是一种汇票。宋初汇票称为"券"，还没有"交"、"引"、"钞"的名称。《文献通考》记载，宋朝"太祖时取唐朝飞钱故事，许民入钱京师，于诸州便换"，"先是许商人入钱左藏库，以诸州钱给之。而商旅先经三司投牒，乃输于库，所由司计一缗私刻钱二十。开宝三年（970），置'便钱务'，令商人入钱者，诣务陈牒，即日辇致左藏库，给以券，仍敕诸州，凡商人赍券至，当日给付，不得住滞，违者科罚，自是毋复停滞"。① 另，《宋史》记载与此类似："先是，太祖时取唐飞钱故事，许民入钱京师，于诸州便换。其法：商人入钱左藏库，先经三司投牒，乃输于库。开宝三年，置便钱务，令商人入钱诣务陈牒，即辇至左藏库，给以券，仍敕诸州凡商人赍券至，当日给付，违者科罚。"②

根据这两段史载，我们可以看到宋初具汇票性质的"券"其实主要解决了商旅异地携带铸钱的麻烦。"便钱务"之名，顾名思义即可知道宋朝廷设置这一机构的动机。

但是，此处我们并非以研究纸币的产生为重点，而是重在从纸币之产生研究消费，因此不细论纸币产生之具体细节。就消费而言，宋初由官府出面设置兑换"汇票"的专门机构这一事实，可以说明宋初长距离商品交易已经比较普遍，而且交易额不少，异地需求通过活跃的商品流通基本可以得到满足。显然，宋初南北逐渐统一，全国性大市场日益形成，为长距离商品交易创造了良好条件。我们也可以推知，在宋朝初年，各地市场对各种消费品的需求也有力地推动了民间物资通过商品交易进行流通。

另外，左藏库接收商人钱币，并发给凭证的做法，类似于今天的银行活期储蓄和异地支付。朝廷通过这种做法可以吸纳一定的民间资金，增加短期内的朝廷储备金和流动资金，增强了朝廷的财政实力和消费支付能力。《宋史》记

① 《文献通考》卷九《钱币考二》。
② 《宋史》卷一八〇《食货志·钱币》。

载："至道末，商人入便钱一百七十余万贯，天禧末，增一百一十三万贯。至是（元丰年间），乃复增定加饶之数行焉。"[1] 也就是说，由于通过这种方式可以吸纳资金，宋官府在后来元丰年间增加入便钱的利息以进一步吸引商人将钱存入"便钱务"。"便钱务"的出现，说明在北宋前期至道末年，政府就已经在实践上尝试通过金融手段来获利。

除了汇票性质的"券"之外，宋朝在太宗雍熙、端拱年间出现了茶盐的"交"、"引"和"钞"，但是它们依然属于证券性质，而不是纸币。《文献通考》卷一五记陈止斋之言："国初盐荚，只听州县给卖，岁以所入课利申省，而转运司操其赢，以佐一路之费。初未有客钞也。雍熙二年（985）三月，令河东、北商人如要折博茶盐，令所在纳银，赴京请领交引，盖边郡入纳算请，始见于此。"[2] 意思是说，河东、北商人如果要折换茶盐，可以在当地纳银，然后去京师领取茶盐钞。通过这种信用结算方式，商人同样可以免去携带银钱的麻烦，朝廷也可免去往边区运送银钱的麻烦，商人只要把折换的茶盐运往茶盐需求地即可，物流的成本因此大大降低。我们也可看到，商人在朝廷专卖场和民间市场之间其实扮演了类似今天经销商和中间商的角色。陈止斋又言："端拱二年（989）十月置'折中仓'，令商人入中斛斗，给茶盐钞，盖在京入中斛斗算请，始见于此。"[3]《宋会要辑稿》对这一"折中仓"的记载更加详细："宋太宗端拱二年，（京师）置'折中仓'，许商人输粟，优其价，令执券抵江淮给其茶盐，每一百万石为一界。禄仕之家及形势户不得辄（辄）入粟。寻以岁旱中止。淳化二年，改折博仓。"[4] 这两段史料的意思是令商人向朝廷入纳粮食（粟），而给他们茶盐钞（券），然后让他们拿着这一信用凭证去江淮领取茶盐。这其实就是朝廷使用茶盐钞，以信用结算之方式向商人购买粮食，而后再以商人所需的茶盐支付。由这种交易方式也可看出，宋初，茶盐对于朝廷来说，已经属于战

① 《宋史》卷一八〇《食货志·钱币》。
② 《文献通考》卷一五《征榷考二》。
③ 《文献通考》卷一五《征榷考二》。
④ 《宋会要辑稿》，食货五三之三六。

⊙ 北宋初期红漆楠木箱（江苏虎丘云岩寺塔出土）

略物资，具有非常重要之意义。对于民间来说，它们是基本的生活消费品；而对于商人来说，它们则是能够带来巨大利益的重要商品。

　　李剑农根据李焘《续资治通鉴长编》、《宋史·食货志》、李攸《宋朝事实》等文献综合比照考证，以为到了太宗淳化年间，由于李顺起义后"民间钱益少，私以交子为市"，①交子才正式出现。（李剑农指出《宋史》记载张咏于真宗时创"交子"之说有误。）

　　根据史料，我们可以认为，当时的李顺之乱虽然令民间铸钱减少，但是民间消费力并没有伤筋动骨。缗钱在市面上减少，造成了压抑的消费力寻求其他的交易中介物，于是"私以交子为市"。由此我们从侧面可知，宋初太宗年间，虽然川蜀地区统治阶级对百姓剥削严重，经济政策失误，社会贫富不均，但是当地整体经济实力已经具备一定基础（只是财富集中于一部分豪民手中），否则农民起义后，市场上不可能很快恢复交易活力。

---

　　① 《续资治通鉴长编》卷五九，真宗景德二年二月。

（三）影响消费之舆服制度与社会风尚因素

生产意义与符号的舆服制度。舆服制度对消费特权的维护及对"逾僭"消费的限制。檐子[①]与兜子在消费方面的符号意义。

制度的强化和实施需要生产出意义和符号。意义和符号是对制度的一种隐性保障。意义的生产、符号的生产伴随着社会生产力的发展而发展。在中国的古代，意义与符号的生产主要来自于制度。舆服制度就是生产符号的重要制度之一。

中国古代社会对礼仪的强调，造成了消费的明显等级化和结构化。各种物品的使用价值、数量、形制、色彩等都被赋予了等级意义。等级象征意义大于符号所具有的巫术意义。《宋史》中非常明确地说："昔者圣人作舆，轸之方以象地，盖之圆以象天"，[②] "夫舆服之制，取法天地，则圣人创物之智，别尊卑，定上下，有大于斯二者乎！"[③] 宋代以前，制度生产符号的功能已经非常完善。比如，《隋书》载："后齐聘礼，一曰纳采，二曰问名，三曰纳吉，四曰纳征，五曰请期，六曰亲迎。皆用羊羔一口，雁一双，酒黍稷稻米面各一斛。自皇子王已下，至于九品，皆同。流外及庶人，则减其半。纳征，皇子王用玄三匹，纁二匹，束帛十匹，大璋一，<small>第一品已下至从三品，用璧玉，四品已下皆无。</small>兽皮二，<small>第一品已下至从五品，用豹皮二，六品已下至从九品，用鹿皮。</small>锦彩六十匹，<small>一品锦彩四十匹，二品三十匹，三品二十匹，四品杂彩十六匹，五品十匹，六品、七品五匹。</small>绢二百匹，<small>一品一百四十匹，二品一百二十匹，三品一百匹，四品八十匹，五品六十匹，六品、七品五十匹，八品、九品三十匹。</small>羊羔一口，羊四口，犊二头，酒黍稷稻米面各十斛。<small>一品至三品，减羊二口，酒黍稷稻米面各减六斛，四品、五品减一犊，酒黍稷稻米面又减二斛，六品已下无犊，酒黍稷稻米面各一斛。</small>诸王之子，已封未封，礼皆同第一品。新婚从车，皇子百乘，一品五十乘，第二、第三品三十乘，第四、第五品二十乘，第六、第七品十乘，八品

达于庶人五乘。各依其秩之饰。"① 再如,《隋书》卷一一《礼仪志六》记载了梁朝的礼仪制度,在有关衣裳部分,记曰:"衣画而裳绣。衣则日、月、星辰、山、龙、华虫、火、宗彝,画以为缋。裳则藻、粉、米、黼黻,以为绣。凡十二章。"② 中国统治者也能够认识到,礼仪规制是可以根据时代变化而变化的。《隋书》卷一〇《礼仪志五》中写道:"舆辇之别,盖先王之所以列等威也。然随时而变,代有不同。"③ 不论隋朝,亦或齐、梁,中国封建社会各个朝代制定并推行之礼仪,都与前朝有着血脉不断的联系。如果要寻根溯源,足可回溯至夏、商、周三代。中国古代的史官认为,礼乃缘人情而制,仪乃依人性而作。太史公说,礼乃洋洋美德,可宰制万物,役使群众。持如此之礼仪观念者,绝非仅限于史官。实际上,礼仪既成为制度,已经渗透于中国封建社会各个朝代人们的思想深处,深刻影响着各个朝代人们的生活消费。从三代至隋,中国各朝的兴衰,似乎与礼仪的兴废有着密切关系。尽管其间因果难以道清,却足以令宋代统治者不能忽视礼仪之制,而礼仪制度赖以表现与表达的符号,自然受到格外重视。

宋朝在利用制度来生产意义和符号方面,与中国其他封建王朝相比,显得非常的突出。所以,《宋史》说,"宋之君臣,于二帝、三王、周公、孔子之道,讲之甚明";④ 并且,认为"至其规模制度,饰为声明,已足粲然,虽不能尽合古制,而于后代庶无愧焉"。⑤

由于朝廷在制度上规定人们乘坐什么样的车、穿什么样的衣服,因此,舆服制度对于社会有非常重要的消费引导、消费约束或消费促进作用。宋代的舆服制度与前代一样,主要由最高统治者认定,以诏书等形式向天下公布。皇帝的诏书虽然不是为商业目的而制定的,但是由于间接影响到了人们对物品的选

---

① 《隋书》卷九《礼仪志四》。
② 《隋书》卷一一《礼仪志六》。
③ 《隋书》卷一〇《礼仪志五》。
④ 《宋史》卷一四九《舆服志一》。
⑤ 《宋史》卷一四九《舆服志一》。

⊙ 穿袆衣的皇后《女孝经图》局部

⊙ 宋太宗像

择和消费，就其效果而言，已经具有类似现代广告的性质。

宋代对车舆、伞扇鞍勒、门戟旌旗、天子之服、皇太子服、后妃之服、命妇服、诸臣服、士庶人服以及宝、印、符券、宫室制度、臣庶室屋制度等都有非常具体的规定。比如，对于不同官品的大臣所着公服的规定，宋初沿袭唐的制度，"三品以上服紫，五品以上服朱，七品以上服绿，九品以上服青。其制，曲领大袖，下施横襕，束以革带，幞头，乌皮靴"。[①] 此后，公服的颜色和样式又有不少新的规定。从总体上看，宋代统治阶层的消费是明显受到舆服制度的约束的，这一点比较清楚。因此，本书不以他们作为重点研究对象，而更关心宋代舆服制度对普通人的舆服消费的影响。下面，我们先来看看宋初舆服制度与当时普通人的舆服消费存在怎样的关系。

宋初，由于经过五代之乱，在社会生产受到破坏的同时，舆服制度也不被民间所遵从。太宗太平兴国七年（982），皇帝下诏说："士庶之间，车服之制，至于丧葬，各有等差。近年以来，颇成逾僭。宜令翰林学士承旨李昉详定以闻。"[②] 如果没有足够的物质财富基础，低社会阶层的舆服消费水平是不可能超越高社会阶层的。太宗的这一诏书中提到近年来舆服"逾僭"现象，说明自建隆元年（960）算起到太平兴国七年（982）二十余年间，民间社会生产已经有所恢复。这一推断与我们之前对政治与军事、经济等因素的分析是相符合的。对于太宗的旨意，李昉上奏提出的建议是：今后富商大贾乘马，漆素鞍的不要禁止。近年来品官穿绿色衣袍的，举子穿白襕衫的，外衣下面都穿紫色衣，请禁止这种做法。他们如果在私宅里穿便服，请准许他们穿紫皂衣、白袍。按照旧制，平民穿白袍，现请求准许品外官和贡举人、平民都可以通行穿黑色（皂色）衣服。工商、平民人家乘坐檐子，有用四人抬的，也有用八人抬的，请禁止这种行为，让他们乘坐车子；如果他们要乘坐兜子，不能超过两个人抬。[③]

---

① 《宋史》卷一五三《舆服志五》。
② 《宋史》卷一五三《舆服志五》。
③ 《宋史》卷一五三《舆服志五》。

李昉所说的平民服色旧制，是指唐制。李昉的建议，在考虑到维护封建统治阶层特权的同时，也顾及富商大贾、品官及举子等人的实际需要，在舆服制度上是趋向放松管制的。对于能够明显反映社会地位和身份的檐子、兜子的使用，却规定得非常严格。陈振先生经考证认为，"兜子应该比檐子小而简，或许像唐代的'步辇'那样，以两人用手抬，类似于现代的担架，被抬的人坐着而不是躺着；檐子则以肩抬"。[①] 笔者同意陈振先生的看法。需要补充的是，根据《宋史》的说法，兜子显然也可用两个以上的人来抬。因此，檐子和兜子能够作为不同的社会地位、社会身份的象征，除了两样东西的形制大小、抬举方式有区别，主要还在于对社会劳动力的占有不同。其内在的逻辑，乃是占有社会劳动力越多就越有地位、越有身份。这与中国古语"劳心者治人，劳力者治于人"具有观念上的一致性。在农业社会，劳动力是最基本的生产力。从这点看，较高社会阶层的消费占有了更多的劳动力，或者说，消耗了更多的社会生产力。这些生产力，没有被用于积累和生产，而是用在了消费方面。

宋初平民与社会上层的消费差距还可通过舆服制度的其他规定推知。太宗端拱二年（989），皇帝下诏，命令县镇场务等各级官吏以及平民、商人、伎人工匠，以及不是乐官的乐人等只许穿黑、白衣服，佩戴铁质、角质的腰带，不得穿紫色的衣服。可以上朝的高级官员、各司的副使、禁军指挥使、厢军都虞候等人家的子弟，不在此禁令之列。幞头巾子，从今后高不能超过二寸五分。[②] 该年，朝廷对妇人的穿戴也作出了具体规定："妇人假髻并宜禁断，仍不得作高髻及高冠。其销金、泥金、真珠装缀衣服，除命妇许服外，余人并禁。"[③] 单从规定来看，一般人只允许佩戴铁质、角质等价值较低的腰带。至于妇人衣饰，有销金、泥金、真珠装缀的衣服价值比一般衣物要高，没有头衔的普通妇人是不允许穿着的。

---

① 陈振《轿子的产生与发展》，《宋代社会政治论稿》，上海人民出版社，2007年，第269页。
② 《宋史》卷一五三《舆服志五》。
③ 《宋史》卷一五三《舆服志五》。

宋初舆服制度为了维护和突显统治阶级特权,在一定程度上限制了社会较低阶层的消费。从另一个角度来看,皇帝专门下诏禁止出现一些舆服"逾僭"现象,说明宋初社会各个阶层确实有不少"越级"消费。

（四）影响消费之广告因素

广告形式沿袭前代。无有力证据可证明广告对消费的促进作用在宋初明显加强。

中华文明的画卷早在宋代之前就已经是绚丽多彩了。因此,尽管北宋早期的广告史料保留至今的比较少,但是通过宋季之前的广告发展,也可大略推知北宋初年的广告发展状况及它与消费之关系。退一步说,即使我们能够找到比较多的北宋早期的广告史料,在此之前简单考察一下宋代之前已经具备的具体广告形式与特征,将有助于我们考察在宋代历史进程中,广告作为一种影响消费的因素如何改变并发展自身的具体形式及特征。

上古时代,随着商品生产与交换的发生,依靠"吆喝"、"叫卖"来引起注意招徕生意的形式便出现了。这可以说是最早的市声广告。以悬挂实物的方式表示要用于交换的商品,也是私有制产生后出现的早期广告形式。殷商、春秋、战国时期,酒旗(又叫酒帜、酒望、酒帘等)就已经出现。秦汉时期,前代各种广告形式继续发挥着传播信息、促进消费之作用。后汉时期发明了纸,为后世印刷广告及广告图画的出现创造了条件。唐代刻版印刷业已经初具规模,在唐刻印的印刷品中,已经出现了刻家的名号,具有标识性质。在一些唐代刻印的佛经中,还有插图。

宋代初年,社会生产恢复,农业生产的发展促使手工业和商业迅速发展起来。同时,宋初城市发展很快。汴京等城市内消费旺盛。在市场发展的基础上,商业传播自然而然便得到了发展。随着商业的发展,在一些商品交易较多的地方,广告也得到了一定的发展。宋初,前代所具有的广告形式一般都得到了继承，但是却似乎并没有出现任何令人耳目一新的新的广告形式。经济发展给广告发展以巨大助力，这一点毋庸置疑；然而，却缺少有力证据可资证明广告对于消费之促进作用在宋初有了明显加强。

（五）影响消费之观念因素

　　太祖太宗崇节俭、重储蓄的观念。奢侈在私人空间及社会空间中的存在，以及品性与社会机制对奢侈消费的影响。

北宋太祖、太宗朝吸取五代时期各个王朝灭亡的教训，同时也由于五代之乱后社会生产还处于恢复之中，因此北宋初期从上到下都比较讲求节约。不论是北宋政府的消费还是民间消费，都崇尚俭朴，反对奢华。

史书中有多处记载，可以说明太祖是崇尚节俭、重视储蓄的。如，《续资治通鉴长编》中记曰："上（太祖）躬履俭约，尝衣浣濯之衣，乘舆服用皆尚质素，寝殿设青布缘苇帘，宫闱帟幕无文采之饰。尝出麻屦布裳赐左右，曰：'此我旧所服用也。'"[1] 又如，乾德四年，八月甲寅，"（太祖）诏以夏麦既登，秋稼复稔，令州县长吏劝民谨储蓄，戒佚游，以备凶荒"。[2]

宋太宗本人对吃喝玩乐并不如何感兴趣，他曾说："朕持俭素，外绝畋游之乐，内却声色之娱，真实之言，故无虚饰。汝等生于富贵，长自深宫，民庶艰难，人之善恶，必恐未晓，略说其本，岂尽余怀。夫帝子亲王，先须克己励精，听卑纳谏。每着一衣，则悯蚕妇，每餐一食，则念耕夫。"[3] 在太宗朝后期，太宗还说："朕岂不知以崇高自恣耶，但为救世养民，所以钱谷细务，亦自与用心区分。朕若更不用心，则如何整顿也。……朕今收拾天下遗利，以赡军国，以济穷困，若豪户猾民，望吾毫发之惠，不可得也。"[4] 由此可以知道，宋太宗

---

[1] 《续资治通鉴长编》卷七，乾德四年五月乙亥条。
[2] 《续资治通鉴长编》卷七，乾德四年八月甲寅条。
[3] 《续资治通鉴长编》卷二九，端拱元年二月。
[4] 《续资治通鉴长编》卷三七，至道元年五月癸亥条。

勤于政务，注重对财务进行严格的管理，他的消费观念应该趋向于保守。

自雍熙北伐之后，宋朝廷三司支出越来越大。宋太宗更加注重节约，常常亲自对财政支出做出裁定。有官员曾经向他汇报过破损的油衣、帐幕有数万件（段），"帝令煮之，染以杂色，制旗帜数千。调退材给窑务为薪，俾择其可用者造什物数千事。其爱民惜费类此"。① 这些将破损的衣服和帐幕进行重新加工，从废弃的木材中挑出可用的部分打造物件的做法，类似于今人的回收再利用措施。由此可见，当时宋太宗的消费观念不仅是保守节约型的，且非常注重资财的使用效率，在消费观念上具有一定的先进性。

受到当时社会生产发展状况和宋朝统治者的影响，北宋初年民间消费观念也比较注重节约和简朴。尤其是太宗朝时期，由于太宗尚俭朴，又严于治理，因此他的消费观念对于民间的影响更大。太宗勤于政务、事必躬亲是历史上所公认的，日本历史学家竺沙雅章甚至认为"把太宗称为独裁君主是再合适不过了"。② 太宗对很多财政细节都常常亲自过问，他的消费观念自下而上逐渐波及开来，民间的消费观念自然也受到了影响。

北宋政府有近似于现代的储蓄观念。北宋时期，凡是财物不属于有关官署机构管理的，就归入内藏库。内藏库"盖天子之别藏也"，③ 具有储蓄职能。宋初，政府的藏库主要是左藏库，各州赋税收入都输送到左藏库。如果国家发生巨额花费，左藏库储存不够支给，则调拨内藏库所储存的钱物帮助解决。

在宋初平定荆湖、巴蜀、岭南、江南等割据政权的过程中，各处的珍宝和金银钱帛都输入内府。因为内府财物充溢难以装下，太祖在讲武殿后别立内库，并说："军旅、饥馑当预为之备，不可临事厚敛于民。"④ 乾德、开宝年以来，用兵及灾害救济、庆典赏赐时如果三司财政经费不够，可以向内库借贷，等到税收有余时归还。

---

① 《宋史》卷一七九《食货志·会计》。
② 竺沙雅章《宋朝的太祖和太宗——变革时期的帝王》，方建新译，浙江大学出版社，2006年，第144页。
③ 《宋史》卷一七九《食货志·会计》。
④ 《宋史》卷一七九《食货志·会计》。

太宗时期，宋平定了章泉、吴越、北汉，储积越来越多。于是，从左藏库中正式分出内藏库。太宗"令内藏库使翟裔等于左藏库择上绫罗等物别造账籍，月申枢密院"，[①]并且改讲武殿后的内库为景福殿库，隶属于内藏库。太宗还说："此盖虑司计之臣不能节约，异时用度有阙，复赋率于民，朕不以此自供嗜好也。"[②]淳化后二十五年间，三司每年向内藏库借一百万，有时多达三百万，在多年不能偿还的情况下，只好将旧账一笔勾销。这说明当时的内藏库确实发挥了类似今天中央银行的作用。但是，从内藏库的财物支用情况看，大量的财物支出和坏账的出现，说明从太宗朝后期开始，北宋政府的开支已经越来越大。综合有关史料，我们可以说，北宋政府的开支逐渐增大，很大一部分原因在于宗室官吏生活日益奢侈、政府消费开支（尤其是宗室官吏的俸禄开支）越来越大。

论及"奢侈"，人们通常会将这一概念与"罪恶"、"腐化"、"堕落"等概念联系在一起。尽管前者很容易导致后者，但是我觉得仍有必要指出，后者并不是前者的必然结果。在此，我想进一步说明，就个人而言，一个人偶尔的、不频繁的、量力而行的奢侈消费行为并不必然导致罪恶或堕落；但是就社会性奢侈或奢侈风尚而言，在社会内部诱发罪恶或堕落则几乎是必然的。

当我们论及奢侈行为之时，有必要分辨有可能出现的各种情况。一个辛苦劳作之人每隔一段时间品尝一次"奢侈的"美味珍馐，可被解释为生活体验或对自己辛苦的犒赏；一个怠惰之人同样的消费行为则可能被解释为挥霍无度；一个富有之人每日都沉醉于"奢侈的"美味佳肴，可被解释为铺张浪费或对自己的慷慨；一个懒惰而富有的人的同样的消费行为则可能被解释为愚蠢的堕落。虽然以上几种消费情况都可被冠之以"奢侈"之名，但有的更可能在道德上被接受，有的则更可能遭到道德方面的谴责。如果人们就这些个人行为仅在个人层面加以评判，则它们都可被归结为个人品性对欲望之约束效果的强弱。这一评判的背后，即已承认人的品德可对人的欲望产生影响，并最终影响到消费行为。高尚、坚忍之品

---

① 《宋史》卷一七九《食货志·会计》。
② 《宋史》卷一七九《食货志·会计》。

性可对欲望产生节制之作用，卑下、怯懦的品性则可能使人易于被欲望所左右而导致道德沦丧。然而，如果奢侈消费的后果仅仅发生并局限于个人的私人生活空间——哪怕是由卑下与怯懦的品性所导致的奢侈消费及后果，那么，这种后果是否会仅限于私人之空间而不会发生扩散呢？这一问题的答案显而易见，然而关键之处，乃在于该问题本身而不仅仅是它的答案。这一问题如不专门在此提出，就极易于被人所忽视。因为，从个体而言，每个人都有选择生活方式和消费行为的自由与权利。如果寄希望于用道德或品性去约束个人的奢侈消费，那么这种希望有实现之可能，亦有落空之可能。在个人财富有限或缺乏的情况下，其奢侈消费的可能性较小。在个人财富丰裕之时，奢侈消费则易于产生。皇帝、君主作为个人，较易拥有比常人更多的财富，易发生奢侈消费，也可能崇尚俭朴节用，不论怎样，他们的消费行为对社会风尚的影响一般都要超过常人。古今中外，拥有大量财富却约己节用的皇帝、君主虽不多，却也有一些。比如，北宋的皇帝太祖、太宗，开创日本江户幕府的德川家康，以及古罗马皇帝马尔库·奥勒留（121—180）都属这类人。培根曾说："财富的用处是消费，而消费的目的是为了光荣或善举。因此特别的消费当以其原因之价值为度；盖为了国家，和为了天国一样，也可以自甘贫乏的。"[1]上面提及的这几位皇帝或君主，他们的消费行为，即明显以其原因之价值为度。但我们亦无法认定天性对他们的消费行为没有影响。他们都拥有惊人之财富，却都崇俭节用，甚至到了厌恶美味珍馐之地步。结合他们各自所处的环境来分析，与其说他们的消费观念和行为是出于天性，还不如说是出于统治之智慧。比如，宋太祖在吞灭后蜀后，发现孟昶服用极为奢僭，连溺器亦用七宝装饰，便令人将溺器击碎，并说："自奉如此，欲无亡，得乎？"[2]

　　真正能以高尚之品性来约束过度欲望毕竟不是那么容易做到。在大多数情况下，家庭或个人的消费决定是相对自由、独立地做出的，即便富有之家庭或个人每隔一段时间才进行一次奢侈消费，结果也有可能在一个拥有庞大人口的

---

① 培根《培根论说文集》，水天同译，商务印书馆，1996年，第103页。
② 《续资治通鉴长编》卷七，乾德四年五月乙亥条。

社会中，制造出一种似乎是非常普遍的奢侈消费现象，并进而变易整个社会之风俗。因为难以计数的个体的随机的奢侈消费行为最终可能使这种行为倾向于均匀地分布于一年之内的每个时间。这样一来，就逐渐给人造成一种错觉：仿佛人人都会或都在追求奢侈消费，从而使得即便是贫困之人，也可能产生一种不切实际的天真幻想，以为哪怕仅仅是一次奢侈消费，也可给自己带来无比的荣耀。这种错觉，有点像《西游记》中的妖魔鬼怪，以为吃了一块唐僧肉就可以立刻成佛成神、长生不老，或像是食人族以为吃了一个传教士，就是品尝到了宗教的味道。因此，在一个拥有一定人口的社会内部，在缺乏消费资料时是不可能放纵社会成员进行奢侈消费的，个人的消费极可能受到限制。在这样的社会内部，必然产生某种机制来应对可能产生的大量浪费社会群体消费资料的机制或制度。古代社会中产生的许多节日，即是具有此种功能之制度。在那些消费品贫乏的时代里，一些专门的日子被社会内的权威或集体赋予特殊之意义，社会成员在这些专门的日子里进行祭礼、庆典或狂欢等活动。尽管伴随着这些活动通常消费了比往常更多的物品，但是却使整体社会成员的消费欲望集中地得到了满足，从而在这一合法性背后使其余日子的奢侈消费无形中落入了"非法"之处境，以隐蔽之方式对更大规模的奢侈消费进行了约束与限制。从这种意义上论之，古代社会的原始节日，并非仅仅出于精神之需要，亦受其物质基础之影响。与其说原始节日是一种放纵奢侈之制度，还不如说其是在财富与产品不丰富的历史阶段中发展出来的一套约束社会性奢侈的机制。然而，在消费资料丰裕之社会，原始节日所具有的约束社会性奢侈之功能便逐渐丧失，甚至成为奢侈消费的集中之日。与原始节日之形成相类似，官僚机制的形成，其原始作用必有助于对社会有限消费资料进行有效的组织与分配。这可以解释为何在人口众多的国家，官僚机构通常要比人口稀少的国家的官僚机构更加成熟精巧（当然亦有可能变得臃肿冗繁）。如果官僚机构在组织与分配资源的过程中，自身过度占有财富并出现无节制的奢侈消费时，实已于无形之中背弃了官僚机制最原始之功能。如果奢侈消费之趋势在官僚机构中无法得到遏止，则其投入腐败与崩溃的命运则几乎是必然的。因为，当腐败的官僚机制无法有效组织与分配社会整体资源之时，其存在之意义就已经被抽空了。在北宋太宗朝后期，宗室官吏生活日益奢侈，实已早早为这王朝的衰亡埋下了伏笔。

（六）北宋前期的消费

> 政府消费的来源。北宋前期政府消费的变化情况。北宋至道末政府财政总收入、赋税收入及政府消费情况。不同户等的消费水平概况。北宋前期雇佣工人与官僚的消费水平。

政府消费是社会总消费中重要的构成部分，而且对于民间消费具有巨大的影响，因此弄清楚宋代的政府消费情况，有助于我们进一步了解宋代民间消费和社会总消费的情况。就史料显示，宋代宗室的消费开支并没有和政府其他财政开支明确分离。因此，本书中提到北宋政府开支时，一般都已经将宗室消费开支包括在内。宋代财政管理体制大致分成中央和地方两级。北宋初期，中央政府财政由三司管理。三司与中书、门下、枢密院各自为政，财政、民政、军政常无法彼此协调。州是宋代最主要的地方政区建置，州级行政机构负责地方财务、征收财税上缴中央，并将中央拨留之财物用于地方各类支出。县级行政机构直接负责向民户征收财赋与力役。

宋自建立之初即建立了尽管称不上完备但却切实可行的政府预算制度。宋朝太宗淳化元年（990）开始，三司负责每年置备金银、钱帛、军储等账簿上报。淳化四年（993），宋朝廷改三司为总计司，左右总计使分别执掌数路财政。京城东西南北各约五十州，每州军计算每年所需金银、钱帛、粮草等财物的数目，各路上报给总计司。总计司负责置办账簿，左右总计使统一裁定支给。不久以后，宋朝廷又重新恢复了盐铁、户部、度支三部（三司）。北宋初期，朝廷即将主要军队聚集于京师，各地上缴财税也向中央集聚，外地州县没有留下多少钱财。（在北宋朝廷聚敛天下财税的方式中，依稀可见当年秦始皇将各地十二万户富户迁居国都附近的影子。）于是，宋朝时，"天下支用悉出三司，故其费寖多"。①由三司支出情况分析，我们也可以发现，至太宗中后期，北宋政府消费的开支已经出现不断增大的端倪。这一开支增大的情况发生在太宗雍熙北伐失败之后。政府消费开支增大的原因主要是军队人数增加、官僚队伍渐趋庞大。当然，冗兵冗员的现象在太宗朝时期还不太明显。

北宋至道末的政府收支与政府消费情况，是一个值得详加考证并说明的问题。

《宋史》记："至道末（997），天下总入缗钱二千二百二十四万五千八百。"②按照宋代政府会计的惯例，在计算总收入时通常将缗钱（贯）、粮（石）、布帛（匹）、金银（两）等项目进行累计，同时略去单位。《宋史》此条记载，单列缗钱一项，应为当年缗钱岁入，并不等于全国的财政总收入。

那么，至道年间（995—997），北宋王朝的全国财政总收入是多少呢？只有弄清楚这个问题，我们才能知道当时北宋政府赖以开支或消费的经费（包括各类物资）有多少。但是，弄清当时完整的全国财政总收入几乎不可能。不过，两税与征榷收入可以使我们了解当时北宋政府的赋税岁入情况。

《续资治通鉴长编》中有两条记载有助于我们解答这一问题。

其一，《续资治通鉴长编》卷四二至道三年（997）十二月有记载："至道末，（租税）岁收谷二千一百七十一万七千余硕，钱四百六十五万余贯，绢一百六十二万余匹，绸、绝二十七万三千余匹，丝线一百四十一万余两，绵五百一十七万余两，茶四十九万余斤，刍茭三千万围，蒿二百六十八万围，薪二十八万束，炭五十万秤，鹅翎、杂翎六十一万余茎，箭秆八十七万只，黄蜡三十余万斤，此皆逾十万数者，他不复纪。"③据此，可算出租税岁入为7057万贯石匹两等。这段话，记录的乃是至道后期北宋政府的岁赋（两税），且分列出了各种名目。另据《文献通考》卷四《田赋考四》记载，该年布的收入为28.2万匹端，补入上面合计

---

① 《宋史》卷一七九《食货志·会计》。
② 《宋史》卷一七九《食货志·会计》。
③ 《续资治通鉴长编》卷四二，至道三年十二月。

数据，得出至道三年租税（两税）岁入为 7085.2 万贯石匹两等。这个数字与《宋史》卷一七四《食货志·赋税》中记载的 7089.3 万贯石匹两非常接近。

其二，《续资治通鉴长编》卷九七天禧五年（1021）十二月有记载："至道末，上供钱一百六十九万二千余贯，金一万四千八百两，银三十七万六千两，丝七十万五千两，绵四百九十七万两，绸三十七万九千余匹，绢一百七十七万八千匹，绝五万二千余匹，布一百一十万六千匹，又榷利所获总一千一百二十三万三千余贯。"[①]

北宋前期，租税（两税）上报中央政府统一调拨（三司或总计司负责置办账簿），虽然数目都上报，但是实际上在调拨使用时，各州郡都被允许留有一定的积储以备不时之需；另外，榷利也常常有很大一部分留给地方作为经费支用。[②] 地方财政支出来自于租税预留、榷利预留，其支出节余部分被称为"羡余"[③]。因此，前条史载中的租税岁入应为当时北宋全国的租税（两税）岁入（只是有部分项目因没有超过十万数而未被记入）；后条史载中，"上供"之数来自租税（两税）、榷利等项目收入，其中所记榷利应主要指中央政府所获得之榷利。但是，"所获"两字如何理解与解释却是一个问题。这个榷利数字究竟是中央政府所获知的天下榷利总数，还是中央政府在地方预留榷利后所获得实际榷利数，现在很难弄清楚。由于北宋初期中央政府对于榷利，是在统一控制的前提下将很大一部分预留给地方支配，故榷利收入这一数字虽然系于"上供"项目之后，我仍倾向于认为它是北宋中央政府所获知的天下实际榷利总数。需要指出的是，当年"上供"之数不一定完全出自当年会计年度内的租税收入（两税），这样才可以解释为何以上两条史载中当年绢、绸等物"上供"数大于当年这些物品的租税收入。我认为，至道末"上供"钱物应该有一部分取自诸州郡往年的积储（或称"羡余"），或者包含了贡品数目。不过，如果将上两段

---

① 《续资治通鉴长编》卷九七，天禧五年十二月。

② 关于宋代中央与地方财政的关系，可以参见汪圣铎《宋代财赋岁出与户部月支》，《文史》总第十八辑；同氏《宋代地方财政研究》，《文史》总第二十七辑；同氏《两宋财政史》，中华书局，1995 年；包伟民《宋代地方财政史研究》，上海古籍出版社，2001 年。

③ 关于"羡余"问题，可以参阅高聪明《从"羡余"看北宋中央与地方财政关系》，《中国历史研》1997 年第 4 期，第 98—105 页。

史载中提到的至道末"（租税）岁收"与"榷利"相加，应该接近于北宋政府当时全年岁赋总收入。所未计入部分，应包括一小部分未被计入的租税、中央政府无任何代价获得的土贡以及地方上未被计入的各项杂入。也就是说，租税（两税）加榷利可以被认为是岁赋总收入，但是并不等于北宋政府的财政总收入。

包伟民在《宋代地方财政史研究》一书中，曾参考贾大泉《宋代赋税结构初探》[①]中的各类物品单价，将《续资治通鉴长编》卷四二中所记载的租税岁入各项数目折算成统一的货币单位"贯"，得出至道末租税岁入为 2408.1 万贯。[②]

笔者重新核对《宋代地方财政史研究》一书中的数据，[③]发现其至道末租税岁入为 2408.1 万贯的测算偏高。

---

① 贾大泉《宋代赋税结构初探》，《社会科学研究》1981 年第 3 期。

② 包伟民《宋代地方财政史研究》，第 316 页。

③ 《宋代地方财政史研究》一书中，至道末年（997）租税岁入表如下（因表中数据计算有误，故系于注释部分，原表标号为表 7—5，原书第 316 页）：

原表附说明：资料据《长编》卷四二至道三年岁末条，第 901—902 页。各类物品单价参考贾大泉《宋代赋税结构初探》。

该表个别数据有误：至道末租税岁入为 2408.1 万贯这一合计数据有误，按原表数据合计应为 2380.8 万贯。另，原表中"米"一项上引用史载数据有误，该书中错记为 2271.0 万石（疑为作者四舍五入时笔误），这样按照单价 700 文折算，等于 1589.7 万贯；实际应 2171.7 万石（硕），按照单价 700 文折算，2171.7 万石谷价值 1520.2 万贯。该表中另有两处数据，四舍五入也有些问题，其中布 28.2 万匹端按照单价 300 文折算，应约为 8.5 万贯，而不是 8.4 万贯；绵 517 万两，按照单价 35 文折算，应约为 18.1 万贯，而不是 18.0 万贯。这样，以正确数据，按照包伟民的折算法，至道末各项租税岁入实际折算所得，应为 2311.5 万贯。

税物种类	收入数额	单位	单价（文）	折钱数（万贯）	备注
米	2271.0	万石	700	1589.7	《通考》卷四《田赋考四》第 57 页作 3170.7 万石。
钱	465.0	万贯		465.0	《通考》作 465.6 万贯。
绢	162.0	万匹	1000	162.0	《通考》作 162.5 万匹。
绝紬	27.3	万匹	2000	54.6	《通考》同。
布	28.2	万匹端	300	8.4	《长编》缺，此据《通考》。
丝线	141.0	万两	65	9.2	《通考》同。
绵	517.0	万两	35	18.0	《通考》同。
茶	49.0	万斤	70	3.4	《通考》同。
杂色	3524.0	万围束……	20	70.5	"杂色"包括刍荬、蒿、薪、炭、翎、箭秆、黄蜡等，单价均以每一单位 20 文计之。
合计	7184.5	万石贯匹……		2408.1	

在此，我想就这一数据做进一步调整。调整的关键乃在于估计至道末的米价是多少。包伟民参考贾大泉《宋代赋税结构初探》中的米价进行折算，用的米价其实接近于熙丰前仁宗庆历年间米价，据此折算误差比较大。那么，在庆历朝四十多年前的北宋至道末的米价大概是多少呢？

至道末米价因史料缺乏，不详，只能推测。《宋会要辑稿》食货四之一八记载司马光的话说："昔太宗平河东，轻民租税。而戍兵盛众，命和籴粮草以给之。当是时，人稀物贱，米一斗十余钱，草一围八钱。民皆乐与官为市，不以为病，其后人益众，物益贵。"① 从这条史载可以知道，在太宗平河东后，即979年后，河东米价一度低至每石100文左右，但是随后价格出现攀升。《宋会要辑稿》食货五七之三记载："（淳化）二年（991）四月，诏：'岭南管内诸州官仓米，先每岁籴之，斗为钱四五，无所直。自今勿复籴，以防水旱饥馑，赈贷与民。'"② 早年全汉昇著作《北宋物价的变动》中亦引用此记载，但是只引"（淳化）二年四月，诏：'岭南管内诸州官仓米，先每岁籴之，斗为钱四五，无所直。……'"③ 据此认为岭南一带米价更为便宜。我认为，据此以判断岭南米价没有大问题，但是，从这条史载完整的语意分析，当时官方卖米予民的米价应该低于当时的市价，这样才能与市场争利。朝廷认为这样做根本不值，不如用来储存以防饥馑。据此推断，（淳化）二年四月前后的市场米价应该略高于每斗四五文钱。又，范镇《东斋记事》卷四记："张尚书咏在蜀时，米斗三十六文，绢匹三百文。公计兵食外，尽令输绢。米之余者，许城中贫民买之，岁凡若干，贫民颇不乐。公曰：'他日当知矣。'今米斗三百，绢匹三贯，富人纳贵绢，而

---

① 《宋会要辑稿》，食货四之一八。
② 《宋会要辑稿》，食货五七之三。
③ 全汉昇《北宋物价的变动》，《中国经济史论丛》，香港中文大学新亚书院，新亚研究所，1972年，第35页。

贫人食贱米，皆以当时价，于官无所损益，而贫富乃均矣。"①《东斋记事》随后
一条记录张咏再次入蜀的故事，因知此条所记的"张尚书咏在蜀时"当是张咏
首次出任益州知州时。据《宋史·张咏传》可知，张咏首次出任益州知州在太
宗朝，恰好是李顺起义之时。据此条记载，可知当时四川米价一度出现高达每
石 360 文。但是，在张咏的措施推行后，市场上的米开始出现过剩。可推知，
此后几年内市场米价可能一度下降。另，李顺起义后来失败，四川局势趋于稳
定，也可能使米价下降。根据以上对至道末之前的米价记载情况，我认为，至
道末米价当在每石 40 文至每石 360 文之间，两数之间的中位数为每石 200 文。

　　我们再来看看史载中关于至道末之后的米价记录，以对至道末米价做出进
一步推断。《续资治通鉴长编》卷六六景德四年（1007）八月载："是月，诸路
皆言大稔，淮、蔡间麦斗十钱，粳米斛钱二百。"② 也就是说，麦价为每石 100
文，米价为每石 200 文。（近人吴承洛认为"斛之进位，本为十斗，宋改为五
斗"，③ 当代学者郭正忠对宋代石与斛的关系进行了考证，认为"从北宋至南宋
末，石与斛仍常通用"。④ 我同意郭正忠的论断，认为在大多数情况下，石与斛
在宋代是通用的。此处，如果斛为五斗，粳米斛钱二百，则米价当为每石 400
文，这与麦的价格差距过大，亦不符合常识。）该条史料所记是景德四年丰收
时的粮价。目前我未发现至道末年有丰收的记录，因此我估计至道末年（997）
的粮价不应该很低。另，《续资治通鉴长编》卷七〇大中祥符元年（1008）九
月载："是月，京东西、河北、河东、江、淮、两浙、荆湖、福建、广南路皆大

---
　　① 《东斋记事》卷四。范镇在世时间为公元 1008 至 1089 年，仁宗宝元元年（1038）进士，
熙宁三年（1070）以户部侍郎致仕。哲宗立，任提举崇福宫，数月后告老致仕。张咏任尚书在大中
祥符三年（1010）。《东斋记事》有记录王安石故事。因知《东斋记事》卷四以作者口吻所说"今米斗
三百，绢匹三贯"可能是熙丰后期或哲宗朝四川米的价格。
　　② 《续资治通鉴长编》卷六六，景德四年八月。
　　③ 吴承洛《中国度量衡史》，商务印书馆，1993 年，第 239 页。
　　④ 郭正忠《三至十四世纪中国的权衡度量》，中国社会科学出版社，1993 年，第 387 页。郭
正忠对宋代石与斛常通用这一论断的具体考证，见该书第 387—391 页。

稔，米斗钱七八。"① 也就是说，米价为每石 70 至 80 文。由此可见，在全国丰收的情况下，当时粮食价降至麦价每石 100 文，米价为每石 200 文，在连续丰收的情况下，米价甚至可降至每石 70 至 80 文。由此推测，在未丰收的年份，真宗朝咸平、景德年间（998—1007）麦价可能高于每石 100 文，米价可能高于每石 200 文。而前人的研究已经显示，宋代米价整体趋势是上升的。② 那么，按此趋势倒推，在大中祥符元年十年前的至道年间，米价每石应低于真宗朝。从人口角度分析，太宗至道三年（997）人口数是真宗天禧年间的二分之一左右，需粮压力应该小于真宗时期。另，至道年间，垦田数大增（参见前文），也可能促成粮食增产。这些也可以从一个侧面支持至道年间米价每石应低于真宗朝时期的推断。但是，也有一些其他因素可能抬高当时的米价。有史载可以帮助我们进行更进一步的推测。《宋史》卷六七《五行志·土》记载："至道二年（996）十月，潼关西至灵州、夏州、环庆等州地震……明年，遣将率兵援粮以救之。关西民饥。"③ 另，《续资治通鉴长编》卷四一至道三年秋七月田锡上疏称："臣今所忧者，关西二十五州军，昨经灵武之役，不胜困弊，加以时雨稍愆，秋田失种，府库未实，仓廪尚虚。"④ 可见，至道二年关西大地震影响很大，直到至道三年，政府的粮仓依然未能充实。因此，至道三年的粮食价格也不可能很低。考虑以上两个向度上的影响因素：一方面根据宏观经济因素推断，至道末年粮价可能走低；另一方面，从自然因素推断，至道末年粮价也有可能短期走高。因此，根据宏观经济因素推测，至道末的日常米价应低于真宗朝初期

---

① 《续资治通鉴长编》卷七〇，大中祥符元年九月。关于此条所载大中祥符元年九月的粮价，中华书局版《续资治通鉴长编》底本光绪七年浙江书局本原文为"米斗钱七八十"，中华书局根据文津阁本及《宋史全文》等古籍校订为"米斗钱七八"。在此，我根据史实，从逻辑上推断，连年的丰收应该使粮价持续下降。景德四年（1007）的丰收已经使粮价降至麦为每石 100 文，米价为 200 文，继续大丰收使大中祥符元年九月的粮价不应该高于这个价格。故，我认为大中祥符元年九月的粮价应为斗米七八文。

② 关于宋代粮价变化趋势可参阅漆侠《中国经济通史·宋代经济卷》（下），第 1239—1241 页；早期文献包括全汉昇《北宋物价的变动》《南宋初年物价的大变动》等文，文见《历史语言研究所集刊》第 11 本及《中国经济史论丛》。

③ 《宋史》卷六七《五行志·土》。

④ 《续资治通鉴长编》卷四一，至道三年秋七月。

景德年间的日常米价，但由于灾害等短期因素的影响，至道末年米价也不应该太低。这样一来，估计真宗朝初期景德四年（1007）丰收之时的米价极有可能接近于十年之前的至道末为灾害所影响的米价。景德四年米价为每石 200 文，而前面已经大致估计至道末米价可能在每石 40 文至每石 360 文之间的中位数 200 文左右，这恰好等于景德四年米价。因此，本书暂时以每石 200 文作为至道末的米价。

按照米价每石 200 文折算，至道末各项租税岁入中 2171.7 万石（硕）谷的价值应为 434.34 万贯。根据这个数据，加上其他项目租税岁入，可算出至道末租税岁入：

米：2171.7 万石 ×200 文／石 =434.340 万贯

钱：465.000 万贯（不用折算）

绢：162.0 万匹 ×1000 文／匹 =162.000 万贯

绝绸：27.3 万匹 ×2000 文／匹 =54.600 万贯

布：28.2 万匹端 ×300 文／匹端 =8.460 万贯

丝线：141.0 万两 ×65 文／两 =9.165 万贯

绵：517.0 万两 ×35 文／两 =18.095 万贯

茶：49.0 万斤 ×70 文／斤 =3.430 万贯

杂色：3524.0 万围束等 ×20 文／围束等 =70.480 万贯

总计：7085.200 万贯石匹两等，折合缗钱 1225.570 万贯

在《宋代地方财政史研究》一书中，包伟民同时计算出至道年间征榷收入为 1167.7 万贯。[1] 这比《续资治通鉴长编》卷九七天禧五年所记的至道末榷利所获 1123.3 万余贯多出 44.4 万贯。

将本书推算出的至道末各项租税（两税）岁入 1225.57 万贯加上包伟民计算出的至道年间征榷收入 1167.7 万贯，可以算出至道末年北宋政府大致的岁赋总收入约是 2393.27 万贯。至道末租税（两税）岁入 1225.57 万贯，占岁赋总收入 2393.27 万贯的 51.21%，榷利收入 1167.7 万贯，占岁赋总收入的

---

① 包伟民《宋代地方财政史研究》，第 316 页。

48.79%。由于有部分租税（两税）岁入未被计算入内，因此，实际上至道末年北宋政府所获得的全国岁赋总收入应该不会少于 2393.34 万贯，租税（两税）岁入占岁赋总收入的实际比例应该略高于 51.21%。

前文提到，《宋史》载："至道末，天下总入缗钱二千二百二十四万五千八百。" 2393.27 万贯这个推算出来的至道末年北宋政府所获得的全国岁赋（两税加榷利）总收入之中，包含两税收入缗钱 465.00 万贯，以及来自榷利的缗钱大约 1049.1 万贯（1167.7 万贯榷利中去掉非货币形式的银、铜收入，此前分别折合 11.6 万贯、107 万贯计入榷利）[1]，即大约有缗钱数 1514.1 万贯。也就是说，即使天下总入缗钱 2224.58 万贯中除去赋税所得的 1514.1 万贯，再减去"上供"所得 169.2 万贯，还有 541.28 万贯的缗钱收入来源于他项所得。这就是说，至道末当年北宋政府财政总收入不会少于全国岁赋（两税加榷利）总收入 2393.27 万贯和其他项目缗钱收入 541.28 万贯的总和，即 2934.55 万贯。

那么，至道末，北宋政府支出（或者说政府消费）的情况是怎样的呢？《续资治通鉴长编》卷九七天禧五年（1021）十二月有记载："至道末……大凡邦国内外举一岁之费，钱一千六百九十三万余贯，金一万四千八百七十两，银六十二万余两，绢三百三十三万三千余匹，绸九十万三千余匹，绝五万九千余匹，绵七百四十五万两，丝线一百六十四万两，布二百六万三千余端，粟二千一百九十四万石，刍三千二百万六十围。举一岁京城给文武官、三班使臣及诸司人等俸钱四万五千八百余贯，给以他物者九万一千四百余贯，禄粟五万一千余石，粮五十四万二千余石。骑军一岁给钱六十八万余贯，都虞候已（以）上禄粟一万四千余石，粮一百一十八万余石。步军一岁给钱七十一万余贯，禄粟七千八百余石，粮一百八十二万九千余石。大抵若此，而亦有盈缩焉。"[2]

看这段记载，我们还无法知道至道末北宋政府（含地方政府）的支出（或者说政府消费）究竟是多少。下面，我们以每件物品的单价来折算各项支出的价值：

---

① 包伟民《宋代地方财政史研究》，第 316 页。
② 《续资治通鉴长编》卷九七，天禧五年十二月。

钱：1693 万贯（不用折算）

金：1.487 万两 ×5000 文／两 =7.435 万贯

银：62 万两 ×800 文／两 =49.600 万贯

绢：333.3 万匹 ×1000 文／匹 =333.300 万贯

绸：90.3 万匹 ×2000 文／匹 =180.600 万贯

绝：5.9 万匹 ×2000 文／匹 =11.800 万贯

绵：745 万两 ×35 文／两 =26.075 万贯

丝线：164 万两 ×65 文／两 =10.660 万贯

布：206.3 万端 ×300 文／端 =61.890 万贯

粟：2194 万石 ×200 文／石 =438.800 万贯

刍：3200.006 万围 ×20 文／围 =64.000 万贯

总计：总支出 8695.293 万贯匹两等，折合缗钱 2877.16 万贯

除粟、金、银之外，以上各项物品单价参考贾大泉《宋代赋税结构初探》中的各类物品单价，以与折算收入相呼应。金、银单价参考《续资治通鉴长编》卷八五大中祥符八年（1015）十一月己巳条记："咸平中，银两八百，金五千。"① 这是我目前所能找到的时间上最接近于至道末年（997）的金、银价格数据。粟的价格参考前文估计的米价每石 200 文。

从这个折算出来的总支出看，与我们之前折算出来的至道末年（997）北宋政府所获得的全国岁赋总收入 2393.27 万贯（两税加榷利）较接近。此前已说过，至道末年北宋政府所获得的全国财政总收入至少有 2934.55 万贯。因此，我认为，至道末，北宋中央政府和地方政府的财政总收入尚可以应付其支出，政府消费总支出大约占财政总收入的 98%。另外，从缗钱支出情况看，北宋至道末，政府财政收支状况也算良好。

据《续资治通鉴长编》卷九七天禧五年（1021）十二月记载，我们也可以核算（以钱为单位部分）出这一时期北宋京城吏禄兵廪的支出缗钱部分是

---

① 《续资治通鉴长编》卷八五，大中祥符八年十一月己巳条。

152.72万贯。《建炎以来朝野杂记》甲集卷一七之《国初至绍熙中都吏禄兵廪》中记:"祖宗时,中都吏禄兵廪之费,全岁不过百五十万缗。"这与我们核算出的数字比较接近。如果《国初至绍熙中都吏禄兵廪》中的"祖宗时"是指宋初太祖朝时,那么我们可以说,太宗至道年间北宋京城吏禄兵廪的支出有增加的趋势,不过并不明显。但是,如果将各类粮食支出折算出来,这一时期北宋京城吏禄兵廪的支出就会增加不少。不考虑粮、粟的价格区别,都以每石200文折算,北宋至道末(997)京城吏禄兵廪非货币收入部分共粮食362.38万石,相当于缗钱72.476万贯。这样算来,北宋至道末,京城吏禄兵廪的总开支达225.196万贯,占当年全国总支出(政府消费总额)2877.16万贯的7.83%左右。京城吏禄兵廪的缗钱开支152.72万贯,占当年全国总支出(政府消费总额)2877.16万贯的5.31%左右。

上面这两个数据对于我们了解北宋前期中央政府在全国政府机构中的地位很有价值。因为,自北宋中期神宗朝以后,宋中央政府掌握的天下总收入,如根据史载来看,其实是中央计司所能直接负责的各类收支数据,中央计司已经难以清楚地掌握地方财政的具体情况。因此,我们已经很难准确算出北宋中期后全国实际的财政总收入与总支出,更无法准确算出京城吏禄兵廪占全国财政总支出(政府消费总额)的准确比例。

前面我们已经概要式地介绍了宋代政府的财政收入情况,在政府财政收入中,赋税收入是北宋政府保证基本消费活动的最主要的收入来源。"宋制岁赋,其类有五:曰公田之赋,凡田之在官,赋民耕而收其租者是也。曰民田之赋,百姓各得专之者是也。曰城郭之赋,宅税、地税之类是也。曰丁口之赋,百姓岁输身丁钱米是也。曰杂变之赋,牛革、蚕盐之类,随其所出,变而输之是也。岁赋之物,其类有四:曰谷,曰帛,曰金铁,曰物产是也。"[①]具体细分,"谷之品七:一曰粟,二曰稻,三曰麦,四曰黍,五曰稯,六曰菽,七曰杂子。布帛丝绵之品十:一曰罗,二曰绫,三曰绢,四曰纱,五曰绝,六曰䌷,七曰杂折,

---

① 《宋史》卷一七四《食货志·赋税》。

八曰丝线，九曰绵，十曰布。金铁之品四：一曰金，二曰银，三曰锡镴，四曰铜铁。物产之品六：一曰畜，二曰齿、革、翎、毛，三曰茶、盐，四曰竹、木、麻、草、刍茭，五曰果、药、油、纸、薪、炭、漆、蜡，六曰杂物"。[1]

马端临在《文献通考》中对各种岁赋做了更加详细的说明："粟之品七，曰：粟、小粟、粱谷、碙床粟、秫米、黄米。稻之品四，曰：秔米、糯米、水谷、旱稻。麦之品七，曰：小麦、大麦、青稞麦、旷麦、青麦、白麦、荞麦。黍之品三，曰：黍、蜀黍、稻黍。稷之品三，曰：稷、秫稷、穈稷。菽之品十六，曰：豌豆、大豆、小豆、绿豆、红豆、白豆、青豆、褐豆、赤豆、黄豆、胡豆、落豆、元豆、荜豆、巢豆、杂豆。杂子之品九，曰：脂麻、床子、稗子、黄麻子、苏子、苜蓿子、莱子、荏子、草子"。"六畜之品三，曰：马、羊、猪。齿、革、翎、毛之品七，曰：象牙、麂皮、鹿皮、牛皮、狨、鹅翎、杂翎。竹之品四：筹竹、箭簳竹、箬叶、芦菱。木之品三，曰：桑、橘、楮皮。麻之品五，曰：青麻、白麻、黄麻、冬苧、（疑《文献通考》原文此处有脱漏字）麻。草之品五，曰：紫苏、茭、紫草、红花、杂草。刍之品四，曰：草、稻草、穰（草）、茭草。油之品三，曰：大油、桐油、鱼油。纸之品五，曰：大灰纸、三钞纸、刍纸、小纸、皮纸。薪之品三，曰：木柴、蒿柴、草柴。杂物之品十，曰：白胶、香桐子、麻鞋、版瓦、堵筐、瓷器、笤帚、麻剪、蓝淀、草荐"。[2]

以上所列的丰富的岁赋品名，说明中国社会是一个典型的农业社会，同时，从中亦可看出宋代手工业已有相当之发展。

---

[1] 《续资治通鉴长编》卷四二，至道三年十二月。另，《宋史》卷一七四《食货志·赋税》、《文献通考》卷四《田赋考四》中也有具体岁赋品名的记载，与《续资治通鉴长编》卷四二大同小异。《宋史》将这些品名系于岁赋概述部分，《文献通考》则系于天禧五年垦田数之后。因《续资治通鉴长编》卷四二中此内容系于至道三年末，又是宋人所记，可信度更高，故本书在此引其所载。需要指出的是，《宋史》卷一七四《食货志·赋税》、《文献通考》卷四《田赋考四》中所记具体岁赋品名中，无"秫"而有"穈"。"秫"即是穄（俗作糯或穄），乃稻之黏者，可作酒；"穈"乃似麦而不黏者。"秫"、"穈"乃不同之作物。为何《宋史》、《文献通考》中无"秫"而记有"穈"，是两书作者笔误还是有其他原因，当考。另，所引岁赋名中，锡镴乃锡和铅的合金，刍茭乃喂牲口的干草。

[2] 《文献通考》卷四《田赋考四》。所引各种物品中，碙床粟，碙乃卤也，碙床粟可能是在经改造的盐碱地上生长的粟，当考；旷麦，大麦中的一种；麂皮乃大麇的皮；穰乃禾茎；草荐乃黍蓬。

根据以上记载，我们亦可以看到当年宋朝廷的政府消费主要以食、衣、用等方面的基本生活资料为主。同时，我们也可以根据这段记载知道，宋朝廷已经意识到各地物产不同，因此征收杂变之赋根据各地物产不同有所区别。由此，我们可进一步推断出，宋朝民间消费在消费内容上存在较大的差异。这种差异，主要有两方面的原因：一是各地因为自然地理条件不同而物产不同；二是因为古代交通运输手段相对落后，物资交流不方便。宋初，有些地方割据政权还未入宋，有的刚刚入宋，各地还没有形成非常完备的物流系统。因此我们可以推知，当时不同地区民间消费的量存在较大差距，消费内容也存在较大差异。而宋朝廷由于可以利用赋税手段加以调节，因此政府消费在消费内容方面，应该较民间更为丰富。

赋税征敛是宋朝政府消费的重要供给手段。宋朝赋税最重要、最基本的是分夏秋两季征收的两税。[①] 两税征收的物品有基本的农产品和手工业产品，也有品种多样的土特产。李晓认为，宋朝两税大致夏税是以丝、绵、丝织品和钱为主，粮食较少，而秋税则以粮食和草居多，在实际征收过程中，不同区域存在较大结构差异。"概而言之，似乎可以归纳为北粮南钱。即北方地区除了部分杂钱外，往往没有夏税钱，而杂钱也时常改成征收粮绢；南方地区不仅普遍有夏税钱，而且时常把粮食改为征收钱绢"。[②] 这样一来，宋初两税制在执行中就出现了折纳现象，从宋初开始，川蜀地区的两税就以绢帛折纳。两税制保证了宋代政府对最基本的生活消费资料的及时征收，也反映了当时民间最基本的生活消费资料内容。

与此前的王朝相似，土贡是北宋重要的征敛形式之一。通过土贡获得物品是北宋政府获得消费品的主要手段之一。但是，作为征敛形式之一的土贡，并不能完全满足北宋政府的消费需求。在北宋政府的消费品中，最庞大的部分是通过赋税、异地调拨、官营生产、市场购买等方式来获得的。虽然如此，土贡对于北宋政府的意义却不容忽视。正如有学者指出："不通过买卖程序，越过

① 王曾瑜《宋朝的两税》，《文史》总第十四辑。
② 李晓《宋朝政府购买制度研究》，第 62 页。

公开市场，而用直接掠夺的办法，来获得自己所需要的一切便利品和奢侈品。这样，既可以满足任何奢侈需要，又不刺激商业，并且还大大缩小了商业经营的范围。这本来是一种不加掩饰的、赤裸裸的掠夺，却美其名曰任土作贡——简称曰土贡。"① 土贡品的征敛，是皇权政治的表现之一，是维护封建统治的手段之一，是统治者通过将消费品特殊化来巩固自己的社会地位、强化统治特权的重要方式之一。北宋政府对土贡品的征敛也深深烙刻着这种性质。

笔者从《太平寰宇记》中辑录出北宋前期各地区的土产（包括土贡与赋），并进行相应的汇总统计，制成下表（见表4、表5），由此我们可以看到北宋前期民间消费与政府消费内容的一个主要方面：

表4　北宋前期各地区的土产与土贡

地区		土产（包括土贡与赋）**	各地区贡赋汇总***
河南道	东京，开封	绢，绵，谷子，红花，麻黄，酸枣。	河南道土产中贡赋总共54种，除去旧贡外共45种。赋3种：绫，绢，枸杞。今贡16种：龙凤纹幭，泽兰，茱萸，䗪虫，水蛭，蓍草，生石斛，猫儿，仙纹绫，乐氏枣，绢，绵，防风，阳起石，白壨石，席。贡26种：桑白皮，桔梗，玄参，丹参，旋覆花，大戟，白蜡，半夏，芫花，峭粉，柏子仁，瓜蒌根，方文绫，花官䌷，绵，绢，官蛇，蛇床子，浮磬（时有岁贡），防风，长理石，牛黄，文蛤，石器，金，紫石英。旧贡9种：方文绫，凤翮席，龟甲双距绫，四窠云花鸂鶒绫，文蛤，紫菜，细布，牛黄，海蛤。
	西京，河南府	桑白皮（贡），桔梗（贡），玄参（贡），丹参（贡），旋覆花（贡），大戟（贡），白蜡（贡），半夏（贡），芫花（贡），峭粉（贡），瓷，钟乳。绫（赋），绢（赋）。	
	陕州	柏子仁（贡），瓜蒌根（贡），䌷，绢，麝香，蕤仁，石胆。	
	虢州	方绫纹（贡），花纱，绢，梨，枣，砚瓦，麝香，密，黄丹。	
	许州	绢，蔍心席，干柿，黄明胶。	
	汝州	绢，䌷，鹿脯，密，蜡。	

① 傅筑夫《中国经济史论丛》，三联书店，1980年，第648页。

地区		土产（包括土贡与赋）**	各地区贡赋汇总 ***
河南道	滑州	方文绫（旧贡），绵，绢，花纱。	
	郑州	梨，黄麻，凤翮席（旧贡）。	
	陈州	丝，绵，绫，绢。	
	蔡州	龟甲双距绫（旧贡），四窠云花鸂鶒绫（旧贡），龙凤纹幗（今贡），泽兰（今贡），茱萸（今贡），蝱虫（今贡），水蛭（今贡），蓍草（今贡），生石斛（今贡）。	
	颍州	花官絁（贡），绵（贡）。	
	宋州	漆，枲，绤，纻，绵，絁，縠，绢。	
	亳州	丝，绵，绫，绢（贡）。	
	郓州	阿胶，蛇床子，绵，官蛇。	
	曹州	绢（贡），葶苈子，蛇床子（贡），犬。	
	广济军	置军后无贡。	
	濮州	绵，绢（贡）。	
	济州	阿胶，蛇床子，绵，官蛇，荻薕。	
	单州	紬，绢。枸杞（赋）。	
	徐州	浮磬（时有岁贡），五色土，何首乌。	
	利国监	无土产记录。	
	泗州	桑，麻，绵，绢，赀布，絁。	
	宿州	绢（贡）。	
	淮阳军	菖蒲。	
	涟水军	淮白鱼，海鲻，鱼。	
	青州	海鱼，盐，丝，绵，绢，猫儿（今贡），仙纹绫（今贡），乐氏枣（今贡）。	
	潍州	仙纹绫（旧贡），纻丝素絁（今贡），乐氏枣（今贡），绢（今贡），绵（今贡）。	
	淄州	防风（贡），长理石（贡），絁绢，麻布。	
	齐州	绵，绢，丝，葛，防风（今贡），阳起石（今贡），白墡石（今贡）。	

地区		土产（包括土贡与赋）**	各地区贡赋汇总***
河南道	登州	文蛤（旧贡），牛黄（旧贡），水苈，席（今贡），纱布。	
	莱州	牡砺，决明，海藻，绵，绢，麻布，茯苓，牛黄（贡），文蛤（贡），石器（贡）。	
	兖州	汶阳之筱，金（贡），镜花绫，绢，绵，防风、紫石英，茯苓。	
	莱芜监	防风（贡），铁。	
	海州	绫，绢，海味，盐，楚布，紫菜（旧贡）。	
	沂州	紫石英（贡），黄银，绵，绢。	
	密州	细布（旧贡），牛黄（旧贡），海蛤（旧贡），绌布。	
关西道	雍州	隔纱（贡），地骨皮（贡），靴毡（贡），粱席（贡），酸枣仁（贡），葛粉，藕粉，紫秆粟。	关西道土产中贡赋总共29种，除去旧贡外共28种。赋2种：麻，布。今贡5种：皱文靴，茯苓，茯神，细辛，大黄。贡21种：隔纱，地骨皮，酸枣仁，粱席，龙须席，蜡烛，覆鞍毡，剪刀，靴，火筋，防风，香子，苦参，黄蜡，野马皮，鹿胎，鹿尾，白角簟，驼褐，胡女布，女稽布。旧贡1种：石燉饼
	同州	皱文靴（今贡），蒲合，麝香，鹘，石燉饼（旧贡），草坐，白蒺藜。	
	沙苑监	白蒺藜，麻黄。	
	华州	茯苓（今贡），茯神（今贡），细辛（今贡），绵，绢，朱柿子，石蹋炉，鹘，五粒松。	
	凤翔府	龙须席（贡），蜡烛（贡），麻，布，松市，胡桃，驼羊。	
	司竹监	无土产记录。	
	耀州	柏松，嗝马药，芍药，石脂，青石。	
	乾州	无。	
	陇州	龙须席，鹦鹉，山丹，雉尾，羊，马，狄。	
	泾州	龙须席，羊，马，驼毛，红花，麻，布，黄蓍，毡，麝香，秦胶。	
	原州	覆鞍毡（贡），白毡，黄蓍，白药。麻（赋），布（赋）。	

地区		土产（包括土贡与赋）**	各地区贡赋汇总***
关西道	庆州	胡女布，香子，龙须席，牛酥，麝香。	
	邠州	蜜，蜡，麻，布，羊，马，麇，鹿，荜豆，铁器，甘草，剪刀（贡），火筋（贡）。	
	宁州	蜜，蜡，麻，布，羊，马，麇，鹿，荜豆，铁器，甘草，剪刀（贡），火筋（贡），草豆蔻，白蜜，防风（充贡）。	
	鄜州	龙须席（贡），大黄（今贡）。麻（赋），布（赋）。	
	坊州	龙须席（贡），弓弦麻。	
	丹州	龙须席（贡），蜡烛（贡），香子（贡），苦参（贡），麝香。	
	延州	麝香，黄蜡（贡），秦艽。	
	灵州	甘草，青虫子，鹿皮，红花，鸟翎，杂筋，野马皮（贡），鹿角胶，麝香，代赭，白鹘翎，花苁蓉，野猪黄。	
	会州	鹿胎（贡），鹿尾（贡），覆鞍毡（贡），靴（贡），野马皮（贡），白角簟（贡），驼褐（贡）。	
	盐州	盐。	
	夏州	角弓，毡，酥，麻，布，羊，马，驼，苣霜薘，乞物鱼，葱味辛。	
	通远军	甘草。	
	保安军	羊。	
	绥州	胡女布（贡），蜡烛（贡）。	
	银州	杏子，女稽布（贡）。麻（赋），布（赋）。	
	振武军，今废	谷拨甘松，麻黄，升麻，当归，菴闾，柴胡，刺楸，远志，白角簟。	
	麟州	同振武。	
	胜州，今废	鹿角。	

地区		土产（包括土贡与赋）**	各地区贡赋汇总 ***
关西道	府州	羊，马。	
	宥州	青盐，酥，驼，马。	
	丰州	兽：羱羊，野马。禽：石鸡，凫鸭。衣：驼毛，褐布。食：白面，印盐。草：遏逻，毂，卢牛，沙蓬，茨萁，狼针。	
	天德军，今废	无记录。	
河东道	并州	梨（贡），马鞍（贡），甘草，龙骨，特生石，柏子仁，黄石铆，葡萄（贡），人参，矾石，铁镜。	河东道土产中贡赋总共26种，除去旧贡外共23种。赋6种：麻，布，龙须席，绿矾，铁，花斑石。今贡：无。贡17种：梨，马鞍，靴毡，豹尾，葡萄，麝香，熊皮，龙须席，蜜蜡，人参，蜡烛，石蜜，雕翎，碌，犛牛尾，柏子（采进），白石英。旧贡3种：蜜，蜡，胡女布。
	汾州	龙须席（贡），石膏。麻（赋），布（赋）。	
	岚州	知母，五色龙骨，术，松柏木，熊皮（贡），麻，石蜜。	
	石州	胡女布，麝香，蜜，蜡烛，石英，松木。麻（赋），布（赋），龙须席（赋）。	
	忻州	麝香（贡），豹尾（贡），扇。麻（赋），布（赋）。	
	宪州	无。	
	晋州	蜡烛（贡），蜜蜡（贡），葡萄，红豆，紫草，紫参。麻（赋），布（赋）。	
	泽州	人参（贡），紫草，白石英（贡），石雄，茯苓，蜜，蜡。	
	辽州	人参。	
	潞州	石蜜（贡），人参（贡），墨，紫草，麻，布。	
	蒲州	盐，铁，竹扇，经纸，毡毯，五味子，天蒸枣，蔺席，麻，布，绵，绢。	
	解州	升麻，黄芩，瓜蒌根。	
	降州	墨，梨，蜡烛，防风，交梭纱縠子，粱米，货布，胡桃，羊，马，干枣。	

地区		土产（包括土贡与赋）**	各地区贡赋汇总 ***
河东道	慈州	蜡烛（贡）。麻（赋），布（赋），绿矾（赋），铁（赋）。	
	隰州	蜜（旧贡），蜡（旧贡），胡女布（旧贡），龙须席，芜荑。	
	代州	麝香，天花，豹尾，地菜，雕翎（贡），长松子，青，碌（贡）。麻（赋），布（赋）。	
	宝兴军	无。	
	云州	雕翎，羊，马，苁蓉，犛牛尾（贡）。	
	威胜军	人参（贡）。	
	大通监	铁，柏子（采进）。	
	平定军	同并州。	
	岢岚军	同岚州。	
	火山军	无。	
	宁化军	无。	
	蔚州	熊皮，豹尾，雕翎，金，银，大韭。麻（赋），布（赋），花斑石（赋）。	
	朔州	雕翎，肉苁蓉，豹尾（贡），甘草。	
河北道	孟州	粱米（今贡），石榴，黄鱼鲊（古贡）	河北道土产中贡赋共25种，除去旧贡外共20种。赋2种：绵，绢。今贡1种：粱米。贡17种：范阳绫，绫，罗绮，绝，绢，绅，平细，纱，绵，白毡，靴毡，人参，胡粉，墨(进)，琉璃，凤翮席，角弓。旧贡5种：水葱席，茅簟，海蛤，绢，黄鱼鲊（古贡）。
	怀州	丝，绢，绵，绝（贡），朱胶。	
	魏州	绢（贡），丝，绵，绝，绅（贡），枝头干。	
	博州	绵，绢，平绅（贡）。	
	相州	胡粉（贡），凤翮席（贡），花口胡卢，纱（贡），绢（贡）。	
	卫州	丝，布，绢。	
	磁州	磁石，磁毛。	
	澶州	角弓（贡），凤翮席，桑白皮，香附子，茅香，胡粉（贡）。	

地区		土产（包括土贡与赋）**	各地区贡赋汇总***
河北道	德清军	已纳入澶州土产记录。通利军	
	通利军	丝，绢。	
	洺州	平绅，绝子，油衣，人参，绢。	
	贝州	白毡（贡），靴毡（贡），丝布，绝，绢。	
	邢州	白瓷器，丝布，绵，解玉沙。	
	赵州	丝布，绝，帛，石榴。	
	祁州	同定州。	
	镇州	瓜子罗，孔雀罗，春罗。	
	定州	两窠纹绫，棉梨，罗绮（贡），人参，瓷器。	
	冀州	绢（贡），绵（贡），草履子。	
	深州	布，绢（贡），石榴。	
	德州	绫（贡），蛇床子。绵（赋），绢（赋）。	
	棣州	绢（贡），丝蚕。	
	滨州	同棣州。	
	沧州	盐，绵，绢绫，五色柳箱，莞席，水葱席，细文苇簟，糖蟹，鱚鲊，牡砺，蜃蛤，兔毫。	
	瀛州	丝，布，绢，人参，蔓荆子。	
	莫州	苁蓉，人参，绢（贡）。	
	易州	人参，绵，紫草，丹参，墨（进）。	
	雄州	绢，布。	
	霸州	丝，绵，绢。	
	保州	同莫州。	
	定远军	水葱席（旧贡），茅簟（旧贡），海蛤（旧贡），绢（旧贡）。	
	乾宁军	蒲苇。	
	破虏军	无记录。	
	威虏军	同易州。	
	平塞军	无。	

地区		土产（包括土贡与赋）**	各地区贡赋汇总***
河北道	静戎军	无记录。	
	宁边军	同定州。	
	保顺军	无记录。	
	平戎军	无记录。	
	幽州	绢，绵，人参，瓜子，范阳绫（贡），琉璃（贡），银，锡，筋角，水晶。	
	涿州	绫。	
	蓟州	鹿角胶，人参，远志，白术。	
	平州	蔓荆子。	
	妫州	麝香，桦皮，胡鹿，人参。	
	营州	豹尾，麝香，绢，牛，马，羊，豕。	
	檀州	人参（贡）。	
	燕州	豹尾，绵货，栗。	
	燕州以下威州等诸州废	无记录。	
剑南西道	益州	邛竹，蒟，酱，鱼，苦茶，山茶，海棠桐花，旌节花，千叶刺榆，长乐花，茶醾花，九壁锦，薛涛十色笺（旧贡），雪山朴硝（旧贡），单丝罗（旧贡），交梭纱（旧贡），高杼衫缎（旧贡），琵琶捍拨（旧贡），蜀漆铜盆（旧贡），龙葵（旧贡）；绫（今贡），罗（今贡），高杼布（今贡），丝（今贡），椑布衫缎（今贡），柘蚕丝（今贡），绝（今贡），绵（今贡），绢（今贡），布（今贡），麻（今贡）。	剑南西道土产中贡赋共29种，除去旧贡外共16种。赋：无。今贡16种：绫，罗，高杼布，丝，椑布衫缎，柘蚕丝，绝，绵，绢，布，麻，麸金，紫葛，巴豆，金毛狗脊，丁公藤。贡：无。旧贡13种：薛涛十色笺，雪山朴硝，单丝罗，交梭纱，高杼衫缎，琵琶捍拨，蜀漆铜盆，龙葵，交梭布，水纹绫（古贡），乌头绫（古贡），苓根（古贡），红花（古贡）。
	彭州	麸金，续断，升麻，茶。	
	汉州	纻布，弥牟布，纹绫，苓根鞋，合箪。	
	永康军	交梭布（旧贡），马鞭，紫背龙牙，白背龙牙，大鹤仙，小鹤仙。	

地区		土产（包括土贡与赋）**	各地区贡赋汇总***
剑南西道	眉州	麸金，秫米，茶。	
	嘉州	水纹绫（古贡），乌头绫（古贡），苓根（古贡），红花（古贡），麸金（今贡），紫葛（今贡），巴豆（今贡），金毛狗脊（今贡），丁公藤（今贡）。	
	邛州	丝布，细葛，红花，续断，茶。	
	蜀州	白罗花，紫草，红花，金，单丝罗，木兰皮，椒，茶。	
	简州	䌷，绵，茶。	
	资州	麸金，高良姜，甘蔗。	
	怀安军	侯杏，石榴。	
	雅州	麸金，石菖蒲，升麻，黄连，落雁木，蠲纸，茶。	
	黎州	红椒。	
	茂州	麝香，麝脐，五味子，马牙硝，干酪蜜，马，升麻。	
	翼州，废	当归，羌活。	
	维州	鱼虎。	
	涂州等七州属茂州都督（以上翼、维二州也属茂州都督）	无记录。	
	戎州	荔枝煎，半夏，升麻，狨皮。	
	元管蛮夷州县，今并废	无记录。	

地区		土产（包括土贡与赋）**	各地区贡赋汇总***
剑南西道	旧管蛮夷新旧州四十七	无记录。	
	霸州	散麝香。	
	拓州，废	酥，黄连，麝香，当归。	
	恭州，废	同拓、静二州。	
	襦州，废	丝，布，五味子，麸金，牛，松蘗，斯难树，龙目树，橦木。	
	保州，废	羌活。	
	真州，废	当归，散麝香。	
	松州，废	麝香，羌活。	
	当州，废	麝香，当归，大黄，羌活。	
	悉州，废	颗麝香，犛牛尾，当归，羌活，朴硝。	
	静州，废	筒布，麝香，犛牛尾，酥，朴硝。	
剑南东道	梓州	绫，绵，银，空青，曾青，石绿，地黄，红花，砂糖，甘橘，枇杷，丙熟（旧进），乌头（旧进），纹绫（旧进），水波绫（旧进）。	剑南东道土产中贡赋共14种，除去旧贡外共6种。赋：无。今贡2种：巴戟，绢。贡4种：麸金，鹅溪绢（进），丝布。旧贡8种：丙熟（旧进），乌头（旧进），纹绫（旧进），水波绫（旧进），苏薰席，麸金，续断子（旧进），斑布。
	富国监	盐。	
	绵州	小绫，交梭纱，绵，绯红，毯，紫参，栢桔。	
	剑州	姜鞋，纱，丝布，苏薰席（旧贡），巴戟（今贡），蠲纸（今贡）。	
	龙州	麸金（旧贡），羚羊角，葛粉，附子。	
	陵州	麸金（贡），续断子（旧进），鹅溪绢（进），苦药子，细葛，缎。	
	陵井监	盐。	
	荣州	麸金，羌活，黄连，斑布（旧贡），盐。	
	果州	巴戟，大黄，丝布（贡），黄柑，紫梨，鸡父草，山大豆。	

地区		土产（包括土贡与赋）**	各地区贡赋汇总***
剑南东道	阆州	獠布，当归，重莲绫，盐，绢。	
	遂州	樗蒲绫，簟子，苓根，靸鞋，紫葛根，交让木，蔗霜。	
	普州	葛，梅，杏。	
	泸州	大黄，杏仁，石青，石绿，斑布，荔枝，鳇鱼，楠木，花竹簟，茶。	
	富顺监	盐。	
	昌州	斑布，筒布，绢（今贡）。	
江南东道	润州	方绞绫（贡），水波绫，罗绵绢，禹余粮，鲟鱼，鲥鱼。	江南东道土产中贡赋共27种，除去旧贡外共26种。赋4种：丝，绢，纱，矿。今贡2种：荔枝干，干白沙糖。贡20种：方绞绫，绞绫，绯纱，瓷器，越绫，绫，茅山石，杂药，牛胶，蜜，干地黄，干姜，鲛鱼，金雀，西施舌，乳橘，藤纸，蠲符纸，蠲纸，竹丝灯。旧贡1种：红虾鲊。
	升州	茅山石（贡），杂药（贡），绞绫（贡）。丝（赋），绢（赋），纱（赋），矿（赋）。	
	苏州	丝葛，白石脂，藕，绫，席，草履，蛇床子，太湖石，橘，杨梅，菰蒌，鳖鱼。	
	常州	红紫绵布，白纻布，紧纱，紫笋茶，薯药，龙凤细席，子鲚。	
	江阴军	同常州。	
	杭州	牛胶（贡），藤纸（贡），蜜（贡），干地黄（贡），干姜（贡），白编绫，橘，木瓜，漆，黄精，芡实，鲥鱼，盐，箭鱼，海蛤，冬笋。	
	湖州	紫笋茶，木瓜，糁煎，重杭子，白纻布，绫（贡），绵，笔。	
	睦州	交梭纱，竹簟，丝布，鸠坑团茶，麦门冬煎，纸，漆，白石英。	
	秀州	同苏州。	
	嘉兴监	盐。	
	越州	绯纱（贡），瓷器（贡），越绫（贡），甘橘，甘蔗，玉芝，葛根，交梭白纱，银鱼，蛤粉，剡笺，鳜鱼，紫石英。	

地区		土产（包括土贡与赋）**	各地区贡赋汇总 ***
江南东道	衢州	白纻，大麻布，纱，扇，橘，茶，簟，砚，石轮。	
	婺州	绵，绝，绢，南枣，酒，玉面狸。	
	明州	绢，葛，红木犀，紫菜，淡菜，鲒，蚶，青鲫，红虾鲊（旧贡），大虾米，石首鱼，舶船，海物。	
	台州	金松，方竹，绢，望潮鱼，干姜，甲香，乳橘，茶，花乳石，鲛鱼皮。	
	温州	鲛鱼（贡），蠲纸（贡），金雀（贡），竹丝灯（贡），西施舌（贡），乳橘（贡）。	
	处州	同台州。	
	福州	美人蕉，佛手柑，羊桃，龙眼，茉莉，蔗，榕，蕉葛，茶，白藤箱，簟，扇，轻绢，丝布，纻布，海蛤，麸金，干姜，蚺蛇胆，荔枝干（今贡），橄榄，笋笴，干白沙糖（今贡）。	
	南剑州	花纹石，白苎布，纸，金橘，茴香。稻十一种：金黍，赤鲜，白稌，先黄，金牛，青龙，虎皮，女儿，狭糖，墨林，先白。茶六种：白乳，金字，蜡面，骨子，山挺，银字。麻竹。	
	建州	蕉花练，茶。	
	邵武军	同建州。	
	龙焙监	矿石：白矿，黄礁矿，黑牙矿，松矿，水礦矿，黑牙礁矿，光牙矿，土卯白矿，马肝礁矿，桐梅礁矿，赤生铜矿，红礁夹生白矿。	
	泉州	蠲符纸（贡），生蕉，白藤箱，蚺蛇胆，红花，蕉，茜绯，葛，海舶，香药，天门冬，铁，盐，枇杷，再熟稻，橄榄，荔枝，龙眼，甘蔗，茉莉。	

地区		土产（包括土贡与赋）**	各地区贡赋汇总 ***
江南东道	漳州	甲香，沙鱼皮，盐，蜡茶，银鱼，海舶，香药，长枝竹。	
	汀州	黷鼠，茶，龟甲，银，铜，降真香。	
	兴化军	同泉州。	
江南西道	宣州	铜，纻布，五色线毯，绮，绫，熟线绫，栗纸，笔，绵，绢，黄连，雪梨，香狸。	江南西道土产中贡赋共15种，除去旧贡外共10种。赋1种：蜡（常赋）。今贡：无。贡9种：南烛子，南烛花，金，藤，鳖甲，斑竹簾簟，长通箭竿，朱砂，象齿／象牙。旧贡5种：鸂鶒鲊，铜（古贡），铅（古贡），蜡（元贡），朱砂（元贡）。
	广德军	茶，丝绸，漆绢，绵，布，桐油。	
	歙州	硾纸，茶，砚，漆，墨，蜜，蜡，银，鹠乌。	
	太平州	鲥鱼，乌昧草。	
	池州	铜，银，铅，矿，茶，苧，铁，纸。	
	洪州	蜡，甘橘，葛布，丝布，罗汉菜，笋，梅煎，黄精。	
	筠州	南烛子（贡），南烛花（贡），黎源茶，乌药，薯药，土碌，牛尾狸，黄雀儿鲊，紫竹，羊桃。	
	饶州	麸金，银，铜，茶，簟，瓷器。	
	永平监	无。	
	信州	金（贡），铜，蜡，青碌，空青，矾，铅，银，葛粉。	
	虔州	铅，础，糖，蜜梅，竹梳箱，斑竹，石蜜，葛布，岕茶，雪瓜，桃，五色鲤。	
	袁州	白纻布，葛，纸，竹鞋，黄精，地黄，绵布，酒，龙须草，茶，土绫。	
	吉州	玉版笋，水晶葱，龙须草，抱石鱼，藤（贡），茶，紫草，橘，碁子，竹纸，丝布，白纻布。	
	抚州	箭竿，柘木，葛，茶，杉，纸，朱橘，苧布，牛舌纸。	
	建昌军	吴茱萸，承露仙（俗称白药），麻姑酒，金丝布。	

地区	土产（包括土贡与赋）**	各地区贡赋汇总 ***
江州	云母，葛布，布水纸，石耳，鳙鱼，葛，栗，茶。	
南康军	布水纸，云母，石斛，葛布，蛤粉。	
鄂州	银，麻，纻布，秀柑，火纸，茶。	
岳州	白纻布，鱼，稻，鳖甲（贡），舶鱼，龟甲，鳣鱼。	
兴国军	茶，铜，铁，银。	
潭州	丝布，葛布，纻布，檦皮，乌梅，木瓜，楮皮，鱼，稻，竹木，云母，茶。	
衡州	美酒，水银，朱砂，茶。	
邵州	银，水银，朱砂，钟乳，白腾，鹧鸪鲊（旧贡）。	
道州	零陵香，白纻布，朱砂，水银，钟乳，荔枝。折税征白蜡。	
永州	白花蛇，细葛，零陵香，斑竹，朱砂，石鹜，磬石，苞茅。	
全州	斑竹簾簟（贡），长通箭竿（贡），零陵香，细白葛。	
郴州	白纻布，朱砂，青苎。	
连州	钟乳，细布，白苎，水银，朱砂，白镴。	
桂阳监	铜（古贡），铅（古贡），银。	
澧州	龟甲绫，五纹绫，牛膝，纻练纱，光明纱。	
朗州	白纻布，芒硝，蜡，紫苑（贡），五入簟。	
涪州	连头獠布，金，文铁，席。	
黔州	麩金，水银，朱砂，黄蜡，粗麻布，竹布，纻布。	
夷州	茶，朱砂，水银，蜡烛，犀角。	
播州	蜡（元贡），生黄茶。	

（左侧跨行：江南西道）

地区		土产（包括土贡与赋）**	各地区贡赋汇总***
江南西道	费州	朱砂（贡），水银，犀角。	
	思州	朱砂（元贡），水银，茶，蜡（常赋）。	
	南州	象牙，犀角，斑布。	
	西高州	金（贡），象齿（贡）。	
	溱州	文龟，斑竹，象牙（贡）。	
	牂州	熊羆，狐狸皮，隔织，麝香。	
	庄州	无记录。	
	琰州	无记录。	
	沅州	朱砂。	
	充州	无记录。	
	业州	同沅州。	
淮南道	扬州	莞席，锦绮，白绫，铜镜，柘木。	淮南道土产中贡赋共16种，除去旧贡外共9种。 赋：无。 今贡：无。 贡9种：纻布，交梭丝布，赀布，石斛，干鲻鱼，凫茨粉（进），茨仁，蔺茹，菱仁。 旧贡7种：白纻布，赀布，绯葛，白花蛇，石梁溪鱼，竹簟，笛管。
	和州	纻布（贡），茶，鱼，稻。	
	楚州	丝，绢，赀布，淮白鱼。	
	盐城监	盐。	
	舒州	白纻布，开火茶，酒器，铁器，蜡，常春藤。	
	庐州	交梭丝布（贡），石斛，开火新茶，蜡，矾，鹿脯，酥，鲥鱼。	
	无为军，今为镇。	无记录。	
	蕲州	白纻布（旧贡），白花蛇（旧贡），竹簟（旧贡），笛管（旧贡），茶。	
	光州	茜草，葛，远志，绵，绢，生石斛，名玉。	
	滁州	赀布（旧贡）。	
	濠州	钟乳，云母，官绝，绵，绢。	
	寿州	丝布，石斛（贡），茜草，绝，绵，麻布。	

地区		土产（包括土贡与赋）**	各地区贡赋汇总***
淮南道	泰州	盐。	
	通州	盐，丝，干鲻鱼（贡），鳇鱼酱，虾米。	
	海陵监	盐。	
	利丰监	盐。	
	高邮军	凫茨粉（进），小香米，荷包，白鱼鲊。	
	天长军	石粱溪鱼（旧贡）	
	建安军	同扬州。	
	黄州	连翘，松萝，白苎布，赀布（见贡），白花蛇。	
	汉阳军	赀布（贡），茨仁（贡），苘茹（贡），菱仁（贡）。	
	安州	青纻布，糖笋，茶。	
	信阳军	绯葛（旧贡），白纻布，花蛇，茶。	
山南西道	兴元府	红花（唐贡／今贡），胭脂（唐贡／今贡），夏蒜（唐贡），冬笋（唐贡），糟瓜（唐贡），药物（唐贡），蠲纸（今贡）。	山南西道土产中贡赋共21种，除去旧贡外共15种：赋：无。今贡5种：红花，胭脂，朱砂，麝香，蠲纸。贡10种：蜡，丹砂，蜡烛，麝香，柑子，车前子，挺子白胶香，马鞭，熊白，枳壳。旧贡6种：红花（唐贡），胭脂（唐贡），夏蒜（唐贡），冬笋（唐贡），糟瓜（唐贡），药物（唐贡）。
	西县	与兴元府同。	
	三泉县	无。	
	凤州	蜡烛（贡），麝香（贡），石斛，葛根，蓬累子。	
	开宝监	银。	
	文州	羚羊角，麝香（贡），红花，白蜜，柑子（贡），雄黄，布，羌活，狨，香獐子。	
	兴州	麝香，蜡（贡），丹砂（贡），漆，蜜。	
	利州	柑子，蜡烛，附子，枇杷，鲭子，天雄，乌头，黄连，绝。	
	合州	麸金，桃竹筋，牡丹皮，木药，石胆，双陆子，书筒。	
	渝州	药子，牡丹皮，葛，石胆，桃竹，麸金。	
	开州	车前子（贡），蜡，柑子。	

地区		土产（包括土贡与赋）**	各地区贡赋汇总***
山南西道	达州	挺子白胶香（贡），白药子，蜜，蜡，蜂窠。	
	洋州	熊羆，狐狸皮，麝香（今贡），隔织。	
	渠州	黄连，车前子，恒山茱萸，铁。	
	广安军	丝，布，绸，绵，牡丹皮。	
	巴州	绸，绵，白药，巴戟天，茶。	
	蓬州	无。	
	集州	小绢，药子，蜜，蜡。	
	壁州	麻布，丝布，绵，绸，蜡，马鞭（贡）。	
	金州	麝香，黄蘗，纸，漆，蜡，钟乳，麸金，厚朴。	
	商州	弓材，麝香（今贡），朱砂（今贡），旱藕，熊白（今贡），枳壳（今贡），鬼草，麻布，楮皮，厚朴，石青，杜仲，黄蘗，飞鼠，贵妃粉。	
山南东道	邓州	丝布（贡），绢，蔓荆子，款冬花，白菊花（进），白花蛇。	山南东道土产中贡赋共15种，除去旧贡外共14种。赋1种：紫布。今贡8种：纻麻，鹿脯，白茶，椒，葶苈子，黄蜡，蜡，马鞭。贡5种：丝布，葛，白菊花（进），贝母，咸干鱼。旧贡1种：羚羊。
	唐州	绢，方城黎，半夏，桔梗，茱萸，乌头。	
	均州	鹿脯（今贡），羚羊（旧贡），麝香，山鸡皮，菱蕤，椒，蜡。	
	房州	钟乳，麝香，石楠叶，黄芩，羚羊角，雷丸子，黄蘗皮。紫布（赋）。	
	随州	蒲黄，枳实，会罗，柰花绫，小绢，葛，覆盆子。	
	郢州	纻布，丹参，牛膝，贝母（贡）。	
	复州	白纻布，牛膝，狼毒，大戟，乌喙，鹿皮。	
	襄州	咸干鱼（贡），丹麝皮，火麻布，库路真，麝香，鳖甲，缩砂，弓弩材，漆器，酒，鳊鱼。	
	光化军	元无所贡及土产物。	

地区		土产（包括土贡与赋）**	各地区贡赋汇总***
山南东道	荆州	绵绢，方绫，甘草，乌梅，贝母，柑子，橙子，白鱼，橘，碧涧茶。	
	荆门军	并与襄、荆二州同。	
	峡州	葛（贡），蜡，硝，茶。	
	云安军	同夔州。	
	夔州	蜡（今贡），纻布，巴戟，黄蘗，橘，瓜畴芋区，吐绶鸟，鹏。	
	大宁监	盐。	
	归州	黄蜡（今贡），白茶（今贡），椒（今贡），马鞭（今贡），纻麻（今贡），葶苈子（今贡）。	
	万州	金（贡），白胶香，蠲纸，苦药子（常贡）。	
	忠州	苦药子，巴戟，麦门冬，黄连，天门冬，绵，绅，文刀，苏薰席。	
	梁山军	苦药子。	
陇右道	秦州	麝香，龙须席，芎藭，马，石斛。	陇右道土产中贡赋共2种，除去旧贡外共1种。赋：无。今贡1种：马。贡：无。旧贡1种：蜜。
	成州	麝香，羚羊角，狨皮。	
	仪州	弩弦，麻。	
	太平监	无。	
	渭州	青虫，鹦鹉，龙须席，麝香。	
	鄯州，废	牸犀，羱羊，驼，马。	
	兰州，废	麸金，香子。	
	凉州	野马皮，龙须席，毯，芎藭。	
	甘州，废	香子，驰褐，野马皮，布。	
	肃州，废	野马皮，肉苁蓉，柏脉根。	
	沙州	黄矾，碁子，名马，麝香。	
	瓜州	野马皮，草鼓子。	
	伊州	胡桐律，阴牙角。	

地区		土产（包括土贡与赋）**	各地区贡赋汇总 ***
陇右道	河州	同洮州。	
	阶州	蜜（旧贡），麝香，马（今贡），花椒，大黄，巴戟，石盐，水银，碌矾，狨皮。	
	洮州	同岷州。	
	岷州，废	麝香，龙须席。	
	廓州，废	麸金。	
	叠州，废	麝香，羊，马。	
	宕州，废	麸金，散麝香。	
	西州，废	无当时的土产记录。	
	庭州，废	马，绯毡，皂荚。	
	安西大都护府，废	无土产记录。	
岭南道	广州	明珠，大贝，文犀，盐，席，玳瑁，水马皮，鲛鱼皮，蕉布，竹布，石斛，五色藤，簟，沈香，大甲香，鼊，藩舶。柑子，草有大千金、小千金、守房郎、千里回、万里忆、蕃人香，药有昆仑犀、蒚头母、渡头崖、造酒草药有甜娘、蒲楼藤、乌龟叶、五劳草、鸡头根、双筋木叶，花有仙鹤、麝脐、遥怜、向日莲、红茉莉、白茉莉、紫水蕉，鱼，盐。	岭南道土产中贡赋共28种，除去旧贡外共17种。赋：无。今贡：无。贡17种：布，金，银，铅，金华（金有花采者贡），蚺蛇胆，余甘子，朱砂（元不贡物），槟榔，紫钏，豆蔻，白蜡，麒麟竭，孔雀，鲛鱼皮，藤桌，无名异。旧贡11种：古贝布（古贡），象牙，药犀角，大甲香，沈香，二鉼（唐曾进），石斛（唐曾进），黄屑，金箔，金，斑竹。
	潮州	水马，甲香，鲛鱼皮，海桐皮，蕉布，千金钓药，乌药，地黄，盐，再熟稻，蚕，五子树，鳄鱼。	
	恩州	金（贡），银（贡），鹅毛艇。	
	春州，领废勤州	钟乳，无丝蚕，蕉葛，石斛（唐曾进）。	
	藤州	竹子，蜜波罗。	
	龚州，领废思明州	无。	

地区	土产（包括土贡与赋）**	各地区贡赋汇总***
岭南道 韶州	蕉布，竹布，石斛，甲香，水马，鲛鱼皮，髯蛇。	
端州	厨榆子，锦鸟，鲛鱼，石砚。	
循州	大小甲香，五色藤香，鲛鱼皮，五距碧鸡，越鸟，鹦鹉，荔枝，龙眼。	
浈州，改为惠州	罗浮山柑子，藤花箱，珠母，大甲香（旧贡）。	
梅州	山蕉，竹布。	
英州	同广州。	
南雄州	嫩石，单竹。	
贺州	黎母汁，二鲋（唐进），蚺蛇胆（贡），千金藤叶，白蜡，山钟乳，蟠蟥，龙凤花纹簟（新贡）。	
高州，领废潘州	果下牛，骒马牛尾，蚺蛇胆（贡），孔雀，高良姜，益智子。	
桂州	朱砂，冷石，零陵香，桂心，银，麝皮，簟，铜器，蚺蛇胆。	
南仪州	缩砂仁。	
新州	金（贡），牛黄，纻布，都落布，银，香木。	
窦州	苔康香树。	
昭州	寿竹，红蕉。	
蒙州	无记录。	
浔州	不出丝蚕。	
康州，领废泷州	大甲香，钩藤，乌药，鲛鱼皮，荆杨树。石斛（旧贡），禹余粮，沙棠，古斗树。	
封州	鲛鱼皮（贡），春紫笋茶，夏紫笋茶，榛牛，都落布，牛黄。	
梧州	白石英，石栗，白栗，龙眼，荔枝。	

地区		土产（包括土贡与赋）**	各地区贡赋汇总 ***
岭南道	郁林州，领废牢党平琴三州	布（贡）。	
	宾州	藤桌（贡），思磨竹，思礼竹，蟛蜞虫，锦鸟，丹翠鸟。	
	澄州	金（贡），银（贡）。	
	象州	人面子树，古纻。	
	融州	金（贡），桂心，苎密布。	
	邕州	苎麻，蚺蛇胆，越鸟，飞生鸟，荔枝，桄榔，橄榄子，木威，鼓公，鹊姑，飞虫，懒妇兽。	
	贵州	葵叶，金（贡），银（贡），铅（贡），古贝布（古贡）。	
	横州	金。	
	田州，旧废	无记录。	
	山州，旧废	无记录。	
	容州	朱砂，水银，竹子布，蕉皮布，竹茶，脊石。	
	化州	盐，珠，孔雀，鹦鹉，益智子。	
	白州	真珠。	
	钦州	余甘子（又名菴罗果，贡）。	
	瀼州，旧废	无记录。	
	古州，旧废	无记录。	
	柳州	银（贡）。	
	宜州	朱砂（元不贡物），都落麻，狭幅布。	
	太平军	蚌珠。	

地区		土产（包括土贡与赋）**	各地区贡赋汇总 ***
岭南道	雷州	芥禾，再熟稻，葛，纻，乌药，高良姜，益智子，海桐皮。	
	儋州	严树皮，石榴，高良姜，白菊花，煎沈香，苏木，苔塘香，相思子，金（贡）。	
	琼州	煎沈、黄熟等香，苏木，蜜蜡，吉贝布，白藤，高良姜，益智子，干栀皮；紫贝叶，真珠，金华（金有花采者贡），金，碁子；酒树。	
	新崖州	金（贡）。	
	万安州	金（旧贡）。	
	交州	槟榔（贡），翡翠毛，孔雀毛，蚺蛇胆，鹦鹉，蕉布，犀角，龙花蕊，黄屑，他纶木，由梧竹，花布，紫钏（贡），甘藷，槟榔，椰子，人面木，龙眼木，桄榔木，益智子，珊瑚，鼓，乌王，白猴，鲛鱼，鳄鱼，鼍鱼，猩猩。	
	峰州	豆蔻（贡），蚺蛇胆，银，大竹。	
	爱州	蚕，再熟稻，孔雀（贡）。	
	骥州	象牙（旧贡），药犀角（旧贡），金箔（旧贡），黄屑（旧贡），沈香（旧贡），斑竹（旧贡）。	
	陆州	珠，玳瑁，鼍皮，翡翠毛，甲香。	
	福禄州	白蜡（贡），紫钏（贡），麒麟竭（贡），无名异（贡）。	
	长州	金（贡）。	
	武峨州	无记录。	
	粤州	无记录。	
	芝州	无记录。	
	汤州	无记录。	
	演州	无记录。	
	林州	无记录。	

地区		土产（包括土贡与赋）**	各地区贡赋汇总 ***
岭南道	景州	无记录。	
	笼州	无记录。	
	环州	无记录。	
	德化州	无记录。	
	郎茫州	无记录。	
	龙武州	无记录。	

说明：

* 地名后如有标注者，为《太平寰宇记》原有标注；

**《太平寰宇记》中记录某地土产时，其正文直接引古代文献中所提到的土产，除非明确表明当时也有，否则本表不录；

*** 因除去贡赋外，各地土产以地区性消费为主，似无汇总之必要，故不做汇总。某些土产同时为赋、今贡、贡、旧贡中的两类或两类以上，本栏内暂不排除重复计算。

表5　北宋前期全国贡赋汇总

北宋前期全国贡赋汇总

一些土产同时为赋、今贡、贡、旧贡中的两类或两类以上，排除重复计算，全国贡赋共233种，除去旧贡共166种（其中布、杂药、药物、无名异等具模糊性、概括性的物品名类权且各以1种计算）。

具体品种如下：

龟甲双距绫，四窠云花灏鹜绫，纹绫（旧进），水波绫（旧进），水纹绫（古贡），乌头绫（古贡），单丝罗，交梭纱，高杼衫缎，龙凤纹橱，仙纹绫，绫，罗，丝，楑布衫缎，柘蚕丝，绝，绵，绢，麻，纻麻，皱文靴，葛，紫葛，绯葛，绯纱，隔纱，纩，越绫，纹绫，方文绫，方绞绫，范阳绫，罗绮，花官绻，鹅溪绢（进），绅，平绅，纱，丝布，布，紫布，胡女布，女稽布，高杼布，纻布，白纻布，交梭丝布，赀布，交梭布，古贝布（古贡），细布，斑布，驼褐，靴毡，白毡，乐氏枣，荔枝干，干白沙糖，梨，葡萄，红虾鲊，文蛤，海蛤，紫菜，泽兰，茯苓，茯神，苓根（古贡），细辛，牛黄，大黄，茱萸，䗓虫，水蛭，蓍草，白茶，椒，葶苈子，石斛，生石斛，猫儿，巴戟，防风，阳起石，白垩石，白石英，长理石，茅山石，朱砂，丹砂，胡粉，杂药，石燉饼，硝粉，雪山朴硝，龙葵，续断子（旧进），夏蒜（唐贡），冬笋（唐贡），糟瓜（唐贡），药物（唐贡），丙熟（旧进），乌头（旧进），二饼（唐进），黄屑，巴豆，金毛狗脊，红花，胭脂，桑白皮，桔梗，玄参，丹参，旋覆花，西施舌，乳橘，大戟，半夏，芫花，南烛子，南烛花，柏子（采进），柏子仁，瓜蒌根，官䗪，蛇床子，浮磬（时有岁贡），文蛤，紫石英，地骨皮，酸枣仁，香子，柑子，车前子，挺子白胶香，苦参，

北宋前期全国贡赋汇总

蚺蛇胆，余甘子，槟榔，紫钾，豆蔻，麒麟竭，白蜡，黄蜡，蜜蜡，黄鱼鲊（古贡），鹧鸪鲊（旧贡），蜜，石蜜，磲，牛胶，干地黄，干姜，凫茨粉（进），枸杞，茯仁，葡茹，菱仁，粱米，熊白，枳壳，白菊花（进），贝母，咸干鱼，干鲻鱼，白花蛇，石粱溪鱼，羚羊，鳖甲，人参，药犀角，大甲香，沈香，象齿/象牙，麝香，鹿脯，鹿胎，鹿尾，豹尾，牦牛尾，野马皮，熊皮，鲛鱼，鲛鱼皮，孔雀，雕翎，金雀，席，粲席，斑竹，斑竹簾簞，白角簞，龙须席，凤翮席，水葱席，竹簞，茅簞，苏薰席，蜡，蜡烛，石器，剪刀，火筋，角弓，覆鞍毡，马鞍，马鞭，靴，马，藤，丁公藤，藤桌，长通箭竿，墨（进），蜀漆铜盆，薛涛十色笺，笛管，琵琶捍拨，琉璃，藤纸，蠲符纸，蠲纸，竹丝灯，铜（古贡），铅（古贡），银，铅，金箔，麸金，金，金华（金有花采者贡），无名异。

其中：

赋12种：绫，绵，绢，丝，纱，纩，麻，紫布，布，枸杞，蜡，龙须席。

今贡53种：龙凤纹，仙纹绫，绫，罗，高杼布，丝，椑布衫缎，柘蚕丝，绝，绵，绢，布，麻，纻麻，皱文靴，紫葛，粱米，乐氏枣，荔枝干，干白沙糖，泽兰，茯苓，茯神，细辛，大黄，茱萸，虻虫，水蛭，蓍草，白茶，椒，葶苈子，生石斛，猫儿，巴戟，防风，阳起石，白垩石，巴豆，金毛狗脊，红花，胭脂，朱砂，麝香，鹿脯，黄蜡，蜡，丁公藤，蠲纸，席，麸金，马鞭，马。

贡140种：隔纱，纹绫，方纹绫，方绞绫，越绫，绫，范阳绫，罗绮，绝，花官绝，绵，绢，鹅溪绢（进），绅，平绅，绯纱，纱，胡女布，女稽布，丝布，纻布，交梭丝布，赀布，布，葛，驼褐，靴毡，白毡，梨，葡萄，桑白皮，桔梗，玄参，丹参，旋覆花，西施舌，乳橘，大戟，白蜡，半夏，芫花，硝粉，南烛子，南烛花，柏子仁，瓜蒌根，官蚫，蛇床子，浮磬（时有岁贡），防风，长理石，朱砂，丹砂，柏子（采进），白石英，牛黄，文蛤，紫石英，地骨皮，酸枣仁，香子，柑子，车前子，挺子白胶香，苦参，黄蜡，蜜蜡，石蜜，雕翎，磲，胡粉，茅山石，杂药，牛胶，蜜，干地黄，干姜，石斛，凫茨粉（进），茯仁，葡茹，菱仁，熊白，枳壳，款冬花（进），贝母，咸干鱼，干鲻鱼，鳖甲，人参，象齿/象牙，麝香，鹿胎，鹿尾，豹尾，牦牛尾，野马皮，熊皮，马鞭，鲛鱼，金雀，粲席，白角簞，龙须席，蜡，蜡烛，石器，金，剪刀，墨（进），琉璃，藤，斑竹簾簞，凤翮席，长通箭竿，角弓，火筋，马鞍，靴，覆鞍毡，藤纸，蠲符纸，蠲纸，竹丝灯，麸金，金，银，铅，金华（金有花采者贡），蚺蛇胆，余柑子，槟榔，紫钾，豆蔻，白蜡，麒麟竭，孔雀，鲛鱼皮，藤桌，无名异。

旧贡67种：龟甲双距绫，四窠云花鸂鶒绫，纹绫（旧进），水波绫（旧进），水纹绫（古贡），乌头绫（古贡），单丝罗，交梭纱，交梭布，古贝布（古贡），高杼衫缎，方绫纹，绢，细布，胡女布，斑布，白纻布，赀布，绯葛，凤翮席，水葱席，茅簞，红虾鲊，文蛤，海蛤，紫菜，牛黄，石燉饼，蜜，蜡，雪山朴硝，龙葵，黄鱼鲊（古贡），鹧鸪鲊（旧贡），续断子（旧进），芩根（古贡），红花（古贡，唐贡），胭脂（唐贡），夏蒜（唐贡），冬笋（唐贡），糟瓜（唐贡），药物（唐贡），丙熟（旧进），乌头（旧进），白花蛇，石粱溪鱼，羚羊，象牙，药犀角，大甲香，沈香，二饼（唐进），石斛，黄屑，朱砂（元贡），苏薰席，铜（古贡），铅（古贡），麸金，金箔，金，斑竹，琵琶捍拨，蜀漆铜盆，薛涛十色笺，竹簞，笛管。

乐史在记载土产的时候，有"赋"、"今贡"、"贡"、"旧贡"、"唐贡"、"古贡"等几种标注。《太平寰宇记》成书于太宗朝，所记录的政区建制主要是太平兴国后期的建制，根据乐史的记录方式推断，其中"赋"、"今贡"应该指太宗朝的贡赋，"贡"有可能指太宗朝、太祖朝皆作贡的土产，"旧贡"有可能是指宋朝之前的贡品，在"旧贡"中，能明确知道是"唐贡"、"古贡"的则进一步注明。经过对《太平寰宇记》中的贡赋进行汇总与统计，我们可以看到在该书的记载中，北宋前期的贡赋大约有166种，其中，明确可以肯定的北宋前期贡物，是书中注明作为"今贡"的土产53种，以及作为"赋"的土产12种。这些物品大多是纺织品、食物和药材，纯粹的奢侈品并不多。即使将《太平寰宇记》中注明为"贡"品的物品140种算在其内，珍贵药材和其他奢侈品的数量也非常有限。仅从这些贡赋看，北宋前期的政府消费并没有表现出明显的奢侈消费的特征。角弓、马鞍、覆鞍毡等军用材料出现在贡品中，说明这个刚刚结束五代之乱的王朝所具有的阳刚之气、尚武精神还未完全泯灭。全国的土产数量非常庞大，其中作为贡赋的（或曾经作为贡品的）达233种，可见当时民间物产是非常丰富的。但是，土产的民间消费特征主要是以地方性消费为主，其次才是经过商旅实现消费。尽管受到运输条件与商品交易发展水平的限制，那时民间还无法实现对全国土产的充分自由的消费。不过，在当时的自然经济状态中，民间的土产对于当地人们的生活消费无疑具有非常重要的意义。土产在中国人的生活中的意义，即使在今天也显得非常突出。许多地方以当地出品的土产为荣，长期以来都把它们作为馈赠亲友的上佳礼品。那些曾经是贡品的土产，更是千百年来为中国人所称道，显示了消费阶级性在中国人思想意识中的深刻印记。在宋代，成为贡品的土产，并不是所有人都有资格消费。北宋统治者是这些贡品的法定消费者，而贡品则成为一种消费符号，成为统治者权力和地位的象征。

宋代常贡的种类基本沿袭唐制，这点从《文献通考》的记载中可以知道。《文献通考》记曰："唐制：州府岁市土所出以为贡，其价视绢之上下，无过五十四。异物、滋味、名马、鹰犬，非有诏不献。有加配则以代租赋。"①《文献通考》在收录唐天下诸部每年常贡时，引《通典》之文："《通典》：按令文，诸郡贡献，皆取当土所出，准绢为价，多不得过五十匹，并以官物充市。所贡至薄，其物易供，圣朝常制，于斯在矣。其有加于此数者，亦折租赋，不别征科。"② 在收录"唐天下诸部每年常贡"之后，马端临写道："右《通典》所载唐朝诸郡土贡物件，比《唐书·地理志》所言各郡土贡微有不同。又《宋史·地理志》及《会要》亦各有土贡物件，与唐亦小异。今除土产已见《地里考》，余不悉录，而罢免蠲除之诏旨与其名物，则不容不悉著之云。唐天宝前土宇广于宋，举唐则可以见宋矣，故不悉著。《宋史》所载，详见《地里考》。"③ 这说明，宋代土贡种类基本沿袭了唐代的规定，所以《文献通考》说"与唐亦小异"。〔《文献通考》同时说明，由于宋代土产已经收录在《地里（理）考》中，所以在《土贡考》部分就不再具体收录宋代土贡。《文献通考》此处所说《地里（理）考》应指《文献通考·舆地考》。〕同时，通过《文献通考》的记载，我们可以知道唐制州府岁常贡额大概不超过绢五十匹的价值。由于宋代土贡的常贡制度基本沿袭唐制，我们据此可以推知宋代各府州的土贡之常贡定额应该也不会太多。不过，如果将全国各地的常贡加起来，也是一批为数可观的物资，实为宗室消费的重要来源。

《文献通考》记载："宋太祖皇帝建隆二年（961），诏文武官及致仕官、僧、道、百姓，自今长春节及他庆贺，不得辄有贡献。"④ 但是，这次禁止地方官员在节日之外进行贡献的原因并不简单。马端临于《文献通考》中非常精辟地指出这一事件背后的深层原因："自唐天宝以来，方镇屯重兵，多以赋入自赡，名曰留使、留州，其上供殊鲜。五代方镇益强，率令部曲主场院，厚敛以自利。其属三司者，补大吏临之，输额之外辄入己，或私纳货赂，名曰'贡奉'，用

---

① 《文献通考》卷二二《土贡考一》。
② 《文献通考》卷二二《土贡考一》。
③ 《文献通考》卷二二《土贡考一》。
④ 《文献通考》卷二二《土贡考一》。

冀恩赏。上始即位，犹循前制，牧守来朝，皆有贡奉，及赵普为相，劝上革去
其弊。是月，申命诸州度支给费外，凡金帛悉送都下，以助军实，无得占留。
方镇阙帅守，命文官权知；所在场院，间遣京朝官、廷臣监临；又置转运使、
通判。条禁文簿，渐为精密。由是利归于上，外权削矣。"① 显然，在北宋初年，
各地府州因循唐制，经常以上贡为名收敛额外的财物。而赵普建议宋太祖革
除大量"贡奉"，其真正目的在于在加强中央实力的同时削弱地方实力。正是
基于这一目的，北宋中央政府宁愿以减少对贡品的收敛和缩减宗室消费作为代
价。这一措施，在某种程度上避免了地方官员乱征胡敛的借口，客观上有利于
减轻民间负担。在宋建隆二年那次禁止节日之外上贡的规定推出后，北宋朝廷
又有对某些地区实施罢贡的措施。这些措施今见于《文献通考》之记载："乾
德四年（966），罢光州岁贡鹰鹞，放养鹰户。开宝五年（972），诏罢荆襄道贡
鱼腊。"② 另，《文献通考》记载：太宗太平兴国二年（977），"容州初贡珠……
至是，加贡珠百斤"。③ 但是，这次加贡，宋朝廷"赐负担者银带、衣服"，④ 带
有一定的有偿性质。由此也可以看出，在北宋前期，北宋政府还是比较注意消
费的节制，同时注意不过多地剥削人民。

作为统治工具之一的土贡制度所产生的意义并非完全消极。它在历经数朝
的推行过程中，一方面加强了各地人民与自然环境、自然资源及当地物产之间
的感情纽带；另一方面，也加强了地方政府对中央政府及国家的归属感。土贡
制度，在一个幅员辽阔的大国之中，创造了一种奇妙的关系网络。这一网络，
使大自然无心创造出的不平等——有的地方土肥水美物产丰富，有的地方荒芜
贫瘠草木不生——在某种程度上得以消解。即使是最贫瘠的地方，只要有土特
产成为贡品，便自然拥有了某种不可替代的荣耀。其间又产生了强烈的心理暗
示，即在"天子"脚下，各个地区的物产与人民皆有进贡的可能性存在。土贡

① 《文献通考》卷二二《土贡考一》。
② 《文献通考》卷二二《土贡考一》。
③ 《文献通考》卷二二《土贡考一》。
④ 《文献通考》卷二二《土贡考一》。

不仅是万民与"天子"之间的联系，亦是芸芸众生与"天"、"地"之间的联系。此外，土贡制度使中国人在漫长的生产与消费历史中形成的对大自然的深厚感情，变得更加复杂而强烈。在古代中国人的心中，大自然是"衣食父母"，也可能变成威胁生命与财产的洪水猛兽。中国人对大自然的感情，有时尊重、敬畏，有时恐惧、仇视，有时则热爱甚至迷恋。这种感情，类似于最亲的亲人之间的感情。中国人对大自然爱得很深，有时也被伤得很深。但是，毫无疑问的是，中国人从来未将大自然视为是自己生产与消费活动之外的孤立的"存在"。土贡制度，显然加强了自然环境、自然资源及当地物产在中国人的生产与消费活动中的地位。

宋初虽然社会局面趋于稳定，生产有所恢复，但是许多百姓的生活依然贫困不堪，有些地方的百姓甚至连基本生活消费都无法保证，《续资治通鉴长编》卷三五有段记载：淳化五年（994），"上语蒙正曰：'夫否极则泰来，物之常理。晋、汉兵乱，生灵凋丧殆尽。周祖自邺南归，京城士庶皆罹掠夺，下则火灾，上则彗孛，观者恐慄，当时谓无复太平日矣。朕躬览庶政，万事粗理，每念上天之贶，致此繁盛，乃知理乱在人。'蒙正避席曰：'乘舆所在，士庶走集，故繁盛如此。臣常见都城外不数里，饥寒而死者甚众，未必尽然。愿陛下视近以及远，苍生之幸也。'上变色不言"。[①] 太宗大多时生活于京城繁华之中，且颇为自己政功而自得，吕蒙正之言，听来自然不顺耳。但是，吕蒙正一言道破社会中存在的巨大消费差距，所言又是亲眼所见，显然令这位内心力求比唐太宗做得更好的皇帝既感恼怒又感到心情沉重，因此变色不言。即使对于后世来说，吕蒙正之言，也如黄钟，足以振聋发聩，令人深省。

关于北宋初期民间衣、食、住、行、文化娱乐等方面的消费细节，本书在此不做深论，仅就一些重要的消费特征做简要考察。

民以食为天。首先，我们来看看北宋初年的粮食消费情况。前文提到，宋太宗时期，有人建议南北交叉种植各种粮食作物可以防止旱涝灾害，宋太宗便

---

① 《续资治通鉴长编》卷三五，淳化五年正月。

"诏江南、两浙、荆湖、岭南、福建诸州长吏，劝民益种诸谷，民乏粟、麦、黍、豆种者，于淮北州郡给之；江北诸州，亦令就水广种秔稻，并免其租"。[①]这一史实可从侧面说明当时北方居民的主要粮食应该是粟、麦、黍、豆等，而南方居民的主食应该是稻米。农作物的南北移植，丰富了南北人民的日常主食消费。

其次，我们再来看看宋初的肉类消费。宋朝初期，肉类消费以羊肉为主，牛肉消费减少。宋初，祭祀中有运用羊猪代替牛的趋势。"旧制，太庙每室用一犊，郊坛用犊十一。周显德初，太庙四室共用一犊。乾德初，从礼仪使之请，增太庙用三，郊坛用五，羊豕如令。是岁，复减犊数如周制。"[②]开宝二年（969）秋七月："诏自今祀天地用太牢，余当用牛者代以羊豕。"[③]《续资治通鉴长编》中只记事，并未说明以羊猪代替牛作为祭祀品的理由。根据之前对经济等情况的分析，笔者认为，宋初统治者重视恢复农业生产，由于五代之乱后，大片耕地失耕，而宋在逐渐统一南北的过程中，民间耕地和官方屯田都在增多，牛是重要的耕力。因此，即使是宋朝的最高统治者，也一定意识到牛作为重要耕力的宝贵性。以羊猪代替牛作为祭祀品，很可能正是当时社会生产发展的需要在细微处的反映。宋初，朝廷的赏赐物也大量用羊。用羊作赏赐物最多的是太祖朝。史料中也有一些用牛作赏赐的记载。总体来看，宋初关于羊肉消费的记载明显要超过关于牛肉消费的记载，这足以说明当时羊肉已经成为主要的食用肉类之一。

宋代社会阶层的分化比较明显，就整个宋代而言，具有官民对立、两极分化的社会结构特征。要探讨不同社会阶层的消费情况，我们首先必须对宋代社会阶层的结构有一基本了解。从职业的角度出发，古代中国在传统上将人分为士农工商四类，宋代也不例外。从户等制度和家庭经济角度出发，宋代的社会

① 《宋史》卷一七三《食货志·农田》。
② 《续资治通鉴长编》卷九，开宝元年十一月壬寅条。
③ 《续资治通鉴长编》卷一〇，开宝二年秋七月。

阶层结构划分就显得比较复杂了。在宋代，将人户分为不同的户等，划分的标准有多种。根据不同的划分标准，宋代人户的等级和类别也有不同的说法（见表6）：

表6　宋代人户的等级和类别

划分人户类别和户等的标准	人户类别	户等及说明
财产	主户（即税户）	拥有财产（尤指具有不动产），可独立纳税的人户。
	客户	未占有不动产，无法独立纳税（但并非指不纳税）的人户。
身份	官户	品官家庭。
	民户	平民家庭。
	形势户（包括官户和民户中的吏户）	品官家庭和吏员家庭的合称。（不是官方正式的户籍制度中的称呼。）
	僧道户	僧人、道士等。
居住地	乡村户	在农村居住的人户。
	坊郭户	在城镇居住的人户。
财产与居住地	乡村主户	居住在乡村的主户。根据财产的多少，划分为五等。也可划分为上户、中户、下户三等。在宋代不同发展阶段的不同地区，划分户等标准多有不同。
	坊郭主户	居住在城镇的主户。根据财产的多少，划分为十等。

　　客户和乡村下户通常需要租借别人的土地耕种以养家糊口，他们属于乡村中的农民阶级。客户和乡村下户加起来大约占宋代总户数的80%至90%左右。乡村主户中的上户、中户以及僧道户属于地主阶级。为大地主经营田产的仆人，有的也拥有自己的田产，常被归入地主阶级。无地或缺少耕地的农民向地主租耕土地，以定额或分成的方式向地主交纳地租。地主和乡村主户中的下户一般都要向政府交纳赋税。这就意味着，在土地兼并、税户减少的情况下，或者在

税户虚报或隐瞒田亩数的情况下，政府税收就会减少，而与此相应的是，税户的可支配收入和财富就相对增加了。因此，宋代的政府与税户（主要是地主）实际上在彼此依赖的同时，又是争夺社会劳动成果的两种对立的力量。但是，无论如何，宋代政府与地主都是社会财富的主要占有者，其消费水平都比较高。通常情况下，客户、民户、乡村主户中的下户、坊郭主户中的后几等——这几类人户的消费水平都不高。邢铁研究指出，在亩产 2 石米的情况下，则五口之家的客户最低租地必要限量为 48 亩，这是只计食用一项，实际上，"如果加上衣用、饲料、籽种等，则一般客户之家在负担地租牛租的情况下必须耕种 50亩以上才能维持生存，这也恰好是一头牛的耕地限量。就是说，五口之家的客户必须租用一头牛和 50 亩地，才能维持简单再生产"。[1] 陈念祺则进一步指出，"一头牛、五六口人和五十亩地，是宋代小农经济最普遍的配置规模，实际上也是中国历史上小农经济最大的资源配置规模"。[2] 农民所能拥有的资源，直接决定着其生产水平和消费水平。有限的经济资源，使宋代大多数农民不可能拥有非常高的生活消费水平。不过，也有的学者看法比较乐观一些。比如，王曾瑜在研究宋代农民的生活状况时指出，"总的说来，宋代社会尽管经历惨重的战争等劫难，却仍是一个繁荣的，而非停滞或衰退的农业社会。作为这个社会主要成员的农民，就其多数而言，仍能维持着勉强温饱或较为温饱的生活水平，这应是社会繁荣的基本条件"。[3] 我同意王曾瑜关于宋代农民一般情况下多数能勉强维持温饱的看法。但是，我认为，关于宋代社会是"一个繁荣的，而非停滞或衰退的农业社会"的说法，就宋代整体而言是没有问题的，但是具体到宋代的一些具体发展阶段，这一说法则显得不妥。就该问题，本书在探讨南宋中期消费部分会有详细论述。就宋代农民的消费水平概况而言，综合邢铁、陈念祺、王曾瑜等诸位学者的研究来分析，笔者认为，因为经济资源配置有限，在

---

①　邢铁《宋代家庭研究》，上海人民出版社，2005 年，第 184—185 页。

②　陈念祺《国家力量与中国经济的历史变迁》，新星出版社，2006 年，第 259 页。

③　王曾瑜《宋朝阶级结构》，河北教育出版社，1996 年，第 231—232 页。

宋代，大多数客户（大多数农民）基本上是为了维持再生产而进行最基本的生活消费，他们是属于消费水平最低的一个群体。

需要特别指出的是，表6中这些户等类别并非都是在宋初就形成了，为了便于比较，我将这些户等类别放于同一表中。本书无意于对不同类别、等级的人户的消费情况做面面俱到之研究，而试图从消费群体的角度出发，重点研究宋代各个发展阶段的普通劳动人民的消费水平和宗室、官僚的消费水平。因此，我权不考虑不同户等类别产生的具体时间，而将宋代人户的等级和类别在本书的这一部分加以概括性介绍，下文不赘论。

下面，我们来重点分析一下北宋初年雇佣工人的生活消费水平。根据史料记载，北宋初年绫锦院采用"户头"管理制度，一个户头管三四个女工，每个户头"逐人料钱七百文，粮三石五斗，口食米豆六斗"，每个女工，"月粮二石，米豆又六斗"。[①] 根据宋代度量衡，笔者将女工的工资和口粮折合成实质工资（粮、米、豆）列于下表（见表7）：

表7　北宋初年绫锦院女工的收入

时间	人	月粮（粮）	月口食（米豆）	按30天计算日口食（米豆）	月总实质工资（粮米豆）	按30天计算日平均实质工资（粮米豆）
北宋初年	绫锦院女工	2石	6斗	1.33市升	约173市升	5.77市升

按照日本学者斯波义信的研究，宋代口粮为宋量1升；[②] 按吴承洛《中国度量衡史》一书，宋量1石相当于0.6641市石即66.41市升，如此，则日口粮宋量1升折合米0.6641市升。如果按照这个标准衡量，绫锦院女工每日口食（米豆）标准1.33市升大约是宋代平均口粮水平的两倍。如果按30天计算，绫锦院女工日平均实质工资5.77市升，绫锦院女工每日仅在米豆上的花费1.33市

---

① 漆侠《中国经济通史·宋代经济卷》，第721页。

② 斯波义信《宋元代粮食消费与生产水准之探讨》，《国际宋史研讨会论文选集》，河北大学出版社，1992年，第17—27页。

升是一日实质工资的23%。由于缺少当时米价的准确数据，无法换算户头的实质工资，但是很显然，户头的消费水平明显高于女工。

宋初，占据了统治地位的宗室、官僚及军官在收入方面已经和普通军士及普通劳动者拉开了距离，拥有强大的消费力。尽管宋初官制未定，但是宋初官员的可支配收入普遍高于老百姓是可以肯定的。比如，《宋史》记载："开宝三年（970），令西川州县官常俸外别给铁钱五千。四年（971）十二月，诏'节、察、防、团副使权知州事，节度掌书记自朝廷除授及判别厅公事者，亦给之；副使非知州、掌书记奏授而不厘务者，悉如故，给以折色'。"[1]这段《宋史》原文的意思，前面在探讨影响消费的政治与军事因素时已经提到过。从这条史载，可以知道在太祖朝时期官员收入的大致水准。到了太宗太平兴国元年（976），宋朝廷取消俸户，官员的俸钱都给官方物资，令其将十分之七变卖，且增加米麦。太平兴国二年（977），诸道官员的俸钱中三分之一是现钱，其余三分之二是折物。雍熙三年（986），文武官的俸钱开始全部用现钱支付。显然，宋初官员的收入是处于不断增长中的。而且，俸钱中现钱的增多使得官员们可以有更多的可能性参与市场交易，对于商品性消费具有一定的刺激作用。

由于社会经济稳步恢复，北宋初年的物价水平比较稳定，物价并不是很高。比如，宋太宗太平兴国二年（977）的时候，江南西路的上等绢旧价是每匹1000文，新估价是每匹1300文；[2]宋太宗太平兴国五年（980），绢1000文；[3]宋太宗太平兴国二年六月前的金价是每两10000文；[4]宋太宗太平兴国二年六月时新估的金价是每两8000文。[5]

总之，根据有关史料我们可以推知，宋太祖太宗时期，由于军事上连续取得胜利，政治基本稳定，当时的社会生产得到恢复，人民的消费水平比五代时

① 《宋史》卷一七一《职官志·奉禄制上·职钱》。
② 《续资治通鉴长编》卷一八，太平兴国二年六月己未条。
③ 《宋会要辑稿》，刑法三之二。
④ 《续资治通鉴长编》卷一八，太平兴国二年六月己未条。
⑤ 《续资治通鉴长编》卷一八，太平兴国二年六月己未条。

期提高了。北宋前期，在影响消费的诸多因素中，政治稳定、军事胜利是影响消费的突出因素。在宋王朝取代前朝与统一南北的过程中，政治与军事因素明显反作用于经济基础，促进了社会生产的发展，提高了人们对未来的期望值，从而产生了社会消费的动力。

第二节　在复杂多变中前行：
北宋中期影响消费的诸因素及消费状况

（一）影响消费之政治与军事因素

　　政府消费的增加及其原因——边防的压力。土地兼并与阶级矛盾的加剧。庆历新政的失败。中产阶级丧失一次壮大的机会。社会危机促发王安石变法。

从真宗朝至神宗朝末年，共八十七年，期间历真宗、仁宗、英宗、神宗四朝。本书将这段时间视为北宋中期。在这段时间内，宋王朝的政治和军事重心已经从建国与统一南北转移到了加强与稳定统治、防备外族入侵等方面。研究宋朝这段时期内影响消费的政治军事因素和消费情况，我们无法回避阶级矛盾、政治经济改革、防备边患这几个方面。

宋太宗至道三年（997），宋太宗卒，太子恒即位，是为真宗。这一年，宋政府将全国分为了十五路。路的行政长官是转运使，负责掌管财政、物资等各方面的事务，路之间的物资调配对于各地市场的影响非常大。因此，这次行政区划确定后，宋朝全国的市场格局基本形成。

宋太祖、太宗时期，在吴、蜀、江南、南粤相继降附后，"太祖、太宗因其蓄藏，守以恭俭简易"，比较注意储备财富，同时，"天下生齿尚寡，而养兵

⊙ 咸平元宝之一种

⊙ 祥符元宝之一种

未甚蕃，任官未甚冗，佛老之徒未甚炽，外无金缯之遗，百姓亦各安其生，不为巧伪放侈，故上下给足，府库羡溢"。① "至道末（997），天下总入缗钱二千二百二十四万五千八百。"② 显然，宋初府库充盈的局面，与太祖、太宗注重消费与储蓄之间的平衡大有关系。

北宋王朝建立于五代兵燹之后，经过太祖太宗的苦心经营，社会局面逐渐稳定。真宗在位前期，边区有西夏、辽国之患，可谓多事之秋，但是北宋政府的财政状况依然比较良好。咸平二年（999），宋朝廷开始赐给外官职田。③ 大中祥符年间，宋朝廷又允许江、浙、荆湖等边远地区，麟州、府州等地，河北、河东边境州军，从此后可以借两月的俸钱，近地借一月俸钱。"天禧末，上供惟钱帛增多，余以移用颇减旧数，而天下总入一万五千八十五万一百，出一万二千六百七十七万五千二百,而赢数不预焉"。④（天禧末年总入数据没有单位，至道末天下总入单位是"缗钱"。按照《宋史》书写习惯，没有单位的应该是包括钱帛粮草在内的各项目数量直接相加后略去各项单位，而写明"缗钱"的常常是实际的缗钱数。）由此可见，真宗朝，宋朝廷虽然支出庞大，而收入还是比较充裕的。

真宗朝良好的财政状况，为政府消费提供了坚实的基础。同时，从岁入的增加与盈余情况，我们也可以推知真宗朝时国民总收入也比宋初增加了不少，民间整体消费力在增强。有人可能对此提出质疑，认为政府收入的增加未必意味着国民总收入的增加。的确，政府可能通过增加赋税来增加财政收入。但是，一般情况下，政府财政收入只有在国民总收入明显增加的情况下才能实现明显增长。而且，有证据表明，真宗朝时期，政府财政收入的增长并不是主要依靠当时最重要的田赋来实现的。《宋史》记载，"真宗嗣位，诏三司经度茶、

---

① 《宋史》卷一七九《食货志·会计》。
② 《宋史》卷一七九《食货志·会计》。
③ 赵升《朝野类要》卷三"职田"条云："外任小大官属合得职田者，月俸之外，本州给还米斛。凡到任一年分，并四月以前理上者，该给。"
④ 《宋史》卷一七九《食货志·会计》。

盐、酒税以充岁用，勿增赋敛以困黎元"。^①而且，要求三司在增加榷务税收定额的时候一定要上报朝廷，避免由于增加定额而搜刮百姓。此外，在按照岁课考核官员的时候，"有亏者则无罚"。^②这说明，当时真宗朝的财政政策考虑到了民间（尤其是农民）的压力，其收入的增加主要依赖国民总收入的增加，同时，更加具体地说，也有赖于官方实行的对茶、盐、酒的政府专卖。因此，我们可以认为，真宗朝时期民间的社会财富是得到一定积累的，社会消费潜力在增强。

但是，真宗朝已经暴露出由于边备和内患交杂影响所产生的严峻问题。咸平三年（1000），宋益州戍卒起义，推选王均为主，建号大蜀，不久后失败。这年，契丹破宋兵于瀛州。咸平四年（1001），宋分川、峡为益、利、梓、夔四路，后来遂称为四川。这年，宋朝廷意识到官府开支过大的问题，裁汰冗吏十九万五千八百余人。与此同时，西夏李继迁反宋攻灵州，也给宋朝廷造成新的压力。咸平五年（1002），宋扩建京城。同年，减裁河北冗官。这一时期，北宋政府表现出欲图改变积弱现状的强烈愿望，可惜的是，随后边疆军事局面朝着不利于宋朝的方向发展，宋朝军力羸弱的症状已经渐渐表现出来。就在北宋政府于河北裁冗官的同一年，西夏李继迁攻陷灵州。在景德四年（1004）和辽国订立澶渊之盟后，宋朝每年须向辽国交纳岁币银十万两、绢二十万匹。这样一来，宋朝政府开支骤然增大，财政宽裕的局面开始出现变化。

北宋中期，为了满足政府消费和军事需求，漕运调配社会性物资的能力进一步加强。在南北物资的流通中，宋朝主要使用汴河漕运，物资种类主要是粮食，其次是匹帛、货币、杂物等。宋真宗景德年间每年漕运粮食 450 万石，后来增加到 650 万石，遂导致"江淮之间，谷常贵而民贫"，于是自天圣四年（1026）确定为 600 万石。^③需要指出的是，根据《续资治通鉴长编》天圣四年

---

① 《宋史》卷一七九《食货志·会计》。
② 《宋史》卷一七九《食货志·会计》。
③ 程民生《宋代地域经济》，第 226 页；参见《续资治通鉴长编》卷一〇四，天圣四年闰五月戊申条。

闰五月戊申条记载，这里所指的 600 万石，实为"定江、淮制置发运司岁漕米课"。① 《梦溪笔谈》卷一二《官政二》记载："发运司岁供京师米以六百万石为额，淮南一百三十万石，江南东路九十九万一千一百石，江南西路一百二十八万八千九百石，荆湖南路六十五万石，荆湖北路三十五万石，两浙路一百五十万石。通余羡岁入六百二十万石。"② "汴河官方漕运物资，大多不是商品，而是赋税收入"。③ 北宋时期，北方的漕运主要借助黄河、广济河，物资流向京师。北宋物资流动方式是政治、军事地理和社会环境决定的。北宋政治、经济、文化中心在开封，这一最大的消费市场以及位于这一市场核心位置的北宋中央政府机构需要地方来供给；同时，国家军事重心在西北地区，防范契丹、抵御西夏，需要浩大的国防开支。北方地区，不可能承担全部军费，必须调拨南方地区税赋和一部分商品物资补助西北地区和京师的消费。④ 这就是说，这些物资的调配其实是通过朝廷强制力来实现的。至于供给物资的区域和接受调配物资的区域，其消费动力和消费水准显然受到当时政治与军事状况的影响。由于大量向京城运输粮食，导致江淮之间谷常贵而民贫，这意味着当时京城消费水准的维持与提高，是以江淮等供给地区的消费水准下降为代价的。因为，在这种供给中，京城所获得的物资并非完全来自于公平的市场交易，即使是北宋政府通过购买获得的商品粮，常常也是以低于市场价格获得的，更勿论通过赋税所获得的大量粮食。

仁宗初年，土地兼并比宋初进一步加剧，以致出现"势官富姓，占田无限，兼并冒伪，习以成俗，重禁莫能止"⑤ 的情况。在土地集中的过程中，老百姓的生产资料进一步被侵占，许多地区农村客户的户均消费力有明显削弱的趋势。笔者认为，劳动人民所拥有的生产资料贫乏，是导致贫困的重要原因。如果无

---

① 《续资治通鉴长编》卷一〇四，天圣四年闰五月戊申条。
② 《梦溪笔谈》卷一二《官政二》。
③ 程民生《宋代地域经济》，第 227 页。
④ 程民生《宋代地域经济》，第 228—230 页。
⑤ 《宋史》卷一七三《食货志·农田》。

法实现权力对生产资料分配的合理调节，将无法堵塞贫困之源。如果权力支持生产资料的高度集中，则贫富差距扩大几乎无法避免。

到了 11 世纪 30 年代末，为了抵御西夏的进攻，宋朝廷征调大军驻扎在陕西诸路，军费开支大增。北宋中期庆历年间（1041—1048），北宋军队的人数达到了高峰，总人数超过一百二十五万九千（见表 8）。

表 8　宋朝军队人数增长情况统计 [①]

时间 军兵数	开宝中	至道中	天禧	庆历中	治平中
禁厢军总数（万人）	37.8	66.6	91.2	125.9	116.2

为了供给军队，北宋中期军费开支进一步增大，尤其是陕西、河北、河东地区更是给地方财政造成巨大压力。当时的三司使王尧臣将陕西、河北、河东三路用兵及用兵以后每年财政收入与支出数进行了统计上报给朝廷："宝元元年（1038）未用兵，三路出入钱帛粮草：陕西入一千九百七十八万，出二千一百五十一万；河北入二千一十四万，出一千八百二十三万；河东入一千三十八万，出八百五十九万。用兵后，陕西入三千三百九十万，出三千三百六十三万，盖视河东、北尤剧，以兵屯陕西特多故也。又计京师出入金帛：宝元元年，入一千九百五十万，出二千一百八十五万，是岁郊祠，故出入之数视常岁为多；庆历二年（1042），入二千九百二十九万，出二千六百一十七万，而奇数皆不预焉。" [②] 由此可见，北宋政府自开始防御西夏以来，从民间征收的钱财物大大增多了。

当西夏侵犯北宋边界的同时（庆历二年，1042），辽国又迫使宋朝每年交纳岁币增为银二十万两、绢三十万匹。绢乃是北宋盛产之物，岁币增绢对北宋构成的压力并不大，但北宋产银有限，故岁币增银实给北宋财政造成新的负担。

---

① 汪圣铎《两宋财政史》，中华书局，1995 年，第 25 页。
② 《宋史》卷一七九《食货志·会计》。

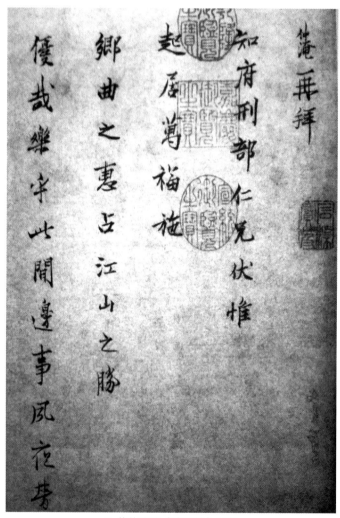

⊙ 范仲淹的《边事帖》局部

这样一个时期，北宋政府开始增加课税，并主要依靠增加按土地亩数征收的农业税来解决财政问题。当时，官僚和大地主实际上享有免税免役的特权，中小地主则将赋税重担通过加重地租或放高利贷转嫁给佃客，阶级矛盾日益升级。

由于贫富差距拉大，百姓消费水平极度降低，在社会底层之中（除穷苦百姓之外，也包括中下层军兵），对于统治者的仇恨便开始蔓延。从仁宗朝初年就开始出现的小规模农民起义日渐升级，至庆历年间（1041—1048），各地兵变和农民起义声势渐大。其中，王伦起义、张海起义、郭邈山起义给北宋政府的冲击较大。北宋庆历年间全国规模的农民起义使最高统治者及统治阶级中的精英们意识到统治的危机，"庆历年间范仲淹的改革，和后来王安石的变法，就都是这一时期阶级斗争的副产物"。[①] 严峻的局面，令新政如在弦之箭，不得不发。可是令人惋惜的是，这"新政之箭"却是如此无力，很快便跌落于历史之漫漫尘埃中。

宋仁宗于庆历三、四年间（1043、1044），任用范仲淹、韩琦、富弼等人推行庆历新政。庆历新政致力于解决的问题是吏治问题，希望通过淘汰冗员、厚农桑、减徭役来增加民力，富国强兵。如果范仲淹等人实施的改革能够成功，有可能使北宋的整体国力得到增长，因为作为一个以农业人口为主的国家，厚农桑、减徭役的措施将有助于生产扩大，而淘汰冗员则可减少不利于生产资本积累的奢侈浪费，最重要的是能够杜绝政府管理的低效率和防止腐败，为长期持续发展创造条件。庆历新政中针对经济进行改革的措施，所反映的经济思想，具有明显的重农色彩，与后世法国古典经济学重农学派魁奈的思想极为相似。魁奈认为农业生产部门生产生活必需品，是真正的生产部门，农民的富裕及消费增加有助于社会的繁荣。魁奈只将农业视为生产部门的思想有其片面性，但是，对于北宋王朝来说，农业是最重要的生产部门则是毫无疑问的。庆历新政本可以通过加强农业生产部门的力量来促进社会总体财富和国家整体实力的增长。在庆历新政中，改革的重心是淘汰冗员，范仲淹构想的具体做法是明黜

①　翦伯赞主编《中国史纲要》（第三册），第39—40页。

141

陟、抑侥幸、精贡举、责官长等。将这些具体措施和均公田、厚农桑、修武备、减徭役等具体措施结合起来看，我们可以发现，它们显然代表的是中下层士大夫、中小地主和富裕农民的主张，新政的最大获益者正是社会的中间阶层。这些政策都触动了大官僚们的利益，而且范仲淹等人恰恰选择了以淘汰冗员作为改革的重心和切入点，结果没多久便面临四方攻击，范仲淹、韩琦、富弼、欧阳修等人很快被反对者排挤出朝廷。庆历新政于庆历四年（1044）下半年其实已经宣告失败。但是，范仲淹在此前并非完全没有想到这种可能的后果，实际上在改革之前，他已经对仁宗言明改革非朝夕所能成。在仁宗的催促下，范仲淹才提出改革之策，正所谓知其不可为而为之。然而，既得利益者所产生的巨大阻力实非他一人所能抗拒，即使最高统治者仁宗在巨大的反对声浪中也无能为力。

"先天下之忧而忧"的范仲淹给了北宋王朝一个增强国力、普遍提高百姓的生活消费水平的绝好机会，然而，没有几个官员愿意为了国家富强和人民的福利而甘愿丢掉自己的乌纱帽，北宋政府所豢养的大量待遇优厚的官僚迅速纠集成一股力量，如同一个硕大无朋的怪兽，最终彻底吞噬了这个机会，而留给北宋王朝一个无法挣脱的中国官僚政治的梦魇。在北宋中期的政治格局中，中下层士大夫虽有通过仕途走上高位的范仲淹、韩琦、富弼、欧阳修等人做代言人，但是却没有获得真正稳固的政治地位。与此相应，在经济领域中，中小地主和富裕农民等中间阶层也没有足够强大的经济力量。庆历新政本有机会在北宋中期就为中国的上层社会和下层社会之间培养出一个中间阶层，但是由于其时中间阶层既无经济基础，也没有发育成一股足够强大的政治力量，而且又无法得到下层社会的支持，因此即使变法有最高统治者自上而下的推动力，终不免被大官僚和既得利益者所同谋扼杀。从这次昙花一现的改革中，我们看到中国社会两极分化实为一种痼疾，而它在中国官僚政治的影响下，在作为一种经济结果的同时，已经反过来成为一种影响经济发展与政治改革的力量，严重影响着中间阶层的壮大，进而严重影响着这个国家的全民福利的增长。而且，中国官僚政治使这一人口大国出现了一种值得警惕的现象，即在经济上升期两极分化和阶级矛盾会加剧。因此，在北宋以及此后的数百年时间内，社会财富的分配从未达到过适度的平衡，各个阶层的消费水平也一直存在着巨大的差距。

宋仁宗嘉祐三年（1058），以富国强兵巩固统治为己任的王安石上书仁宗要求改革政治，但是没有得到回应。宋英宗是北宋中期一个过渡性的皇帝，在位时间只有四年，政治上没有什么大的动作。治平四年（1067），宋神宗继位。宋神宗有心革新政治，很快就召王安石入朝，推行变法。于是，从熙宁二年（1069）开始，王安石和吕惠卿、曾布、章惇等人，先后制定和推行了一些新法。新法主要有均输法、农田水利法、青苗法、募役法、方田均税法、市易法、将兵法、保甲法、保马法、设置军器监等。在种种新法中，均输法、农田水利法、青苗法、募役法、方田均税法、市易法等对于生产与消费影响比较大。王安石变法是政治影响经济的典型事例。庆历新政偏重于政治改革，王安石变法则偏重于经济改革，其具体内容多涉及经济，对生产与消费有较大较直接之影响，因此，本书将王安石变法对于生产与消费的影响放在下面的"影响消费之经济因素"部分加以讨论。

（二）影响消费之经济因素

社会经济的发展与社会整体消费的增加。仁宗朝的土地兼并与政府财政状况恶化。王安石变法试图重建政府财政。新法从多方面深刻影响生产与消费。新法失败的原因。

北宋中期虽然有局部战争和农民起义，但是没有发生过大的社会动荡，所以从整体上看，整个北宋中期户数一直处于持续增长中，而口数除去庆历八年（1048）以及英宗治平三年（1066）至元丰年间这两个时间段之外，整体上也处于增长中（见表9）。由此我们可以认为，北宋中期人口是处于整体增长中的。农业社会时期，在社会整体上还没有出现人多地少的矛盾之前，人口的增长基本上意味着社会整体生产力的提高。数目巨大的人口在产生了巨大的需求的同时，也促使整个社会生产出更多的产品。很明显，在社会生产出更多产品的同时，社会的整体消费也处于上升中。

表9《文献通考》中关于北宋中期户数与口数的记载 [①]

年代	户	口
真宗天禧五年（1021）	8,677,677	19,930,320
仁宗天圣七年（1029）	10,162,689	26,054,238
庆历八年（1048）	10,723,695	21,830,064
嘉祐八年（1063）	12,462,317	26,421,651
英宗治平三年（1066）	12,917,221	29,092,185
神宗熙宁八年（1075）	15,684,529	23,807,165
元丰六年（1083）	17,211,713	24,969,300

北宋中期，真宗朝时期，社会生产继续发展，宋朝廷财政状况基本良好。但是，至仁宗朝时期，由于土地兼并加剧、边防军费开支增加等原因，宋王朝出现社会危机，宋朝廷的财政状况也一度恶化。

北宋著名政治家、改革家王安石认为，国家贫困的症结在于政府开支过多，生产少，生产少则民不富国不强。他和吕惠卿、曾布、章惇等人推行的新法，希望通过抑制土地兼并、减免徭役等办法促使更多的劳动力投入生产，以促进社会生产的发展。在新法中，均输法、农田水利法、青苗法、募役法、方田均税法、市易法等都直接或间接地对生产与消费产生了比较大的影响。

在王安石等人推行的诸多新法中，对生产与消费影响最直接的要属均输法。为了给朝廷提供消费物资，宋朝廷从国初以来，除了征收赋税之外，还在东南的江、浙、荆、淮等六路设置了转运使，命其主管购买物资和运往开封等事务。但是，最初关于转运使司职责的规定非常机械，因此导致了奇怪荒谬的情况：

---

① 《文献通考》卷——《户口考二》。

⊙ 王安石手迹《楞严经》卷局部 1

⊙ 王安石手迹《楞严经》卷局部 2

即使是丰收的年份，对于物资也不敢多取；而歉收且物价高昂时，反而为了完成定额竭力收敛。这种政策推行多年后，暴露出诸多问题，朝廷常常花费很多运送物资，到了京师等地却卖不出好价格，有时却因为某些物资缺乏但消费需求大而导致富商乘机操纵物价，牟取暴利。这样一来，不仅农民深受其害，而且城市居民甚至朝廷消费也常常受到影响。均输法是要求转运使司必须全面了解六路的生产情况与北宋朝廷的消费，要求物品在生产地完成采购，并且要尽量在路程较近的生产地采购，以降低购买成本和运输费用。均输法同时也给转运使司更大的决策权，允许他们在一定时候根据实际情况便宜行事，采取权宜之计适当调整购买和运输物资的额度。均输法实施后，北宋政府对物资的需求和东南富庶之地对物资的供应得到了较好的配合。纳税户所承担的许多不合理的额外负担有所减轻，而朝廷的财政收入反而增加了。从消费角度分析，均输法的实施，使京师和东南富庶之地的物资供需得到协调与平衡，平稳了物价，因此实际上使这些地区的消费者利益得到了保障。另一方面，由于纳税户原来承担的许多不合理的额外负担有所减轻，因此相对改革前来说，民间其实拥有了更多的可支配收入。这对于促进民间消费是有积极作用的。

在诸多新法中，对生产与消费影响较大的还有农田水利法、青苗法和市易法等。农田水利法要求各地的湖港、河道、沟渠、堤防等，凡是与当地农业利害相关，需要兴修或疏浚的，都按照所需费用，由当地住户依户等高下出资兴修，私家财力不足的可以向州县官府贷款。凡是被豪强兼并的、可共同利用的水渠都须重新疏通供共同使用。①农田水利法对于刺激和促进农业生产是有很大的积极意义的。农业生产的发展间接保证并促进了农民的基本生活消费。

青苗法则是在每年的正二月和五六月由各州县官府分两次贷钱或粮食给农村住户，利息二分；根据户的等级不同，贷款额度也不同，春季的借贷随同夏税于六月内一同归还，夏季的借贷随同秋税于十一月内归还。按照《宋会要辑

---

① 《宋会要辑稿》，食货一之二七、一之二八。

稿》的说法，就是用常平仓钱粮推行青苗之法，"半为夏料、半为秋料"。① 这样一来，农民在耕种和收获时，就不至于缺乏种子或粮食。农民在需要钱粮的时候，手中多了更多的流动资金或可供消费的粮食，而且可以避免被高利贷操纵。不过，虽然新法的着眼点似乎是在促进生产方面，但由于新法使农民有了更多的可供消费与可供支配的粮食，客观上对消费有一定的刺激作用，尽管该法在实际推行中出现了吏缘为奸、拖欠贷款等很多问题。

法国小资产阶级经济学家西斯蒙第曾提出工人、农民消费不足不仅不利于资本主义的发展，而且必然引起资本主义经济危机的看法。在长期倡导重农思想的中国封建社会，农民的消费显然谈不上时时充足，但是这一问题很少被当作一个中心问题被加以认真对待，即使统治者出于统治立场考虑农民问题时，农民也更多地被视为从事生产的力量，而不是被视为消费者。北宋中期的王安石改革也是如此，他也是站在统治阶级的立场考虑问题，或者更客观地说，他是从富国强兵的立场出发去思考他的改革方针。他既没有特别维护统治阶级的利益，也没有特别维护农民的利益。在他心中，有一个几乎完美的国家理想，即创造一个民富、兵强、财富分配基本均匀、教育开明、文化昌盛的社会。钱穆先生在评论王安石变法之时，从具体的改革措施，也看到了这位伟大的改革家心中的理想，他说："但安石新政，虽属失败，毕竟在其政制的后面，有一套高远的理想"，"则欲造成一个兵农合一，武装自卫的社会"，"则欲造成一个裁抑兼并，上下俱足的社会"，"则欲造成一个开明合理，教育普及的社会"。②真可谓知王安石之心也。

正是出于对完美之国家理想的追求，王安石新法的具体措施有远远超越时代之特点。所以，非常有趣的是，青苗法还要求上等户也要依照规定额借贷还息，这种做法客观上有利于财富的平均分配，同时有利于增加政府收入。青苗法具有对社会剩余财富进行再分配的性质，相当于对富人征收更多的税，因此

---

① 《宋会要辑稿》，食货四之一七。
② 钱穆《国史大纲》，商务印书馆，1996 年，第 579 页。

触犯了富人的利益。王安石的新法已经超越了他所处的时代，从这一点上看，他是一个非常出色的经济理论家，却不是一个聪明的政治家。他的青苗法，还很容易令人联想到距他所处的时代约六百年之后 17 世纪中期英国古典政治经济学创始人威廉·配第的经济主张。但是，威廉·配第要比王安石聪明得多。他主张将赋税当作改变消费与积累之间比例关系的重要手段，主张对剩余产品加征赋税来节制不必要的消费，以保证积累，保证财富的增值。王安石的青苗法要求上等户也要依照规定额向官府借贷还息，试图让官府扮演中央银行的角色，而对于富人来说，本来没有必要发生的利息的支出近似于财富的额外消耗，对于宋朝政府来说，则等于从富人那里征收的额外的"赋税"。王安石的动机显然是想通过青苗法来富国，但是他没有像威廉·配第所主张的那样采取直接针对剩余产品加征赋税的手段，而采取变相加征"赋税"的形式直接对富人推行他的新法。因此，青苗法直接触犯了富人的利益，遭到富有阶层的强烈抵制。但是，青苗法客观上对贫苦的农民是有利的。青苗法的实施，实际上有利于增加农民手中的可流动资金，增加了贫苦农民的可支配收入，间接维护了农民尤其是贫苦农民的基本生活消费，是具有超越时代的进步意义的。

市易法是在开封（后又在杭州、润州、长安、凤翔等城市推行）设置市易务，由官府拨款一百八十万贯，供收买货物和各行商贩借贷之用。市易务的职能是在供过于求时收购市场上滞销的货物以待需要时提供给市场。"遇有客人物货出卖不行愿卖入官者，许至务中投卖，勾行、牙人与客人平其价，据行人所要物数先支官钱买之，如愿折博官物者亦听以抵当物力多少，许令均分赊清"。[①] 商人抵当物力获得的货物，根据货物价钱将相应的钱款于半年或一年之后，加息一分或二分偿还市易务，所谓"若半年纳即出息一分，一年纳即出息二分"。[②] 市易法是典型的政府调控市场与需求的做法。市易法的推行让人联想

[①] 《续资治通鉴长编》卷二三一，熙宁五年三月丙午条；另参见《宋会要辑稿》，食货三七之一四。

[②] 《续资治通鉴长编》卷二三一，熙宁五年三月丙午条。

到战国李悝与汉武时代桑弘羊之故事。李悝建议当时的官方在市场上粮食剩余时进行收购，在缺粮时则往市场上抛售，以此赢得利润以补财政。汉代桑弘羊则以类似方法为朝廷谋利以补军费。对于北宋中期市易法推行的后果，学者也有不同的评价。有学者认为这一新法造成了官营垄断，限制了民营商业，损害了消费者利益。[①] 笔者认为，从大的方面讲，市易法的推行，有力地打击了豪商大贾和投机商人，稳定了市场，满足了主要城市的基本消费需求。

此外，募役法废除了依照户等轮输充州县官府职役的方法，改为由官府出钱募人应役。募役所需钱的主要来源是：原来轮流输送人服役的人家交纳免役钱。原来有免役特权的官户、女户、僧道户、未成丁户也要依照户等交纳助役钱。此外，还要加收免役宽剩钱以备荒年不征免役钱时募役之用。[②] 募役法的推行有利于农村劳动力投入到农业生产中，同时由于要求官户、僧道户等按照户等与民户一起交纳役钱，因此实际上减低了普通民户的平均役钱数，客观上促进了中等人家可支配收入的增加。据苏辙《栾城集》记载，从募役法推行后，"畿县中等之家大率出役钱三贯"。[③] 如果按照有关学者的说法，宋代每人每日最低生活费为 20 文，[④] 每户平均人口按照 7 人计，[⑤] 那么这种中等人家每人每日免役钱大约是 1.2 文，只相当于每人每日最低生活费用的 6% 左右。也就是说，由于要求官户、僧道户等按照户等与民户一起交纳役钱而使普通民户的平均役钱数降低，实际上是使普通民户的可支配收入增加了（如果官户、僧道

---

① 张锦鹏《宋代商品供给研究》，云南大学出版社，2003 年，第 91—93 页。

② 《宋史》卷一七七《食货志·役法上》。

③ 《栾城集》卷四三《三论分别邪正札子》。

④ 程民生《宋代物价考察》，《漆侠先生纪念文集》，河北大学出版社，2002 年，第 371 页。

⑤ 在宋代，平均每户有 1.42 至 2.57 个男丁，学界基本认同这一认识。但是，宋代的男丁不是家中全部人口。关于宋代家庭平均人口数的研究比较多，学者们的研究结果不太一致。综合各种具有代表性的观点，一般认为宋代家庭平均人口在 5—10 人之间。比如，吴松弟认为宋代平均人口数为每家 5.4 人，北方稍大于南方（参见吴松弟《中国人口史》第三卷《辽宋金元时期》，复旦大学出版社，2000 年）。王曾瑜认为宋代家庭平均每家 7 人左右（参见王曾瑜《宋代农户平均家口数的估计》，《李埏教授九十华诞纪念文集》，云南大学出版社，2003 年）。程民生认为宋代家庭平均每家 7 人，北方 9 人，南方 6 人，中上户平均达 10 人（参见程民生《宋代家庭人口数量初探》，《浙江学刊》，2000 年第 2 期）。邢铁认为宋代家庭平均每家 5 人左右（参见邢铁《宋代家庭研究》，上海人民出版社，2005 年）。我比较认同宋代家庭每家平均 7 人左右的观点。

户不纳役钱，普通民户的每人每日役钱占每人每日最低生活费用的比例一定会超过 6%），同时使他们对于未来财富的增长有了更大的预期。（因为交纳免役钱后，劳力可以投入农业生产了。）客观上讲，这种法令如在推行中没有变质，对于促进社会中间阶层的生产与消费是有积极作用的。

方田均税法则要求各州县对垦种土地以四边各千步当四十一顷六十六亩一百六十步作为一方进行清查性丈量。丈量后核定某户占有土地数，然后按照土地情况分几类，分别规定每亩税额。① 此前，许多官僚地主通过隐瞒土地亩数等方法不交纳田税。方田均税法的实行使赋税负担与土地实际占有情况大致相符合，宋朝政府的田赋岁入得到了保证。因此可以说，方田均税法的实行也间接保证了政府消费。

汪圣铎将熙宁十年（1077）的田赋岁入与变法前至道三年（997）、天禧五年（1021）、治平二年（1065）的田赋岁入做比较，认为农田水利法、方田均税法"这两项新法所造成的财政收入本应当主要表现在田赋增收上"，但是从数据来看，此年的田赋岁入较之行新法以前并没有增加的迹象，并进一步认为农田水利法、方田均税法对北宋政府的财政收入贡献不大。② 这一观点，我认为值得商榷。

下面是至道三年（997）、天禧五年（1021）、治平二年（1065）、熙宁十年（1077）的田赋岁入总数：③

至 道 三 年：70,893,000 贯 石 匹 两 束，或 70,570,000 贯 石 匹 两 束，或 70,852,000 贯石匹两束。

---

① 《文献通考》卷四《田赋考四·历代农田之制》。
② 汪圣铎《两宋财政史》，第 52—53 页。
③ 至道三年第一个田赋岁入数字据《宋史》卷一七四《食货志·赋税》，第二个数字据《续资治通鉴长编》卷四二至道三年十二月所记计出，第三个是在第二个数字基础上补入《宋史》记载的当年布的租税收入（参见本书前文）。汪圣铎《两宋财政史》只算出并采用了前两个数据。天禧五年第一个数字据《文献通考》卷四《田赋考四》所记计出，第二个数字据《宋史》卷一七四《食货志·赋税》。治平二年数字据《宋史》卷一七四《食货志·赋税》有关数据计出。熙宁十年数字据《文献通考》卷四《田赋考四》引《中书备对》文。

天禧五年：74,366,000 贯石匹两束，或 64,530,000 贯石匹两束。

治平二年：67,767,929 贯石匹两束。

熙宁十年：52,011,029 贯石匹两束。

以上数据，从表面上看，的确显示田赋收入较之行新法以前并没有增加的迹象。但是，这种看似没有变化的背后却有复杂深刻的历史原因。

以田赋岁入中的粮的收入数据[①] 来说明：

至道三年：3170.7 万石。

天禧五年：3278.2 万石。

治平二年：1807.3 万石。

熙宁十年：1788.7 万石。

从表面上看，熙宁十年（1077）的田赋岁入中的粮的收入较之行新法以前并没有增加的迹象。但是，如果我们将数据的变化情况做仔细分析，就会发现，从天禧五年（1021）至治平二年（1065）这四十四年来，田赋岁入中的粮共减收了 1470.9 万石，平均每年减收 33.4 万石。如按照此减收趋势，治平二年（1065）至熙宁十年（1077）的十二年，可能继续减收 400.8 万石。也就是说，如果田赋岁入中粮的减收趋势不被某种力量遏止，熙宁十年（1077）田赋岁入中粮的收入可能是 1406.5 万石，这要比目前我们所看到的收入更低。

由此可见，若说农田水利法、方田均税法对北宋政府的财政收入贡献不大，并不恰当。其实，农田水利法、方田均税法在某种程度上一度遏止了北宋政府田赋岁入中粮的收入下滑。

实际上，熙宁十年（1077）的田赋岁入较之行新法以前的确并没有增加的迹象，问题的实质还不在于农田水利法、方田均税法这两项新法本身。究其原因，与这两项新法相关的政策的变化直接影响到田赋岁入的多少。

---

① 至道三年、天禧五年、熙宁十年田赋岁入中粮的收入数据来自《文献通考》卷四《田赋考四》，其中，天禧五年数由该年所记比至道年间谷的增数计出，熙宁十年田赋岁入中粮的收入由所记"斛斗夏税三百四十三万五千百八十五石"与"斛斗秋税一千四百四十五万一千四百七十二石"合计所得。治平二年田赋岁入中粮的收入参见《蔡忠惠公文集》卷一八《论兵十事疏》。

在治平之前，一度曾经因为郭谘的均税法不再施行，"论者谓朝廷徒恤一时之劳而失经远之虑，至皇祐中（约 1051—1052）天下垦田视景德（1004—1007）增四十一万七千余顷，而岁入九谷乃减七十一万八千余石，盖田赋不均，故其弊如此"。① 也就是说，当时朝廷中的政治风向先是认为田赋过重，罢停郭谘的均税法；之后，由于田赋减少，又有议论认为朝廷为一时减轻百姓负担而导致田赋下降，缺乏远略。迫于舆论压力，嘉祐五年（1060），当时的仁宗又诏令均平。所以，从景德中至治平年间，赋税不断增收。神宗继位后，非常留意农税，熙宁间任用李琮等人大力推行均平，结果造成多地"人情骚然"。② 熙宁六年（1073）后，听取御史翟思的建议，宽缓赋税，而且，"帝每遇水旱，辄轻弛赋租；或因赦宥，又蠲放、倚阁未尝绝"。③

另外，熙宁九年（1076）与熙宁十年（1077），东南地区发生了比较严重的自然灾害，神宗下诏："闻今岁畿内夏苗茂盛，京师军食比向时颇减耗，东南蝗旱，上供米又多已截留。可令司农寺于府界屯兵县分广籴，拨与三司，以东南诸路折纳钱帛渐偿之。"④ 熙宁十年，秋七月，三司进言，"江、淮等路灾伤，发运司未运上供粮三百五十余万石，欲下本司相度，如计置不行，权许折变见钱，勿过百万石，限今年十月以前至京省司收籴，以备军储。"⑤ 朝廷同意了三司的建议。也就是说，由于当时江、淮等路因灾无法发足上供之粮，朝廷同意三司建议，采用政府购买粮食的办法来满足政府可能发生的粮食消费（为了储备军粮）。在当时，北宋政府财政收入已经不倚重于两税，而倾向于依赖榷利，购买粮食的缗钱可能来自两税，也可能来自于榷利。也就是说，当时两税岁入减少或无增加迹象，并不意味着农田水利法、方田均税法"所造成的财政收入本应当主要表现在田赋增收上"。

---

① 《文献通考》卷四《田赋考四》。
② 《宋史》卷一七四《食货志·赋税》。
③ 《宋史》卷一七四《食货志·赋税》。
④ 《续资治通鉴长编》卷二七三，熙宁九年三月。
⑤ 《续资治通鉴长编》卷二八三，熙宁十年秋七月。

所以，尽管熙宁十年（1077）的田赋岁入较之行新法以前并没有增加的迹象，但并非是农田水利法、方田均税法在田赋增收上没有贡献，而是因为采取宽缓赋税、利用籴米（政府采购）方式收粮等政策的结果。

两项新法所造成的财政收入与田赋岁入之间并不存在必然联系，或者说它们所造成的财政收入变化并不必然"应当主要表现在田赋增收上"。

我们再来看看保甲法对消费的影响。王安石推行的保甲法主要目的之一是为了节省军费开支，然而由于宋代政府是市场中重要的商品购买者，保甲法的推行虽然节省了一部分军费开支，但是由于引起政府消费开支缩减，进而造成了社会总需求的萎缩，在很多地方出现了市场萧条的局面。

王安石变法的效果和其失败之原因，引起了古今中外学者广泛而深入的研究与争论。日本学者桑田幸三列举了司马光、苏轼、梁启超、漆侠、刘绍辅、市村瓒次郎、内藤虎次郎、佐伯富、欧文·拉铁摩尔（Owen Lattimore）九位学者的观点，总结了七条新法失败的原因："1. 政策负责人的不合格和人才难得；2. 与人民的要求不相符合；3. 官营商业的困难、低效率；4. 政策实施范围的规模过大；5. 与中国传统的放任主义相背；6. 人民进取的风气和努力之心不足；7. 社会结构的变化、贫富悬殊与统治阶级的势力增大。"[1] 桑田幸三认为，王安石的新法也可叫"渗入社会政策的富国强兵策"，保甲法、保马法等以强兵为目的，肯定要强化国家财政，"为了重建国家财政，就必须要采取整治冗官冗兵、抑制奢侈性支出的紧缩政策，培育租税负担者以确保岁入，进而必然采用增加收入的积极政策"。[2] 他认为王安石新法以此为宗旨，必与大地主、大商人的利益相冲突，也影响宗室、官僚们的利益，遭受到组成当时统治层的社会阶层的强有力反对，是新法无法继续的最大原因。在此基础上，桑田幸三补充了一个新法失败的重要原因，认为新法主持者缺乏对各种通货的需求关系、流通量增减对经济各领域的影响的认真考虑，青苗、市易、均输等法的实施没

---

① 桑田幸三《中国经济思想史论》，北京大学出版社，1991年，第100—104页。

② 桑田幸三《中国经济思想史论》，第103页。

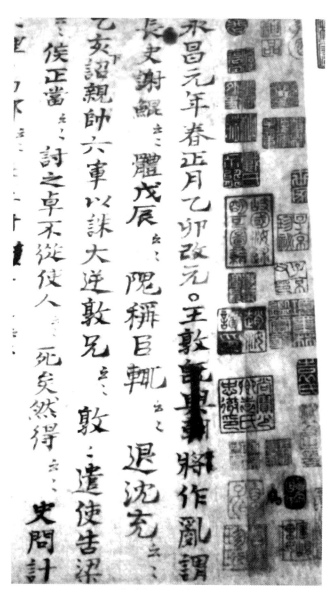

⊙ 司马光《资治通鉴》手稿局部一

⊙ 司马光《资治通鉴》手稿局部二

有做好充分的资金准备。①桑田幸三举出王安石给仁宗上书中所写的"臣于财利固未尝学"②一语来说明这位改革家对货币缺乏理解,因此未能将货币政策引入新法。

我认为,没有有效的货币政策确是新法失败的重要原因之一,但是需要指出的是,当时实际的情况是生产不足、铜钱短缺且政府财政支出过大,因此,资金储备不足其实恰恰是变法希望改变的弊病之一。熙宁四年（1071）,京西转运使吴幾复建议增铸钱币以缓解钱币短缺的问题,"神宗是之,而王安石沮之,其议遂寝"。③但是,此后数年,北宋政府还是增铸了大量钱币。熙宁后期,陕西、广南人民使用铁钱觉得不便,"神宗欲遂罢之,王安石固争,乃诏京师畿内并罢,其行于四方盖如故"。④（结果,后来的事实证明王安石的判断还是比较正确的。因为元丰以后,北宋大军征西夏,边境钱币匮乏,致使徐州设置宝丰监,每年铸造折二铁钱二十万缗移送陕西。）根据这两条史载,我们可以发现,王安石并不主张轻易采取扩张性货币政策,也并不赞成在钱币短缺的情况下轻易停罢铁钱的使用。因为大量增铸货币极可能导致通货膨胀,而在钱币短缺的情况下停罢铁钱又可能使百货不通,不论是哪种情况,都可能极大地降低人民的生活消费水平,都可能与王安石富国强兵的理想相违背。当时,北宋王朝所蕴藏的危机的确有令人进退维谷之感。面对这种改革的艰难困境,王安石似乎倾向于在稳定货币的情况下,通过其构想的各种新法来增加政府的收入。这说明,当时王安石并非完全对货币政策没有了解。他不太支持扩张性货币政策,是迫于整体形势,北宋政府依然走上增铸钱币之路;他希望通过青苗、募役等新法来促进社会生产、增加政府岁入,却背上了与民争利、敛收太急之罪名。其新法之失败,实不在于他不了解理财,而在于他与前辈范仲淹一

---

① 桑田幸三《中国经济思想史论》,第104—105页。
② 《临川先生文集》卷三九《上仁宗皇帝言事书》。
③ 《宋史》卷一八〇《食货志·钱币》。
④ 《宋史》卷一八〇《食货志·钱币》。

样，明知事难急为^①而为之。至于"臣于财利固未尝学"，也只不过是一位大儒在向皇帝上书时的谦语，实不足以作为他不了解货币的证据。因此，说王安石对货币缺乏理解似有不妥，但说他的新法过于理想化则并不为过。尽管王安石新法失败了，但是这一大规模的改革对于北宋中期的经济乃至此后宋朝的经济有深刻的影响，在一定程度上发展了社会生产，直接或间接影响了北宋中后期神宗朝的政府消费和民间消费。

下面我们从农业生产、手工业生产、商业、货币等具体方面来探讨北宋中期影响消费的诸多经济因素。

1. 农业生产与消费

> 北宋中期户数与垦田数的主要变化趋势。庆历年间土地兼并问题对农业生产的影响。王安石变法对政府消费、人民生产与生活消费的影响。

北宋时期，农民已经学会与江湖之水、海洋之水争田，至北宋中期，与水争田的情况更多了。李剑农根据《范文正公年谱》中提及的《续资治通鉴长编》和《涑水记闻》的记载，认为至北宋时已经非常重视涂田。^②涂田是与海潮争田。范仲淹监西溪盐仓时，曾请求朝廷支持筑海堤于通、泰、海三州之境，征用通、泰、楚、海四州的民夫建设，海堤修成后，为当地百姓带来了很大的福利。

北宋初年以来，南方多山地带，如福建、江西、湖南等地，农民开山为田：福建境内的农民借山泉在山田里种植水稻；江西抚州的农民在岭坂开辟禾田，

---

① 王安石在《上五事札子》中论免役、保甲、市易三法不可急为，明确指出："得其人缓而谋之，则为大利，非其人急而成之，则为大害。"《上五事札子》写于熙宁五年（1072），当时变法已有四年，免役、保甲、市易等新法受攻击日多，王安石写此文是为新法施行争取"缓而谋之"的机会。然而当时的政治局面没有留给王安石充足的时间推行新法。

② 李剑农《中国古代经济史稿》，第569页。

层层田地直达山岭，"抚之为州，山耕而水莳"；[①] 湖南的农民也大量开辟山田。"开山为田的结果，使得北宋一代实际垦田的面积大为增加"。[②]

北宋咸平中，恢复了五代废除的职田，以供官吏俸给之需。此外，还有官方的屯田、劝农用示范田、籍田、筹措地方教学费用的学田等等。因此，北宋中期，官田面积比初期增加了不少。根据《文献通考》记载，至北宋元丰五年（1082），"天下总四京一十八路，田四百六十一万六千五百五十六顷，内民田四百五十五万三千一百六十三顷六十一亩，官田六万三千三百九十三顷"。[③] 官田面积的增加，对政府消费而言，是一个积极因素，因为官田降低了北宋政府对于商品粮的依赖程度。（当然，从另一方面看，却缩小了商品经济的范围。）由于官田对政府消费具有一定的保障意义，故宋政府对它颇寄厚望，尤其是到了南宋末年，当被诸多社会危机所困扰的南宋政府回味起官田的好处时，一度将它视为解决社会危机的灵丹妙药。

从目前所能掌握的史料分析，北宋中期的户数一直处于持续增长状态，垦田数目则从整体上看处于增长状态，但就具体数字记载来看，略有波动。下表（见表10）是北宋初、北宋中期的户数和垦田数：

表 10　北宋初、北宋中期的户数和垦田数[④]

年代	户数及其增长指数		垦田数及其增长指数	
	户数（户）	指数	垦田数（顷亩）	指数
宋太祖开宝九年（976）	3,090,504	100	2,953,320 顷 60 亩 2,952,320 顷 60 亩 *	100 100
宋真宗天禧五年（1021）	8,677,677	281	5,247,584 顷 32 亩	178 178**

① 《临川文集》卷八三《抚州通判厅见山阁记》。
② 翦伯赞主编《中国史纲要》（第三册），第 20 页。
③ 《文献通考》卷四《田赋考四·历代农田之制》。
④ 垦田数参见《文献通考》卷四《田赋考四》、《宋史》卷一七三《食货志·农田》。户口数参见《文献通考》卷一一《户口考二》。

年代	户数及其增长指数		垦田数及其增长指数	
	户数（户）	指数	垦田数（顷亩）	指数
宋仁宗皇祐中 （1051—1052）	—	—	2,280,000 顷	77 77**
宋英宗治平中	—	—	4,400,000 顷	149 149**
宋英宗治平三年 （1066）	12,917,221	418	—	—
宋神宗元丰间 （1078—1085）	—	—	4,616,556 顷	156 156**
宋神宗元丰六年 （1083）	17,211,713	557	—	—

说明：表中数据根据《文献通考》和《宋史》的记载，两书关于宋太祖开宝九年垦田数的记载不一致，表中带"*"的垦田数为《宋史》记载数据，带"**"的指数以带"*"的垦田数为基数计算。

从表中数据可以清楚看到，宋真宗天禧五年（1021）的户数、垦田数与北宋初年太祖朝时相比，增长幅度非常大，在不到五十年的时间内，增长的速度非常惊人。漆侠也曾整理过相关数据，并认为由于登录在国家版籍上的垦田数字与实际垦田数字有出入，仁宗皇祐年间垦田数据骤然下降，是因为有大量隐田存在。[①] 笔者认为，垦田数据下降除了存在隐田的原因之外，北宋仁宗年间确实出现了一些阻碍农业发展的因素，其中最明显的阻碍因素是耕地废坏以及土地兼并加剧导致农民生产积极性下降。在这种情况下，垦田数减少并不意外。因此，笔者认为，仁宗皇祐年间垦田数据骤然下降并非单单由于隐田导致的数据误差。这也可以解释神宗和王安石等人为什么迫切需要推行改革，因为当时社会经济发展确实已经暴露出了农业经济发展受到阻碍的迹象。一个重要的迹象是，江浙等地的百姓生活消费已经受到粮价上涨的影响。

通过史料研究，我们可以发现，到北宋庆历年间，南方的耕地已经出现了

---

① 漆侠《中国经济通史·宋代经济卷》，第64—65页。

废坏情况。我们在前文中提到，范仲淹注意到自北宋初年以来至庆历年间，南方"圩田"有所废坏，南方部分地区粮食减产，粮价上涨。当时，范仲淹走访当地老人了解了情况："曩时两浙未归朝廷，苏州有营田军四都，共七八千人，专为田事，导河筑堤，以减水患，于时民间钱五十文，籴白米一石。自皇朝一统，江南不稔，则取之浙右，浙右不稔，则取之淮南。故慢于农政，不复修举，江南圩田、浙西河塘，大半隳废，失东南之大利。今江浙之米，石不下六七百文足，至一贯文者，比于当时，其贵十倍。"① 这说明，庆历年间江浙的粮食价格曾经一度上涨。粮价的攀升很可能影响到了当地人民的基本生活消费，因此引起了当时范仲淹等官员的特别关注。李剑农根据这一史料指出："圩田之制，在五代吴越割据时已盛，至宋庆历初渐有废坏者。然自庆历初范文正力主疏浚沟洫兴筑堤堰以后，言农利者渐多注意于此，其极也遂至有盗湖为田者。"②

仁宗朝时期，由于土地兼并加剧，农民生产积极性下降，社会生产出现很多不利因素。垦田数减少应该是农业生产积极性下降的具体症状之一。至神宗朝，王安石等人得到神宗支持，为了解决北宋王朝的社会问题，推行变法。在他们推行的新法中有农田水利法，该法推行很大程度上推进了农田水利工程的建设，"兴修水利，起熙宁三年（1070）至九年（1076），府界及诸路凡一万七百九十三处，为田三十六万一千一百七十八顷有奇"。③ 以上数据为《文献通考》中的记载。《宋史》的记载与此一致："兴修水利田，起熙宁三年至九年，府界及诸路凡一万七百九十三处，为田三十六万一千一百七十八顷有奇。"④ 从这些史载分析，王安石变法的效果还是比较明显的。

募役法的推行则有利于农村居民投入到农业生产，促进了社会生产的发展。方田均税法的推行也使宋朝政府更加清晰地掌握了垦地情况，有利于更加有效地调控农业生产。在元丰八年（1085）因官吏施行多扰民而罢方田之法时，

① 《范文正公集·奏议卷上》之《答手诏条陈十事》。
② 李剑农《中国古代经济史稿》，第570页。
③ 《文献通考》卷六《田赋考六·水利田》。
④ 《宋史》卷一七三《食货志·农田》。

"天下之田，已方而见于籍者至是二百四十八万四千三百四十有九顷云"。[①] 这些田亩数，是因方田均税法推行刚刚清查出并登录于国家版籍的数字。至于总垦田数，前文已经提到，至北宋元丰间（1078—1085）之时，"田四百六十一万六千五百五十六顷"。[②] 由此可知，至元丰八年时，已方之田达天下总垦田数的54%左右。方田均税法使赋税负担与土地实际占有情况大略相符，一定程度上抑制了土地兼并，减轻了部分无田户和少田户的赋税负担。因此，客观上讲，王安石变法是有利于农业生产的发展的，直接或间接有利于政府消费和民间（尤其是农民）的基本生活消费。

但是，由于没有考虑到实际的情况，对各种可能的负面因素估计不足，再加上许多地方官吏乘机滥用职权骚扰盘剥百姓，许多新法在推行过程中确实弊病丛生。比如，苏轼等人曾经担心新法推行会造成一些不良后果，诸如"吏卒所过，鸡犬一空……冒佃之讼，必倍今日"。[③] 不幸的是，实际情况被苏轼一语道中，这种糟糕的问题在农田水利法等新法推行过程中确实出现了。对于青苗法，苏辙曾担心："以钱贷民，使出息二分，本以援救民之困，非为利也。然出纳之际，吏缘为奸，虽重法不可禁；钱入民手，虽良民不免非理之费；及其纳钱，虽富家不免违限。如此，则鞭棰必用，自此恐州县事不胜繁矣。"[④] 王安石最初听从了苏辙的建议，暂缓了青苗法的实施。但是，在后来正式推行该法的过程中，虽然对可能出现的弊端有所预料，最终却未能避免"吏缘为奸"、"虽富家不免违限"的情况。因此，由于新法推行过程中产生了大量弊病，确实也对许多地方正常的农业生产和人民生活产生了不利影响。许多农民在新法推行过程中被酷吏豪绅所剥削，生活消费水平严重下降。但是，即使有这些问题出现，也无法掩盖王安石变法在历史中的积极意义。

[①] 《文献通考》卷四《田赋考四·历代田赋之制》。
[②] 《文献通考》卷四《田赋考四·历代田赋之制》。
[③] 《文献通考》卷六《田赋考六·水利田》。
[④] 《龙川略志》第三《与王介甫论青苗盐法铸钱利害》。

2. 手工业与消费

矿冶业、金属制造业与消费

对金属制品尤其是对金属制作的奢侈品的需求。金属制造业内的
劳动力成本所反映出的消费需求与各地的消费水平的差距。

北宋中期，矿冶业比较发达。铁、铜、金、银等金属制造业获得了发展。
景德年间，河中府（陕西地区）的铁器制造非常出名。可能考虑到铁器是制造
武器与铁钱的原材料，真宗于景德二年（1005）九月丙寅，"诏许河中府民赍
铁器过河，于近郡货鬻，其缘边仍旧禁断"。① 由此可见，当时民间的消费非常
明显地受到国家利益与政治、军事等因素的影响。北宋中期，很多地方制造的
金属器物很有市场，受到欢迎，有的还成为贡品上贡朝廷。邠州的火筋、剪刀
制造非常有名，是上贡之物品。② 太原的铜镜也是北宋中期的贡品。③

北宋真宗年间，随着经济的发展，社会对于奢侈品的需求开始显现出来，
从而刺激了金、银等金属制造业的发展。当时，开封是金属制造业的中心，官
营手工业发达，金属制造作坊很多。民间的金属制造作坊也不少。《续资治通
鉴长编》记载，大中祥符元年（1008）二月，"上语辅臣曰：'京师士庶，迩来
渐事奢侈，衣服器玩，多镕金为饰，虽累加条约，终未禁止。工人炼金为箔，
其徒日繁，计所费岁不下十万两，既坏不可复，浸以成风，良可戒也。'"④ 由此
可见，当时民间的金属制造非常兴旺，为市场提供了大量的金制首饰，迎合了
开封城市场中的奢侈消费需求。

发展中的农业对铁制农器产生了很大需求。同时，人们生活水平的提高也
对铁制生活消费品有了更大的需求。有些地方不出产铁，就需要从其他地方购
买铁器，从而促进了各地商品之间的流通。比如，鱼米之乡两浙地区当时就不

---

① 《续资治通鉴长编》卷六一，景德二年九月丙寅条。
② 参见《元丰九域志》卷三。
③ 参见《元丰九域志》卷四。
④ 《续资治通鉴长编》卷六八，大中祥符元年二月。

产铁。根据《淳熙三山志》记载，仁宗庆历三年（1043），两浙转运使曾说："当路州军自来不产铁，并漳、泉、福等州转海兴贩。"①正是福建地区"民间打造农器、锅釜"②向两浙运输贩卖，为两浙地区的人们提供了生活消费品和生产资料消费品。直到南宋，福建地区出产的铁依然被贩往周边，《建炎以来系年要录》记："福建路产铁至多，客贩遍于诸郡。"③

江西信州的铁器在北宋中期也很有名。熙宁年间，由于当时官办的军器作坊"斩马刀局"对工匠剥削非常残酷，引发了工匠的反抗，出现了杀作头、监官的情况，生产难以开展。王安石上言说："凡使人从事，须其情愿，乃可长久。"皇帝说："若依市价，即费钱多，那得许钱给与？"王安石便说："饩廪称事，所以来百工。饩廪称事，来之则无强役之理。且以天下之财，给天下之用，苟知所以理之，何忧不足，而于此靳惜！若以京师雇直太重，则如信州等处铁极好，匠极工，向见所作器极精，而问得雇直至贱，何不下信州置造也。"④从这段对话，我们可以知道，当时京师金属制造业比较发达，但是民间生产劳动力成本比较高。同时，也可以推知信州铁器制造精良，而且劳动力成本比较低。

有关史籍中，关于北宋中期金属制品的记载为数不少，足见金属制品为当时重要消费品之一。

制瓷业与消费

制瓷业的突破性发展。瓷器消费方面，民间消费有一定的发展。官窑与民窑凸显瓷器消费的等级化。

北宋中期，社会财富的积累、人民生活水平的提高（尽管庆历年间社会危

① 《淳熙三山志》卷四一《物产·铁》。
② 《淳熙三山志》卷四一《物产·铁》。
③ 《建炎以来系年要录》卷一七七，绍兴二十七年五月庚午条。
④ 《续资治通鉴长编》卷二六二，熙宁八年四月。

⊙ 宋代定窑孩儿瓷枕

机严重，广大劳动人民生活水平一度下降）以及文化事业的发展等诸多因素刺激了人们对瓷器的需求，促进了制瓷业的发展。奢侈消费观的日渐兴盛，则大大促进了制瓷工艺的改进。

　　宋代五大名窑之一的定窑在北宋中期有突破性发展。定窑在一次只烧一件的匣钵法基础上发明了一次烧若干件的覆烧法，从而极大地提高了劳动生产率。定窑以白瓷著称，此外也烧制红定、黑定等品种。定窑在北宋中期还发明了白瓷印花工艺，颇受当时消费者的喜爱，对瓷器工艺影响很大。其产品主要供应宫廷与官府消费需要。

　　《宋会要辑稿》方域一二之一七记载："江（东）[南] 东路饶州浮梁县景德镇景德元年（1004）置。"[①] 另据《景德镇陶录》《江西通志》记载，宋代景德年间，江西昌南置景德镇，宋朝廷开始派遣官员监制瓷器贡献京师，以满足官府的需要，并且命陶工书建年"景德"于器，[②] 从此景德镇瓷器开始闻名天下。

---

　　① 《宋会要辑稿》，方域一二之一七。
　　② 景德镇所在地汉时称新平，汉世即开始冶陶。另据《景德镇陶景》卷一记载，景德镇原名昌南镇，水土宜陶，陈以来，土人多业此。至宋景德年始置镇，奉御董造，因改名景德镇。《江西通志》卷二七《土产》引明王宗沐《江西大志·陶书》说："陶厂景德镇在今浮梁县西兴乡，水土宜陶，宋景德中始置镇，因名。"

⊙ 景德镇出土的宋代影青瓷粉盒

宋代官窑制作工艺发展之后，促进了民间陶瓷业的发展。根据《陶录》记载，后来，东京的民窑有"东窑"，南阳唐县有"唐邑窑"，邓州有"邓州窑"，西安有"耀州窑"。这些窑出品的都是青瓷，仿汝窑烧制，但是品质都赶不上汝窑。

耀州窑在北宋中期进入鼎盛阶段，其青瓷工艺已经进行了全面改革。从釉色上说，类余姚秘色的创新获得了市场的认可，其"精比琢玉"的晶莹、温润效果受人肯定与喜爱。从装饰纹样上看，耀州青瓷的纹样比宋初更加丰富多彩。其纹样的选题、构图之多，在同时期其他窑口中极为少见。北宋中期耀州青瓷常见的花卉纹有牡丹、菊花、莲花，花卉纹的形式有缠枝、折枝、交枝、对枝、分格、花结等，这些花卉与形式，还常常与凤凰、孔雀、蝴蝶、鸳鸯、鱼、鸭及婴戏、化生童子组合在一起。此外，还有一些更为复杂而其他窑口少见的纹样与形式，比如三把莲、博古插花、鹤衔博古、飞天、驾鹤仙人、五童戏犬、婴戏葡萄、婴孩及袍服人物蹴鞠、婴戏竹马、伏虎人物、庭园人物、戏剧人物、山石人物等。丰富多彩的花样题材与图案形式，反映出强烈的世俗化特征与民间消费情趣。实际上，这一时期的耀州青瓷确实在经营与生产目的上是以迎合民间市场为主。因同一时期，越窑的瓷器由于不合民间口味，已经逐渐衰退。耀州窑应消费情趣的变化而作出工艺改革，是当时各窑中表现较为突出者。这一时期耀州青瓷器物种类，亦反映了它对民间消费市场的关注。其常见的青瓷器物品种有餐具、酒具、化妆具、香具、照明具、卧具、文房用具、医药具、儿童玩具等。宋统一南北后经长期发展至北宋中期，社会相对稳定，文教比较发达，在这种大背景之下，瓷器消费方面民间消费的发展并不令人感到意外。而中国的工匠艺人，则将自己的技能与艺术天赋，主要贡献给了世俗生活，而不像西方那样，在教堂或神器上成就自己的艺术。由于耀州青瓷的工艺精美，北宋中期还成为上贡宫廷的贡品。王存的《元丰九域志》中即有耀州贡瓷器的记载。耀州青瓷亦成为当地人赖以谋生的"宝贝"。当地的官员特奏请为当地的土山神封德应侯，因瓷业获利的人则施石立碑。有碑文曰："熙宁中，尚书郎阎公作守华原郡。越明年，时和政通，奏土山神封德应侯。贤侯上章，天子下诏，黄书布渥，明神受封。庙食终古，不其盛哉！……居人以陶器为利，赖以谋生。巧如范金，精比琢玉。……击其声，铿铿如也；视其色，温温如也。人犹是赖之为利，岂不归功于神之助也。……大宋元丰七年（1085）九月十八日立石。镇将刘德安、张化成。三班奉职监耀州黄堡镇酒税兼烟火吕闰。茂陵马化成施石立碑，男马安、马信、马明。太原王吉掌敕。看庙清河张昱。州人刘元刊。"（北宋元丰七年刻德应侯碑，西安碑林博物馆藏。）当地刻石立碑之事，足以说明当时的耀州青瓷影响力之大。它不仅使当地百姓可以赖以谋生，而且受到官员和朝廷的重视。由此可推知，其时耀州青瓷不仅拥有广大的民间消费市场，还作为贡品受到宫廷消费的喜爱。

此外，凤阳的宿州有"宿州窑"，江南的泗州有"泗州窑"，这些窑都仿定窑瓷器，但是品质都赶不上定窑。不过，由于民间需求量大，因此使用非常广泛。这些民窑出品的瓷器，很受市场的欢迎，其中定窑在北方使用很普遍，所以，史载"北地多市充定器"。[①]

宋朝瓷器的消费具有明显的阶级特征。官窑的产品及官府监制的瓷器一般只供应皇宫和官府消费，民间是不允许使用官窑出品的高品质瓷器的。前文曾

---

① 李剑农《中国古代经济史稿》，第604页。

提到《宋史》记载宋太祖太宗朝出口物品中有金银、缗钱、铅锡、杂色帛、瓷器等物。瓷器在出口产品类别中排在"杂色帛"之后。在宋朝中期,中国瓷器继续大量出口。虽然瓷器大量出口,但从考古学的发现来看,大量出口的瓷器中没有发现代表当时中国瓷器最高水平的官窑产品。"综观国内外历年水下考古调查与打捞活动的结果,可以看出无论是唐代的'黑石'沉船还是宋代的光华礁沉船、南海一号沉船、韩国新安沉船,抑或是更晚的明清时期万历沉船、泰星沉船,都未发现载有代表中国同时期窑业技术最高水平的柴、汝、官、哥、钧以及明清景德镇官窑等各官窑产品。除去少量品质相对较好的景德镇青白釉器物外,绝大多数系产自浙江、福建、广东各民间窑场。对照东南亚各国陆上发现的宋元时期质地精良的景德镇青白瓷较少,而品质粗糙的华南日用瓷普遍的现象,可以发现,海运途中遗留文物也是一致的,存在优汰劣存的怪异情况"。① 考古方面的发现,可以证明宋代的民间日用瓷已经大量出口。长期持续的大宗民间日用瓷器的出口,也说明当时的中国瓷器已经是寻常百姓的日用物品。随沉船打捞出来的瓷器品质情况,从一个侧面说明,瓷器的消费在宋代存在明显的阶级消费特征。"除去更早些的所谓秘色瓷器外,至迟从宋代开始,中国封建政府已经建立起了完备的用瓷制度,官府瓷的生产、使用有着严格界限,这就如同舆服、颜色、建筑等,它们所代表的封建等级制度有着不可逾越的规范……因此期待在水下沉船中发现很高水平的销往市场的官窑器物几乎是不现实的"。②(这里所说的"不可逾越"过于绝对,实际上宋朝也有越级消费情况。)

瓷器消费所表现出的明显的等级化特征,是与当时的舆服制度所确定的等级化遥相呼应的,其本质,可谓中国封建官僚机制的等级化在消费中的反映。此种等级化特征,亦可视为重要的中国性格之一。

---

① 孙健《来自海洋深处的瓷器——关于海捞瓷》,《收藏》2008 年第 1 期,第 35 页。
② 孙健《来自海洋深处的瓷器——关于海捞瓷》,《收藏》2008 年第 1 期,第 35—36 页。

同雕版印刷术相关的行业与消费

　　活字印刷术的发明。文化消费的扩大。造纸业的发展。图书刻印的倍增。

　　书籍的雕版，肇始于隋代，唐五代逐渐开始普及，宋代则进一步发展。沈括《梦溪笔谈》①记载，宋代庆历中，毕昇发明了胶泥活字版印刷术。活字印刷术的发明，扩大了社会的文化消费。

　　中国自汉朝以来，市面上虽然有卖书的书肆，但是在雕版印刷术发明之前，手写的书数量有限，可供买卖以满足人们文化需要的书就更加有限。自雕版印刷术流行后，书坊业也随之飞速发展。宋朝的汴京书坊业非常兴盛，图书消费量很大。欧阳修曾经在京城看到雕版印刷文集二十卷中多有议论时政之事，因此担心其中不知事体之言流布对朝廷不利。至和二年（1055），他在《论雕印文字札子》中写道："臣窃见京城近有雕印文集二十卷名为宋文者。多是当今论议时政之言。其首篇是富弼往年《让官表》，其间陈北虏事宜甚多，详其语言，不可流布。而雕印之人不知事体，窃恐流布渐广，传入虏中，大于朝廷不便。及更有其余文字，非后学所须，或不足为人师法者，并在编集，有误学徒。臣今欲乞明降指挥，下开封府，访求板本焚毁及止绝书铺。"②欧阳修的所见和反应，可以说明两个事实：一是当时雕版印刷的书已经在民间比较普遍，而且印刷量不小；二是雕版印刷的书在民间有扩散之势，引起了当时文人士大夫的担心。于此可以看到宋代上层社会文化需求和民间文化需求之间已经出现了一定的分歧。

　　当时，宋朝政府设立国子监负责图书刻印。由于技术上有了保证，同时市场需求很大，国子监的发展也非常迅速，至宋中期，印书规模大大超过了宋朝初年。景德二年（1005）五月，真宗过问国子监的情况，邢昺答道："国初印

---

　　① 沈括的《梦溪笔谈》成书于仁宗嘉祐八年，即公元1063年。
　　② 《欧阳修全集》，《奏议集》卷一二《翰苑·论雕印文字札子》。

⊙ 景德二年《大随求陀罗尼经咒》梵文刊本中的佛画

版止及四千，今增至十万，经史义疏悉备。曩时儒生中能具书疏者，百无一二，纵得本而力不能缮写。今士庶家藏典籍者多矣，乃儒者逢时之幸也。"[1] 做一简单计算即知，宋朝中期国子监印书规模是宋初的 25 倍。印刷技术的改进和文化消费的增长，促使国子监印出更多的书籍投放市场。从市场需求来看，宋朝中期的书籍消费已经非常旺盛，以至于士庶家也有不少人藏有典籍。

雕版印刷术的发展也使版画获得了进一步发展，呼应了当时社会中日益强烈的对通俗文化的消费需求。保存至今的北宋中期的版画作品有《大随求陀罗尼经咒》梵文经咒刊本中的佛画（咸平四年，1001）、《大随求陀罗尼经咒》梵文经咒刊本中的佛画（北宋景德二年，1005）、《妙法莲华经》刊本中的佛画（熙宁二年，1069，杭州雕印，1968 年山东莘县宋塔内出土）、《妙法莲华经》刊本中的佛画（嘉祐五年，1060，杭州钱家雕印施行，署"琅邪王遂良书"）、《新编古列女传》（嘉祐八年，1063,[2] 署"刘向编撰"，南宋建安书林余靖庵刊，八卷，每页上图下文）[3]。从北宋中期的版画题材可以看出，版画的消费已经渐渐从宗教消费向民间通俗文化消费扩展。

雕版印刷术的发明和流行也促进了造纸业的发展、钞币制的产生、彩帛染彩业的革新。[4] 宋代生产出了更加精美的纸张，朝廷和民间对于纸张的需求和消费都增加了。北宋"交子"自从可以雕版印造之后，极大地方便了买卖和储蓄，也方便了人们在各方面的物品交易。由于印刷"交子"方便而快捷，使得人们可以更多更便捷地进行长距离的商品交易，因此我们可以说，雕版印刷术实际上间接促进了社会整体消费。至于雕版印刷术对于彩帛染彩业的革新所起

[1]　《宋会要辑稿》，职官二八之一。

[2]　该书刊刻年代根据王伯敏《中国版画史》，第 30 页。

[3]　这些版画在《新编中国版画史图录》一书中有图版。参见周心慧主编《新编中国版画史图录》（第二册），《大随求陀罗尼经咒》梵文经咒刊本中的佛画（咸平四年，1001），图见该图录第 38 页，《大随求陀罗尼经咒》梵文经咒刊本中的佛画（北宋景德二年，1005），第 39 页。《妙法莲华经》刊本中的佛画（熙宁二年，1069），第 40 页。《妙法莲华经》刊本中的佛画（嘉祐五年，1060），第 41 页。《新编古列女传》中的插图，第 81—84 页。

[4]　李剑农《中国古代经济史稿》，第 611—612 页。

⊙ 宋代鹰纹刺绣

到的作用，则体现在使彩帛的生产更方便、更精美。在这之前，彩帛通常是通过刺绣来完成的，如果不用刺绣，大多染出来的不是全红，就是全绿。而且，由于用雕版印刷彩帛比直接用手工刺绣织造彩帛成本更低，因此，我们可以推测，雕版印刷术应用于彩帛染彩业后，有可能成为彩帛价格下降的一个推动因素。在这种技术革新的推动下，人们购买彩帛的花费有可能减少，从另一方面看，则有可能增加了如后世英国经济学家马歇尔所说的"消费者剩余"，从而使得普通人有更多机会消费彩色的绢帛，进而刺激人们对于奢华衣物的消费。

造船业与消费

社会消费需求对造船业的拉动。漕船、海船为政府消费与民间消费所提供的运输保障。

社会财富的大量增长必然带来运输业的发展，因为在社会消费需求的拉动下，更多的物资将在各个市场之间调度和运输。水路运输的成本低于陆上运输，因此北宋中期社会财富的增加，直接使水路运输的压力增大，从而促成了北宋中期造船业的进一步发展。当时，各个造船中心每年除了为官府建造大量用于漕运的官船外，还大量建造民用船只。从天禧末至嘉祐年间，宋朝廷考虑到利用漕运耗费很大，多次在灾年减少漕运量，因此，各个造船中心为漕运建造的官船相对减少。据《文献通考》载，在至道末年，诸州每年造运船三千三百三十七艘，"天禧末减四百二十一"，[①] "嘉祐四年（1059），诏罢（黄河）所运菽，减漕船三百艘，自是岁漕三河而已"。[②] 但是，漕运用船的减少并不意味着船只总体需求量的减少。实际上，由于宋朝海外贸易的发展，海上运输、海上交通对于海船的需求在不断增加。

北宋中期，发达的海船制造技术对于海外贸易的发展是一个非常重要的促

---

① 《文献通考》卷二五《国用考三·漕运》。
② 《文献通考》卷二五《国用考三·漕运》。

进因素。嘉祐中，苏州昆山县造船技术很发达。当时，有一艘高丽人的海船桅杆折断后漂抵昆山海岸，赞善大夫、知昆山县事韩正彦召集船上人员，用酒食犒赏，并且让工人为船制造桅杆。"桅旧植船木上不可动，工人为之造转轴，教其起倒之法"。① 这条史载不仅说明当时昆山可以为外国商船制造桅杆，造船技术很发达，还使我们从一个侧面看到当时北宋政府对于海外贸易所采取的鼓励措施。发达的造船技术和不断发展的海外贸易最终形成互相促进的因素，加上北宋政府对于海外贸易的支持，无疑使大量海外商品可以通过海路进入中国市场。

因此，可以说，内陆漕运船和从事海上贸易的海船为北宋朝廷和民间输送了大量物品，为物资流通提供了运输工具，对于保证各地的物资流通和消费起到了积极作用。

食品加工业中的盐业与消费

> 盐产量的增加。北宋政府通过盐业牟取暴利。盐户深受剥削，生活消费水平未因盐业发展而提高。

北宋中期，井盐明显增加。这主要归功于老盐井得到了改造，有许多新井得到开发，同时还因为仁宗庆历年间（约1041—1048）创建了卓筒井。漆侠称卓筒井的创建是"宋代井盐生产中最突出的最富有创造性的一项"。② 卓筒井的发明为宋代人民提供了更多的食盐，保证了人民的基本生活消费。在卓筒井的开掘过程中，运用了开井用的新工具——圜刃。圜刃用上好钢铁制成，是冶炼技术发展的体现。这是技术因素通过经济因素最终影响到人们消费的一个典型事例。

北宋中期解盐产量也获得了明显的增长。表11北宋前期与北宋中期解盐产量的比较：

---

① 《梦溪笔谈》卷二四《杂志》。
② 漆侠《中国经济通史·宋代经济卷》，第927页。

表 11　北宋前期与北宋中期解盐产量比较 [①]

年代	产量	百分数	备注
宋太宗至道年间（995—997）	373,545（席）	100	此系小席，一小席为 116.5 斤
宋仁宗天圣年间（1023—1031）	655,120（席）折 1,526,429 石	175	
宋仁宗皇祐年间 *（1049—1054）改法 熙宁十年	375,000（大席）折 82,500,000 斤 或 1,650,000 石	189	大席一席为 220 斤
宋神宗元丰年间（1078—1085）	（大席）391,666* 折 86,166,520 斤 或 1,723,330 石	198	

通过表 11 中的数据，我们可以清楚地看到，北宋中期的解盐产量比北宋前期太宗至道年间明显增加。此处，尚未纳入海盐、池盐的产出（海盐、池盐的生产情况在此不赘述）。盐的增产并非偶然，实乃消费需求直接刺激之结果。北宋中期盐的增产适应了人口增长的压力，基本满足了人们对食盐的需求。盐的增产，也使北宋政府通过榷盐的收入逐渐增加（见表 12）。

表 12　北宋中期的榷盐收入 [②]

时间	榷盐收入（万贯）
景德年中	355
景祐年中	350
庆历年中	715
元丰中期	1203
政和元年（1111）	4000

---

① 漆侠《中国经济通史·宋代经济卷》，第 929 页。带"*"数据为漆侠参考郭正忠之考证数据，见郭正忠《宋代解池盐产考析》，《宋史研究论文集》，第 87—88 页。《宋史》卷一八一《食货志》："（庆历）八年，（范）祥重申其说，乃以为陕西提点刑狱兼制置解盐事，使推行之……岁课入钱总为盐三十七万五千大席。……至和元年，百六十九万。时祥已坐它罪贬……"按此，"岁课入钱总为盐三十七万五千大席"当指范祥代职管解盐事的皇祐年间，系此供参考。

② 表中数据来自汪圣铎《两宋财政史》，第 700—704 页。

但是，在盐产量增加的背后，隐藏着北宋政府对盐利的疯狂追求。北宋政府从盐业的获利有一部分是以加重封建剥削换来的。北宋政府不仅通过生产环节来牟利，而且通过收购与销售的差价来牟利，此外还强迫民户运输解盐。真宗天禧五年（1021），北宋政府在陕西解州、安邑两池设畦户引池造盐，"总三百八十户，复其家，户岁出夫二谓之畦夫，岁给户钱四万，日给夫米二升，岁二月垦畦，四月引池为盐，八月而止。募兵百人，目为护宝都以巡逻之"。[①]漆侠按照米每石 350 文折算，北宋政府每年共支付给畦户 45,040 文（两夫年获米量 14 石 4 斗折算成货币量 5040 文，再加岁户钱 4 万），但是却可攫取盐达116,500 斤（按照畦户每年向官府交盐千席，一小席 116.5 斤计算），每支付一文钱就可从畦户那里获得盐 2.6 斤。[②]《宋会要辑稿》记载，北宋仁宗年间，通过向亭户收购海盐，再在当地抛售出去，"官有九倍净利"。[③]由此可见，北宋政府通过盐业获得了巨额的利益。但是，盐的实际生产者的收入却并不高。也就是说，盐业在给北宋政府带来巨额利益的同时，生产者的生活消费水平并没有因为行业的发展而获得提高。在北宋政府控制下的盐业生产中，自由市场经济的力量并不占上风，甚至可以说，这种力量根本无法得到发挥。

3. 交通运输、商业与消费

> 市场竞争的发展。思想家、政治家对商业的重新评价。交通、贸
> 易、城市的大发展。货币问题及其对消费的影响。

北宋中期，商业日益兴盛。为了获取利益，北宋政府继续对主要的商品进行专卖。同时，商人自由经营的权力进一步增大。市场使人们选择商品的自由大大增加，从而促进了市场中的自由竞争。即使是政府专卖，在北宋中期也开始受到自由竞争的商品经济的冲击。正是因为当时商业的快速发展，市场提供

---

① 《续资治通鉴长编》卷九七，天禧五年十二月。
② 漆侠《中国经济通史·宋代经济卷》，第 932 页。
③ 《宋会要辑稿》，食货二三之三一。

的自由选择的可能性促进了竞争，结果迫使北宋政府于仁宗嘉祐年间实行了茶叶通商。

北宋中期的主要思想潮流也对商业的发展比较有利。其中，在经济思想方面具有代表性的人物有李觏、王安石、苏轼等。北宋中期的李觏（1009—1059）主张一方面要防止更多人弃农经商，一方面反对富有的豪强剥削人民。李觏同情一般商人的自由经营，不赞同政府对商品进行专卖，赞同均输、平准等政府调控经济的措施。他认为自由经营和政府调控相结合，可以保证市场的稳定，"君不理，则蓄贾专行，而制民命矣……此平籴之法有为而作也"。[①] 他说："商人自市，则所择必精。所择精则使之必售。使之售则商人众，商人众则入税多矣。"[②] 他认为只要政府专卖，则"草耶、木耶，唯恐器之不盈也；尘耶、煤耶，唯恐衡之不昂也"，[③] 而政府对茶叶的专卖，是导致茶叶积压、口味滥恶的原因。

北宋中期，王安石（1021—1086）主张一定范围内的经济开放政策有利于商品生产与交换。他推行以钱募役的新法，农民为了换钱代役，客观上增加了农村中出售商品的数量，同时使货币流通更加广泛，激发了农村地区的商品经济。他建议政府更多地通过促进商业发展获得经济收入，少依赖赋税收入。他也不主张通过通货膨胀来补贴财政赤字。他重视政府宏观调控市场的功能，但是他认为榷法不宜太多。

政见上与王安石不和的苏轼（1036—1101）也非常重视商业，他认为"农力耕而食，工作器而用，商贾资焉而通之于天下"，[④] "田焉而尽百谷之利，市焉而交四方之宜"。[⑤] 苏轼对商业的流通功能是非常强调的，他同时强调商贾从事商业活动要讲"义"，认为三代之时"商贾通之而不以不义资之也"。[⑥] 但是他

① 《直讲李先生文集》卷一六《富国策第六》。
② 《直讲李先生文集》卷一六《富国策第十》。
③ 《直讲李先生文集》卷一六《富国策第十》。
④ 《苏轼文集》卷七《关陇游民私铸钱与江淮漕卒为盗之由》。
⑤ 《苏轼文集》卷一《通其变使民不倦赋》。
⑥ 《苏轼文集》卷七《关陇游民私铸钱与江淮漕卒为盗之由》。

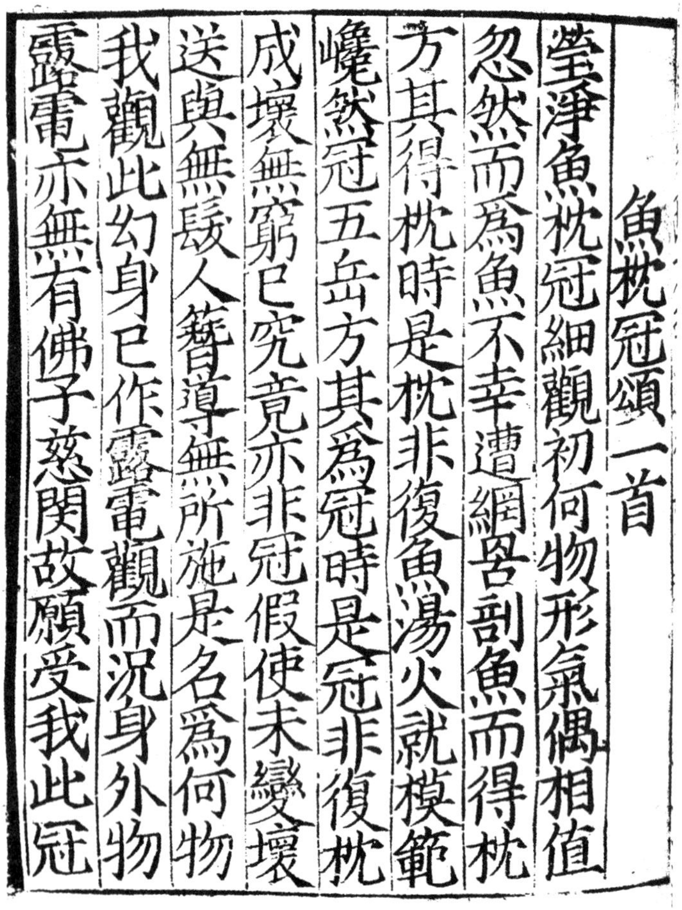

魚枕冠頌一首

瑩淨魚枕冠細觀初何物形氣偶相值
忽然而為魚不幸遭網罟刲魚而得枕
方其得枕時是枕非復魚湯火就模範
巉然冠五岳方其為冠時是冠非復枕
成壞無窮已究竟亦非冠假使未變壞
送與無髮人簪導無所施是名為何物
我觀此幻身已作露電觀而況身外物
露電亦無有佛子慈閔故願受我此冠

⊙ 宋刻《苏文忠公文集》残页之一（美国加州伯克利大学图书馆藏）

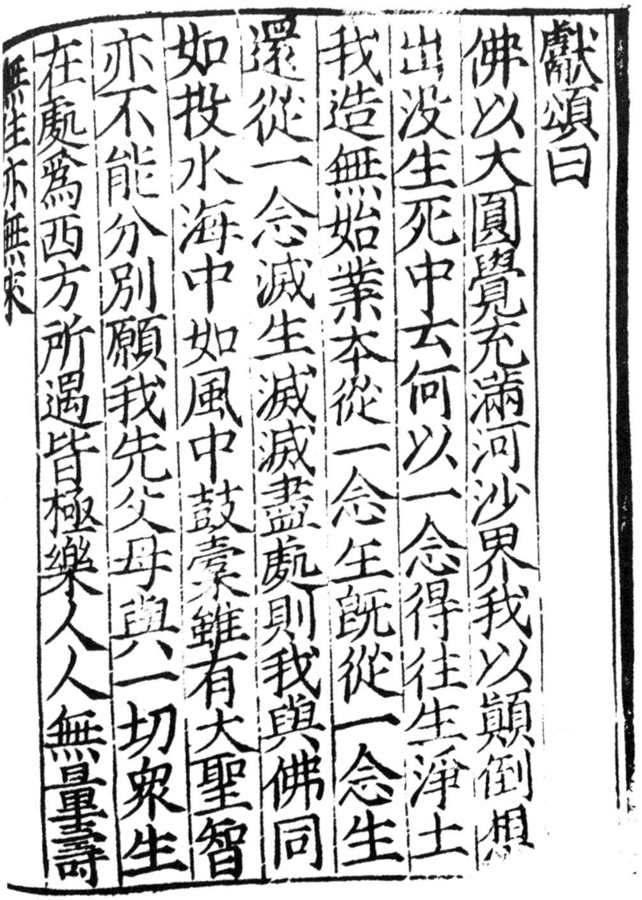

獻頌曰
佛以大圓覺充滿河沙界我以顛倒想
出沒生死中云何以一念得往生淨土
我造無始業本從一念生既從一念生
還從一念滅生滅滅盡處則我與佛同
如投水海中如風中鼓橐雖有大聖智
亦不能分別願我先父母與一切衆生
在處爲西方所遇皆極樂人人無量壽
無往亦無來

⊙ 宋刻《苏文忠公文集》残页之二

却并没有像王安石那样将商业作为改革社会政治经济局面的工具之一。从这一点看，王安石对于商业与经济的认识，远比苏轼要深刻得多。

北宋中期的思想界、政界人士对商业价值的评价，比起以前来说，显得更加积极，这成为当时商业发展的一个有利因素。当欧洲中世纪的思想家们正从拯救人的灵魂出发进行经济思考之时，北宋的思想家和政治家们正积极地参与到社会的变革之中，以期身体力行地对国家财富的增长和人民生活水平的提高做出贡献。北宋中期商业的发展，是与这些思想家和政治家的努力分不开的。因此，从某种意义上说，他们的思想，经由着他们的事功，极其深刻地影响着当时人们的生活消费水平。这种影响，甚至超越了他们所处的时代。后世中国人的生活消费状况，亦为他们的思想影响所波及。

交通运输与消费

> 汴河交通对京师等地消费的意义。漕运生命线的维护。指南针。
> 海运地位的变化。陆上新商道。

汴河在整个北宋时期都具有重要意义，是全国最重要的漕运路线。通过汴河，江淮、两浙、荆湖、广南、川蜀的物资百货源源不断输往京师，造就了京师这一全国最大的消费中心。除了汴河之外，惠民河、广济河、黄河等也是北宋重要的水上交通要道。根据《文献通考》记载，"神宗熙宁七年（1074），诏委官疏浚广济河，增置漕舟，依旧运京东米上供"。[1] 同一年，"提举汴河堤岸司言：'京东地富，谷粟可以漕运，但以河水浅涩，不能通舟。近修京东河岸，开斗门通广济河，为利甚大。今请通津门里汴河岸，东城里三十步内，开河一道，及置斗门，上安水磨，下通广济河，应接行运。'从之"。[2] 由此可见，当时的汴京及周边地区，汴河、广济河等河道正逐步形成运河网络，从而为保证

---

[1] 《文献通考》卷二五《国用考三·漕运》。
[2] 《文献通考》卷二五《国用考三·漕运》。

京城的运输创造了良好的运输条件。在各条水路通道中，汴河的重要性是其他几条河无法替代的。神宗熙宁五年（1072），张方平说："国家漕运，以河渠为主。……今仰食于官廪者，不惟三军，至于京师士庶以亿万计，太半待饱于军稍之余，故国家于漕事，至急至重。然则汴河乃建国之本，非可与区区沟洫水利同言也。近岁已罢广济河，而惠民河斛斗不入太仓，大众之命，惟汴河是赖。"[1] 这一番话，充分强调了汴河对于北宋王朝的重要性，将它提到了"建国之本"之高度。这样的说法实不为过。正如张方平所言，北宋王朝不仅在军粮上依赖于汴河的运输，京师官民生存所需的粮食也大多要通过汴河的运输才能获得。汴河运输一旦瘫痪，后果不堪设想。但是，汴河是以黄河水为水源的，由于黄河带来大量泥沙，造成汴河经常泥沙淤积。而且，由于黄河冬季断水，汴河每年漕运期大约只有两百天。可见，汴河的运输能力关系到北宋王朝的生存，这绝非虚言。然而，对于北宋王朝而言，汴河的运输情况并非总是乐观。神宗熙宁五年张方平的这一番言论，即是出于对汴河运输力下降的担忧而有感而发的。另外，根据沈括《梦溪笔谈》记载，原来汴渠，每年一浚通，大中祥符中期之后，变成三年一浚通，后来沟洫之工松弛，渐渐河底泥沙沉淀，水位升高，"京城东水门下至雍丘、襄邑，河底皆高出堤外平地一丈二尺余，自汴堤下瞰，民居如在深谷"。[2] 可见，到宋朝中期，汴河由于沟洫之工松弛，漕运能力已经受到潜在的威胁。宋神宗元丰元年（1078），西头供奉官张从惠、都水监丞（《皇朝编年纲目备要》作"都水使者"）范子渊等人认为洛水流量大于汴河，可以引洛水代替黄河水源来加大汴河水流量，以减少河床的泥沙淤积。神宗同意了这个"导洛通汴"的方案。元丰二年（1079）三月，北宋政府调度人力，"自任村沙口至河阴县瓦亭子；并氾水关北通黄河，接运河，长五十一里。两岸为堤，总长一百三里，引洛水入汴"。[3] 此后，汴河通航能力变强，运

---

① 《宋史》卷九三《河渠志·汴河上》。
② 《梦溪笔谈》卷二五《杂志二》。
③ 《宋史》卷九四《河渠志·汴河下》。

输量大增。(由于冬季破冰困难,哲宗元祐五年即公元 1090 年时重新引黄入汴。)《皇朝编年纲目备要》记:"导洛通汴。西头供奉官张从惠言汴口岁闭塞,又修堤防劳费,因陈引洛入汴之利,都水使者范子渊亦书十利以献,上乃命内臣宋用臣往视。用臣言其便,乃命董役。明年夏讫工,章惇上记,诏以《元丰导洛记》为名,刻石于洛口庙。仍改导洛司为汴河堤岸司。"[1] 元丰六年(1083),北宋政府调集了十万民夫,修凿了洪泽镇到龟山镇之间的运河。该运河东北西南走向,全长五十七里,阔十五丈,深一丈五,成为中原与江南之间重要的水陆交通线之一。

与此相应的是,海运的地位在北宋中期不断提高。北宋中期,中国人发明了指南针。成书于仁宗嘉祐八年(1063)的《梦溪笔谈》中有一段反复被后人征引的文字,可以证明在当时中国已经发明了指南针,现再次赘引如下:"方家以磁石磨针锋则能指南,然常微偏东,不全南也。水浮多荡摇。指爪及碗唇上皆可为之,运转尤速,但坚滑易坠,不若缕悬为最善。其法取新纩中独茧缕,以芥子许蜡缀于针腰,无风处悬之则针常指南。其中有磨而指北者,予家指南、北者皆有之。"[2] 之后,成书于徽宗宣和元年(1119)的朱彧的《萍洲可谈》记载:"舟师识地理,夜则观星,昼则睹日,阴晦则观指南针,或以十丈绳钩,取海底泥嗅之,便知所至。"[3] 因此,我们至少可以确信徽宗宣和元年前中国人已经将指南针使用于航海。指南针的使用,对于宋王朝开展海外贸易具有非常积极的作用。可以说,指南针的发明和运用,对于中国消费市场对外开放起到了间接的推动作用。

北宋中期,陆上交通路线有所开拓,其中比较重要的路线是连接中原腹地与岭南大庾岭商道以及连接西南与西北之间的通道。扩建大庾岭商道的主要原因是陆上的丝绸之路被西夏所阻断,而与此同时,岭南的海外贸易渐渐兴盛,北宋王朝核心地区的消费对岭南海外贸易日益倚重。就在《梦溪笔谈》成书的仁宗嘉祐八年,广南东路转运使蔡抗,江西提点刑狱使、权知南安军蔡挺共同

---

[1] 《皇朝编年纲目备要》卷二〇,神宗元丰二年。
[2] 《梦溪笔谈》卷二四《杂志一》。
[3] 《萍洲可谈》卷二《舶船航海法》。

组织广南、江西两地人员扩建始辟于秦朝的大庾岭商道。《宋史》记载蔡挺事迹时说:"自大庾岭下南至广,驿路荒远,室庐稀疏,往来无所芘。挺兄抗时为广东转运使,乃相与谋,课民植松夹道,以休行者。"① 该商道扩建完成后,遂成为中原腹地与广南地区的重要商业通道。经过这条商道,通过海外贸易获得的大量物资源源不断地运往北宋王朝的心脏地带,对于满足北宋政府的消费与中原地区的民间消费发挥了重要作用。神宗元丰年间,北宋政府委派都大提举成都府、永兴军等路榷茶公事陆师闵组织人力,开辟了成都府至利州,兴元府至兴州、凤翔府,以及商州上津至永兴军之间的运茶道路。这几条茶道上每隔十五里,设有一个茶铺,每铺五十人,专门负责运茶。《宋史》记载:"初,李杞增诸州茶场,自熙宁七年(1074)至元丰八年(1085),蜀道茶场四十一,京西路金州为场六,陕西卖茶为场三百三十二,税息至稷加为五十万,及师闵为百万。"② 陆师闵任职期间,茶税和利润比李稷任职期间增加了一倍,其原因除了陆师闵榷利"尤刻于前"③ 这一因素之外,显然也得益于多条川陕茶道的开通。

漕运的维护、海运的兴盛以及多条新商道的开通很大程度上要归功于消费需求的刺激作用。反过来,这些因素的新变化又进一步刺激了消费需求。其间的互动作用不能简单地归因于人类的贪婪、欲望或求知欲。商业交通仿佛也成了一种生命体,具备了生命力。这种生命力,既来源于人,又来源于由人创造却超越于人、具有某种自我"进化"能力的整个庞大复杂的社会系统。

贸易与消费

对奢侈品的欲望与私下交易。对海外贸易的鼓励、招诱、保护与管理。海外贸易带来大量舶来品与高额收益。对契丹与西夏的贸易政

---

① 《宋史》卷三二八《蔡挺传》。
② 《宋史》卷一八四《食货志·茶》。
③ 《宋史》卷一八四《食货志·茶》。

策及其对边区消费的影响。边区贸易政策与中国的国家性格。西南、南部、西部各州的对外贸易及对消费的影响。

虽然有市舶法的约束，但是随着经济的发展、民间消费力的提高，到了北宋中期的时候，常常出现违反禁令私自向海外商人买奢侈品的事情。在强大的欲望面前，制度的脆弱性于此暴露无遗。北宋中期仁宗天圣三年（1025）八月，"审刑院、大理寺言：监察御史朱谏上言：'福州递年常有舶船三两只到钟门海口，其郡县官多令人将钱物金银博买真珠、犀象、香药等。致公人百姓接便博买却违禁宝货不少。乞申明条贯下本州。'从之"。① 由此可推知，北宋中期，地方官吏的可支配收入已经非常可观，完全有可能去购买海外舶来的奢侈消费品。而在当时，普通公人和老百姓中有经济实力者也对海外舶来的奢侈消费品出现追风消费的倾向。至于北宋政府，则采取一贯的态度，以法令对私下贸易加以约束。这一方面是对国家利益的维护，另一方面也体现了统治阶级对消费特权的维护。但是，北宋政府并不是反对海外商人前来行商，对于它来说，最为关心的是如何才能控制这种海外贸易的利益。北宋中期，当海外商人来得少的时候，北宋政府会采取明确积极的应对措施。天圣六年（1028）七月十六日，宋仁宗曾下诏说："广州近年蕃舶罕至，令本州与转运司招诱安存之。"② 对于海外贸易的变化情况，北宋政府的嗅觉和反应是非常灵敏的。

宋朝廷对海商虽然鼓励、招诱并保护，但海外商人来中国却并非可以毫无约束地从事贸易。《宋会要辑稿》记熙宁七年（1074）正月一日诏云："诸舶船遇风信不便，飘至逐州界，速申所在官司，城下委知州，余委通判或职官与本县令佐，躬亲点检，除不系禁物税讫给付外，其系禁物即封堵，差人押赴随近市舶司勾收抽买。诸泉、福缘海州有南蕃海南物货船到，并取公据验认，如已经抽买，有税务给到回引，即许通行。若无照证及买得未经抽买物货，即押赴随近市舶司勘验施行。诸客人买到抽解下物货，并于市舶司请公凭引目，许往

---

① 《宋会要辑稿》，职官四四之四。
② 《宋会要辑稿》，职官四四之四至四四之五。

外州货卖。如不出引目，许人告，依偷税法。"① 通过这条史载，我们可以看到，北宋政府为了加强对贸易的管理，严格税收，以公据、回引、引目等作为管理税收的工具。

北宋前期淳化年间，"大抵海舶至，十先征其一，价直酌蕃货轻重而差给之"。② 到了北宋中期，宋朝廷对官方收买舶来品的比例进行了调整。根据《文献通考》记载，"仁宗时诏杭、明、广三州置市舶司，海舶至者，视所载十算其一而市其三"。③ 也就是说，北宋中期对舶来品进一步降低了禁榷比例，民间可以通过买卖获得舶来品的可能性增大了。

但是，与此同时，宋朝对于海内外贸易的管理并没有放松，反而有加强之势。根据《宋会要辑稿》的记载，"元丰三年（1080）八月二十七日中书言广州市舶条已修定"，④ 并请求委派官员在广东、广西、两浙等地推行。神宗元丰三年宋朝廷所颁布的市舶法，对市舶司官员亦有严格的约束。根据该法，即使是蕃国给市舶官私人的馈赠品，市舶官也不得私行收受。《宋会要辑稿》中就有当时的市舶司官员收到礼物后上交归公的记载："元丰五年（1082）十月十七日广东转运副使兼提举市舶司孙迥言：'南蕃纲首持三（佛）齐詹毕国主及主管国事国主之女唐字书，寄臣熟龙脑二百二十七两，布十三匹。臣昨奉委推行市舶法，臣以海舶法敝，商旅轻于冒禁，每召贾胡，示以条约，晓之以来远之意。今幸刑戮不加，而来者相继。前件书物等，臣不敢受。乞估直入官，委本库买彩帛物等。候冬舶回，报谢之。所贵通异域之情，来海外之货。'从之。"⑤

北宋中期，通过海外贸易，宋政府获得了大量收入。《宋史》记载，宋仁宗"天圣以来，象犀、珠玉、香药、宝货充牣府库，尝斥其余以易金帛、刍粟，县官用度实有助焉"。⑥ 随后，官府靠出卖市舶品获得的收入微有减少。到

---

① 《宋会要辑稿》，职官四四之五至四四之六。
② 《宋史》卷一八六《食货志·互市舶法》。
③ 《文献通考》卷二〇《市籴考一》。
④ 《宋会要辑稿》，职官四四之六。
⑤ 《宋会要辑稿》，职官四四之六。
⑥ 《宋史》卷一八六《食货志·互市舶法》。

仁宗皇祐中，"总岁入象犀、珠玉、香药之类，其数五十三万有余"①。宋英宗朝，"至治平中，又增十万"。② 北宋神宗年间政府的年市舶收入，我们现在已无法知道详细情况。不过，毕仲衍之《中书备对》对北宋神宗熙宁元丰年间（1069—1085）的市舶司收入有一个不完整的记录："明杭广州市舶司，博到乳香共计三十五万四千四百四十九斤，内广州一处计三十四万八千六百七十三斤；三司三年出卖乳香计共入钱八十九万四千七百一十九贯三百零五文，内熙宁九年（1076）三十二万七千六百零六贯一百四十七文，熙宁十年（1077）三十一万三千三百七十四贯二百零四文，元丰元年（1069）二十五万三千七百三十八贯九百五十四文，以上见《粤海关志》所引。"③ 毕仲衍只记录了乳香一项于熙宁、元丰年间三年内由三司出卖所获得的收入。但是，即使从这一记录，我们也可以看出，当时民间已经对香药具有了强烈的消费需求。正因为存在这种巨大的市场需求，北宋政府才可能通过专卖乳香来获得高额收益。如果有其他奢侈品的专卖收入记载，相信数目一定也不会小。通过海外贸易，北宋政府不仅满足了宗室、高级官僚对于奢侈品的消费需求，同时也通过对从海外贸易所得的物资实施专卖获得了高额回报。

北宋中期，北宋王朝与契丹、西夏的贸易也得到了一定的发展，虽然并不像海上贸易那样能够带来高额利润，但是对于保证边疆地区人民的生活消费，却产生了积极的意义，

北宋中期真宗朝时，北宋与契丹边疆地区局面有所缓和。咸平五年（1002），契丹主动提出要重新设置榷署，宋朝廷认为契丹反复无常，所以没有同意。"知雄州何承矩继请，乃听置于雄州；六年，罢"。④ 到景德初年（约1004），双方又恢复了友好往来，契丹派使者请求允许商人到新城贸易。于是，真宗诏令北边商人如果带货物到边境就循序允许他们贸易。景德二年（1005），北宋

① 《宋史》卷一八六《食货志·互市舶法》。
② 《宋史》卷一八六《食货志·互市舶法》。
③ 转引自李剑农《中国古代经济史稿》，第701页。
④ 《宋史》卷一八六《食货志·互市舶法》。

政府下令在雄州、霸州、安肃军设置了三个榷场，北边商人如果前往其他地方
进行贸易，则不得与他们交易。随后，又于广信军设置榷场。这些榷场，都
派了朝廷官员掌管事务。景德三年（1006），北宋政府下了一条重要诏令："诏
民以书籍赴沿边榷场博易者，非《九经》书疏悉禁之。凡官鬻物如旧，而增缯
帛、漆器、秔糯，所入者有银钱、布、羊马、橐驼，岁获四十余万。"①由这条
史载我们可以发现，当时契丹地区存在着对汉文化的消费需求，所以会有商人
将书带到边疆进行贸易。同时，我们也可以看到，北宋政府在书籍这一重要的
文化产品输出方面非常注意，只允许向契丹输出传统的儒家经典及对这些经典
的注疏，很明显具有教化对方之用心。通过对北边地区的贸易，北宋政府除了
能够赢得商业利益之外，同时换得了一些比较缺乏的生活消费资料。在这些通
过北边贸易输入的产品中，还看不到奢侈品。北宋中期，朝廷对于北边贸易的
态度比较平和，并不以赢利为目标。《宋史》记载："天圣中，知雄州张昭远请
岁会入中金钱，仁宗曰：'先朝置互市以通有无，非以计利。'不许。"②从仁宗
至英宗朝，契丹与宋保持着友好的盟约，因此互市一直没有停止。神宗熙宁年
间，北宋政府日渐注重理财，对北部贸易的监管也日趋严密。《宋史》记载：
"（熙宁）九年（1076），立与化外人私贸易罪赏法。河北四榷场，自治平四年
（1067），其货物专掌于三司之催辖司，而度支赏给判官置簿督计之。至是，以
私贩者众，故有是命。"③显然，从治平年间开始，有很多私下的商业贸易，终
于致使北宋政府于熙宁九年出台了这样的规定。熙宁年间，北宋正推行变法，
因此，对北部贸易加强管理绝非偶然事件，实与北宋政府的整体改革思路有关。
在此之后，"又禁私市硫黄、焰硝及以卢甘石入他界者，河东亦如之"。④这一
措施，以防止战略物资的私下交易为目标，也与富国强兵的改革方针一致。
在实施这一措施不久之前的熙宁八年（1075），"市易司请假奉宸库象、犀、珠

① 《宋史》卷一八六《食货志·互市舶法》。
② 《宋史》卷一八六《食货志·互市舶法》。
③ 《宋史》卷一八六《食货志·互市舶法》。
④ 《宋史》卷一八六《食货志·互市舶法》。

直总二十万缗，于榷场贸易，明年终偿之。诏许"。^①将这一系列贸易措施联系起来分析，我们可以发现，这一时期的北宋政府确实在北部贸易中非常重视获取紧缺物资，而舍得拿奢侈品作为交换的代价，同时也非常注意对国内战略物资的外流进行管理。由此，我们可以看到，当时的宏观政治经济形势和改革思路，经由改革贸易的具体管理办法，对北宋政府消费及边疆地区的民间消费确实产生了深刻的影响。在这一时期，北宋政府继续加强对文化产品输出的管理，"元丰元年（1078），复申卖书北界告捕之法"。^②《续资治通鉴长编》的记载更加详细："诏：'诸榷场除《九经疏》外，若卖余书与北客，及诸人私卖与化外人书者，并徒三年，引致者减一等，皆配邻州本城，情重者配千里。许人告捕给赏。著为令。'"^③宋朝对于文化之重视，于贸易方面也清楚地显现出来。

这种做法，暴露了中国文化中心主义的国家性格。此种性格，并非天生而来，而是在长期文化发展基础上产生的。宋代之前漫长的历史已经大体造就了中国的文教传统。宋代统治者对此种文教传统的自信并未因武力不振而有丝毫减弱。其因乃在于中国的文教传统与武力强势并无明显的相关性。实际上，中国的文教传统以儒家思想为核心，不断消减着国家性格中的侵略性，使中国成为一个内敛式的和平国家。当时的宋王朝限制多种文化产品的输出，一方面有维护"中央之国"脸面的心态，一方面也漠视了境外多种文化需求的存在。这一做法，与自由市场经济自由的原则相违背。从此事实中亦可窥见，在文教极盛的宋代，也使侵略性的商业与自由市场经济在中国并无合适的生长土壤与内外发展空间。历史悠久、成熟发达的文教使当时的北宋王朝有足够理由保持精神上的骄傲。然而，在文化产品输出与交流方面，当时的中国与外界之间的交流是非常有限的。中国坚固的文化外壳，是内生的，它实现了自我保护，提供了稳定与平和，却同时限制了交流与创新空间。这层"外壳"，在此后数百年

---

① 《宋史》卷一八六《食货志·互市舶法》。
② 《宋史》卷一八六《食货志·互市舶法》。
③ 《续资治通鉴长编》卷二八九，神宗元丰元年夏四月。

间，不仅变得越来越紧固，而且像化石一般变得越来越僵化。直到数百年后，外来的大炮刀剑在这层"外壳"上又轰又砍又刺地开出了可怕的裂缝。然而，真正使中国文化具有生命的并非它的"外壳"，而是它的"内核"。中国文化是为人而生的文化，是为社会而生的文化。因此，在为人与社会追求生存与发展的过程中，中国文化必将因人与社会的共存及发展而复兴。中国文化不应无视人的文化消费需求。它不仅应满足这种需求，还应引导这种需求。

在北宋与辽国定立盟好的同一时期，北宋与西夏的贸易也有所发展。《宋史》记载："西夏自景德四年（1007），于保安军置榷场。以缯帛、罗绮易驼马、牛羊、玉、毡毯、甘草，以香药、瓷漆器、姜桂等物易蜜蜡、麝脐、毛褐、羱羚角、硇砂、柴胡、苁蓉、红花、翎毛，非官市者听与民交易，入贡至京者纵其为市。"[①] 在北宋与西夏的贸易中，双方用于交易的物品多为日常生活消费资料和生产资料，可见当时双方的人民对于彼此的物产都有较大的需求。北宋与西夏的贸易极大地丰富了人民的生活消费内容。从这一史载也可以看出，北宋政府对非官方贸易的物品允许民间任意买卖，而对于上贡朝廷的物品给予特别的政策，允许西夏方面任意出卖。这种贸易政策，使民间消费需求得到了基本满足，与此同时，也保护了官方的利益，且保证了北宋朝廷对贡品的需求能够得到满足。在天圣年间，陕西有两个榷场，还有一处和市。"及元昊反，即诏陕西、河东绝其互市，废保安军榷场；后又禁陕西并边主兵官与属羌交易。久之，元昊请臣，数遣使求复互市。"[②] 在西北贸易情况随政治军事形势而出现的变化中，暴露了西夏方面对于北宋统治区内的物产具有一定的依赖性。北宋政府禁绝与西夏互市，对西夏而言，无异等同于某种程度上的经济封锁，其结果对西夏人民生活消费的影响要远远超过对北宋统治区内人民生活消费的影响。进一步分析当时的情况，我们还可以发现，西夏的游牧经济使其对牧场的需求远远大于对一些日用生活消费品的需求，而其请求互市，有可能是为了争

① 《宋史》卷一八六《食货志·互市舶法》。
② 《宋史》卷一八六《食货志·互市舶法》。

取进入北宋统治区从事放牧的借口。《宋史》记载："庆历六年（1046），复为置场于保安、镇戎二军。继言驱马羊至，无放牧之地，为徙保安军榷场于顺宁寨。既而蕃商卒无至者。"① 由此可见，西夏方面请求互市，实在是醉翁之意不在酒，其所图谋的最主要目标，乃是通过获得牧场来解决基本生存问题。"嘉祐初，西人侵耕屈野河地，知并州庞籍谓：'非绝其互市，则内侵不已。且闻出兀藏讹庞之谋，若互市不通，其国必归罪讹庞，年岁间，然后可与计议。'从之。初，第禁陕西四路私与西人贸易，未几，乃悉绝之"。② 至此，北宋与西夏之间的贸易已经完全演变成了双方的"外交战"，双方百姓的生活消费需求已经成为斗争的砝码。英宗后期，"治平四年（1067），河东经略司言，西界乞通和市。自夏人攻庆州大顺城，诏罢岁赐，严禁边民无得私相贸易。至是，上章谢罪，乃复许之"。③ 看来，当时西夏民间对北宋统治区的物产的确有较大的消费需求，因此，在与北宋的贸易战中，始终并不占有优势。两年后，北宋又禁止了泾原路、陕西、河东等地的边境百姓与西夏进行贸易。由于私下贸易很多，北宋在又隔了两年后，禁止诸路与西夏进行贸易。但是，由于民间对双方的物产需求很大，北宋政府随即又适度放宽了限制。《宋史》记载："既而河东转运司请罢吴堡，于宁星和市如旧。而麟州复奏夏人之请，乃令鬻铜、锡以市马，而织缟与急须之物皆禁。"④ 此时已经是熙宁年间，当时推行边法，为强兵之计，政府对马的需求量很大。这一需求，对北宋与西夏之间的贸易产生了明显的推动作用。当然，北宋政府对于政府消费的急需之物，依旧采取严格控制的贸易措施。

北宋西南地区、南部边疆、西部各州的对外贸易在北宋王朝的经济全局中不占有重要地位。北宋政府对于这些边疆地区的贸易管理也相对宽松。《宋史》记载："楚、蜀、南粤之地，与蛮獠溪峒相接者，以及西州沿边羌戎，皆听与

---

① 《宋史》卷一八六《食货志·互市舶法》。
② 《宋史》卷一八六《食货志·互市舶法》。
③ 《宋史》卷一八六《食货志·互市舶法》。
④ 《宋史》卷一八六《食货志·互市船法》。

民通市。"[①] 在熙宁年间，北宋政府在西部各州、湖北路、西南蜀地陆续设置了多处市易司、折博务、博易场，从而对促进这些地区的贸易往来创造了有利条件，对于满足这些地区的人民生活消费需求产生了积极的意义。

商业城市与消费

消费中心汴京城的扩建。汴京城内外厢、坊、户以及人口的变化。江南城市的发展。另一个消费中心杭州的发展。

北宋中期，最为重要的消费中心无疑还是汴京。宋朝建立之后，对汴京街道进行了拓展，并扩建了旧城，至北宋中期，汴京的城市建设获得了进一步发展。宋真宗咸平五年（1002）二月，因为"京城衢巷狭隘，诏右侍禁、阁门祗候谢德权广之。德权既受诏，则先撤贵要邸舍，群议纷然。有诏止之，德权面请曰：'今沮事者皆权豪辈，吝屋室僦资耳，非有它也。臣死不敢奉诏。'上不得已，从之。……乃诏开封府街司约远近置籍立表，令民自今无复侵占"。[②] 由此可知，当时京城人口密度已经很大，而且由于沿街有许多租给商旅寄藏货物的屋子（邸舍），因此街巷就显得过于狭窄了。这种局面促使朝廷动用官府的强制力来拓展街道。从史载可知，当时有很多权贵因为不愿失去可以出租赚取租金的房屋而不服管理，谢德权不得不迫使皇帝点头同意后才敢落实拓展街道的计划。试想，若非当时汴京城内商业发达，人口众多，权贵又怎能靠出租沿街房屋作为邸舍而获利呢。可以想见，宋真宗咸平年间汴京已经是一个商旅辐辏、消费旺盛的商业中心了。

李剑农研究指出："至真宗时又复于新城外特置八厢（厢之名称于宋代文献中始见）。李焘《续资治通鉴长编》卷十七真宗大中祥符七年（1014）十二月庚戌条云：'置京新城外八厢：上以都门之外，居民颇多，旧例惟赤县尉主

---

① 《宋史》卷一八六《食货志·互市舶法》。
② 《续资治通鉴长编》卷五一，宋真宗咸平五年二月。

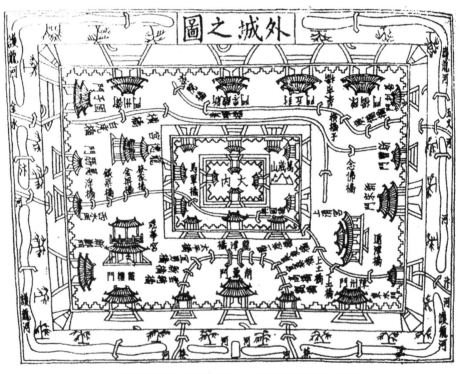

⊙ 宋末元初陈元靓《事林广记》中的北宋东京城图（局部1）

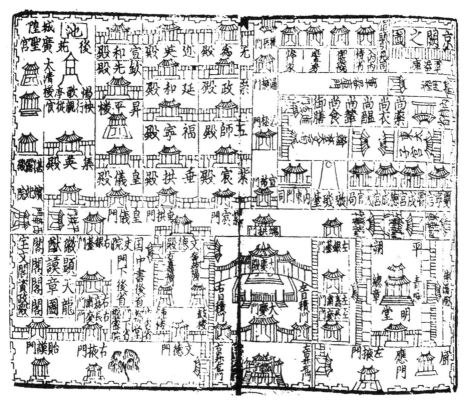

⊙ 宋末元初陈元靓《事林广记》中的北宋东京宫城图（局部 2）

其事，至是特置厢吏，命京府统之。'"① 厢的名称在《宋会要辑稿》中于太宗至
道年间已有，本书在之前已经论及。当年李剑农可能没有看到《宋会要辑稿》
中的记载，故言厢的名称于真宗时始见。另外，李剑农的这段引文实出自于
《续资治通鉴长编》卷七〇真宗大中祥符元年（1008）十二月庚戌条，李剑农
当年可能在做笔记时误记出处。根据《宋史》记载：东京的确在真宗朝进行了
扩建，"新城周回五十里百六五十步。大中祥符九年（1016）增筑"，后来到了
元丰元年（1078）又进行了重修。②《宋会要辑稿》也记载道："（大中祥符）九
年（1016）七月五日增筑京城新城。天禧三年（1019）三月工毕。"③ 东京"旧
城周四十八里二百三十三步，周显德三年筑"。大中祥符九年的这次增筑规模
不小，一共用了近四年时间，由此可推知，当时东京城内必有人口增长的压力。
实际上，根据《宋会要辑稿》中的记载，在大中祥符二年（1009）已经在都城
之外增设了居民区，此前，"大中祥符元年十二月，置京新城外八厢，真宗以
都门之外，居民颇多，旧例惟赤县尉主其事，至是特置厢吏，命京府统之"。④
另外，《宋会要辑稿》中也有记载："（大中祥符）二年三月九日，开封府言，准
诏以都城之外人户军营甚多，相度合置厢，虞候管辖。从之。仍诏勿多置人吏、
所由，妄有搔扰。又增度置厢九。京东第一厢一坊曰清明（学界有观点认为
《清明上河图》所绘为东京新城东南部清明坊到虹桥一带区域，且画名中'清
明'一词即来源于'清明坊'这一坊名。⑤ 笔者赞成这一观点），第二厢一坊曰
含耀，第三厢一坊曰务本；京南厢二坊曰安节、明义；京西第一厢二坊曰天苑、
天泉，第二厢二坊曰金城、开化，第三厢二坊曰乾耀、皋门；京北第一厢二坊
曰建阳、嘉豫，第二厢一坊曰福庆。"⑥ 也就是说，在不到半年内，汴京于新城

---

① 李剑农《中国古代经济史稿》，第 673—674 页。
② 《宋史》卷八五《地理志·京城》。
③ 《宋会要辑稿》，方域一之一三。
④ 《宋会要辑稿》，兵三之一。
⑤ 孔庆赞《再论秋景与〈清明上河图〉的命名——兼与周宝珠先生商榷》，《开封师专学报》
（社会科学版）1996 年第 2 期。
⑥ 《宋会要辑稿》，方域一之一三。

外一次增置八厢，随后又增设第九厢，这样算来新城外总共增设了九厢。看来，东京城的人员辐辏之势，在北宋中前期已经露出端倪。人口的增长、商旅的聚集自然就为需求的增加、市场规模的扩大及消费的增长创造了基本的条件。

《宋会要辑稿》记载："（真宗天禧）五年正月（1021）诏新城外置九厢，每五百户以上，置所由四人，街子三人，行官四人，厢典一名；五百户以下，置所由三人，街子二人，行官四人，厢典一名；内都所由于军巡差虞候充，其余并招所由。"① 这段记载中所提到的"新城外置九厢"应为大中祥符元年、二年连续增设的九厢。紧跟在上面这段记载之后，《宋会要辑稿》记载："新旧城里八厢，左军第一厢管二十坊人户约八千九百五十户，元街子所由、行官、书手、厢典共三十二人，今减八人，差厢典、书手、都所由各一人，所由五人，街子二人，行官十四人。第二厢管十六坊人户约万五千九百户，元共三十四人，今减八人，定厢典、书手、都所由各一人，所由五人，街子四人，行官十四人。城南左军厢管七坊人户约八千二百户，元共二十人，今减四人，定厢典、书手、都所由各一人，所由二人，街子二人，行官九人。城东三军厢管九坊人户约二万六千八百户，元共二十九人，今减十人，定厢典、书手、都所由各一人，所由四人，街子四人，行官八人。城北左军厢管九坊人户约四千户，元共二十六人，今减十人，定厢典、书手、都所由各一人，所由三人，街子三人，行官七人。右军第一厢管八坊人户约七千户，元共二十一人（根据后面人数推知此处《宋会要辑稿》原书刊刻'二十一人'的'一'字上脱漏笔画，应为二十'二'人），今减九人，定厢典、书手、都所由各一人，所由二人，街子二人，行官六人。第二厢管南坊人户约七百户，元共九人（根据后文，此处疑应为'十二人'，原书可能有误），今减三人，定厢典、书手、都所由各一人，所由三人，街子一人，行官二人。城南右军厢管十三坊人户约九千八百户，元共二十四人，今减九人，定厢典、书手、都所由各一人，所由三人，街子六人，行官八人（此厢原人吏数、减去人数和新定人数，原书记录可能有误。疑为减

---

① 《宋会要辑稿》，兵三之三。

'四'人）。城西右军厢管二十六坊人户约八千五百户，元共三十一人，今减六人，定厢典、书手、都所由各一人，所由五人，街子六人，行官十一人。城北右军厢管十一坊人户都所（疑'都所'二字原书错入）七千九百户，元共二十八人，今减十五人，定厢典、书手、都所由各一人，所由二人，街子二人，行官六人。"[1] 这段文字，详细记载了新旧城内八厢一百二十坊的每厢的人户数和人吏、所由数。合计起来，新旧城内八厢一百二十坊的户数共九万七千七百五十户。《宋会要辑稿》兵三之一中记载了八厢的每厢户数，其中左右军各有两厢，故实际为十厢；如左军一、二厢计为一厢，右军一、二厢计为一厢，则厢总数与至道年间的厢数相符。本书中的户数即为累计各厢户数所得。但是，《宋会要辑稿》中记载的真宗天禧五年正月新旧城内每厢坊数累计为一百二十坊。如果这不是《宋会要辑稿》的刊刻错误，那么坊数应该比北宋前期至道年间少了一坊。至道元年（995），旧城内右军"第二厢二坊曰'金顺'、'寿昌'"。[2] 可见当时旧城内右军第二厢有二坊。因此，《宋会要辑稿》兵三中记载的真宗天禧五年新旧城内的厢管坊数，最有可能出现刊刻问题的是，右军第二厢管"南坊"中的"南"字为"两"字之误。陈振先生就曾在一篇论文中顺便提到当时新旧城内"右军第二厢只统二坊"，[3] 但是笔者认为"南"字为"两"字之误可能性不大，因为按照《宋会要辑稿》的文字惯例，如是"两坊"应写为"二坊"。因此，笔者认为，真宗天禧五年时，汴京新旧城内应为一百二十坊，右军比至道年间的二坊少了一坊。

赵冈、陈钟毅按照唐时户口统计每户平均 5.8 人计算，认为真宗天禧五年（1021）新旧城里 10 厢 121 坊的人口已达 56.7 万人。[4]（如上文所说，如按《宋会要辑稿》兵三之一记载，真宗天禧五年新旧城坊数累计应为 120 坊，按照赵

---

① 《宋会要辑稿》，兵三之三、兵三之四。

② 《宋会要辑稿》，方域一之一二。

③ 陈振《从厢坊制到隅坊（巷）制、厢界坊（巷）制》，见氏著《宋代社会政治论稿》，上海人民出版社，2007 年，第 184 页。

④ 赵冈、陈钟毅《中国经济制度史论》，新星出版社，2006 年，第 321 页。

冈、陈钟毅的提法，实际上是自至道以来，10 厢 121 坊建置没有变化。但是
此处他们显然以总户数 97,750 户乘以每户平均 5.8 人计算新旧城里的总人数，
因此坊的数目差异问题并未暴露出来。）如果我们按照宋代每户平均 7 人计算，
真宗天禧五年汴京新旧城里 10 厢 120 坊 97,750 户人口可达 68.4 万人。由于大
中祥符元年、二年连续于新城外共增九厢，因此到天禧五年时，新城外有 9 厢
14 坊，但是无户口记载。赵冈、陈钟毅按照每坊 810 户计算，认为当时新城
外尚有 9 厢 14 坊共约 1.1 万户，城内外相加约有 11 万户。[①] 其中，所加上的
城内户数即是原新旧城内的 10 厢 120 坊的 97,750 户。[②] 如果我们按照宋代每
户平均 7 人计算，汴京 134 坊（120 加 14）约 11 万户，人口可达 77 万人。按
照这一估算，当时汴京城内市场需求巨大、消费旺盛就一点也不值得奇怪了。

　　北宋中期以后，由于都会内商业非常发达，唐代的坊市制度已经不存在了。
唐代，"坊"是指住宅区，而"市"则是指商品交易的区域，在"市"内有按照
行业划分的列肆，称为"行"。宋代，"坊"和"市"的名称虽然存在，但是已
经没有什么区别了，"坊"和"市"的界限已经被打破了。宋代的城市内也有
"行"（此外还有类似的"团"），但是只不过是指某种商店或商贩的集合场所。

　　北宋中期，城市得到进一步发展，许多州府治所成为商业发达的城市。龙
登高指出，宋朝州府城市的市场发展突出，将全境作为腹地整合成为市场体系，
其中江南城市发育程度较高。龙登高研究认为，北宋府州城市商税占全境商税额
的 55%，江南所有府州城市商税都超过 2.5 万贯，高于江东、福建的第二位城市、
江西的第三位城市；"而宋江南城市人口达到总人口的 15%，一般府城规模都在 3
万多人口，苏州、江宁、镇江人口则至少倍之"。[③] 人口聚居的城市在北宋中期数
目进一步增多，意味着某些人口聚居地的消费力的进一步积聚。江南城市的发展，
其意义则更为深远。江南强大的农业经济，是江南城市发展的重要支撑因素。南

① 赵冈、陈钟毅《中国经济制度史论》，第 321 页。
② 《宋会要辑稿》，兵三之三、兵三之四。
③ 龙登高《江南市场史——十一至十九世纪的变迁》，清华大学出版社，2003 年，第 49 页。

宋政权得以在南方维持，与江南有相对较好的经济基础不无关系。

在江南诸多城市中，最为重要的商业都会是杭州。杭州在唐代已经是比较繁华的州治了。到了吴越时期，杭州得到了进一步发展，当时杭州被称为钱塘。宋王朝以和平的方式令吴越纳土归附，使得吴越地区社会生产没有受到破坏。钱塘等东南商业都会在宋朝比往昔更加繁荣了。欧阳修曾经在《有美堂记》一文中说："若乃四方之所聚，百货之所交，物盛人众，为一都会，而又能兼有山水之美以资富贵之娱者，惟金陵、钱塘。"[1]

北宋中期景德年间，钱塘人口已经有 10 万户了。吴自牧在《梦粱录》中写道："柳永咏钱塘词曰：'参差十万人家。'此元丰前语也。"[2]吴自牧所言柳永咏钱塘词是指《望海潮》一词，其中有"参差十万人家"句。罗大经《鹤林玉露》丙编卷一《十里荷花》中说："孙何帅钱塘，柳耆卿作《望海潮》词赠之。"另据《宋史·孙何传》记载，孙何于咸平中至景德初任两浙转运使。（帅一般指路分内首州知州兼安抚使，和转运使不同。罗大经当以"帅"代称"转运使"。）由此我们大致可以认为，柳永该词创作于咸平中至景德初这段间期。如果以每户 7人计算，景德年间钱塘人口可达 70 万。这个数字与我们估算的天禧年间汴京人口数 77 万这一数字非常接近。因此笔者认为，在北宋中期，钱塘已经发展成一个几乎与首都不相上下的繁华都会。但是，钱塘繁荣与汴京繁荣的原因略有差异。汴京是典型的政治、经济中心，而钱塘则更倾向于是一个经济中心。它们的城市功能特征尽管不一样，却都可以促进商业的发展、消费需求的增大。

4. 货币与消费

北宋中期金银岁课的收入情况。银的法币地位进一步提升。铜铁钱的铸造与流通。元丰年间的"钱荒"。纸币的发行及其与消费需求的关系。

---

① 《欧阳修全集》，《居士集》卷四〇《有美堂记》。
② 《梦粱录》卷一九《塌房》。

宋朝中期，银的法币地位日益明显，成为人们从事消费活动重要的支付货币之一。宋代的银的形制被称为"铤"和"锭"。"锭"后来取代了"铤"，被普遍使用。"宋代的大银锭，重五十两，小锭则重量不等，如二十五两、十二两许、七两许、三两许等。大银锭两端多呈弧状，束腰形，而且多有各种文字，记有地名、用途、重量、官吏、匠人名称等"。[①]宋真宗景德元年（1004）以后，宋王朝根据澶渊之盟，每年向契丹定输岁币绢三十万匹、银三十万两。此后银成为经常性的岁出品之一。除了岁出，银常常也在供给军费时显示出与绢帛和缗钱同等重要的地位。比如，真宗咸平年间，"尝出内府绫、罗、锦、绮计值缗钱百八十万，银三十万两，付河北转运使籴粟实边"。[②]宋初，"凡金、银、铜、铁、锡监冶场务二百有一"，其中产金有四州、一军共五处，产银共五十七处。[③]"至英宗治平四年（1067），五金总冶数增至二百七十一：金冶仅十一，银冶则增至八十四处，是银之产地恒较金为远多"。[④]李剑农根据《宋史·食货志》和《文献通考》整理出宋初至宋中期金冶岁课总收入和银冶岁课总收入，现引如下（见表13）：

表13　宋初至宋中期金冶岁课总收入和银冶岁课总收入[⑤]

宋历	公历（年）	金冶岁课总收入	银冶岁课总收入
太宗至道末	997	缺	145,000 两
真宗天禧末	1021	14,000 两 *	883,000 两 *
仁宗皇祐中	1049—1053	15,095 两	219,829 两
英宗治平中	1064—1067	5,439 两	315,213 两
神宗元丰初	1078	10,710 两	215,385 两

---

① 萧清《中国古代货币史》，人民出版社，1984年，第238页。

② 《宋史》卷一七五《食货志·和籴》。

③ 《宋史》卷一八五《食货志·坑冶》。

④ 参见李剑农《中国古代经济史稿》，第632页。

⑤ 参见李剑农《中国古代经济史稿》，第632页。表头为本书作者所加。另，《续资治通鉴长编》卷九七，天禧五年十二月记，天下总获金14,400余两、银883,900余两。系此作为参考。表中带"*"之金、银岁课总收入，是李剑农引《文献通考》卷一八《征榷考五》中的数据。

⊙ 宋代文殊菩萨铜像

由表 13 可见，真宗天禧末时，宋朝廷的银岁入达到最高点，仁宗朝至神宗朝，宋朝廷的银岁入大致维持在二十万两至三十二万两之间。金冶岁课总收入和银冶岁课总收入相比差距很大。由此，我们也可以推知，至北宋中期，银的法币地位基本上已经得到确立。与之相对应，民间消费也渐渐以银作为重要的支付手段之一。此后，银在中国人生活消费中的重要地位长期不可撼动，一直延续到 20 世纪中叶。

铜钱则一直是宋朝主要的货币形式之一。《宋史》记载："自天圣以来，毁钱铸钟及为铜器，皆有禁。庆历初，阑出铜钱，视旧法第加其罪，钱千，为首者抵死。"[①] 当时，对于铜钱外流是严加禁止的。但是，即使如此，在北宋中期还是出现了铜钱短缺的问题。

北宋中期，由于西北用兵，铁钱使用范围扩大，从川蜀等地扩大到陕西河东之地。最初晋、泽二州开始铸造大铁钱以一当小钱十充当军费，输送关中。随后，"数州钱杂行，大约小铜钱三可铸当十大铜钱一，以故民间盗铸者众，钱文大乱，物价翔踊，公私患之"。[②] 于是，晋、泽、石三州及威胜军铸铁钱留在河东用，结果当河东行使铁钱后，"盗铸获利什六，钱轻货重，患如陕西"。[③] 可以说，军队消费影响了全国范围内的货币流通，进而间接对民间消费时的货币使用情况发生影响。同时，由于私铸之钱大增，造成物价飞涨，钱轻货重，严重降低了当时人民的消费水平。之后，直到庆历年间，通过罢铸青黄铜钱，"又令陕西大铜钱、大铁钱皆以一当二"，才使盗铸钱币之风被基本遏制。[④]

神宗时期，铜钱铸造量很大，铁钱铸造量也增大了。《宋史》记载，熙宁年间（1068—1077），北宋政府即开始大量增铸钱币。[⑤] 元丰年间（1078—1085），毕仲衍所进《中书备对》说："诸路铸钱，总二十六监。计铜钱由四监

①　《宋史》卷一八〇《食货志·钱币》。
②　《宋史》卷一八〇《食货志·钱币》。
③　《宋史》卷一八〇《食货志·钱币》。
④　《文献通考》卷九《钱币考二》。
⑤　《宋史》卷一八〇《食货志·钱币》。

⊙ 熙宁重宝铜钱

⊙ 元丰通宝铜钱之一种

增至十七监，每年共铸铜钱五百零六万贯。铁钱亦由三监增至九监，每年共铸铁钱八十八万九千二百三十四贯。"①《文献通考》引录毕仲衍所进《中书备对》的数据说："诸路铸钱总二十六监，每年铸钱（这一'钱'字应指'铜钱'）铁钱五百四十九万（刻本原文如此）九千二百三十四贯，内铜钱十七监，铸钱五百六万贯；铁钱九监，铸钱八十八万九千二百三十四贯。"②今从史料本身前后总计与分项合计不吻合可以发现，《文献通考》中元丰年间每年铸造钱总数出现误刻，应为"每年铸钱铁钱五百九十四万九千二百三十四贯"，而不是"每年铸钱铁钱五百四十九万九千二百三十四贯"。马端临于摘引《中书备对》的文字后加注说明："右元丰间毕仲衍所进《中书备对》言诸路铜铁钱监与所铸钱数目及行使地分详明，今录于此。盖比国初至景德中，则铜钱增九监，而所铸增三百余万贯，铁钱增六监，而所铸增六十余万贯云。"③由此可见，神宗元丰年间社会对货币的需求量明显增大。神宗元丰年间的铜钱铸造数目，是整个宋代铸造铜钱的最高额。

不过，令人惊诧的是，即使在元丰年间（1078—1085）大量铸钱的情况下，北宋依然出现了张方平所谓的"钱荒"。根据《宋史》记载，当时张方平说："比年公私上下并苦乏钱，百货不通，人情窘迫，谓之'钱荒'。"④仁宗朝时由于战事兴起、货币短缺而诱发的私铸之钱大增、物价飞涨、物贵钱轻的现象至此为之一变。张方平进一步分析了当时造成"钱荒"的原因："夫铸钱禁铜之法旧矣，令敕具载，而自熙宁七年（1074）颁行新敕，删去旧条，削除钱禁，以此边关重车而出，海舶饱载而回，闻沿边州军钱出外界，但每贯收税钱而已。钱本中国宝货，今乃与四夷共用，又自废罢铜禁，民间销毁无复可办。销镕十钱得精铜一两，造作器用，获利五倍。如此则逐州置炉，每炉增数，是

① 转引自李剑农《中国古代经济史稿》，第 631 页。
② 《文献通考》卷九《钱币考二》。
③ 《文献通考》卷九《钱币考二》。
④ 《宋史》卷一八〇《食货志·钱币》。

犹畎浍之益，而供尾闾之泄也。"[①]张方平将当时钱币短缺的原因完全归咎于铜钱外流和销毁铜钱筑器物。我认为，"钱荒"的原因远非如此简单。在北宋中期，银的货币性质已经提高，而纸币也已经于仁宗朝大量介入商品的交换，本应不该出现"钱荒"；综合这些因素分析，北宋元丰年间的"钱荒"实与社会总供给增加、社会消费总体旺盛有关。铜钱外流和销毁铜钱筑器物只不过是使"钱荒"变得更加严重的因素。

宋朝的纸币在宋太宗淳化至至道年间由蜀中豪民创始后，得到朝廷与地方官府的许可和保护，逐渐付诸使用流通。但是，到了仁宗天圣初年，交子铺信用下跌，不能如数兑换现钱，知府事谏议大夫寇瑊奏请收闭交子铺。然而，由于当时交子已经使用很久，交子铺关闭后，铁钱又携带不便，所以导致了商业一度凋敝。随后，宋朝廷听从转运使张若谷、知益州薛田的建议，由官府于益州设立交子务，交子由官府发行。按照《宋史·食货志》和《文献通考》的说法，宋朝廷规定交子书放要一定的准备金，一个流通时限称为一界，每界发行额一百二十五万六千三百四十缗（贯），三年为一界。天圣二年（1024）二月起首次书放，一周年时共书放第二界三百八十八万四千六百贯。交子书放额已经超过了原规定的数目。另据《宋朝事实》记载，到仁宗皇祐三年（1051），交子发行了十三界。从天圣元年（1023）至皇祐三年（1051）有二十九年。如果按照十三界标准发行年数算应该要三十九年。也就是说，即使按照交子标准的界发行额计算，此段时间内，交子也提前发行了三界多的数额。

我们根据这些资料，可以大致推知，从太宗朝末年至仁宗朝初年（也就是整个真宗朝）这段时间内，宋朝的社会经济得到了长足的发展，在川蜀之地，物产丰富，商品交易发达，官府最初设想的货币发行量已经不能顶住社会消费需求的压力，不得不多发纸币以平衡市场。用今人的经济学语言来说，北宋中期，经济发展与需求增加的同时，也出现了通货膨胀的迹象。

神宗熙宁年间（1068—1077），交子发行的地域已经扩展到河东的潞州和

---

① 《宋史》卷一八〇《食货志·钱币》。

陕西。但是当地原来就有盐矾钞流通，因当地官员认为交子扰乱了当地盐矾钞的使用，很快废弃交子。但是，由于民间商品流通，蜀地的交子仍然不断流入陕西。由此可见，当民间有消费需求，而官府的经济政策不适应民间需求时，就会出现经济行为与政策相抵触的情况。这给了我们一个重要的启示，消费可导引，却难于遏制。

（三）影响消费之舆服制度与社会风尚因素

北宋中期舆服制度对金饰物品及其他物品的颜色、形制、使用方式的规制。各民族消费风尚的彼此影响。民间消费对上层消费的模仿。舆服制度对消费特权的维护。

北宋中期，社会生产进一步发展，民间消费也进一步增长。富有的家庭开始使用较为昂贵的金线来做衣物刺绣。这种使衣服显得更加华丽的工艺，势必可以使普通人在服装方面拉近与社会特权阶层的距离。宋代中期的舆服制度对此种消费现象做出了比较明显的反应。

真宗咸平四年（1001），宋朝廷"禁民间造银鞍瓦、金线、盘蹙金线"。[1]大中祥符元年（1008），三司上奏说："窃惟山泽之宝，所得至难，倘纵销释，实为虚费。今约天下所用，岁不下十万两，俾上币弃于下民。自今金银箔线，贴金、销金、泥金、蹙金线装贴什器土木玩用之物，并请禁断，非命妇不得以为首饰。冶工所用器，悉送官。诸州寺观有以金箔饰尊像者，据申三司，听自赍金银工价，就文思院换给。"[2]真宗听从了三司的建议。从三司官员的汇报来看，当时民间出现了熔金造物以及用金做各种装饰之用的消费现象，官员们认为民间的这种消费一方面造成高价值的货币短缺，同时也是一种巨大的浪费。但是，非常有意思的是，宋朝廷制定的舆服制度并不禁止有封号头衔的上层妇

---

① 《宋史》卷一五三《舆服志五》。
② 《宋史》卷一五三《舆服志五》。

⊙ 北宋铜鎏金菩萨像

女消费金首饰。另外，对于寺庙道观的规定也比较宽松，如果寺庙道观要用金箔装饰尊像，只要他们自付买金银的钱，就可以去文思院换取。

真宗大中祥符七年（1014），宋朝廷再次禁止民间穿销金的衣服。大中祥符八年（1015），真宗再次下诏书，明令"内庭自中宫以下"，都不得用销金、贴金、间金等工艺装饰衣服，"并不得以金为饰"。[1] 在这道诏书中，所禁的用金装饰衣服的工艺有包括销金、贴金、间金在内的十五种。用金工艺之繁多，从一个侧面说明当时民间金饰物品消费非常旺盛。真宗的这道诏书还说，对于金饰衣物，"其外臣庶家，悉皆禁断"，臣民旧有的，限于一个月内申报官方，由官方购易；另外要求寺庙道观装饰各种佛像神像所用金箔，必须开列增修或新造的数目，经过官方审查核算后，根据实际情况发给凭证，然后到三司去花钱购买；对于下诏前已经用明金装饰的假果等物品，不再追究，其余的都禁止。如果有违反禁令的，违反者和工匠要一并治罪。

仁宗景祐二年（1035），皇帝下诏说："市肆造作缕金为妇人首饰等物者禁。"[2] 景祐三年（1036），又有诏书规定："非三品以上官及宗室、戚里之家，毋得用金棱器，其用银者毋得涂金。"[3]

前面我们曾经说到，真宗天禧年间、仁宗皇祐中是北宋时期金银岁课收入最多的两个时期。也就是说，这两个时期是北宋历朝金的产量和流通量最高的时期。但是，在这种情况下，宋朝政府并没有允许民间随意用金来制作各种首饰、器具或用金来做装饰。由此可见，当时的舆服制度对民间金饰物品消费的限定，除了防止贵金属流落民间，还有一个主要目的是为了维护宗室以及高级官僚的消费特权。被禁止的金饰物品，对于统治阶层而言，显然具有符号的象征意义，象征着高贵、权力以及财富。宋代民间对金饰物品的消费屡禁不改，则是低社会阶层对较高社会阶层的消费行为进行模仿的一个很好的例证。美国

① 《宋史》卷一五三《舆服志五》。
② 《宋史》卷一五三《舆服志五》。
③ 《宋史》卷一五三《舆服志五》。

207

⊙ 穿盛装的真宗后（宋《历代帝后像》局部）

⊙ 穿短衫长裤的庶民 宋《人物故事图》局部　　⊙ 戴幞头穿袍衫的官吏 宋《人物故事图》局部

制度学派创始人凡勃仑在 1899 年出版的《有闲阶级论》一书中指出，有闲阶级的消费会对社会较低阶层发生影响，使下层人们的消费模仿高阶层人们的消费。中国封建社会中的消费现象显然也印证了这一观点。不过，很明显的是，中国封建王朝的统治者（包括宋王朝的统治者）比凡勃仑更早地意识到这种消费现象的内在规律性，且早已经在实践上通过舆服制度加以遏止，以此维护自身的特权身份和统治地位。

北宋中期，朝廷除了对金器和各种金装饰的物品具有严格的消费禁令之外，对于其他物品也出台了非常多的消费禁令或规定。这些禁令涉及各种物品的颜色、形制以及使用方式，甚至对具体的使用场合与情境也有规定。

⊙ 金麒麟凤凰纹搔头式簪。南宋幕府山北宋墓出土

　　仁宗天圣三年（1025），下诏说："在京士庶不得衣黑褐地白花衣服并蓝、黄、紫地撮晕花样，妇女不得将白色、褐色毛段并淡褐色匹帛制造衣服，令开封府限十日断绝；妇女出入乘骑，在路披毛褐以御风尘者，不在禁限"。[①] 我们知道，太宗朝已经有禁止平民穿紫色衣的禁止令，有趣的是，至北宋中期仍旧有类似的禁令。可知，宋朝廷的舆服制度对于民间消费有一定的引导和约束作用，但是并不能完全左右民间的消费需求。另外，这一诏书中还有一个值得注意的内容：诏书中的禁令是针对"在京士庶"发布的，而且禁令对衣服颜色种类的禁止明显比宋初增多了，禁令还具体提及了衣服的花样、质地。从给出

---

① 《宋史》卷一五三《舆服志五》。

⊙ 北宋李公麟《维摩诘像》中的金漆榻

⊙ 北宋的描金堆漆檀木经盒，浙江慧光塔出土

的落实禁令的期限看，这道禁令非常严格，只给了开封府十天的时间。《宋史》中没有提及这一诏书颁布的背景，因此我们无从得知当时是什么具体因素促使仁宗下达了这道诏书。但是，根据诏书中对禁绝对象如此细致的描述，我们可以推断当时京城士庶中显然比较普遍地存在着禁令中所提的各种消费现象；也可推知，当时京城中有些妇女在骑马时，有披上毛质淡褐色衣服抵挡风尘的着装时尚。（单从这一点看，宋代是比较尊重妇女的。）这些我们可以推知的事实，可以作为北宋中期汴京消费内容更加丰富、消费水平高于宋朝初年的一个旁证。

我们还可以再举出几道北宋中期皇帝颁发的诏书来说明上面这个观点。

仁宗天圣七年（1029），有诏书命令士人、平民、僧人和道人不得用朱漆装饰床榻。天圣九年（1031），朝廷又下诏禁止京城制造朱红色的器皿。景祐年间，对于民间消费的禁令尤其频繁，而且规定非常细致。宋朝廷于景祐元年（1034）、二年（1035）、三年（1036）连下三道诏书，对民间消费做出限制。

景祐元年，仁宗下诏禁止"锦背、绣背、遍地密花透背采段"，而"稀花团窠、斜窠杂花不相连者"不禁止。[1] 仁宗景祐二年的诏书内容我们已经提到过，是禁止市场制造缕金作为妇人首饰。仁宗景祐三年下的诏书内容繁多，非常细致，除了前面提到的对金棱器和涂金的使用禁令之外，还命令："臣庶之家，毋得采捕鹿胎制造冠子。又屋宇非邸店、楼阁临街市之处，毋得为四铺作闹斗八；非品官毋得起门屋；非宫室、寺观毋得彩绘栋宇及朱黝漆梁柱窗牖、雕镂柱础。凡器用毋得表里朱漆、金漆，下毋得衬朱。……玳瑁酒食器，非宫禁毋得用。纯金器若经赐者，听用之。凡命妇许以金为首饰，及为小儿钤铤、钗篸、钏缠、珥环之属；仍毋得为牙鱼、飞鱼、奇巧飞动若龙形者。非命妇之家，毋得以真珠装缀首饰、衣服，及项珠、璎络、耳坠、头（须巾）抹子之类。凡帐幔、缴壁、承尘、柱衣、额道、项帕、覆旌、床裙，毋得用纯锦遍绣。宗室戚里茶檐、食合，毋得以绯红盖覆。豪贵之族所乘坐车，毋得用朱漆

① 《宋史》卷一五三《舆服志五》。

及五彩装绘，若用黝而间以五彩者听。民间毋得乘檐子，及以银骨朵、水罐引喝随行。"[①] 在这一诏书中，我们可以明显看出，宋朝廷对某些消费的禁止主要是为了维护皇族及高级官僚的特权与声望。在禁止令中，鹿胎制造的冠子、闹斗、门屋、彩绘栋宇及朱黝漆的梁柱窗牖、朱漆、金漆、玳瑁酒食器、金首饰、牙鱼、飞鱼、奇巧飞动若龙形者、真珠、绯红、朱漆及五彩装绘的车、纯锦遍绣、檐子、随乘檐子出行使用的银骨朵、水罐等等都成了权力与地位的象征符号。其中，禁止鹿胎制造的冠子、玳瑁酒食器、金首饰、真珠等的滥用是对消费品品质与材料的限定；禁止彩绘、朱黝漆、朱漆、金漆、绯红、五彩的滥用是对消费品颜色的限定；禁止牙鱼、飞鱼、奇巧飞动若龙形者的滥用是对消费品形制的限定；而禁止民间乘檐子出行以及禁止随行使用银骨朵、水罐则是对消费方式的限定。宋朝统治阶层试图通过对种种符号的限定使用，来维护封建的等级制度。

为什么这一时期禁令如此频繁且如此细致，《宋史·舆服志》中没有提及。从政治、军事、经济等各方面因素分析可知，仁宗天圣至景祐年间，宋朝经济继续发展，但是西北边疆局势紧张，军队人数不断增加，军费开支增大，宋朝政府加大了对民间的剥削，社会阶级矛盾也相应变得更加紧张。由此笔者推测，当时很可能有大臣意识到政府面临着财政开支日益增大的棘手问题，因而向皇帝建议严格舆服制度，希望一方面通过限制民间消费来增加政府对紧缺物资的控制，另一方面可以通过限制民间消费，防止出现大规模奢侈消费，来维护统治阶级的特权、社会地位和社会身份，从而稳固王朝的统治。另外，从对经济制度的影响这一层面分析，奢侈消费的需求将刺激民间对高级商品的追求，可使商业获得强大的动力，进而必然威胁到农业自然经济的发展。诚如傅筑夫先生所言："奢侈欲望的增长，是刺激商品经济发展的有力因素，如果不加阻挠，听任它自然地发展下去，就是逐步向资本主义过渡的一个发展过程，然而这个发展过程，乃是封建统治阶级所要坚决制止的，因为如果听任这个变化不加阻

---

① 《宋史》卷一五三《舆服志五》。

止地发展下去,其结果将是对封建制度的全盘否定。"① 但是,笔者认为傅筑夫先生所言的情况,只有在奢侈消费欲望于较大范围发生时,才能诱发资本主义生产的因素;而宋代统治集团的奢侈消费增长所导致的财富消耗、金钱外流,则导致了资本和生产积累的减少,因而成为阻碍具有资本主义性质的社会化大生产的因素。

从《宋史》等史书分析,北宋中期各民族文化、消费风尚有比较明显的彼此影响的趋势;此外,社会上层的消费风尚也明显对民间消费产生了影响。仁宗庆历八年(1048),皇帝下诏"禁士庶效契丹服及乘骑鞍辔",② 也不允许妇女穿着铜绿色、兔褐色的衣服。皇祐元年(1049),仁宗下诏书要求女人带冠帽高度不得超过四寸,宽不得超过一尺,梳子的长度不得超过四寸,并且禁止用动物角作为梳子。这一诏书的出台,有其特殊的历史背景。《宋史》说,"先是,宫中尚白角冠梳,人争仿之,至谓之内样。冠名曰垂肩等,至有长三尺者;梳长亦逾尺"。③ 民间对宫廷消费的模仿与追随,此为一典型之例。但是,随着这种宫廷样式流于民间,问题便出现了。于是,很快便有人说,这种服饰是一种妖邪的穿戴。这样一来,才有了上面提到的皇祐元年的那道诏书。嘉祐七年(1062),皇亲和内臣们原来所穿的紫色衣服的色彩继续加重,成为紫黑色,"后士庶寖相效"。有人随后便向皇帝进言,说这种颜色的衣服是奇怪邪气的服装。于是,皇帝便下诏禁止天下之人穿紫黑色的衣服。

神宗熙宁九年(1076),朝廷再次禁止时人穿着紫色深至接近于黑色的服装,并且规定平民百姓只能乘坐牛车,允许黑色作为牛车装饰,可以间杂五彩之色。但是,不允许在百姓车前有呼喝引路的人以及陈列任何仪仗性的物品。显然,任何明显触犯统治阶层特权的消费行为,宋朝政府至少在舆服制度方面是严格禁止的。但是从北宋中期宋朝政府频繁颁布消费禁令来看,当时民

---

① 傅筑夫《中国经济史论丛》,第 666 页。
② 《宋史》卷一五三《舆服志五》。
③ 《宋史》卷一五三《舆服志五》。

间（尤其是京城）仿效上层的消费欲望比较旺盛。这一方面说明当时主要城市的消费力有所增强，也说明当时影响与促进消费的主要因素并不是商业性传播（如广告），而是上层消费风尚的示范作用。舆服制度，则起到了对消费引导和约束的作用。

（四）影响消费之广告因素

舆服制度与广告都具有创造符号的功能。"花栲栲"——一种识别性标记的考证。北宋中期常用广告形式对消费的促进作用。

在人类社会的早期，人们的消费主要是以使用价值为动力的；随着社会的发展，生产力水平的提高，在新的生产关系中，人们在使用价值与符号象征意义的博弈中寻找消费的动力；其中，符号在社会生产关系中起到了重要的象征意义，逐渐上升为表现生产关系的一种"能指"（signified）；而当代社会的消费则在很大程度上是以符号为动力的。广告则是构建的符号活动，广告作品中的符号，帮助人在社会体系内形成自身的角色，并产生心理上的存在感。但是，在宋代中期，广告与制度相比，依然明显处于下风。舆服制度在生产符号方面，具有突出的作用。上层社会的消费风尚，则是将舆服制度所创造和规定的消费符号的意义加以表现和加强。但是，符号的运用并非仅限于统治阶层所颁布的舆服制度中。在北宋民间的商业传播中，符号也被普遍运用着。不过，在宋代商业传播中被运用的符号，多只具有标记、指示商品或所服务的性质的功能，而不像舆服制度中的符号多具有象征身份地位的作用。从这一点看，宋代舆服制度及所创造的各种符号，其"能指"功能远远强过当时的商业广告中的符号。

北宋中期，民间以某种物件作为所卖商品或所提供服务的标记应该比较普遍。宋话本《志诚张主管》中提到用来作为胭脂绒线铺标记的"花栲栲"就是一例。① 所谓的"花栲栲"是指用竹篾或柳条编制的圆形盛物器皿。"花栲栲"

———————————
① 参见《京本通俗小说》之《志诚张主管》。

作为一种识别营业性质或商品类别的标记，和卖羊肉挂羊头性质相近，都是通过形象的联想使人们了解生意人所销售的商品或提供的服务。因此，准确地讲，"花栲栲"类的识别性物件还不属于具有帮助消费者区别生产者功能的商标，而至多只能算是某类商品或服务的标志。

下面说一下我将《志诚张主管》中提到的"花栲栲"作为北宋中期商业标记的理由。考证的关键是事件和标记的年代。《志诚张主管》出自宋人说话话本《京本通俗小说》。该话本原书编者不明，其内每篇作者更难考证。该话本现存第十至十六卷共七个短篇话本小说，由江东老蟫（缪荃孙）于1915年刊印，编入《烟画东堂小品》。根据江东老蟫于跋中称，该书是他发现的元人写本。因此，至少可推知其内各小说的创作时间极可能为宋代或至少离宋亡后不远，其对历史研究之参考价值自不待言。商务印书馆于1937年以江东老蟫据影元人写本影印之《京本通俗小说》为原本刊印此书行世。在该书《志诚张主管》一篇写道"如今说东京汴州开封府界"，可知故事所写必为北宋。另外，文中还有如下文字："次早，参拜家堂，张员外穿紫罗衫，新头巾，新靴，新袜；这小夫人着乾红销金大袖团花霞帔，销金盖头，生得……"对这段话，之前的研究者没有注意过，但是我认为它对于考证该故事的时间背景极为重要。因为，该段对于服装和物件的描写极为细致，话本为民间文学而非学术作品，如果创作时不是比较熟悉当时的社会生活细节，很难有如此细致自然的描述。因此，该话本描述的社会生活细节应该正是反映了创作者所欲反映的年代的社会生活。前文我已提到，在真宗、仁宗年间朝廷颁布了不少禁止销金衣物的诏书，由此可推知当时民间销金服装比较普遍。但是，我们也知道宋太宗也曾颁布销金禁令。因此，根据"小夫人着乾红销金"的细节可大致推知该故事反映的社会时代是在北宋前期或中期。另外，《志诚张主管》一篇中还有"又向衣袖里取出一锭五十两大银"这样的文字。而我们知道，至北宋中期，银的法币地位才基本上得到确立，民间才开始普遍使用银两。而且，真宗天禧年间、仁宗皇祐中是北宋时期金银岁课收入最多的两个时期。由此，我进一步认为，

《志诚张主管》故事所反映的时代是在北宋中期真宗仁宗朝时期。"张员外穿紫罗衫"这个重要细节，可以帮助我们进一步缩小故事所反映的时代的时间范围。前文提到，仁宗天圣三年（1025）曾下诏说："在京士庶不得衣黑褐地白花衣服并蓝、黄、紫地撮晕花样。"① 由此可知，当时京城有穿紫衣的风尚，张员外家在开封府界，紫衣风尚影响所及完全可能。（当然，在太宗朝已有对平民穿紫色衣的禁止令，但之前我们已经根据银两的使用情况排除了故事反映这一时代的可能性。）因此，我认为《志诚张主管》故事中的细节反映的是北宋中期仁宗年间的社会生活，其中提到的"花栲栲"是北宋中期民间使用的商业标记之一。但是，需要指出的是，此处的考证并不等于说"花栲栲"是北宋中期才出现。实际上，它具有比较原始的标记方式的特征，应该在民间有较为悠久的历史。本书的考证，只是试图证明在北宋中期，"花栲栲"依然被当作用来标记商品或服务性质的符号来使用。

　　叫卖、招牌、幌子、牌榜等是北宋中期比较常用的广告形式。真宗、仁宗朝年间的诗人宋祁（998—1061）有诗云"箫声吹暖卖饧天"，可见当时的卖糖生意人用吹箫来吸引顾客。欧阳修（1007—1072）的《归田录》中曾经提到京城的饮食店"皆大出牌榜于通衢"。② 在《初至夷陵答苏子美见寄》中，欧阳修有"蛮市酒旗招"③ 之语。不仅饮食店、酒店以招牌、幌子、牌榜等作为招徕顾客的广告方式，即使连当时的笔工、笔匠也以牌榜标榜自己。欧阳修曾写有一诗，讥讽当时京师笔工的广告吹夸产品的质量，诗云："京师诸笔工，牌榜自称述，累累相国东，比若衣缝虱。……有表曾无实，价高仍费钱。……"从这首诗中可窥知当年相国寺东的文化市场竞争非常激烈，因此各家笔铺都通过广告来推销自己的产品。另一方面，从欧阳修所描述的市场上商家的集中度来看，各家笔铺通过广告来推销的效果还不错，创造出了一个集中度很高、竞争趋于

① 《宋史》卷一五三《舆服志五》。
② 《归田录》卷二。
③ 《欧阳修全集》，《居士集卷第一·初至夷陵答苏子美见寄》。

白热化的热闹的市场。这说明，尽管京师笔的质量还难以令人满意，但当时的牌榜广告对笔的促销作用还是比较明显的。

（五）影响消费之观念因素

    北宋中期节俭消费与奢侈消费的观念处于交杂状态。仁宗、神宗的消费观念。王安石变法所包含的消费观念。

北宋中期真宗年间，消费观念出现崇尚奢侈的趋向。这种趋向在朝廷消费方面比较明显地表现出来。真宗初年，由于太祖太宗朝的积累，国家财政比较宽裕，所以朝廷方面为了表事功，将大量财物用于祭祀活动。从真宗朝起，皇家开始大量积敛钱财和奢侈品。景德四年（1007），北宋朝廷将新衣库改为内藏西库。大中祥符五年（1012），又重修库房，扩大库房占地，将香药库、仪鸾司的房屋归入内藏西库，将西库分为四库："金银一库，珠玉、香药一库，锦帛一库，钱一库。金银、珠宝有十色，钱有新旧二色，锦帛十三色，香药七色。"[①]从内藏库储蓄的物品分类来看，我们也可以发现当时由于收入增多，已经为奢侈消费提供了可能性。

在统治中枢异常强大的中国封建社会，天子拥有恭俭的美德被视为天下百姓之大幸。但是，要在丰裕社会府库充盈的情况下，保持这种美德，在中国封建王朝的帝王之中实属罕见。宋王朝财产的积累，使太祖太宗的节俭消费观渐渐难以持续。

在民间方面，由于自澶渊之盟后，没有特别大的战事对社会生产造成冲击，因此在生产发展、社会整体财富得到积累的基础上，老百姓的消费也愈加旺盛。宋朝廷以真宗为首，大搞祭祀和制造天书降临的闹剧，也对民间消费产生了不良影响。从此后，求神拜佛的事情越来越多。所以，《宋史》说："承平既久，户口岁增，兵籍益广，吏员益众。佛老、外国耗蠹中土，县官之费数倍

---

① 《宋史》卷一七九《食货志·会计》。

⊙ 仁宗后《历代帝后像》局部

于昔，百姓亦稍纵侈，而上下始困于财矣。"①

但是，在这一时期，节俭消费和奢侈消费的观念处于复杂的交杂状态。宋朝皇帝表面上还倡导节俭消费观，但是奢侈消费的观念似乎已经在宫廷和民间开始表现出强大的生命力。根据《续资治通鉴长编》记载，大中祥符元年（1008）二月，"上语辅臣说：'京师士庶，迩来渐事奢侈，衣服器玩，多镕金为饰，虽累加条约，终未禁止。工人炼金为箔，其徒日繁，计所费岁不下十万两，既坏不可复，浸以成风，良可戒也。'乃诏三司使丁谓申明旧制，募告者赏之；自今乘舆服御涂金绣金之类，亦不须用"。② 正如司马光所说："由俭入奢易，由奢入俭难。"③ 一旦开始奢侈，就会产生更多的欲望。因此，虽然中国封建社会的民间家庭生活中一直尊崇节俭，但是每当奢侈之风盛行时，节俭消费的观念往往就会被人们置之不理，甚至嗤之以鼻。

仁宗时期，北宋朝廷表现出一定的节约观念。仁宗继位后，宋政府的经费支出更是逐渐增多。宋朝廷意识到了开支增大给财政造成的压力。因此，在消费观念方面，节约消费也一度受到重视。

仁宗本人，是比较注重节约的。《宋史》记载："帝天资恭俭，尤务约己以先天下。"④ "天圣初，首命有司取景德一岁用度，较天禧所出，省其不急者。自祥符天书一出，斋醮糜费甚众，京城之内，一夕数处，至是，始大裁损。"⑤ 可见，仁宗自一继位，就通过检查真宗朝的收支情况发现了朝廷开支增大的原因之一就是求神拜佛之事日甚，因此开始在这方面进行裁减开支。仁宗时期，要求京师的建造要经过三司计算工料后再供给，同时停罢不需要着急建造的工程。比如，玉清昭应宫失火后，下诏不再建造。从此，用于道教的花费有所节制，土木工程的费用大大节省了。

---

① 《宋史》卷一七九《食货志·会计》。
② 《续资治通鉴长编》卷六八，大中祥符元年二月。
③ 《温国文正司马公文集》卷六九《训俭示康》。
④ 《宋史》卷一七九《食货志·会计》。
⑤ 《宋史》卷一七九《食货志·会计》。

仁宗的节约观念还表现在日用和礼仪方面。比如，按照旧例，上尊号、谥号时，随册宝物全部应用黄金制造。仁宗说："先帝、太后用黄金，若朕所御，止用涂金。"① 此外，仁宗还通过减少赏赐物品的发放来节省朝廷开支。

仁宗时期的朝廷官员也表现出一定的节约观念。宝元年间，由于陕西用兵，各项军需开支很大。北宋朝廷更加感到财政困难。在商议如何节约不必要的开支时，右司谏韩琦就曾上言，建议节省费用应从朝廷开始，让三司参照前朝和近年的赏赐数额，制定一个适中的标准，事出无名的赏赐要"一切罢之"。②

但是，仁宗作为北宋最高统治者，他虽有节约观念，在处理问题时却并没有抓住问题的关键。当时，有大臣建议裁减官吏军兵的俸赐，仁宗认为官军俸禄皆有定制，不能随便改变以动摇人心。所以，大臣们所提出的减少俸赐的节约措施并没有针对朝廷官员和军兵实施，只是在军费进一步吃紧的情况下才勉强得以在皇室内部推行了。这一做法，很好地反映了仁宗"天资恭俭"的个性，但是对于解决北宋日益加剧的积贫积弱的局面却没有实质性的帮助。

仁宗时期，虽然仁宗和一些官员倡导政府消费方面的节约观念，但是这种节约观念基本是属于消极型的。各地官员对于仁宗所倡导的节约观念也没有身体力行地贯彻在实际工作中。所以，《宋史》说："然自天圣以来，帝以经费为虑，屡命官裁节，而有司不能承上之意，卒无所建明。"③ 这一史载，字里行间竟至流露出对这位以"仁"为帝号的皇帝的同情，足令后人为之唏嘘。这一史载，像面镜子，反映出天性恭俭的仁宗在现实中的懦弱与无奈。它也给人一种强烈的印象：在历史中，任何美德所走之路绝非坦途，若无坚定的意志作为后盾，若无有效的方法加以导引，极可能变得苍白无力，甚至变得毫无价值。

---

① 《宋史》卷一七九《食货志·会计》。
② 《宋史》卷一七九《食货志·会计》。
③ 《宋史》卷一七九《食货志·会计》。

英宗"以勤俭自饬"，^①可惜在位时间不长。神宗继位后，锐意进取，有恢复之志，非常有理财观念。他曾说："今士大夫微有西晋风，岂知《周礼》与《易》言理财，周公、孔子未尝不以理财为务。且不独此，士大夫讳言恢复。不知其家有田百亩，内五十亩为人所据，亦投牒理索否？士大夫于家事则知之，至于国事则讳之，何哉？"^②他曾经命令停止全州、简州、安州、梓州等路远之州上岁贡，甚至下令停止两宫宫室、粮仓、武器库等的建造和修缮，希望以此来削减开支（也包括一些投资性支出）。神宗也有较强的储蓄观念。元丰初年，他对内库景福殿进行改名，自己写诗来定库名。诗曰："五季失图，猃狁孔炽，艺祖造邦，思有惩艾，爰设内府，基以募士，曾孙保之，敢忘厥志。"^③每一个字作为一个库的名字，总共有三十二个库。后来又储存节余设置了二十库，再次写诗定库名，诗曰："每虔夕惕心，妄意遵遗业，顾予不武姿，何日成戎捷。"^④这一时期，王安石通过变法加强了宰执的权力，对于财物收敛与储备的重视程度远大于前。元丰库的建设和管理可以清楚地反映这种变化。王安石以大儒之身份公开倡导理财，为改革做了思想与学说上的准备。比如，他曾写道："政事所以理财，理财乃所谓义也。一部《周礼》，理财居其半，周公岂为利哉。"^⑤在《乞制置三司条例》中，他写道："盖聚天下之人，不可以无财；理天下之财，不可以无义。夫以义理天下之财，则转输之劳逸不可以不均；用度之多寡不可以不通；货贿之有无不可以不制；而轻重敛散之权不可以无术。"^⑥这些思想，与锐意革新的神宗是有思想上的共鸣的。因此，元丰库的建设和管理都得到了最高统治者神宗的支持。《宋史》记载："熙宁役法行……久之，坊场钱益多，司农请岁发百万缗输中都。元丰三年（1080），遂于司农寺南作元

① 《宋史》卷一七九《食货志·会计》。
② 《续资治通鉴》卷一四五。
③ 《宋史》卷一七九《食货志·会计》。
④ 《宋史》卷一七九《食货志·会计》。
⑤ 《临川文集》卷七三《答曾公立书》。
⑥ 《临川文集》卷七〇《乞制置三司条例》；另可参见《宋会要辑稿》，职官五之二。

丰库贮之，以待非常之用。"①《皇朝编年纲目备要》记载，元丰三年，"置元丰库"，编者陈均在此句下做注语曰："本朝财用，旧属三司，自熙宁改法，王安石为相，始持冢宰掌邦计之说，遂与三司分权。……法行既久，储积赢羡，是年于司农寺南创元丰库贮之，三司不与焉。及官制行，户部岁入才四百余万缗，其他尽入元丰库，以待非常之用云。应有所用，必有司具数上之，宰执聚议同奏，降旨下库，始可支焉，盖虽天子不得而用，其制之严如此。"② 由此可见，王安石变法期间，不论是对于消费还是对于储备，北宋政府的管理都比以前更加严格。新法所确立的宰执聚议同奏制度，实有君主立宪制的色彩，且已经具备近代民主决策的特征。新法的执行，大大加强了北宋王朝对财物的储备，这一点是毋庸置疑的。但是，尽管神宗观念上比较重视节约，当时北宋朝廷之内奢侈之风已经很难移变，朝廷各项消费依然非常庞大。这种局面，绝非仅仅通过加强敛收与储备就能解决。王安石变法在"开源"方面显得激进而富有创见，法度设计比较精密，但是在"节流"方面，却显得保守而缺乏手段。这两方面的错位，为变法埋下失败的隐患，也使王安石个人的命运蒙上了浓厚的悲剧色彩。

（六）北宋中期的消费

政府消费开支的变化情况。天禧末北宋政府的财政收支、赋税收入（两税与榷利收入）情况。冗官冗兵对政府消费的影响。仁宗对财政危机的应对。神宗、王安石的对策。北宋中期的土贡、进奉与政府消费。从两税结构分析当时的社会消费。城市中的消费状况。劳动阶层与统治阶层的消费水平。时人的食物消费结构。商税、商品供给量与这一时期消费状况的变化。

---

① 《宋史》卷一七九《食货志·会计》。
② 《皇朝编年纲目备要》卷第二〇，神宗皇帝元丰三年。

北宋中期，政府消费的开支进一步增大。至道末年，"三岁一亲祀郊丘，计缗钱常五百余万"，"景德郊祀七百余万，东封八百余万，祀汾阴、上宝册又增二十万"。① 另，《续资治通鉴长编》卷九七天禧五年（1021）十二月记："至道末……国家率三岁一亲郊祀，共计缗钱常百五十余万，大半以金银、绫绮、绝绢平其直而给之。"（此记载更可信。）如至道末郊祀花费按《续资治通鉴长编》所言"百五十余万"计，则此后宋政府郊祀花费的增幅更显巨大。此外，再加上为了备边，为了给日益增多的官吏支付俸禄，宋朝廷的开支越来越大。

不过，真宗时期的北宋王朝与至道年间相比，整体国力的确获得了较大的增长，政府总收入增加了不少；当然，总支出也增加了。

《宋史》记载："天禧末，上供惟钱帛增多，余以移用颇减旧数，而天下总人一万五千八十五万一百，出一万二千六百七十七万五千二百，而赢数不预焉。"② 此记载中的数据显然是缗钱（贯）、粮食（石）、布帛（匹）、金银（两）等各项钱物的数量累计，除缗钱之外的实物并未折合成缗钱数。

从政府财政收支角度，《续资治通鉴长编》对天禧末全国总收入与总支出情况有更加详细的记载："天禧末，上供惟钱帛增多，余以移用颇减旧数，而天下总获钱二千六百五十三万余贯，金万四千四百余两，银八十八万三千九百余两，丝四百一十七万二十余两，绵一千八百九十九万一千余两，绢一百五十五万二千余匹，绸九百四十一万五千余匹，绫三十四万四千余匹，绝一十三万七千余匹，纱縠两万五千余匹，锦绮二万八千余匹，布三百五万七千余匹，茶七十六万余斤，盐一十六万三千八百余石，香药、真珠、犀、象七十万余斤条片颗，竹木、菱箔三百六十万余条片，五谷二千九百八十三万余石，草三千万余围，木炭、薪蒿三千余万斤束。总费钱二千七百一十四万余贯，金一万三千五百余两，银五十八万余两，丝三百六十三万二千余两，绵一千六百五十万余两，

① 《宋史》卷一七九《食货志·会计》。
② 《宋史》卷一七九《食货志·会计》。

224

绅七十六万四千余匹，绢四千一百七十三万七千余匹，绫十万七千余匹，绝五万二千余匹，罗二万七千余匹，纱缎一万一千余匹，锦绮六千七百余匹，布一百二十九万七千余匹，茶三十六万六千余斤，盐十一万八千余石席，香药、真珠、犀、象五十二万三千余斤条片颗，竹木、荬箔一百二十三万二千余条片，五谷三千四百五十八万二千余石，草三千四百五十八万三千余围，木炭、薪蒿四百五十万余斤束。"①

根据这段记载，我们可以算出天禧末北宋政府大概的财政收支情况是收入 16,020.112 万贯石匹两等，支出 16,777.120 万贯石匹两等。②这样算出来的天禧末北宋政府财政收入总数比《宋史》记载的 15,085.010 万贯石匹两等多935.102 万贯石匹两等；支出总数则比《宋史》记载的 12,677.520 万贯石匹两等多4099.600 万贯石匹两等，这个差数较大。我们仔细分析《续资治通鉴长编》对天禧末全国总收入与总支出的细目，可以发现当年绢的支出为 4173.7 万匹，与该年绢收入 155.2 万匹差距甚大，而且这年绢的支出如此巨大显得有些奇怪，因此我怀疑，该年绢的支出应为 173.7 万匹，《续资治通鉴长编》此处可能受前句"绅七十六万四千余匹"末尾"四千"之数的影响，而错入"四千"两字。如果从合计支出 16,777.120 万贯石匹两等中减去 4000，支出变为12,777.120 万贯石匹两等，这与《宋史》所载 12,677.520 万贯石匹两等正好非常接近。

从以上收入总数与细目分析，天禧末，北宋政府收支基本平衡，但是，钱、五谷、草等项目出现一定的赤字。在天禧末，北宋政府的支出仅总费钱一项就达 2714 万余贯，已经超过了至道末年北宋政府大致的岁赋总收入 2393.34 万贯。由此可见，天禧末，北宋王朝在财富增长、国力增强（这一点，可从实物收入的增加情况获知）的同时，政府在各方面的消费也比至道末年大为增

---

① 《续资治通鉴长编》卷九七，天禧五年十二月。

② 汪圣铎也曾统计过天禧末北宋政府大概的财政收支情况，其统计数为总收入 140,298,100 贯石匹两等，总支出为 168,044,200 贯石匹两等。具体可参见汪圣铎《两宋财政史》，第 689 页。

加了。

天禧末的北宋政府岁赋总收入可以通过将当年租税（两税）岁入加上榷利岁入来估算。这一时期的租税（两税）岁入，可以综合《续资治通鉴长编》的两处记录来获得。《续资治通鉴长编》没有关于天禧末租税岁入（两税）的直接记录，但是，卷九七天禧五年（1021）十二月记："所收租税，比至道末，谷增一百七万五千余石，钱增二百七十万八千余贯，绢减万余匹，绝紬减九万二千余匹，布增五十万六千余匹，丝线减五万五千余两，绵减一百一十七万五千余两，茶增一百一十七万八千余斤，刍茭减一千一百万五千余围，蒿减一百万余围，炭减五十万四千余秤（至道末炭为五十万秤，如减五十万四千余秤，所入为负数，显然数据有误），鹅翎、杂翎增十二万九千余茎，箭秆增四十七万只，黄蜡增五万余斤，又鞲八十一万六千余量，麻皮三十九万七千余斤，盐五十七万七千余石，纸十二万三千余幅，芦蕟三十六万余张，大率名物约此。"根据《续资治通鉴长编》卷四二至道三年（997）十二月记载的至道末租税收入（参见前节引文），我们可以算出天禧末北宋王朝的租税（两税）岁入为：谷 2279.2 万石，钱 735.8 万余贯，绢 161 万匹，绝紬 18.1 万匹，布 78.8 万匹（《续资治通鉴长编》至道末数据缺布的岁入，以《文献通考》所记 28.2 万匹计，加天禧末布岁入的增数），丝线 135.5 万两，绵 399.5 万两，茶 166.8 万斤，刍茭 1899.5 万围，蒿 168 万围，炭 2.6 万秤（该项数据以《文献通考》卷四《田赋考》所记补入），鹅翎、杂翎 73.9 万茎，箭秆 134 万只，黄蜡 35 万余斤；另，麻皮、盐、纸等物品岁入至道年间无记录，暂时计为鞲 81.6 万量，麻皮 39.7 万斤，盐 57.7 万石，纸 12.3 万幅，芦蕟 36 万余张；天禧末无薪之增减数记录，暂时以至道三年之 28 万束计。

下面，我们将以上租税岁入折算[①]成缗钱数：

钱：735.8 万余贯（无须折算）

---

① 折算时各物品单价主要参考贾大泉《宋代赋税结构初探》，《社会科学研究》1981 年第 3 期；其中，杂色、绝紬单价参考包伟民《宋代地方财政史研究》，第 317 页。

谷：2279.2 万石 ×700 文／石 = 1595.440 万贯

绢：161 万匹 ×1000 文／匹 = 161.000 万贯

绝绸：18.1 万匹 ×2000 文／匹 = 36.200 万贯

布：78.8 万匹 ×300 文／匹 = 23.640 万贯

丝线：135.5 万两 ×65 文／两 = 8.808 万贯

绵：399.5 万两 ×35 文／两 = 13.983 万贯

茶：166.8 万斤 ×70 文／斤 = 11.676 万贯

盐：57.7 万石 ×50 文／石 = 2.885 万贯

杂色：2510.6 万（围、束、斤等）×20 文／（围、束、斤等）=
50.212 万贯

总计：6543.000 万贯石匹两等，折合缗钱 2639,644 万贯。

按照未经折算成缗钱的各种项目的总量计算，租税岁入大约是财政总收入
的 40.84%（6543.000 万贯石匹两等除以 16,020.112 万贯石匹两等）。

另，包伟民估算天禧年间的榷利收入大约为 2670 万贯，此估算中银以
每两单价 800 文折算缗钱，将当年榷利 883,000 两银折合得 70.6 万贯缗钱。[1]
他在折算时所用银价接近真宗咸平年间银价，低估了天禧年间的银价。今按
《续资治通鉴长编》卷八五中记大中祥符八年（1017）银每两 1600 文折算天
禧五年（1021）银价，当年榷利 883,000 两银（《文献通考》卷一八《征榷
考五》）相当于缗钱 141.28 万贯，由是天禧年间的榷利收入大约为 2740.68
万贯。

这样，我们可以统计出天禧末北宋政府的岁赋总收入（两税加榷利）为
5380.324 万贯。那么，按照折合缗钱数算，租税（两税）岁入大约是岁赋总
收入的 49.06%，榷利占岁赋总收入的 50.94%。这样的计算结果，显示从至

---

① 具体可参见包伟民《宋代地方财政史研究》，第 317 页。另，根据贾大泉统计，天禧年间
的榷利收入约为 2963 万贯，其中酒税数据似有误，故今不取。具体可参见贾大泉《宋代赋税结构初
探》，《社会科学研究》1981 年第 3 期。

道年间到天禧末，榷利在北宋政府岁赋收入中的地位上升了，其上升趋势比较平稳。

这与之前一些学者的结论稍有不同。比如，包伟民的结论是：至道末年，租税占全国总收入的比例是 67.34%，征榷收入占全国总收入的 32.66%；天禧末年，租税占全国总收入的比例是 49.73%，征榷收入占全国总收入的 50.27%。[①] 贾大泉的结论是：至道末年，两税收入占全国总收入的比例是 65%，其他税入占全国总收入的 35%；天禧末年，两税收入占全国总收入的比例是 48%，其他税入占全国总收入的 52%。[②]〔包、贾两位学者文中所说的"租税"或"两税"即本文所说的"租税（两税）"，而他们所说的"征榷收入"或"其他收入"，本书则表述为"榷利收入"。〕我认为，包、贾两位学者高估了至道末年租税（两税）岁入占岁赋总收入的比例，因为他们在将两税中的米换算成缗钱收入的时候，用了与天禧末年相同的米价加以换算。而我们几乎可以肯定，至道末的米价应该低于天禧末年的米价。由于没有考虑到物价的变化，因此导致高估了至道末年租税（两税）岁入，最终得出了从至道末到天禧末这段时间内两税收入地位在政府收入中急剧下降的结论。

毫无疑问的是，从至道末到天禧末年，两税之外的其他收入确实在保证政府消费方面逐渐超过了两税的地位，但是，我认为，在这一时期，这个变化趋势是比较平缓而稳定的，而非急剧发生的。

需要指出的是，宋代实际的财政总收入与岁赋总收入并不完全一致，财政总收入应该大于岁赋总收入。财政总收入中除包含两税、榷利，还包含无代价取得的贡品等项目，地方的上供钱则通常出自于两税及榷利。

宝元年间，由于陕西用兵，军费开支给北宋政府造成了很大的压力。但是，即使在这种情况下，发生在京城内的政府消费开支依然没有缩减。《宋史》记载："又计京师出入金帛：宝元元年（1038），入一千九百五十万，出二千一百

---

① 包伟民《宋代地方财政史研究》，第 280、316—317 页。
② 贾大泉《宋代赋税结构初探》。

八十五万,是岁郊祠,故出入之数视常岁为多;庆历二年(1042),入二千九百二十九万,出二千六百一十七万,而奇数皆不预焉。"[1]宝元元年还没有用兵,但是在用兵之后的庆历年间,北宋政府用在金帛上的消费开支却还是增加了不少。虽然同期金帛收入也增加了,但是正如我们之前所说,北宋政府的消费物资主要是通过赋税等途径获得的。因此,可以说,这种政府消费,是以在一定程度上牺牲民间消费为代价获取的。

我还必须谨慎地指出,北宋虽然军费开支大,军粮消费数目可观,但是对于单个士兵来说,其消费依然是非常有限的。况且,军兵主要来自于民间,因此,这部分消费实际上可以看成是民间消费开支的平移。军队对民间消费的占有并不是真正最大的问题所在;冗兵真正的问题在于军队对社会劳动力的占有,在一定程度上削弱了社会生产。

与军费开支问题相比,北宋宫廷和官僚机构漫无节制的消费这一问题更具危害,因为这部分消费开支并不只是民间消费的平移,实际上是以牺牲和占有巨大的民间消费为特征的。这样的结果是,用来支持消费的财富既没有藏于民间,也没有藏于国家,而且也没有充分运用在军队(尽管军队庞大,总体耗用巨大),大量的财富实际上是用来支撑了宫廷和庞大官僚机构的日常消费和额外的奢侈消费。所以,在北宋仁宗宝元年间,天章阁侍讲贾昌朝说:"臣尝治畿邑,邑有禁兵三千,而留万户赋输,仅能取足,郊祀庆赏,乃出自内府。计江、淮岁运粮六百余万石,以一岁之入,仅能充期月之用,三分二在军旅,一在冗食,先所蓄聚,不盈数载。天下久无事,而财不藏于国家,又不在民,倘有水旱军戎之急,计将安出?"[2]这段话讲得很有技巧,明讲禁军每年粮食仅仅够用,但是实际上暗指国家财富其实被大量用于支撑宫廷和庞大官僚机构的消费。仁宗听了这些话后,就急着召集大臣们商议如何节省支出费用。右司谏韩琦便明确指出,节省开支应当从宫廷开始。有些人则指

---

①　《宋史》卷一七九《食货志·会计》。
②　《宋史》卷一七九《食货志·会计》。

出要裁减官吏军兵的俸赐。不过这些措施并没有真正得到实施。后来随着西北军务日渐紧张，仁宗才下诏一定程度削减对宗室和宫廷内人员的赏赐，而不敢对官吏俸禄做出调整。

对于这一问题的处理，一方面显示了仁宗统治的温和与谨慎，另一方面则说明官僚集团在中国政治中举足轻重的地位——即使是君临天下的帝王，也需要依赖这一集团实施对广袤国土与亿万众生的统治。因此，中国人数千年来对最高统治者应具备的品德所寄予之最高期望，包含了知（智）、仁、勇三个方面的美德。此三者，亦是儒家精神之精髓。此三者，有一不足，君王在驾驭庞大的官僚集团方面就会有致命的弱点。若三种美德严重欠缺，君王要不是沦为被官僚集团挟持与操纵的傀儡，就有可能成为暴君或无道昏君。宋仁宗以"仁"名于史，"仁"这一美德足具，"知（智）"属中流，"勇"之美德却显得严重不足。在处理官吏俸禄这一问题上，仁宗定然有一种被官僚集团挟持之感觉。他的"仁"，亦造就其优柔寡断的性格，他绝不可能在这一问题上去冒险裁减官员的俸禄。

从这一点出发去看后来的王安石变法，笔者认为王安石有可能也充分意识到裁减官吏俸禄对统治的风险，因此在政策上主张"高薪养廉"。可惜，即使是这种政策，也没有为王安石争取到来自官僚集团方面的足够支持。王安石变法的"开源"之策，从大方向上讲，是一种积极的选择，是一种博弈后的较佳选择。问题的关键，在于他所考虑的基点，乃完全站在国家之立场。"国计民生"本为统一体，王安石变法则明显是重"国计"，而未对如何改善"民生"做出充分细致的考虑。熙宁新法的设计，尽管在理想状态下通过增加国计而最终可能改善民生，但是缺乏基于直接改善民生的精巧设计，加之没有充分考虑到执行中的问题，因此也无法争取到基层民众的全力支持。王安石明知变法不可急为而为之，一方面有神宗力促之原因，一方面亦为其内心之儒家精神所左右。他主持的变法，选择的是一步险棋，是一条夹缝中的道路。此变法，虽非一次赌博，但是王安石显然已经将个人命运完全押在其上。

不过，作为统治集团内部成员之一，王安石完全站在当时的国家立场来思考问题，亦是可以理解的。因为，当时的困顿局面，令人印象最为深刻的正是北宋政府的财政危机。

《宋史》记曰："皇祐元年（1049），入一亿二千六百二十五万一千九百六十四，而所出无余。"[1]《宋史》这一记载非常重要，它说明北宋仁宗统治后期，政府收入已经达到了一个相当大的数目，但是同时政府支出也非常大，几乎用完了所有的收入。《宋史》接着说明："初，真宗时，内外兵九十一万二千，宗室、吏员受禄者九千七百八十五。宝元以后，募兵益广，宗室蕃衍，吏员岁增。至是，兵一百二十五万九千，宗室、吏员受禄者万五千四百三十，禄廪俸赐从而增广。及景德中，祀南郊，内外赏赉金帛、缗钱总六百一万。至是，飨明堂，增至一千二百余万，故用度不得不屈。"[2]从真宗朝到皇祐元年，军兵人数比原来增加了三分之一强（增加了 34.7 万），宗室、吏员受禄者人数比原来增加了二分之一强（增加了 5645 人），祀时内外赏赉金帛缗钱比原来也增加了近二分之一。

如今，仅从内藏库支援三司的物资数目也可以看出，当时北宋政府消费开支非常巨大。《宋史》记载："天圣以后，兵师、水旱费无常数，三岁一赉军士，（内藏库）出钱百万缗，绸绢百万匹，银三十万两，锦绮、鹿胎、透背、绫罗纱縠合五十万匹，以佐三司。……景祐中，内藏库主者言：'岁斥缗钱六十万助三司，自天禧三年（1019）始。计明道二年（1033）距今才四年，而所贷钱帛九百一十七万。'"[3]内藏库每年都收入金钱银帛，"皇祐中，二百六十五万七千一十一；治平一百九十三万三千五百五十四。其出以助经费，前后不可胜数，至于储积赢缩，则有司莫得详焉"。[4]

另，据《宋史》卷三五五《虞策传》记载，虞策在徽宗朝时回顾说："臣

---

① 《宋史》卷一七九《食货志·会计》。
② 《宋史》卷一七九《食货志·会计》。
③ 《宋史》卷一七九《食货志·会计》。
④ 《宋史》卷一七九《食货志·会计》。

比在户部，见中都经费岁六百万……皇祐所入总三千九百万，而费才三之一；治平四千四百万，而费五之一……"① 将虞策所举之总入数据与《宋史》所记皇祐元年总入数比较，可知虞策所举之数当为货币（缗钱）收入，单位应为贯。因此，可知皇祐时期，北宋京城所用经费（年支）是当年户部缗钱总入的三分之一，约 1300 万贯；治平时期，京城经费（年支）是当年户部缗钱总入的五分之一，约 880 万贯。虞策任户部侍郎当在哲宗朝元符时期。（《虞策传》记"策在元祐、绍圣时，皆居言职"。②）由此可知元符时期，京城经费（年支）为600 万贯。从皇祐到治平，再到元符，京城经费的减少实与中央政府财政紧张有关。

到了英宗朝治平年间（1064—1067），军队人数稍有减少，"隶籍者犹百十六万二千，宗室、吏员视皇祐无虑增十之三"。③"治平二年（1065），内外入一亿一千六百一十三万八千四百五，出一亿二千三十四万三千一百七十四，非常出者又一千一百五十二万一千二百七十八。是岁，诸路积一亿六千二十九万二千九十三，而京师不预焉"。④ 显然，英宗朝在编军兵数目虽然稍有减少，但是，宗室、吏员的数目却无法遏制地继续增长。治平二年的政府收入（以贯石匹两等计）在不考虑通货膨胀的因素下，还比皇祐年间减少了一些。于此，可推知从皇祐至治平，再到元符时期，京城每年支出经费的略微减少应当与军兵数目稍有减少有关，亦应是北宋中央政府因财政紧张被迫压缩经费、节约开支的结果。尽管如此，我们依然可以看到，当时北宋政府（尤其是京城）的政府消费是非常巨大的。就各路地方政府的积蓄来看，也非常有限，加起来只比当年一年的支出多一点。可见，当时北宋政府由于消费支出巨大，中央政府的财政已经相当紧张。从财政方面看，国家抗打击能力已经不强。

根据《宋史》的记载，我们可以很清楚地看到，由于各项开支过大，仁宗、

---

① 《宋史》卷三五五《虞策传》。
② 《宋史》卷三五五《虞策传》。
③ 《宋史》卷一七九《食货志·会计》。
④ 《宋史》卷一七九《食货志·会计》。

英宗朝时的中央政府已经入不敷出（见表 14）。

表 14　仁宗、英宗朝中央政府的岁入和支出 [①]

单位：*

时间	岁入	岁出	赢余或赤字
皇祐元年（1049）	一亿二千六百二十五万一千九百六十四		所出无余
治平二年（1065）	一亿一千六百一十三万八千四百五	一亿二千三十四万三千一百七十四，非常出者一千一百五十二万一千二百七十八	赤字一千五百七二万六千零四十七

神宗于熙宁初年任命翰林学士司马光等专门设置机构研究裁减财政开支的制度。司马光经过研究，向神宗汇报说："国用不足，在用度太奢，赏赐不节，宗室繁多，官职冗滥，军旅不精。"[②] 可见，当时宋朝政府由于消费开支巨大，财政状况依然非常不好。神宗曾说："今财赋非不多，但用不节，何由给足？宫中一私身之俸有及八十千者，嫁一公主至费七十万缗，沈贵妃料钱月八百缗。闻太宗时宫人惟系皂绅襜，[③] 元德皇后尝用金线缘襜，太宗怒其奢。仁宗初定公主俸料，以问献穆，再三始言初仅得五贯尔。异时中宫月有止七百钱者。"[④] 神宗朝的宗室与宫廷消费显然远远超过了太宗朝和仁宗朝。神宗朝的一个宫女（私身）的俸钱最多时是仁宗朝公主最初俸料的十六倍（名义俸料数）。王安石变法时期，大量增设了官僚机构，同时希望通过增加官吏俸禄来养廉。结果，北宋政府消费仅俸禄一项"京城岁增四十一万三千四百余缗，监司、诸州六十八万九千八百余缗"。[⑤] 这些增加的俸钱提升了政府官吏的消费能力，刺激了他

---

① 《宋史》卷一七九《食货志·会计》。*：表中数据在《宋史》原文中无单位，按宋朝政府会计习惯，应为"贯石匹两……"。

② 《宋史》卷一七九《食货志·会计》。

③ 绅襜，粗糙的绸布；襜，系在身前的围裙。

④ 《宋史》卷一七九《食货志·会计》。

⑤ 《宋史》卷一七九《食货志·会计》。

们的消费，也带动了城市市民消费。

王安石变法时期京城每年的经费支出在《宋史》卷三五五《虞策传》中亦有记载："中都经费……熙宁五千六十万，而费尽之。"① 也就是说，当时户部每年经费所入是缗钱 5060 万贯，而都用于京城的经费开支（包含吏禄兵廪）。这使熙宁时期的京城经费开支数目在皇祐、治平与元符之间看起来像是一座高高耸立的山峰。皇祐时京城岁支经费 1300 万贯，治平时约 880 万贯，熙宁时约 5060 万贯，元符时约 600 万贯。这一山峰状数字变化曲线，一方面说明王安石变法时期京城的政府消费大增；另一方面，也从一个侧面说明王安石变法对于改善、重建北宋政府财政功不可没。若非如此，北宋政府绝对不可能承受如此巨大的政府开支。当然，这也导致了新的问题。政府财政在冗官问题之下，依然压力巨大。

那么，熙宁时期京城吏禄兵廪的开支与京城经费收支之间的比例关系是怎样的呢？《续资治通鉴长编拾补》卷三下熙宁元年（1068）九月丁酉条记载："时京师百官月俸四万余缗，诸军十一万缗，而宗室七万余缗，其生日、嫁娶、丧葬及岁时补洗杂赐与四季衣不在焉。"② 据此，可知熙宁元年京师吏禄兵廪部分项目合计（不含赏赐与实物）为 264 万贯。前文已提到《宋史》记载王安石熙宁变法开始后，京城每年仅吏员俸禄一项，就"岁增四十一万三千四余缗"。据以上两处史载可知，熙宁变法开始后，京城吏禄兵廪支出不会少于305.34 万贯，这个数目还未将赏赐与实物形态的支出计算在内。305.34 万贯约是熙宁时期每年户部缗钱收入（据《虞策传》记载可知，其时户部缗钱收入亦等于中都经费支出）5060 万贯的 6.03% 左右，可以说，由于前计熙宁元年京师吏禄兵廪未含赏赐与实物等项，因此实际的京城吏禄兵廪开支占这一时期京城经费收支的比例，应该高于 6.03%。这给北宋政府造成的财政压力是不容忽视的。

---

① 《宋史》卷三五五《虞策传》。
② 《续资治通鉴长编拾补》卷三下，熙宁元年九月丁酉条。

　　熙宁时期的政府消费情况值得做专门研究。《文献通考》卷四《田赋考四》中记：

　　二税熙宁十年（1077）见催额五千二百一万一千二十九贯石匹斤两领围条角竿。

　　夏税一千六百九十六万二千六百九十五贯匹等。内银三万一千九百四十两。钱三百八十五万二千八百一十七贯。斛斗三百四十三万五千七百八十五石。匹帛二百五十四万一千三百匹。丝绵五百八十四万四千八百六十一两。杂色茶、盐、蜜、麹、麸、面、椒、黄蜡、黄檗、甘草、油子、菜子、蓝、纸、苎麻、楠木、柴、笴、铁、地灰、红花、麻皮、鞋、板、瓦百二十五万五千九百九十二斤两石角筒秤张塌条担围束量口。

　　秋税三千五百四十万八千三百三十四贯匹等。内银二万八千一百九十七两。钱一百七十三万三千二贯。斛斗一千四百四十五万一千四百七十二石。匹帛一十三万一千二十三匹。绵五千四百九十五两。草一千六百七十五万四千八百四十四束。杂色茶、盐、酥、蜜、青盐、麹、油、椒、漆、蜡、枣、苎麻、柿子、木板、瓦、麻皮、柴、炭、蒿、茅、芰、草、蒲席、铁、翎毛、竹、木、芦菮、鞋一百九十四万四千三百一斤两石口根束领茎条竿只担量。①

　　由《文献通考》之记录，我们可以看到北宋熙宁十年（1077）两税的构成，能清楚地看出其中夏税以钱为主，秋税以粮食为主。杂色的征收，也因季节不同而有比较大的差异。

　　下面将夏秋两税各项进行了合计，并按照一定单价折合成缗钱：

　　银：60,137 两 ×1.500 贯／两 = 90,205.5 贯 ≈ 9.021 万贯

　　钱：5,585,819 贯（不用折算）= 5,585,819 贯 ≈ 558.582 万贯

　　斛斗（粮）：17,887,257 石 ×0.500 贯／石 = 8,943,628.5 贯 ≈ 894.363 万贯

---

　　① 《文献通考》卷四《田赋考四》。

匹帛：2,672,323 匹 ×1.350 贯／匹＝ 3,607,636 贯≈360.764 万贯

丝绵：5,850,356 两 ×0.05 贯／两＝ 292,517.8 贯≈29.252 万贯

草：16,754,844 束 ×0.02 贯／束＝ 335,096.88 贯≈33.510 万贯

杂色：3,200,293 石角筒等 ×0.02 贯／石角筒等＝ 64,005.86 贯≈6.401 万贯

总计：52,011,029 贯石匹等，折合缗钱 1891.893 万贯。

在以上折算中，各项目折算用单价来源如下：

粮食单价采用熙丰时期的米价折算。《续资治通鉴长编》卷二六七记熙宁八年（1075）苏州米价为每斗 50 至 80 文，另《经进东坡文集事略》卷四五《答秦太虚书》记元丰二年（1079）黄州外县米价为每斗 20 文。[1] 今取 20 文、50 文、80 文之平均数 50 文为熙宁十年（1077）米价。

银价采用熙丰时期的银价折算。《净德集》卷一《奏乞放免宽剩役钱状》中记熙丰年间（1068 — 1085）四川银价每两 1400 文至 1500 文。[2]《净德集》卷一《奏具置场买茶旋行出卖远方不便事状》中记熙丰年间川峡路银价每两 1600 文。[3] 今取 1400 文、1500 文、1600 文之平均数 1500 文为熙宁十年（1077）银价。

匹帛采用熙丰时期的绢价折算。《郧溪集》卷一二《乞罢两浙路增和买状》记熙丰年间两浙绢价每匹 1200 文至 1300 文；[4] 另《净德集》卷一《奏乞放免宽剩役钱状》记熙丰年间四川绢价每匹 1400 文至 1500 文。今取 1200 文、1300 文、1400 文、1500 文之平均数 1350 文为熙宁十年（1077）匹帛价。

丝绵及草的价格参考贾大泉折算熙宁十年（1077）两税缗钱数时所用丝绵单价每两 50 文、草的单价每束 20 文。[5]

---

① 文载："初到黄，廪入既短，人口不少，私甚忧之……外县米斗二十，有水路可致……"

② 文载："臣伏见（熙宁）二年以来，川中见钱绝少，物价减半，银每两绢每匹，各值一贯四五百文，米每硕（石）一贯二三百文。"

③ 文载："臣窃闻蜀州熙宁八年银每两官折二贯三百文足，市价一贯六百文。九年，银每两官折二贯二百文足，市价一贯四百文。"

④ 文载："今民输绢一匹，费钱一贯二三百文足，既不可使输，又变而为钱。"

⑤ 贾大泉《宋代赋税结构初探》。

杂色单价参考包伟民折算熙宁十年（1077）两税缗钱数时所用杂色的单价每确筒等 20 文。[①]

贾大泉、包伟民在折算至道末、天禧末、熙宁十年（1077）的两税缗钱数时，米、绢等大项都未考虑价格随时间出现的变化。史料显示，熙宁十年米价明显低于天禧末。因此，贾大泉、包伟民在折算熙宁十年两税缗钱数时，高估了粮食岁入，进而高估当时的两税收入。（贾大泉折算两税收入为 2162.6985 万贯，包伟民折算为 2021 万贯。[②]）

贾大泉、包伟民都对熙丰年间或熙宁十年（1077）的其他赋税收入进行了统计，贾大泉统计为 4911.2365 万贯、包伟民统计为 4248.4 万贯。贾大泉统计的其他赋税收入计入宽剩役钱、青苗钱两大项；包伟民统计的则是征榷收入，未计入此两项。[③]

为与至道末、天禧末等时期比较两税与榷利的比例变化情况，就熙宁十年（1077）征榷收入，本书参考包伟民的统计。不过，包伟民的统计中，在各项缗钱价值用单价进行换算时，银的价格与时价有较大误差。包伟民按照《文献通考》卷一八《征榷考五》中的记载所计入的熙宁十年（1077）银岁入 215,385 万两是按照单价每两一贯折算的，折合缗钱 21.5 万贯。[④] 今按照银价每两 1500 文（参见前文）折算，以对包伟民统计之熙宁年间征榷收入数进行修正，则 215,385 万两银折缗钱为 32.3 万贯，由是当年征榷收入数应为 4259.2 万贯。

这样，我们可以计算出熙宁十年（1077）赋税岁入（两税加榷利）为 6151.093 万贯；其中，两税收入 1891.893 万贯约占 30.76%，榷利收入 4259.2 万贯约占 69.24%。本书前文已经计算出天禧五年两税收入大约是赋税岁入（两税加榷利）的 49.06%。由此，我们可以发现，从天禧末年到熙

---

① 包伟民《宋代地方财政史研究》，第 318 页。
② 包伟民《宋代地方财政史研究》，第 280，316—317 页；贾大泉《宋代赋税结构初探》。
③ 包伟民《宋代地方财政史研究》，第 318 页；贾大泉《宋代赋税结构初探》。
④ 包伟民《宋代地方财政史研究》，第 318 页。

宁十年，两税之外的榷利收入迅速成为保证政府消费最重要的经费来源，两税地位在这一时期内的下降幅度，要比从至道年间到天禧年间剧烈得多，百分比下降幅度达 18.30%。因此，我认为，从天禧五年（1021）到熙宁十年（1077）这五十多年间，是宋代赋税结构发生结构性剧变的时期。而不是像学界之前所认为的那样，宋代赋税结构的剧变在至道年间到天禧年间就发生了。从天禧五年（1021）到熙宁十年（1077），北宋政府消费的经费来源也明显地转向了两税之外的其他收入（主要是榷利）。这种状态，一直持续到南宋灭亡。

元丰三年（1080），户部尚书韩忠彦、侍郎苏辙、韩宗道上奏说："文武百官、宗室之蕃，一倍皇祐，四倍景德，班行、选人、胥吏率皆增益，而两税、征榷、山泽之利，与旧无以相过。"[①] 宗室、文武百官乃至班行、选人、胥吏的人数都在增加，可是政府收入却没有增加。面对这种局面，神宗一度下诏裁减吏人升入品官的人数，削减给宗室的赏赐。可惜，在重重阻力下，这些措施都无法真正落实。所以，《宋史》说："久之，事未就。"[②] 根据《建炎以来朝野杂记》甲集卷一七《国初至绍熙中都吏禄兵廪》记载，北宋京师吏禄兵廪"元丰间月支三十六万"，即每年支四百三十二万（贯），数目之大远远超过了太宗朝时。由此可知，尽管北宋中期军事压力、社会危机因素等使北宋政府感到财政困难，但是宗室、高级官僚的消费却并没有明显减少。

在北宋政府的消费品中，最有保障的一部分消费内容是土贡物品。我们可以从有关土贡的资料看到北宋中期政府消费内容的一部分。笔者从《元丰九域志》中辑录出北宋中期各地的土贡内容，并对各路和全国土贡品种进行统计后制成下表（见表 15）：

---

① 《宋史》卷一七九《食货志·会计》。
② 《宋史》卷一七九《食货志·会计》。

表 15　北宋中期的土贡

上贡地区			土贡	四京及各路土贡汇总	全国土贡汇总
四京	东京	东京，开封府。	方纹绫三十匹，方纹纱三十匹，芦席一十领，麻黄一十五斤，酸枣人一斗。	四京土贡共13种。丝织品6种：方纹绫三十匹，方纹纱三十匹，绢二十匹，花绵、绵绸、平绸各一十匹。其他7种：麻黄一十五斤，酸枣人一斗，蜜、蜡各一百斤，紫草五十斤，芦席一十领，瓷器二百事。	全国土贡共201种。（为便于阅读，详细汇总内容另制表）
	西京	西京，河南府，河南郡。	蜜、蜡各一百斤，瓷器二百事。		
	南京	南京，应天府，睢阳郡。	绢二十匹。		
	北京	北京，大名府，魏郡。	花绸、绵绸、平绸各一十匹，紫草五十斤。		
京东路	东路州八，军一，县三十七。	青州，北海郡，镇海军节度。	仙纹绫三十匹，枣一万一千颗。	京东路东路土贡共18种。丝织品5种：仙纹绫五十匹，绫一十匹，综丝绝二十匹，绢三十匹，绵百两。其他13种：枣一万一千颗，牡砺、海藻各一十斤，牛黄九两，阳起石十斤，防风十五斤，紫石英、仙灵脾、伏苓各一十斤，钟乳三十两，长理石五斤，石器二十事，金一十两。	
		密州，高密郡，安化军节度。	绢一十匹，牛黄三两。		
		齐州，济南郡，德兴军节度。	绢十匹，绵百两，阳起石、防风各十斤。		
		沂州，琅琊郡，防御。	紫石英、仙灵脾、伏苓各一十斤，钟乳三十两。		
		登州，东牟郡，防御。	金一十两，石器一十事，牛黄三两。		

上贡地区			土贡	四京及各路土贡汇总	全国土贡汇总
京东路	东路州八，军一，县三十七。	莱州，东莱郡，防御。	牛黄三两、牡砺、海藻各一十斤，石器一十事。		
		潍州，团练。	仙纹绫二十匹，综丝绝二十匹。		
		淄州，淄川郡，军事。	绫一十匹，防风、长理石各五斤。		
		淮阳军。	绢一十匹。		
京西路	西路南京见上。州七，县三十五。	大都督府，兖州，鲁郡，泰宁军节度。	花绫一十匹，墨一百枚，伏苓、云母、防风、紫石英各一十斤。	京东路西路土贡共12种。丝织品4种：花绫一十匹，绢四十匹，双丝绫、绌各一十匹。其他8种：伏苓、云母、紫石英各一十斤，蛇床一十五斤，防风二十五斤，阿胶六斤三十两，葶苈子三升，墨一百枚。	
		大都督府，徐州，彭城郡，武宁军节度。	双丝绫、绌、绢各一十匹。		
		曹州，济阴郡，彰信军节度。	绢一十匹，葶苈子三升。		
		郓州，东平郡，天平军节度使。	绢一十匹，阿胶六斤。		
		济州，济阳郡，防御。	阿胶三十两。		
		单州，砀郡，团练。	蛇床、防风各一十五斤。		
		濮州，濮阳郡，团练。	绢一十匹。		

上贡地区			土贡	四京及各路土贡汇总	全国土贡汇总
京西路	南路州八，县三十。	襄州，襄阳郡，山南东道节度。	白縠一十匹，漆器二十事，麝三两。	京西路南路土贡共18种。 丝织品及麻毛等纺织品6种：白縠一十匹，绢四十匹，绫、葛各一十匹，白纻一十匹，纻五匹。 其他12种：白菊花三十斤，麝十二两，覆盆二斤，枳壳、枳实、杜仲、白胶香、黄蘗各五斤，钟乳一十两，漆器二十事，花蜡烛一百条，麸金二两。	
		邓州，南阳郡，武胜军节度。	白菊花三十斤，花蜡烛一百条。		
		随州，汉东郡，崇信军节度。	绢三十匹，绫、葛各一十匹，覆盆二斤。		
		金州，安康郡，昭化军节度。	麸金、麝各二两，枳壳、枳实、杜仲、白胶香、黄蘗各五斤。		
		房州，房陵郡，保康军节度。	纻五匹，麝二两，钟乳一十两。		
		均州，武当郡，防御。	麝五两。		
		郧州，富水郡。	白纻一十匹。		
		唐州，淮安郡，团练。	绢一十匹。		

上贡地区			土贡	四京及各路土贡汇总	全国土贡汇总
京西路	北路 西京见上。府一，州七，军一，县四十五。	颍昌府，许昌郡，忠武军节度。	绢一十匹，芦席一十领。	京西路北路土贡共9种。丝织品及麻毛等纺织品6种：绫二十匹，绢七十五匹。绸四十五匹，绝二十五匹，绵一百两，纻布一十匹。其他3种：芦席一十领，麻黄一十斤，粱米一石。	
		郑州，荥阳郡，奉宁军节度。	绢一十匹，麻黄一十斤。		
		滑州，灵河郡，武成军节度。	绢三十匹。		
		孟州，河阳三城节度。	粱米一石。		
		蔡州，汝南郡，淮康军节度。	绫二十匹。		
		陈州，淮阳郡，镇安军节度。	绸、绝各一十五匹。		
		颍州，汝阴郡，顺昌军节度。	绸、绝、绢各一十匹，绵一百两。		
		汝州，临汝郡防御。	绸、绝各一十五匹。		
		信阳军。	纻布一十匹。		
河北路	东路 北京见上。州一十二，军四，县四十。	澶州，澶州郡，镇宁军节度。	席二十领，胡粉一十斤。	河北路东路土贡共10种。丝织品及麻毛等纺织品6种：绢一百五十匹，平绸一十匹，绸一十匹，绝二十匹，绵一百两，白毡一十领。其他4种：柳箱一十枚，席二十领，簟（席子的一种）一十领，胡粉一十斤。	
		沧州，景城郡，横海军节度。	绢一十匹，柳箱一十枚。		
		冀州，信都郡，安武军节度，	绢二十匹。		
		瀛州，河间郡，防御。	绢三十匹。		
		博州，博平郡，防御。	平绸一十匹。		

上贡地区			土贡	四京及各路土贡汇总	全国土贡汇总
河北路	东路北京见上。州一十二，军四，县四十。	棣州，乐安郡，防御。	绢、绝各一十匹。		
		莫州，文安郡，防御。	绵一百两。		
		雄州，防御。	绅一十匹。		
		霸州，防御。	绢一十匹。		
		德州，平原郡，军事。	绢二十匹。		
		滨州，军事。	绢二十匹。		
		恩州，清河郡，军事。	白毡一十领。		
		永静军。	绢一十匹，簟一十领。		
		乾宁军。	绢一十匹。		
		信安军	绢一十匹。		
		保定军。	绝一十匹。		
	西路府一，州一十一，军四，县五十三。	真定府，常山郡，成德军节度。	罗三十匹。	河北路西路土贡共15种。丝织品9种：罗五十匹、绫二十匹、纱一十匹、绢九十匹、平绅二十匹、绅二十匹、花绝一十匹、绝一十匹、绵二百两。其他6种：知母、胡粉各一十斤，牛膝五十斤，瓷器一十事，解玉沙一百斤，磁石一十斤。	
		相州，邺郡，彰德军节度。	纱、绢各一十匹，知母、胡粉各一十斤。		
		定州，博陵郡，定武军节度。	罗、绫各二十匹。		
		邢州，钜鹿郡，安国军节度。	绢一十匹，瓷器一十事，解玉沙一百斤。		
		怀州，河内郡，防御。	牛膝五十斤。		

上贡地区			土贡	四京及各路 土贡汇总	全国土贡汇总
河北路	西路府一,州一十一,军四,县五十三。	卫州,汲郡,防御。	绢二十匹,绵一百两。		
		洺州,广平郡,防御。	平绅二十匹。		
		深州,饶阳郡,防御。	绢二十匹。		
		磁州,滏阳郡,团练。	磁石一十斤。		
		祁州,蒲阴郡,团练。	花绅一十匹。		
		赵州,赵郡,军事。	绢一十匹,绵一百两。		
		保州,军事。	绢一十匹。		
		安肃军。	绅一十匹。		
		永宁军。	绅一十匹。		
		广信军。	绅一十匹。		
		顺安军。	绢一十匹。		
陕西路	永兴军路府二,州一十五,军一,县八十三。	京兆府,京兆郡,永兴军节度。	席一十领,靴毡一十领,蜡五十斤,酸枣仁二斗,地骨皮一十斤。	陕西路永兴军路土贡共33种。麻毛等纺织品7种:靴毡一十领,紫茸毡四领,毡二十领,弓弦麻二十斤,毛毼五段,绅、绅各一十匹。 其他26种:盐花五十斤,荜豆一石,	
		河中府,河东郡,护国军节度。	五味子五十斤,龙骨一十斤。		
		大都督府,陕州,陕郡,保平军节度。	绅、绅各一十匹,括蒌根、柏子人各一十斤。		

上贡地区			土贡	四京及各路 土贡汇总	全国土贡汇总
陕西路	永兴军路 府二，州 一十五， 军一，县 八十三。	延州，延安郡， 彰武军节度。	麝五两、蜡一 百斤。	酸枣仁二斗，麝 十九两，地骨皮 二十斤，枳壳、 枳实各一十斤， 五味子五十斤， 龙骨一十斤，茯 苓、细辛各一十 斤，茯神五斤， 大黄一百斤，甘 草一百斤，苁蓉 一十斤，荆芥、 菴闾各一十斤、 括蒌根、柏子人 各一十斤，席四 十领，蜡一百八 十斤，瓷器五十 事，火筋五十对， 剪刀三十枚，靴 皮二十张，砚三 十枚。	
		同州，冯翊郡， 定国军节度。	靴皮二十张。		
		华州，华阴郡， 镇潼军节度。	茯苓、细辛各 一十斤，茯神 五斤。		
		耀州，华原郡， 感德军节度。	瓷器五十事。		
		邠州，新平郡， 静难军节度。	火筋五十对， 荜豆一石，剪 刀三十枚。		
		鄜州，洛交郡， 保大军节度。	席一十领，大 黄一百斤。		
		解州，防御。	盐花五十斤。		
		庆州，安化郡， 军事。	紫茸毡四领， 毡二十领，麝 三两，蜡三十 斤。		
		虢州，虢郡， 军事。	麝三两，地骨 皮一十斤，砚 二十枚。		
		商州，上洛郡， 军事。	麝三两，枳壳、 枳实各一十斤。		
		宁州，彭原郡， 军事。	荆芥、菴闾各 一十斤，席一 十领，砚一十 枚。		
		坊州，中部郡， 军事。	弓弦麻二十斤， 席一十领。		

上贡地区			土贡	四京及各路 土贡汇总	全国土贡汇总
陕西路	永兴军路 府二，州 一十五， 军一，县 八十三。	丹州，咸宁郡， 军事。	麝五两。		
		环州，军事。	甘草一百斤。		
		保安军。	毛毼五段，苁 蓉一十斤。		
	秦凤军路 府一，州 一十二， 军三，县 三十八。	凤翔府，扶风 郡，凤翔节度。	蜡烛三百条， 榛实一石，席 一十领。	陕西路秦凤军路 土贡共15种。 丝织品和丝麻毛 等纺织品4种： 绢一十匹，紫茸 毛毼一十段，毛 毼一十段，白毡 二十领。 其他11种：榛 实一石，席五十 领，蜡烛五百五 十条，羚羊角一 十对，麝一十三 两，鹿茸一对， 甘草一百二十 斤，苁蓉五十斤， 芎藭三十斤，蜜、 蜡各三十斤。	
		秦州，天水郡， 雄武军节度。	席二十领，芎 藭三十斤。		
		泾州，安定郡， 彰化军节度。	紫茸毛毼一十 段。		
		熙州，临洮郡， 镇洮军节度。	毛毼一十段， 麝三两。		
		陇州，汧阳郡， 防御。	席二十领。		
		成州，同谷郡， 团练。	蜡烛一百条， 鹿茸一对。		
		凤州，河池郡， 团练。	蜜、蜡各三十 斤，蜡烛一百 条。		
		岷州，和政郡， 团练。	甘草一十斤。		
		渭州，陇西郡， 军事。	绢一十匹，苁 蓉五十斤。		
		原州，平凉郡， 军事。	甘草三十斤。		
		阶州，武都郡， 军事。	羚羊角一十对， 蜡烛五十条。		

上贡地区			土贡	四京及各路 土贡汇总	全国土贡汇总
陕西路	秦凤军路 府一，州 一十二， 军三，县 三十八。	河州，安乡郡， 军事。	麝五两。		
		兰州，金城郡， 军事。	甘草三十斤。		
		镇戎军。	白毡二十领。		
		德顺军。	甘草五十斤。		
		通远军。	麝五两。		
河东路 府一，州十五，军 六，县七十五。		太原府，太原 郡，河东节度。	铜鉴一十面， 甘草、人参、 矾石各一十斤。	河东路土贡共22 种。 丝织品和丝麻毛 等纺织品3种： 绨一十匹，绢四 十匹，毡一十领。 其他19种：麝 香二两，麝十三 两，人参三十斤 一十两，蜜一百 六十斤，矾石一 十斤，甘草四十 斤，柴胡三十斤， 防风三十斤，白 石英、禹余粮各 一十斤，蜡四十 斤，蜡烛二百条， 铜鉴一十面，青、 绿各一十斤，墨 二百枚，解玉沙 五十斤，石膏二 十斤，席一十领。	
		大都督府，潞 州，上党郡， 昭德军节度。	人参一十斤， 蜜一百斤，墨 一百枚。		
		晋州，平阳郡， 建雄军节度。	蜜二十斤，蜡 烛一百条。		
		府州，永安军 节度。	甘草三十斤。		
		麟州，新秦郡， 镇西军节度。	柴胡一十斤。		
		降州，降郡， 防御。	防风三十斤， 蜡烛一百条， 墨一百枚。		
		代州，雁门郡， 防御。	青、绿各一十 斤，麝三两。		
		隰州，大宁郡， 团练。	蜜、蜡各二十 斤。		
		忻州，定襄郡， 团练。	麝香二两，解 玉沙五十斤。		
		汾州，西河郡， 军事。	石膏二十斤， 席一十领。		

上贡地区		土贡	四京及各路土贡汇总	全国土贡汇总
河东路 府一，州十五，军六，县七十五。	泽州，高平郡，军事。	白石英、禹余粮、人参各一十斤。		
	宪州，军事。	麝五两。		
	岚州，楼烦郡，军事。	麝五两。		
	石州，昌化郡，军事。	蜜、蜡各二十斤。		
	辽州，乐平郡，军事。	人参一十两。		
	丰州，军事。	毡一十领，柴胡一十斤。		
	威胜军。	绅一十匹。		
	平定军。	绢一十匹。		
	岢岚军。	绢一十匹。		
	宁化军。	绢一十匹。		
	火山军。	柴胡一十斤。		
	保德军。	绢一十匹。		
淮南路	东路州一十，县三十七。	大都督府，扬州，广陵郡，淮南节度。	细纻二十匹，青铜鉴二十面，莞席一百领。	淮南路东路土贡共10种。 丝织品和丝麻毛等纺织品4种：绢六十匹，细纻二十匹，纻布一十匹，隔织一十匹。 其他6种：麝、鹿皮三百一十张，鳔胶一十斤，青铜鉴二十面，莞席一百领，纸五百张。
		亳州，谯郡，集庆军节度。	绢二十匹。	
		宿州，符离郡，保静军节度。	绢一十匹。	
		楚州，山阳郡，团练。	纻布一十匹。	
		海州，东海郡，团练。	绢一十匹，麝、鹿皮三百张。	

上贡地区			土贡	四京及各路土贡汇总	全国土贡汇总
淮南路	东路州一十，县三十七。	泰州，海陵郡，军事。	隔织一十匹。		
		泗州，临淮郡，军事。	绢一十匹。		
		滁州，永阳郡，军事。	绢一十匹。		
		真州，军事。	纸五百张。		
		通州，军事。	鳔胶一十斤，麈、鹿皮一十张。		
	西路州八，军一，县三十二。	寿州，寿春郡，忠正军节度。	葛布一十匹，石斛一十斤。	淮南路西路土贡共12种。 丝织品和丝麻毛等纺织品6种：绢三十匹。白纻布四十匹，纻、练各一十匹，纱一十匹，葛布二十匹。 其他6种：白术一十两，连翘一十斤，石斛一十斤，生石斛三十斤，蜡二十斤，簟一十领。	
		庐州，庐江郡，保信军节度。	纱、绢各一十匹，生石斛、蜡各二十斤。		
		蕲州，蕲春郡，防御。	白纻布一十匹，簟一十领。		
		和州，历阳郡，防御。	纻、练各布一十匹。		
		舒州，同安郡，团练。	白纻布二十匹，白术一十两。		
		濠州，钟离郡，团练。	绢一十匹。		
		光州，弋阳郡，军事。	葛布一十匹，生石斛一十斤。		
		黄州，齐安郡，军事。	白纻布一十匹，连翘一十斤。		
		无为军。	绢一十匹。		

上贡地区		土贡	四京及各路土贡汇总	全国土贡汇总
两浙路 州一十四，县七十九。	大都督府，杭州，余杭郡，宁海军节度。	绫三十匹，藤纸一千张。	两浙路土贡共23种。 丝织品和丝麻毛等纺织品9种：绵三百两，绫六十匹，罗一十匹，越绫二十匹，白纻四十匹，茜绯花纱一十匹，纱一十匹，轻容纱五匹，葛二十匹。 其他14种：白石脂、蛇床子各一十斤，乾山蓣一十五斤，乌贼鱼骨五斤，黄连一十斤，席五十领，簟一十领，鲛鱼皮一十五张，甲香三斤，金漆三十斤，瓷器五十事，漆器三十事，藤纸二千张，纸一千五百张。	
	大都督府，越州，会稽郡，镇东军节度。	越绫二十匹，茜绯花纱一十匹，轻容纱五匹，纸一千张，瓷器五十事。		
	苏州，吴郡，平江军节度。	葛二十匹，席二十领，白石脂、蛇床子各一十斤。		
	润州，丹阳郡，镇江军节度。	罗一十匹，绫一十匹。		
	湖州，吴兴郡，昭庆军节度。	白纻二十匹，漆器三十事。		
	婺州，东阳郡，保宁军节度。	绵一百两，藤纸五百张。		
	明州，奉化郡，奉国军节度。	绫一十匹，乾山蓣一十五斤，乌贼鱼骨五斤。		
	常州，毗陵郡，军事。	白纻一十匹，纱一十匹，席三十领。		
	温州，永嘉郡，军事。	鲛鱼皮五张，纸五百张。		
	台州，临海郡，军事。	甲香三斤，金漆三十斤，鲛鱼皮一十张。		
	处州，缙云郡，军事。	绵一百两，黄连一十斤。		

上贡地区		土贡	四京及各路土贡汇总	全国土贡汇总
两浙路 州一十四， 县七十九。		衢州，信安郡，军事。	绵一百两，藤纸五百张。	
		睦州，新定郡，军事。	白纻一十匹，簟一十领。	
		秀州，军事。	绫一十匹。	
江南路	东路 府一，州七，军二，县四十八。	江宁府，建康军节度。	笔五百管。	江南东路土贡共14种。 丝织品和丝麻毛等纺织品3种：白纻布一十匹，白纻一十匹，纱一十匹。 其他11种：茶芽二十斤，葛粉一十斤，白蜜三十斤，黄连三十斤，生石斛、云母各一十斤，麸金一十两，簟一十领，水精器一十事，笔一千管，纸二千张。	
		宣州，宣城郡，宁国军节度。	白纻布一十匹，黄连三十斤，笔五百管。	
		歙州，新安郡，军事。	白纻一十匹，纸一千张。	
		江州，浔阳郡，军事。	生石斛、云母各一十斤。	
		池州，池阳郡，军事。	纸一千张。	
		饶州，鄱阳郡，军事。	麸金一十两，簟一十领。	
		信州，上饶郡，军事。	葛粉一十斤，白蜜三十斤，水精器一十事。	
		太平州，军事。	纱一十匹。	
		南康军。	茶芽一十斤。	
		广德军。	茶芽一十斤。	
	西路 州六，军四，县四十七。	都督，洪州，豫章郡，镇南军节度。	葛三十匹。	江南西路土贡共6种。 丝织品和丝麻毛等纺织品6种：	
		虔州，南康郡，昭信军节度。	白纻二十匹。		

上贡地区			土贡	四京及各路土贡汇总	全国土贡汇总
江南路	西路州六，军四，县四十七。	吉州，庐陵郡，军事。	葛布一十匹，纻布一十匹。	绢二十匹，葛六十匹，葛布一十匹，纻布一十匹，白纻三十匹，纻三十匹。	
		袁州，宜春郡，军事。	白纻一十匹。		
		抚州，临川郡，军事。	葛三十匹。		
		筠州，军事。	纻一十匹。		
		兴国军。	纻一十匹。		
		南安军。	纻一十匹。		
		临江军。	绢一十匹。		
		建昌军。	绢一十匹。		
荆湖路	南路州七，监一，县三十四。	潭州，长沙郡，武安军节度。	葛三十匹，茶末一百斤。	荆湖路南路土贡共9种。丝织品和丝麻毛等纺织品3种：葛五十匹，白纻一十匹，纻一十匹。其他6种：茶末一百斤，犀角二株，零陵香二十斤，石燕二百枚，麸金三两，银六十两。	
		衡州，衡阳郡，军事。	麸金三两，犀角一株。		
		道州，江华郡，军事。	白纻一十匹，零陵香一十斤。		
		永州，零陵郡，军事。	葛一十匹，石燕二百枚。		
		郴州，桂阳郡，军事。	纻一十匹。		
		邵州，邵阳郡，军事。	银一十两，犀角一株。		
		全州，军事。	葛一十匹，零陵香一十斤。		
		桂阳监。	银五十两。		

上贡地区			土贡	四京及各路土贡汇总	全国土贡汇总
荆湖路	北路府一，州一十，县四十七。	江陵府，江陵郡，荆南节度。	绫、纻布各一十匹，碧涧茶芽六百斤。	荆湖路北路土贡共15种。丝织品和丝麻毛等纺织品6种：斑白绢三匹，绫二十匹，纻布一十匹，纻四十匹，布、练各一十匹。其他9种：碧涧茶芽六百斤，芒硝、杜若、五加皮各一十斤，银三十两，簟一十领，光明砂十五两，水银五十两，朱砂二十两。	
		鄂州，江夏郡，武昌军节度。	银三十两。		
		安州，安陆郡，安远军节度。	纻一十匹。		
		鼎州，武陵郡，团练。	布、纻、练各一十匹。		
		澧州，澧阳郡，军事。	绫一十匹，簟一十领。		
		峡州，夷陵郡，军事。	芒硝、杜若、五加皮各一十斤。		
		岳州，巴陵郡，军事。	纻一十匹。		
		归州，巴东郡，军事。	纻一十匹。		
		辰州，卢溪郡，军事。	光明砂十五两，水银三十两。		
		沅州，潭阳郡，军事。	朱砂、水银各二十两。		
		诚州，军事。	斑白绢三匹。		
成都府路府一，州一十二，监一，县五十八。		成都府，蜀郡，剑南西川节度。	花罗六匹，锦三匹，高纻布一十匹，杂色笺五百张。	成都府路土贡共20种。丝织品和丝麻毛等纺织品11种：花罗六匹，锦三匹，春罗四匹，单丝罗一十匹，罗一十匹，绫五匹，绵䌷二十匹，	
		眉州，通义郡，防御。	麸金五两，巴豆一斤。		
		蜀州，唐安郡，军事。	春罗四匹. 单丝罗一十匹。		

上贡地区		土贡	四京及各路土贡汇总	全国土贡汇总
成都府路 府一，州一十二，监一，县五十八。	彭州，濛阳郡，军事。	罗一十匹。	纻一十匹，纻布一十匹，高纻布一十匹，丝布一十匹。 其他9种：红椒三十斤，麝三两，羌活、当归各一十斤，续随子、苦药子各三斤，巴豆一斤，麸金二十一两，杂色笺五百张。	
	绵州，巴西郡，军事。	绫五匹，纻布一十匹。		
	汉州，德阳郡，军事。	纻一十匹。		
	嘉州，犍为郡，军事。	麸金六两。		
	邛州，临邛郡，军事。	丝布一十匹。		
	黎州，汉源郡，军事。	红椒三十斤。		
	雅州，卢山郡，军事。	麸金五两。		
	茂州，通化郡，军事。	麝三两。		
	简州，阳安郡，军事。	绵绸二十匹，麸金五两。		
	威州，维川郡，军事。	羌活、当归各一十斤。		
	陵井监。	续随子、苦药子各三斤。		
梓州路 州一十一，军二，监一，县四十九。	梓州，梓潼郡，剑南东川节度。	白花绫一十匹，曾青、空青各一十两。	梓州路土贡共15种。 丝织品和丝麻毛等纺织品8种：白花绫一十匹，樗蒲绫二十匹，绵绸五匹，绸一十匹，绢一十五匹，丝布一十匹，葛四十匹，	
	都督府，遂州，遂宁郡，武信军节度。	樗蒲绫二十匹。		
	果州，南充郡，团练。	丝布一十匹，天门冬一十斤。		

上贡地区		土贡	四京及各路土贡汇总	全国土贡汇总
梓州路 州一十一，军二，监一，县四十九。	资州，资阳郡，军事。	麸金五两。	斑布一十匹。 其他 7 种：天门冬二十斤、白药子、牡丹皮各五斤，卖子木二斤，曾青、空青各一十两，麸金八两。	
	普州，安岳郡，军事。	葛一十匹，天门冬一十斤。		
	昌州，昌元郡，军事。	绢一十匹，麸金三两。		
	戎州，南溪郡，军事。	葛一十匹。		
	泸州，泸川郡，军事。	葛一十匹。		
	合州，巴川郡，军事。	白药子、牡丹皮各五斤。		
	荣州，和义郡，军事。	斑布一十匹。		
	渠州，邻山郡，军事。	绵绸五匹，卖子木二斤。		
	怀安军。	绸一十匹。		
	广安军。	绢五匹。		
	富顺监。	葛一十匹。		
利州路 府一，州九，县三十九，关一。	兴元府，汉中郡，山南西道节度。	胭脂一十斤，红花五十斤。	利州路土贡共 15 种。 丝织品和丝麻毛等纺织品 4 种：绵绸十匹，综丝绫二十匹，莲绫一十匹，隔织八匹。 其他 11 种：	
	都督府，利州，益川郡，宁武军节度。	金五两，钢铁一十斤。		
	洋州，洋川郡，武康军节度。	隔织八匹。		

上贡地区	土贡	四京及各路土贡汇总	全国土贡汇总
利州路 府一，州九，县三十九，关一。	阆州，阆中郡，安德军节度。	莲绫一十匹。	胭脂一十斤，红花五十斤，麝香五两，蜜、蜡各三十斤，巴戟一十斤，羚羊角五对，天雄一斤，麸金三两，金五两，钢铁一十斤。	
	剑州，普安郡，军事。	巴戟一十斤。		
	巴州，清化郡，军事。	绵绸五匹。		
	文州，阴平郡，军事。	麝香五两。		
	兴州，顺政郡，军事。	蜜、蜡各三十斤。		
	蓬州，咸安郡，军事。	综丝绫二十匹，绵绸五匹。		
	龙州，江油郡，军事。	麸金三两，羚羊角五对，天雄一斤。		
	剑门关。	（无土贡）		
夔州路 州九，军三，监一，县三十。	都督府，夔州，云安郡，宁江军节度。	蜜、蜡各二十斤。	夔州路土贡共15种。 丝织品和丝麻毛等纺织品6种：绢三十匹，绸五匹，绵一百两，绵绸五匹，葛布五匹，白苎五匹。 其他9种：黄连一十斤，木药子二百颗，车前子一斗，牡丹皮一十斤，蜜二十斤，黄蜡一十斤，蜡三十斤，朱砂一十两，金三两。	
	黔州，黔中郡，武泰军节度。	朱砂一十两，蜡一十斤。		
	达州，通川郡，军事。	绸五匹。		
	施州，清江郡，军事。	黄连一十斤，木药子一百颗。		
	忠州，南宾郡，军事。	绵绸五匹。		
	万州，南浦郡，军事。	金三两，木药子一百颗。		

上贡地区		土贡	四京及各路土贡汇总	全国土贡汇总
夔州路 州九，军三，监一，县三十。	开州，盛山郡，军事。	白苎五匹，车前子一斗。		
	涪州，涪陵郡，军事。	绢一十匹。		
	渝州，南平郡，军事。	葛布五匹，牡丹皮一十斤。		
	云安军。	绢一十匹。		
	梁山军。	绵一百两。		
	南平军。	绢一十匹。		
	大宁监。	黄蜡一十斤。		
福建路 州六，军二，县四十五。	大都督府，福州，长乐郡，威武军节度。	红花蕉布三十匹。	福建路土贡共11种。 丝织品和丝麻毛等纺织品7种：绵二百两，红花蕉布三十匹，练五十匹，蕉、葛各一十匹，葛布一十匹，纻一十匹。 其他4种：龙凤等茶九百三十斤，蜡烛二百条，甲香一十斤，鲛鱼皮一十张。	
	建州，建安郡，建宁军节度。	龙凤等茶八百二十斤，练五十匹。		
	泉州，清源郡，平海军节度。	绵一百两，蕉、葛各一十匹。		
	南剑州，剑浦郡，军事。	茶一百一十斤。		
	汀州，临汀郡，军事。	蜡烛二百条。		
	漳州，漳浦郡，军事。	甲香一十斤，鲛鱼皮一十张。		
	邵武军。	纻一十匹。		
	兴化军。	绵一百两，葛布一十匹。		

上贡地区			土贡	四京及各路土贡汇总	全国土贡汇总
广南路	东路州一十五，县四十。	都督府，广州，南海郡，清海军节度。	沈香一十斤，甲香三斤，詹糖香、石斛各二斤，龟壳、水马各二十枚，鼍皮一十张，藤席二十领。	广南路东路土贡共19种。丝织品和丝麻毛等纺织品5种：绢三十匹，白纻布一十匹，纻布一十匹，蕉布五匹，布五匹。其他14种：甲香一十四斤，藤箱一枚，沈香一十斤，詹糖香、石斛各二斤，龟壳、水马各二十枚，鼍皮一十张，藤席二十领，藤盘一面，鲛鱼皮一张，银七十两，钟乳二斤，石砚一十枚。	
		韶州，始兴郡，军事。	绢一十匹，钟乳一斤。		
		循州，海丰郡，军事。	绢一十匹，藤盘一面。		
		潮州，潮阳郡，军事。	蕉布五匹，甲香一斤，鲛鱼皮一张。		
		连州，连山郡，军事。	白纻布一十匹，钟乳一斤。		
		贺州，临贺郡，军事。	银一十两。		
		封州，临封郡，军事。	银一十两。		
		端州，高要郡，军事。	银一十两，石砚一十枚。		
		新州，新兴郡，军事。	银一十两。		
		康州，晋康郡，军事。	银一十两。		
		南恩州，恩平郡，军事。	银一十两。		
		梅州，军事。	银一十两，布五匹。		

上贡地区			土贡	四京及各路土贡汇总	全国土贡汇总
广南路	东路 州一十五，县四十。	南雄州，军事。	绢一十匹。		
		英州，军事。	纻布一十匹。		
		惠州，军事。	甲香一十斤，藤箱一枚。		
	西路 州二十三，军三，县六十四。	都督府，桂州，始安郡，静江军节度。	银五十两，桂心二十斤。	广南路西路土贡共 12 种。高良姜一十五斤，槟榔一千颗，桂心四十斤，斑竹一十枝，朱砂二十两，白石英二斤，缩沙二斤，藤器二十事，翡翠毛二十枚，榠子数珠一十串，银二百四十五两，金六两。	
		都督府，容州，普宁郡，宁远军节度。	银一十两，朱砂二十两。		
		都督府，邕州，永宁郡，建武军节度。	银三十两。		
		象州，象郡，防御。	金三两，藤器一十事，榠子数珠一十串。		
		融州，融水郡，军事。	金三两，桂心二十斤。		
		昭州，平乐郡，军事。	银一十两。		
		梧州，苍梧郡，军事。	银一十两，白石英二斤。		
		藤州，感义郡，军事。	银一十两。		
		龚州，临江郡，军事。	银一十两。		
		浔州，浔江郡，军事。	银一十两。		
		贵州，怀泽郡，军事。	银一十两。		

上贡地区			土贡	四京及各路土贡汇总	全国土贡汇总
广南路	西路州二十三，军三，县六十四。	柳州，龙城郡，军事。	银一十两。		
		宜州，龙水郡，军事。	银一十两。		
		宾州，安城郡，军事。	银五两，藤器一十事。		
		横州，宁浦郡，军事。	银一十两。		
		化州，陵水郡，军事。	银五两。		
		高州，高凉郡，军事。	银五两。		
		雷州，海康郡，军事。	斑竹一十枝。		
		白州，南昌郡，军事。	银一十两，缩沙二斤。		
		钦州，宁越郡，军事。	高良姜一十斤，翡翠毛二十枚。		
		郁林州，郁林郡，军事。	银五两。		
		廉州，合浦郡，军事。	银一十两。		
		琼州，琼山郡，军事。	银一十两，槟榔一千颗。		
		昌化军。	银一十两。		
		万安军。	银五两。		
		朱崖军。	高良姜五斤。		
省废州军、化外州、羁縻州		（略）	（《元丰九域志》中无土贡记录）		

表16　北宋中期的全国土贡汇总

北宋前期全国贡赋汇总

全国土贡共207种。说明：因古人用词精确，略有区别的同种事物常用不同的词表述，因此统计时所遇贡品只要名称有区别即作为不同品种统计，如：罗、花罗、春罗作为3种统计。

丝织品和麻毛等纺织品54种：

绫一百四十五匹，方纹绫三十匹，仙纹绫五十匹，花绫一十匹，白花绫一十匹，樗蒲绫二十匹，双丝绫一十匹，越绫二十匹，综丝绫二十匹，莲绫一十匹，纱四十匹，轻容纱五匹，方纹纱三十匹，茜绯花纱一十匹，罗四十匹，花罗六匹，春罗四匹，单丝罗一十匹，锦三匹，综丝绌二十匹，绌七十五匹，花绌一十匹，绢六百八十五匹，斑白绢三匹，䌷一百零五匹，花䌷一十匹，绵䌷五十匹，平䌷四十匹，白縠一十匹，丝布二十匹，绵一千一百两，葛一百九十匹，葛布四十五匹，练七十匹，纻一百一十五匹，细纻二十匹，白苎五匹，白纻一百匹，白纻布六十匹，高纻布一十匹，纻布六十匹，斑布一十匹，红花蕉布三十匹，布一十五匹，蕉布五匹，蕉一十匹，毡三十领，白毡三十领，靴毡一十领，紫茸毡四领，紫茸毛毼一十段，毛毼一十五段，弓弦麻二十斤，隔织一十八匹。

药材和保健食品等113种（其中可明确划属药材者106种）：水银五十两，朱砂五十两，云母二十斤，紫石英二十斤，白石英一十二斤，钟乳二斤四十两，阳起石十斤，磁石一十斤，白石脂一十斤，禹余粮一十斤，芒硝、杜若、羌活一十斤，甘草二百六十斤，人参三十斤一十两，知母一十斤，苁蓉六十斤，巴戟一十斤，紫草五十斤，黄连五十斤，柴胡三十斤，防风七十斤，当归一十斤，芎藭三十斤，蛇床一十五斤，蛇床子一十斤，牡丹皮一十五斤，高良姜一十五斤，零陵香二十斤，白菊花三十斤，葶苈子三升，车前子一斗，连翘一十斤，大黄一百斤，胭脂一十斤，续随子三斤，五味子五十斤，覆盆二斤，天门冬二十斤，茯苓（伏苓）四十斤，括娄根、柏子人各一十斤，荆芥、菴闾各一十斤，苦药子三斤，木药子二百颗，白药子五斤，海藻一十斤，石斛一十二斤，生石斛四十斤，榛实一石，槟榔一千颗，沈香一十斤，杜仲、白胶香、黄蘖各五斤，巴豆一斤，枳壳、枳实各一十五斤，五加皮一十斤，地骨皮二十斤，卖子木二斤，牛黄九两，阿胶六斤三十两，水马二十枚，鳔胶一十斤，龟壳二十枚，牡砺一十斤，羚羊角一十五对，鹿茸一对，麝香七两，麝五十九两，犀角二株，乌贼鱼骨五斤，龙骨一十斤，鼍皮一十张，麻黄二十五斤，茯神五斤，红花五十斤，白术一十两，天雄一斤；桂心四十斤，仙灵脾一十斤，细辛一十斤，乾山蓣一十五斤，缩沙二斤，靴皮二十张，藤箱一枚，詹糖香二斤，黄蜡一十斤，甲香二十七斤，牛膝五十斤，矾石一十斤，长理石五斤，石膏二十斤，石燕二百枚，曾青、空青各十两，光明砂一十五两，荜豆一石，茶末一百斤，盐花五十斤，胡粉二十斤，红椒三十斤，粱米一石，酸枣人（仁）三斗（以上106种为可明确划属药材者）。枣一万一千颗，白蜜三十斤，蜜三百四十斤，茶芽二十斤，葛粉一十斤，碧涧茶芽六百斤，龙凤等茶九百三十斤（以上7种主要属保健食品）。

日用品、文房用品、奢侈品、金银等40种：

柳箱一十枚，斑竹一十枚，火筋五十对，剪刀三十枚，铜鉴二十面，青铜鉴一十面，樲子数珠一十串，蜡烛九百五十条，花蜡烛一百条，席一百七十领，莞席一百领，簟五十领，芦席二十领，藤席二十领，藤盘一面，藤器二十事，瓷器三百一十事，石器二十事，漆器五十事，水精器一十事，蜡四百三十斤，青、绿各一十斤，金漆三十斤，解玉沙一百五十斤，钢铁一十斤，麑、鹿皮三百一十张，鲛鱼皮二十六张，翡翠毛二十枚，笔一千管，墨三百枚，藤纸二千张，纸四千张，杂色笺五百张，砚三十枚，石砚一十枚，麸金四十七两，银四百零五两，金二十五两。

宋代的土贡制度沿袭唐制，单就每州常贡岁额而言，应该与唐制相差不大，因此可推知在《元丰九域志》中所记载的土贡数目，应是北宋中期每州每岁的常贡定额。根据上表进行统计，我们可以看到，北宋中期的土贡物品中，丝织品和麻毛等纺织品有 54 种，药材和保健食品等达 113 种，其中可明确划属药材者 106 种，另外 7 种主要属于保健食品；日用品、文房用品、奢侈品、金银等有 40 种。可以说，土贡物品主要为宗室提供了大量的纺织品、日用品、常用药材、珍贵药材和保健食品及奢侈品。药材的品种繁多，就种类来说是土贡品中最多的一类。看来，统治者对于自己的生活质量是非常在乎的。在穿着上好的绫罗绸缎的同时，他们还非常注重自己身体的保健。在土贡的药材中，有不少是滋阴壮阳之物（如阳起石、苁蓉等），也有可用来配制美容药物的药材（如芏豆），这些药材对于满足统治者们骄奢淫逸的生活可谓居功不小。

之前，本书已就《太平寰宇记》中的贡赋品种进行了统计，在该书的记载中，除去"旧贡"之外，北宋前期的贡赋大约有 166 种，其中，大多是纺织品、食物和药材，珍贵药材和纯粹的奢侈品的数量非常有限。如果将北宋中期的贡品敛收情况与北宋前期做一个比较，我们可以看到，不仅品种增加了 41 种，达 207 种，而且珍贵药材和纯粹的奢侈品明显增多。仅从贡品敛收的量与质的变化就可看出，北宋中期的政府消费已经日益奢侈。仔细分析贡品种类的变化，我们还可以从中发现北宋王朝尚武精神衰退、国家武备松弛之迹象。在北宋前期的贡品中，有角弓、马鞍、覆鞍毡等军用材料，可是，在北宋中期的贡品中，已经看不到它们的名字，取而代之的是大量的保健食品、奢侈品以及文化用品。这种变化的趋势，正好与北宋政府推行重文抑武的统治战略相一致。

在分析消费观念之时，我们知道在真宗朝、仁宗朝时期和神宗朝前期，北宋政府尚比较注重用度的节制。从征敛贡品这方面来看，恰恰可以印证本书之前的分析。《文献通考》记载："真宗咸平二年（999），内侍裴愈因事至交州，谓龙花蕊难得之物，宜充贡，本州遂以为献。上怒黜愈，隶崖州，仍绝其贡。

是岁，又减罢剑、陇、夔、贺等五十余州土贡，又罢三十余州岁贡茶。"① 又记："仁宗天圣四年（1026），却川峡献织绣。又诏罢夔州玳瑁、紫贝等贡。"② "神宗（熙宁）元年（1068），上出诸州贡物名件，自漳州山姜花万朵以下，至同州樀梓二十颗，凡四十三州七十种，虑其耗蠹民力，诏罢之"。③ 由此可见，在北宋中期的某些时候，出于统治的需要，北宋朝廷也曾有罢免有关府州的土贡的措施。

但是，神宗朝时，熙宁元年（1068）罢免四十三州七十种贡物（应为常贡）之后，非常规的"进奉"数目之大却非常惊人。《文献通考》有记载："诸路进奉金银钱帛共二十七万三千六百八贯匹两，金二千一百两，银一十六万五千四百五十两，折银钱一万八千二百五十九贯七十七文，匹帛八万七千八百匹。"④ 又记："同天节进奉一十二万七百四十三贯匹两，京东路金二百两、银五千五百两，折银钱四千三百二十四贯七百文，绢七千三百匹。京西路金一百两、银七千一百两，折银钱二千六百九贯四百七十五文。淮南路银九千二百五十两，折银钱一千七十九贯二百二十一文。两浙路银一万一千八百两，绢五千五百匹。江南东路金一千两、银六千两，折银钱五百八十贯，绢四千匹。江南西路银一万四千五百两，绢二千五百匹。荆湖南路银九千三百两。荆湖北路银八千一百两。福建路银一万四千两。广南东路银四千两。江、淮、荆、浙发运使、副，银各五百两。江、淮等路提点铸钱司银一千两。"⑤ 另外，《文献通考》还记载了当时南郊进奉的数目："南郊进奉一十五万二千八百六十五贯匹两。京东路金七百两、绢一万三千匹，折银钱六百五贯文。京西路金一百两、银一千三百两、绢一万五千五百匹，折银钱二千一百一十贯。淮南路银三千五百两，折银钱六千一百三十九贯五百一十二文，绢一万五千匹。两浙路银九千五百两、绢

① 《文献通考》卷二二《土贡考一》。
② 《文献通考》卷二二《土贡考一》。
③ 《文献通考》卷二二《土贡考一》。
④ 《文献通考》卷二二《土贡考一》。
⑤ 《文献通考》卷二二《土贡考一》。

八千五百匹、罗一千匹。江南东路银五千五百两，折银钱五百八十一贯一百六十九文、绢九千匹。江南西路银一万五百两、绢四千匹。荆湖南路银一千三百两。荆湖北路银七千八百两、绢五百匹。福建路银二万三千两。广南东路银三千两。广南西路银五百两、钱二百三十贯文。"① 就上面这段记载，马端临说明："右系毕仲衍《中书备对》所述元丰间诸路圣节、南郊进奉金帛之数，内同天节江南东路进奉金一千两，即乾道间洪文敏公奏乞蠲减饶州圣节贡金，而寿皇特旨减七百两者是也。盖承平时圣节天下进奉通该金一千三百两，而江东路独当一千两，而江东之一千两则又止饶州一郡所出云。"② 由神宗朝元丰年间北宋中央政府收纳大量进奉这一事实，从侧面可以推知，经过熙宁变法，社会经济实力获得了一定的增长，而北宋政府则重新增加了敛收，连乾道间蠲减的饶州圣节贡金，也部分得以恢复。由于能够重新获得大量财富，北宋宗室、官僚有了进行奢侈消费的充分条件。

北宋政府敛收的土贡（常贡）和数目巨大的进奉只是政府消费内容的一部分。虽然贡品的量增加了，品质也提升了，却依然远远满足不了北宋政府日益膨胀的消费需求。大量货币形式的进奉以及赋税收入使得北宋政府有了进行大量商品购买的资金。

为了满足政府不断增长的消费，北宋政府在增加财政收入和调度物资方面上花费了不少工夫。北宋中期，宋朝廷的两税进一步呈现出品类的地区结构化特征。北方改钱为粮的例子不少。东南地区两税中的粮食改折为钱的现象，则自宋仁宗时起日益普遍化、经常化。两税征收的钱主要用来购买粮食，此外也可以用来购买政府消费所需的其他物资。宋朝政府通过和籴，购买大量粮食，从而使部分粮食转化为商品。下表（见表17）是北宋中期熙宁元丰时期宋政府和籴粮草的数据：

① 《文献通考》卷二二《土贡考一》。
② 《文献通考》卷二二《土贡考一》。

表 17　北宋中后期宋政府和籴粮草的数量 [①]

时间	和籴数量	资料来源
熙宁八年（1075）	7 万余石	《宋史》卷一七五《食货志三》
元丰元年（1078）	82.4 万石	《宋史》卷一七五《食货志三》

由表 17 可见，元丰元年（1078）北宋政府和籴粮草数量大增。和籴粮草的增加，可能是宋朝政府粮食消费增加的结果，也可能是两税中钱改粮的部分在该年增大，从而导致商品粮数量大增。

宋朝两税所呈现的品类结构和地区结构究竟意味着什么？这是宋史研究界非常关注的问题。王曾瑜认为："为什么南方大都有税钱，而北方往往没有税钱。这大概是承袭了五代割据政权的不同税制。"[②] 李晓在此基础上进一步认为："历史的惯性固然不能排除，但一种社会经济现象之所以持续存在且日益强化，其更重要的原因还是现实的要求。具体而言就是：两税税制规定的物品，不完全是宋朝政府真正需求的东西，客观上要求征税时'承例折变'，以便供给与需求相吻合。因此，两税征收之所以在地域结构上表现出北粮南钱的格局，其重要根源就在于北方是宋朝政府集中了大量粮食消费的重心地区，故将这里的税钱折换成粮食；宋政府在南方的粮食需求量相对较少，故以粮折钱，以便在北方购买。可以说，宋朝两税收入的品类结构和地区结构，在很大程度上是与政府消费需求的品类结构和地区结构相适应的，甚至可以说正是需求所主导的。"[③] 李晓这段分析非常精辟，揭示了宋朝政府消费需求的品类结构和地区结构对宋朝赋税结构的影响。

不过，值得补充的是，笔者认为宋朝中期两税收入的品类结构和地区结构不仅仅受到政府消费需求的品类结构和地区结构的影响，其实是在民间生产、民间需求、政府需求以及物资运输条件与运输成本等诸多因素共同作用之下形

---

① 参见张锦鹏《宋代商品供给研究》，第 117 页。

② 转引自李晓《宋朝政府购买制度研究》，第 63 页。

③ 李晓《宋朝政府购买制度研究》，第 64 页。

成的。

　　首先来看看民间生产。根据程民生的研究，"北宋时的单位亩产量，北方高于南方"，但是，"以田亩数言之，南方比北方多一倍以上，以户数言之，南方比北方多出近一倍"。[①] 据此，很难知道农业总产量南北方孰高孰低。不过，其他资料显示，北宋中期，北方粮食生产总体而言并不逊于南方。程民生根据史料统计了北宋时期有明确记载的丰收次地（次：次数；地：地方），总结认为北方丰收 73 次地，南方丰收 47 次地，而南北方灾荒次地数，南方略多于北方。[②] 我们即使排除太祖太宗朝和北宋末期哲宗徽宗钦宗朝的丰收次地（共 27 次），北宋中期的丰收次地也是北方多于南方。另外，程民生从北宋中期粮价（仁宗宝元二年，1039）分析粮食生产，也认为粮食生产与供应方面，北方比南方有优势。具体而言，第一类地区是四川，粮价最高。四川人多地少，粮食供应紧张，尽管成都府路土地肥沃亩产高，但人口众多，肥沃的土地少，所以粮价最高。第二类是京东、京西、河北、淮南、两浙、江南，粮价适中。两浙路等地粮食产量大，人口众多，消费量也大，因此粮价持中；京西路农业比较发达，人口适中，粮价也持中；河北户口不如两浙多，不过驻军多，粮食消费量大，但河北粮价适中，说明粮食供应充足。第三类是陕西、河东、荆湖、福建、广南，粮价低贱。荆湖南北、广南东西四路的农业落后，消费有限，粮价低贱；陕西粮食消费量大，供应也非常充足，因此粮价也较低。[③]

　　我们再重点就南方户口做一补充说明。因为户口多少直接关系到民间需求的大小。从户口数来看，宋朝南方明显超过北方。李剑农的研究显示：自五代以后，南方户口数一直处于增长状态，且"宋一代户口，始终以南部为重心"。李剑农根据汉、唐、宋、明四代地方志所记江南岸各州郡人口数字（岭南不在其内）做了统计，以考察江南岸人口增殖之势。今引李剑农所制表（见表 18）

---

① 程民生《宋代地域经济》，第 102—106 页。
② 程民生《宋代地域经济》，第 109—114 页。
③ 程民生《宋代地域经济》，第 114—118 页。

于下：

表 18　汉、唐、宋、明四代江南岸人口增势^①

中历	公历（年）	江南岸各区人口总数
西汉元始二年	2	2,507,188 口
东汉永和五年	140	6,294,801 口
唐天宝元年	742	10,579,726 口
宋崇宁中②	1102—1106	14,580,885 口
明洪武二十六年	1393	35,987,111 口

　　李剑农指出："据上表江南区人口，在西汉末，仅得当时全国总人口二十四分之一弱（当时全国总人口数为 59,594,978 口），东汉中期增至二倍有奇，至唐代中叶约增近五倍，至宋代中期约增近六倍，至明初则竟增至十四倍有奇，是时全国人口总数 60,545,812 口，盖江南人口已超过全国人口之半数以上。"③由以上数据我们可以看出，从东汉至唐 600 年左右，江南岸人口增长了 400 万余，而从唐初至宋中不到 400 年，江南岸人口增长了 400 万余。这段时间江南岸人口的猛增之猛势一目了然。实际上，在北宋中期，南方户口数已经占据了绝对优势。"宋神宗时，全国总户数为 16,569,874，其中北方 5,676,606 户，占 34.3%；南方为 10,893,268 户，占 65.7%，几乎是北方的两倍"。④吴松弟在研究辽宋金元时期的人口发展时也指出，这一时期中国人口的增长，实际上是南方人口的增长。⑤

　　由此，我们可以认为，北宋中期南方的人口应该一直处于增长状态。这也就意味着，在南方人口增长的同时，南方民间最基本的消费需求也应该一直在

　　① 参见李剑农《中国古代经济史稿》，第 561 页。表题为本书作者所加。
　　② "宋崇宁中"是在宋徽宗朝，本书将该段时间归为北宋末期。此处，李剑农用该段时间的户数是为了说明宋中期的户数情况。本书引表系于此，重在说明南方人口的增势。
　　③ 李剑农《中国古代经济史稿》，第 562 页。
　　④ 程民生《宋代地域经济》，第 54 页。程民生根据《太平寰宇记》《元丰九域志》《宋史·地理志》所载各地户口计算出宋神宗朝的南北方户数。
　　⑤ 参见吴松弟《中国人口史》（第三卷），《辽宋金元时期》，第 633—637 页。

增长。

这样来看，北宋政府的赋税结构的变化就显得大体是合理的了。因为，北方粮食多，驻军和朝廷消费也多，因此赋税结构中北方以粮食为主就属于"就地取材"了。在南方，朝廷的官方消费力量较弱，驻军也少，而民间人口众多，因此南方粮食消费需求主要在民间。如果宋朝廷从南方征收过多粮食运往北方，南方民间粮食消费势必出现问题，这样一来，以赋税形式征收的粮食就得支援南方。一来一往，粮食运输就会消耗大量人力、物力和财力。南方征收赋税以缗钱为主，一来便于运输，一来也可使用缗钱在北方籴粮食来满足对粮食的需求。

所以，我认为，北宋中期以北粮南钱为特征的赋税结构不仅受到政府消费需求的品类结构和地区结构的影响，其实是民间生产、民间需求、政府需求以及物资运输条件与运输成本等诸多因素共同作用的结果。

笔者可以进一步这样认为：北宋中期北方生产的粮食除了自给自足之外，主要都以赋税的形式流向了宋朝廷，供给官府和军队消费，因此北方民间现钱储蓄和流通较少；南方生产的粮食主要供给民间消费，而缗钱则以赋税的方式流向了宋朝廷，供给官府购买粮食或其他消费物资，因此南方除了粮食生产之外还必须获得缗钱收入。由于北宋朝廷长期以北方作为粮食形态赋税的主要来源，客观上刺激了北方粮食生产，因为只有不断追求粮食产量，才能不断应付交纳赋税的压力。相对而言，由于北宋朝廷长期以南方作为缗钱形态赋税的主要来源，客观上刺激了南方民间对于缗钱的需求。

这样就引出了一个新的问题：南方源源不断输往朝廷的缗钱从何而来？答案很简单，通过商品交易获得缗钱。笔者认为，北宋南方对缗钱的需求，实际上大大促进了商品交易。由于北宋已经成为一个比较统一的大市场，而南方的经济环境更适宜于农副产品和手工业产品的生产，为向政府交纳缗钱形态的赋税又在客观上刺激了南方对缗钱的需求，因此南方的非农业产品就有了明显的重要性。人们可以通过国内外交易用它们来换取缗钱，从而满足纳税需要，进而也可用交换所得的缗钱通过购买来满足包括粮食在内的消费需要。实际上，南方自唐末五代以来，商品经济就已经比较发达，有很好的历史基础。如李剑农所言："唐末五代时，东南各区域经济上之发展，表现于商业兴盛；商业兴盛，促进农业与手工业之生产。故值北部中央政权分解时，南方各个势力皆能倚此经济基础，据地以自雄。"① 李剑农认为，唐末五代时东南地区"商业兴盛，促进农业与手工业之生产"，在这点上笔者是赞同的。但是，笔者认为在宋朝，尤其是北宋中期，民间生产、民间需求、政府需求以及物资运输条件与运输成本等诸多因素相互作用共同促进了南方商业的兴盛，而南方农业与手工业生产的发展，一方面是商业兴盛的部分原因，一方面又是商业兴盛的结果。

由此，我们可以进一步推断，北宋中期，在全国范围内，民间现钱的流向应该是从北方流向南方。而南方由于不是政治军事中心，官府消费不集中，因此南方除了用于交纳赋税的部分缗钱流向宋朝廷之外，大量的缗钱藏于民间。可以说，北宋的南方是藏富于民间。相对而言，北方的消费结构中，粮食占了主体，同时大量的粮食又流向了朝廷，因此，北方民间的缗钱积蓄和流通可能少于南方。可以说，北宋的北方是藏富于朝廷。北宋的朝廷，由于汇聚了来自全国各地的粮食和缗钱等各种物资，因此自然成了最大的消费中心。分析至此，我们可以看到，北宋京城的消费繁荣是建立在汇聚全国物资基础之上的，它并没有一个商品交易整体活跃的市场作为支撑，因此如果政治军事中心地位一旦丧失，就必然缺乏强大的市场以支持旺盛的消费。换句话说，北宋京城一旦失去其都城地位，其消费就必然丧失活力来源。实际上，这也可解释为什么在南渡之后，汴京迅速衰落，而南方的临安等地在整个宋代一直都比较繁荣。关于汴京的衰落和临安的繁荣见后文。

通过以上分析，我们可以认为，北宋商品经济的发展是在民间生产、民间需求、政府需求以及物资运输条件与运输成本等诸多因素共同作用下促成的，具有城市集中性发展、地域不平衡发展的特征。这一特征，影响所及，直至

---

① 李剑农《中国古代经济史稿》，第 561 页。

当代。

　　北宋中期，在都城汴京和商品交易发达的南方，由于迫切需要实现商品之间的交易，自然对信息传播的速度和有效性提出了更多的要求。因此，在这个偃武习文的王朝中，商业传播就自然而然得到了较快的发展。在都城汴京和南方的发达城市中，商品需求集中，除了粮食等基本生活资料之外，还有大量的手工业品进入市场参与交易，并有各种服务业向城市集中人群提供服务。由于在城市内部不同群体的消费水平差距明显，对产品和服务就有不同层次的需求。有钱人愿意花费更多的金钱以获得质量更好的产品。这样一来，为了满足不同的消费需求，即使是同类产品和服务，也会在竞争的压力之下出现彼此区别的动力。所以，在汴京城内和商品经济发达的南方城市中，出现大量招牌、店号和产品上具有广告性质的标记，就属意料之中的事了。

　　需求的增长促进了商品生产，从而促进了零售业、服务业的发展与雇佣劳动力的形成。下面我们来看看雇佣劳动力的消费水平（见表19）。

表 19　北宋神宗时期与唐代的雇佣劳动者工资比较表 [①]

朝代	公历(年)	地区	工种	工资别	工资额	折合粮	资料来源
唐大历	770	内苑	雇农	月	8 斛	米 160.0 市斤	1
唐末	930	敦煌	农业雇工	月	粮 5 斗	—	2
北宋神宗	1077	四川彭州	茶工	日	60 文	米 5.5 市升	3
北宋神宗	1080	—	佣	日	40—50 文	—	4
北宋神宗	1080	汴京	佣	日	100 文	米 13.3 市升	5
北宋神宗	1080	汴京	募役	月	3000 文	米 400.0 市升	5

---

　　① 本表数据自赵冈、陈钟毅所制《历代工资比较表》中摘录，参见赵冈、陈钟毅《中国经济制度史论》，第251—256页。表中资料来源为原表格所附。表中"—"为笔者所加，原表"—"处为空格，表示因为有关数据缺少，因而无法按照一定的粮食价格进行换算。

表中资料来源：

1.《新唐书》卷一四五《严郢传》。

2.《敦煌资料》（第一辑），S.3877，《令狐安定雇工契》云；"断作价值每月五斗。"此文件据判断是唐末时，因雇主供给春衣、汗衫及鞋，故工资较低。

3.吕陶《净德集》卷一《奏具置场买茶旋行出卖远方不便事状》[①]曰："光义等各为雇召工人，每日雇钱六十文。"又该书卷四《奉使回奏十事状》内称当时四川米价大约七八百文一石。按吴承洛[②]书，宋石折合 66.41 市升。

4.端明殿学士《蔡忠惠公文集》卷二四《上庞端公书》："丁男日庸，不过四五十文。"

5.《宋文鉴》卷五四，苏轼上皇帝书，内曰："三日之雇，其直三百。"又魏泰《东轩笔录》卷八："募役……逐月佣钱三贯文。"又《宋史》卷九四《河渠志》，元祐元年，苏辙说"民间每夫，日雇二百钱"。这些都是汴京地区的工价。宋神宗时期，汴京常年米价一石四五百文，《司马光文集》卷四九说"平时一斗值钱者不过四五十"。此处依每斗五十文计算。

根据表 19 数据，我们可以制出《北宋神宗时期与唐代的雇佣劳动者日平均实物工资比较表》（见表 20）。

表 20　北宋神宗时期与唐代的雇佣劳动者日平均实物工资比较表

朝代	公历（年）	地区	工种	按每月 30 天计算每日平均实物工资
唐大历	770	内苑	雇农	米 5.3 市升
北宋神宗	1077	四川彭州	茶工	米 5.5 市升
北宋神宗	1080	汴京	佣	米 13.3 市升
北宋神宗	1080	汴京	募役	米 13.3 市升

从整理出的数据来看，北宋中期雇工的日实物工资在米 5.5 市升至米 13.3 市升之间，各地差异较大。京城内雇工的日实物工资明显要高于四川地区。据此推测，当时京城的消费水平要明显高于其他地区。这种情况，一如今日。

---

① 《中国经济制度史论》中误作《奏具置场买茶施行出卖运方不便事状》，今就文津阁四库全书版《净德集》中文题校改之。

② 《中国经济制度史论》中误作"吴今洛"书，据其书内容，应指吴承洛及其书《中国度量衡史》，今校改之。

那么，北宋中期的文武官员的收入情况与消费水平又是什么样的呢？下面我们来探讨一下这个问题。

在元丰朝之前，官僚、军官的俸钱（即料钱）标准出现过一些变化。真宗时期，曾经为文武官员增加了俸禄。《宋史》记载，"大中祥符五年（1012），诏文武官并增俸"。① 此后，俸禄标准又出现了一些变化："自乾兴以后，更革为多。至嘉祐始著《禄令》。"②

宋真宗、仁宗朝的文武官员的收入情况比较复杂，《宋史》记载也有些语焉不详。《宋史》对于俸禄的记载，先记载俸禄匹帛，然后记载职钱。在介绍俸禄时，以概括性的介绍开始："俸禄自宰臣而下至岳渎庙令，凡四十一等。"③ 待到记载职钱部分的中间，才以倒叙的方式插入介绍宋代俸钱的变化情况，说明嘉祐始著《禄令》，崇宁后俸钱又增加食料等钱。此后又继续介绍武官俸给。这样一来，就给今人理解宋真宗、仁宗朝的文武官员的收入情况造成了困难。因为，我们很难确切知道，"俸禄自宰臣而下至岳渎庙令，凡四十一等"的规定究竟始自何时，毕竟"始著《禄令》"的记载，并不意味着其中的俸禄支付方式自此才开始。不过，《文献通考》记载可供考据，该书先言"乾兴以后，俸禄添给僮人餐钱之制，更革为多。至嘉祐始著于《禄令》"，然后记载道："自宰臣而下至岳渎庙主簿凡四十一等。熙宁以来，悉用嘉祐《禄令》，无所损益。"④ 根据《文献通考》的记载来看，至少我们可以确知熙宁年间是按照"自宰臣而下至岳渎庙主簿凡四十一等"支付俸禄的（尽管嘉祐前各等级的官员整体收入情况我们依然无法确知）。由此，结合《宋史》的具体记载，我们可以知道熙宁年间的官员收入情况。在"俸禄自宰臣而下至岳渎庙令，凡四十一等"的概括介绍之后，《宋史》记载："宰相，枢密使，月三百千。春、冬服各绫二十匹，绢三十匹，冬绵百两。"⑤ 这也

---

① 《宋史》卷一七一《职官志·奉禄制上》。
② 《宋史》卷一七一《职官志·奉禄制上》。
③ 《宋史》卷一七一《职官志·奉禄制上》。
④ 《文献通考》卷六五《职官一九》。
⑤ 《宋史》卷一七一《职官志·奉禄制上》。

就是说，宰相、枢密使一级的高级官僚，他们的正常每日收入仅料钱部分就有10贯。即使是处于官僚级别低层的官员，如岳渎庙令，月钱也有"十千"①，即相当于每日333文。我们可以看到，熙宁年间北宋高级官僚的收入（即使不考虑实物收入）在正常情况下大约是低层官僚的30倍左右。高级武官的俸禄与高级文臣接近，比如："节度使，四百千"；"观察使，二百千"；"防御使，三百千"；"团练使，百五十千"。②中层武官月收入也不菲，比如："六军统军，百千"；"诸卫大将军，二十五千。春、冬绫各三匹，绢七匹，冬绵三十两"；"将军，二十千；春、冬绫各二匹，绢五匹，绵二十两"。③低级散官月收入也不低，"别驾，长史，司马，司士参军，如授士曹，依司士。文学参军，七千"。④高级武官（节度使）的月收入大约是低层散官（文学参军）的57倍。由此可知，不同等级的文武官员的消费能力的差距也是非常巨大的。总体上看，不论何种级别的文武官，他们的购买力远远超过了普通军兵与百姓。

元丰进行了官制的改革，"元丰制行：宰相，三百千。知枢密院，门下、中书侍郎，尚书左、右丞，同知枢密院事，二百千"。至于高级武官，"太尉，一百千。春、冬各小绫十匹，春罗一匹，绢十匹，冬绢二十匹，绵五十两"；"节度使，四百千"；"承宣使，三百千。即节度观察留后"；"观察使，防御使，二百千"；"团练使，百五十千"；"刺史，一百千"。⑤"进武校尉，三千。进义校尉，二千。春、

① 《宋史》卷一七一《职官志·奉禄制上》。
② 《宋史》卷一七一《职官志·奉禄制上》。
③ 《宋史》卷一七一《职官志·奉禄制上》。
④ 《宋史》卷一七一《职官志·奉禄制上》。（州）别驾、（州）长史、（州）司马、（州）司士参军、（州）文学参军皆为宋代散官名，分别为十等散官的第五等、第六等、第七等、第八等及第九等。第十等散官为（州）助教。
⑤ 《宋史》卷一七一《职官志·奉禄制上》。承宣使为宋代正任武阶名，北宋徽宗政和七年六月十七日由节度观察留后改名而来（见《宋大诏令集》卷一六四《观察留后改为承宣使御笔》）。故《宋史》以小字标注于后。本书系此，以用于代北宋中期"节度观察留后"。实际上，元丰改制前节度观察留后的俸禄也是月三百千。

冬绢各三匹。进武副尉，三千。守阙进武副尉、守阙进义副尉，一千"。① "凡文武官料钱，并支一分见钱，二分折支"。② 也就是说，北宋中后期元丰朝的文武官员获得料钱收入，有三分之一是货币收入。由于文武官员通过折支获得大量的生活消费品，因此货币收入部分，几乎完全可以用于消费活动，或者用于储蓄。元丰时中高级武官的月料钱收入大约是低级武官的 10 至 40 倍。他们有大量的可支配收入可用于消费，毫无疑问是社会上最具有实力的消费群体。神宗元丰年间低级武官的料钱收入部分则与汴京募役的月收入 3000 文比较接近。（当然，武官除料钱收入外，还有职钱、粮食等收入项目。）由此可见，高级官僚、高级军官是一个消费阶层，而他们与普通军官却并非属于同一个消费阶层。

需要指出的是，宋代的官制非常复杂，"其官人受授之别，则有官、有职、有差遣。官以寓禄秩、叙位著，职以待文学之选，而别为差遣以治内外之事。其次又有阶、有勋、有爵"。③ 也就是说，官名主要用来作为领取俸禄的等级标准，因此官又称寄禄官；有职事、有执掌者为职事官。北宋前期，旧之职事官大多无职事，而差遣才是朝廷办事的实职。元丰官制改革后，制定了阶官制度，定出了新的寄禄官级别，各级寄禄官改用新的标准领取俸禄。而担任与官名相符事务的职事官员，有职钱收入，"凡职事官职钱，不言'行'、'守'、'试'者，准'行'给，衣随寄禄官例支；及无立定例者，并随寄禄官给料钱，米麦计实数给；应两给者，谓职钱、米麦。从多给"。④ "行"、"守"、"试"乃是同名职事官不同的级别。称"行"的职事官级别最高，"守"、"试"级别依次降低，待遇也与级别相应。另外，根据《宋史》记载，按照嘉祐年间制定的《禄

---

① 《宋史》卷一七一《职官志·奉禄制上》。进武校尉等皆为武阶名，属无品阶列，于北宋政和二年九月二十五日分别自三班差使、三班借差、大将、守阙军将、正名军将等武阶名改名而成。《宋史》之《职官志·奉禄制》中无大将、军将、守阙军将的俸禄记载，本书因将进武校尉等的俸禄情况系此，权以说明北宋中期低级武官的俸禄收入。

② 《宋史》卷一七一《职官志·奉禄制上》。

③ 《宋史》卷一六一《职官志》。

④ 《宋史》卷一七一《职官志·奉禄制上》。

令》，"而在京官司供给之数，皆并为职钱。如大夫为郎官，既请大夫俸，又给郎官职钱，视嘉祐为优矣"。[1] 这就是说，北宋元丰后有些官员在享有寄禄官头衔时，如果同时是职事官，他就可能领取实际上相当于两份官职的主要俸禄。因此，到了北宋中后期，朝廷官员的消费能力实际上进一步增加了。

根据《宋史》记载，北宋中后期低级军士的职钱收入并不高（实际上整个宋代低级军士的收入都不高），于此亦可见宋季抑武扬文的国家大政方针。根据《宋史》记载，"员僚直、神龙卫而下，皆月给粟，自都虞候五石，至顺化、忠勇军士二石，凡五等。自都虞候以下至军士，皆岁给春冬服，自绢三十匹至油绢五匹，又加绵布钱有差"。[2] 普通的顺化、忠勇军士，职钱只有月粮二石，即相当于 133 市升，如果将春冬服等其他收入折加在一起，普通军士的月收入水平应该大致与同时期的普通雇佣劳动者（如汴京募役者）处于同一个水平。因此，从消费方面上看，宋代的普通军士与普通劳动者应该属于同一个消费阶层。不过，这些军士作为一定时期内的职业军人，几乎不从事生产活动，从而成为国家的巨大负担。

关于北宋中期的消费内容，值得一提的是，在食物结构方面，这一时期出现了比较明显的变化。北宋中期，在食物方面，北宋人的肉类消费增大。就肉类消费结构来看，仁宗时期，祭祀品中的牛肉使用继续减少，而羊肉猪肉增加。同时，御厨中消费羊的数量也增加了。真宗咸平五年（1002），"御厨岁费羊数万口"。[3] 仁宗嘉祐三年（1036），"象中等未败以前，日宰二百八十羊，以后日宰四十羊尔"。[4] 神宗熙宁十年（1078），御厨一年费"羊肉四十三万四千

---

① 《宋史》卷一七一《职官志·奉禄制上》。

② 《宋史》卷一七一《职官志·奉禄制上》。

③ 《宋会要辑稿》，职官二一之一〇。

④ 《续资治通鉴长编》卷一八七，嘉祐三年三月癸酉条。魏华仙在《宋代四类物品的生产和消费》一书中引用该史载仅引"日宰二百八十羊，以后日宰四十羊"半句，容易使人误解这是宋御厨日常消耗羊的数量。其实，"日宰二百八十羊"这个数量这么大是因为当时有李象中等管理御厨供应的人自盗御厨食物。《续资治通鉴长编》中随后注云："此据江休复《杂志》。《杂志》云御厨自李象中得罪后，日宰四十羊，已前日宰二百八十羊。又云雷简夫判设案日，御厨日支面一万斤，后点检得乃日剩支六千斤。"

四百六十三斤四两"。① 哲宗元祐八年（1093），宰臣吕大防为哲宗讲祖宗家法时，将羊肉的消费上升到祖宗家法的高度，认为"饮食不贵异味，御厨止用羊肉，此皆祖宗家法，所以致太平者"。② 这种食物结构的变化，可能与当时农业耕作技术的发展有关。北宋中期，垦田数增多，同时牛耕继续推广。牛成为重要的劳动力。在这种情况下，牛肉消费减少，而羊肉消费增大，符合当时社会生产发展的需要。

商品经济的发展促进了商品的交流，也丰富了人民的衣、食、住、行以及文化娱乐等各方面的消费。从北宋中期商税和商品贸易总额情况看（见表21），北宋中期比起北宋前期来说，商品贸易总额明显增多。根据这些数据，我们可以推知北宋中期人民的消费水平要高于北宋前期，消费结构要比北宋前期复杂，消费方式要比北宋前期更加丰富。

表 21　北宋商税岁入情况及全国商品贸易总额估计 ③

单位：万贯

项目	时间	商税岁入	纳税商品总额	商品贸易总额
1	至道中（995—997）	400	2666.67	2800.00
2	景德中（1004—1007）	450	3000.00	3150.00
3	天禧五年（1021）	1204	8026.67	8428.00
4*	庆历前期（1041—1044）	2200*	14,666.67*	15,400.00*
5	庆历前期（1041—1045）	1975	13,166.67	13,825.00
6	皇祐中（1049—1054）	786.39	5242.60	5504.73

---

① 《宋会要辑稿》，方域四之一〇。

② 《续资治通鉴长编》卷四八〇，元祐八年正月丁亥条。

③ 张锦鹏《宋代商品供给研究》，第75—76页。表中主要数据为张锦鹏转引自郭正忠《两宋城乡商品货币经济考略》，第128页。其中，加"*"数据为张锦鹏考证所得。

项目	时间	商税岁入	纳税商品总额	商品贸易总额
7	嘉祐三年至六年（1058—1061）	700	4666.67	4900.00
8	嘉祐六、七年（1061—1062）	708.31 或 709.54	4722.07 或 4730.27	4958.17 或 4966.78
9	治平中（1064—1067）	846.39	5642.60	5924.73
10	熙宁十年（1077）	770.21 或 768.40	5134.73 或 5122.67	5391.47 或 5378.80
11	平均值	1004.03 或 1003.97	6693.54 或 6693.15	7082.21 或 7027.80

针对表 21 中的数据，下面我们再做一些具体分析。虽然表 21 中的数据部分属于估计值，但基本上可以反映北宋前期、中期的商税和商品供应情况。张锦鹏据此认为宋代商品供给有两个特点：一是商品供给总量具有不断增长的趋势；二是商品供给具有周期波动性。[①] 笔者认为，更准确地说，上表中的数据反映了北宋前期、中期的商税和商品供应情况，即北宋的商品供给从北宋天禧年间开始比前期明显增多，至庆历前期达到顶峰。但是，宋代商品供给是否具有周期波动性却有待商榷，因为这个结论与另一个趋势——"商品供给总量具有不断增长的趋势"其实是矛盾的。张锦鹏从战争、社会变革、自然灾害等几个方面分析了宋代商品供给受到的影响。她通过《宋史·五行志》研究发现，北宋自然灾害频繁发生有两个时期：一是北宋初期 960—1020 年间，在这段时间内几乎三至五年发生一次大灾荒；1020 年以后，自然灾害较少，部分地区灾害影响范围也小。她指出，1020—1070 年、1070—1127 年是自然灾害少、可正常进行生产活动的时期。她在分析了几个方面的影响后总结道：庆历年间由于自然灾害发生少，再加上战争刺激，导致政府大规模采购，推动了农产品和各种家庭副业的手工业品的商品化，形成了北宋社会商品供给的高峰时期；而在澶渊之盟后，军队支出下降，导致皇祐时期商品供给总额下降；熙宁时

[①]　张锦鹏《宋代商品供给研究》，第 85 页。

期，由于旱灾蝗灾严重，影响了农业生产，进而影响了商品供给。她进一步得出这样的结论：由于受到多种因素的影响，"从北宋初期到北宋中期全社会商品供给发生一次周期性波动"，并且"大胆预测：根据北宋后期自然灾害发生少，又有战争刺激的作用，北宋后期应会出现一个新的商品供给增长的高峰时期……"[①] 张锦鹏关于北宋时期战争、社会变革、自然灾害的研究非常深入，对于我们理解北宋商品供给的规律和社会消费具有很大的价值；但是，根据这些条件的变化规律却并不能得出"从北宋初期到北宋中期全社会商品供给发生一次周期性波动"这一结论，因为这段时间内的商品贸易总额只是发生了一次波动，至于是否是周期性的波动，还无法证明。因此，随后的预测是缺乏基础的（尽管这种可能性是存在的），因为，即使北宋后期自然灾害发生少，又有战争刺激的作用，但是如果战争达到破坏了社会生产的程度，也极可能影响到全社会的商品生产和供给。

至于北宋中期的物价水平，漆侠在全汉昇的研究基础上，进一步研究认为，从北宋初年到宋仁宗年间，粮价是从低向高发展的，粮价指数由宋初的 100 一度上升到 1150，即增至宋初的 15 倍（原文如此，应为 11.5 倍）；到宋神宗年间，粮价又有所下降，粮价指数在 100—400 之间。[②] 绢价从北宋初年到宋仁宗年间是从低到高增长的，指数从 100 增至 300；宋神宗年间绢价有所下降，指数大约为 120—130。[③] 从北宋初年至宋仁宗年间，金、银价格和粮价、绢价的变化趋势类似，都是从低到高，到神宗时有所下降。[④]

将北宋中期物价的这种变化趋势，与商品供给量结合起来分析，我们可以发现两个趋势具有很大的一致性。这说明一个问题，即在北宋仁宗朝之前，社会经济处于上升阶段，商品供给量增大，同时物价也开始攀升，轻微的通货膨胀主要由经济发展引起，人民的生活消费水平有所提高。但是，自仁宗朝后期，

---

① 张锦鹏《宋代商品供给研究》，第 100—112 页。
② 漆侠《中国经济通史·宋代经济卷》，第 1239—1241 页。
③ 漆侠《中国经济通史·宋代经济卷》，第 1242—1243 页。
④ 漆侠《中国经济通史·宋代经济卷》，第 1244—1245 页。

商品供给量开始下降，同时物价也下跌了，这显示当时社会上出现了经济衰退的迹象，人民生活消费水平明显下降。而我们知道，在仁宗朝时期由于西北用兵，一方面刺激政府消费（如政府通过和籴大量购买商品粮），造成了商品供给方面的高峰（商品粮总量增大是引起商品供给总量增大很重要的因素），另一方面给北宋王朝政府财政压力比较大。同时，北宋中期出现了严重的土地兼并现象，严重挫伤农民的生产积极性，影响了农业生产的发展。这样看来，仁宗朝后期显露出经济衰退迹象，人民生活消费水平下降就可以理解了。从这个角度分析，后来的王安石改革确实有历史的进步性，对于挽救北宋的社会危机、延缓北宋王朝的灭亡是具有一定的积极作用的。

不过，北宋商品供给量从总体上看不断增长这一事实，说明北宋前期中期的整体消费量的确有总体增长的趋势。但是，值得进一步指出的是，根据前文提到的北宋中期的户数口数变化情况、军队人数变化情况以及估计的商品供给量变化情况，笔者认为，当时社会所供给的商品在消费分配环节上是向政府消费方面一边倒的。北宋中期大量增加的商品供给其实大多被宫廷、官吏和军兵所消费。再进一步根据不同消费群的收入（尤其是可支配收入）来分析，笔者估计北宋中期宫廷、官吏及军队中的军官人均消费量有一定程度的增加。至于普通老百姓，由于受到可支配收入的限制，人均商品消费量增加并不大。

第三节 奢侈的沉醉与繁华盛世的突然"死亡"：北宋后期影响消费的诸因素及消费状况

（一）影响消费之政治与军事因素

"熙宁变法"的失败。北宋后期统治者的政治腐败与奢侈消费。繁华包裹着的脆弱。

1085 年，神宗去世，哲宗继位。当时，哲宗年龄不满十岁，朝政由祖母高氏控制。1086 年，北宋改元为元祐。高太后掌权后，重用保守派司马光为宰相，由他主持废除王安石新法的工作。司马光起用保守派，罢黜变法派，采取非常简单卤莽的措施，将免役、保甲、方田均税等新法大多废除。这就是历史上所谓的"元祐更化"。此后，保守派内部也出现为争夺政治地位的争论，逐渐分化为朔、蜀、洛三派，史称"元祐党争"。政治上的反复、残酷的党争使许多政策无法发挥积极作用，部分地区劳动人民的生产积极性也受到打击，对生产活动和消费活动产生了消极的影响。

元祐时期还有一重大事件是北宋将米脂等四寨归还给西夏，以争取政治上和军事上的主动。这次北宋主动表现出来的和解姿态，虽然可能令皇帝的内心因志不得伸而感到不快，但是却在客观上为北宋赢得了相对和平的局面。此后，西夏虽然还骚扰宋的边境，但北宋王朝基本上有效地防御了西夏的进攻。从军事局面上看，哲宗时期的边患并没有严重到影响当时宋朝的社会生产。

哲宗亲政后，把年号改为绍圣（1094），其意图非常明显，显然是为了表明自己要继承父亲神宗的遗志。哲宗起用章惇、曾布等支持变法的人。于是，新党逐渐把持朝政，重新推行青苗法、免役法等主要新法举措。

但是，变法派人物重新掌权后，对元祐年间当政的保守派进行了打击报复。而且，他们再次推行的"新法"已经与"熙宁之法"有了质的差别。王安石"熙宁之法"的主要改革目标是抑制豪强，发展生产，强国强兵，而此时推行的所谓的"新法"，其目标已经偏离了原来改革的初衷。北宋后期新党所推行的"新法"，实际上成为统治阶级疯狂敛财的借口。王安石欲图创建理想国家之苦心，逐渐被北宋后期的一些政治投机分子（如蔡京）、阴谋家、争权夺利的政客所利用，他的新法，也逐渐被废弃或被扭曲。

宋徽宗统治时期，北宋政府的政治已经走向腐败。在他在位的二十五年中（1101—1125），重用蔡京、王黼、童贯、杨戬等奸臣和宦官，肆无忌惮地剥削人民。宋徽宗和他的宠臣一起，打着"丰亨豫大"的旗号，大肆兴建园苑，收集奇花异石，不惜劳民伤财，挥霍享受。宋徽宗的统治，由于奢侈浪费太大，政府陷入严重的财政危机。为了解决财政危机问题，蔡京等人更以变法为借口，大肆剥削百姓，对社会生产造成了极大破坏。到宋徽宗统治末年，爆发了北方的宋江起义和南方的方腊起义。

宋朝廷的腐败政治直接导致奢侈浪费的消费现象。民间消费也以奢侈与浮华为荣。北宋后期，主要城市中普遍呈现出太平繁华的景象。长期的崇文抑武以及太平盛世之风的吹拂，不仅使北宋王朝的武备疲弱，而且无疑使国民变得温和柔顺。繁华的城市、旺盛的消费以及崇奢的风尚的确对社会生产产生了一种刺激，亦可提供大量工作岗位，吸纳一定的农村剩余劳动力。然而在政治腐败、财富高度集中的大环境中，其在另一侧面所导致的结果则令人思之心寒。虽然从社会生产的整体看，北宋中后期的社会生产依然处于上升状态，但是随着封建剥削与掠夺的加剧，在广大贫困地区，老百姓的消费能力急剧下降。实际上，至北宋末年，北宋王朝已经成为一根一击即倒的朽木。

（二）影响消费之经济因素

> 人口继续增长。生产、商业与贸易的继续发展。空前繁华的中心
> 城市。北宋末年严重的财政危机。

北宋后期，北宋王朝统治区内的人口继续增长（见表22），这要归功于此前很长一段时期内社会生产的持续发展。同时，不断增长的人口，作为农业社会时期最为重要的社会生产力，也为经济发展提供了绵延不绝的动力。正如邓广铭、漆侠所指出："到宋徽宗年间，户数超过2000万户，每户以5口计算已超过了1亿，远远超过汉唐，几乎为汉唐的两倍……宋代人口的增长与生产的发展有着密切的关系。"[①] 邓广铭、漆侠所说的"每户以5口计算"中的"口"是现代的单位，即"人"，而并非宋人所说的"口"。（一般以为，宋代所说的

---

① 邓广铭、漆侠《两宋政治经济问题》，知识出版社，1988年，第121页。

⊙ 宋徽宗像 《历代帝后像》局部

"口"乃男丁数。）如果我们以每户 7 人计算，徽宗崇宁元年（1102）的人口大约已经超过了 1.4 亿了。这样庞大的人口数目，对于一个农业社会来说，既是巨大的生产力，同时也是一个巨大的包袱。实际上，此后，到了南宋时期，人地矛盾逐渐暴露出来，使社会上的劳动力变得更加廉价，从而降低了社会平均消费水平。不过，北宋后期，宋王朝依然严重依赖于农业人口来生产出社会所需的最基本的消费品。尽管这一时期劳动生产率有所提高，但是北宋王朝并没有萌生出提高劳动生产率的强烈动机。诚如黄仁宇先生所言："宋人有解决技术问题的能力，却无寻觅节省人力的动机。"[1] 浦山先生说："技术进步被定义为是建立了一个新规划生产函数，这一函数使得现有实际生产函数的适应过程变得必要。……用通俗的语言来说，技术进步也可以被定义为是任何开展以前未被尝试的新生产方法的尝试活动。"[2] 他经研究进一步指出："无论是资本节约型还是资本使用型，都可能导致投资支出和总产出的增加，技术进步对于就业的影响取决于**总产出增加**和**劳动生产率增加**之间的比较。依据总产出的百分比增长是大于、等于或是小于用来衡量劳动生产率的产出劳动率的百分比增长，就业量也将增加、不变或减少。"[3] 这就是说，技术进步也可能使就业量减少。对于人口不断增长的北宋后期社会而言，技术进步从社会就业量方面得不到足够的动力，反之，技术进步所要社会支付的代价可能是当时社会所无法承受的，因为在这种情况下，技术进步是无法使得现有实际生产函数适应新规划的生产函数的。因此，当时的社会中不可能出现追求技术进步的强烈动机就一点不难理解了。毫无疑问，农业依然是北宋后期的主要生产部门，其他生产部门的地位并没有得到质的提高。

① 黄仁宇《中国大历史》，第 177 页。
② 浦山《技术进步与就业》，原文写成于 1949 年 5 月，为英文，王智勇译，文见《浦山集》，中国社会科学出版社，2006 年，第 39 页。
③ 浦山《浦山集》，第 54 页。引文中黑体字为笔者所设。

表 22　《文献通考》中关于北宋后期户数与口数的记载[1]

时间	户	口
哲宗元祐六年（1091）	18,688,093	41,492,311
元符二年（1099）	19,715,555	43,411,606
徽宗崇宁元年（1102）	20,019,050	43,820,769

1. 农业与消费

亩产量与生产率的提高。徽宗、蔡京为首的统治集团对民田的搜括及对百姓生活消费水平的影响。

北宋后期的农业处于继续发展之中。从有关亩产量看，北宋后期亩产量整体上要高于北宋中期（见表 23）。亩产量的提高，说明劳动生产率提高了。

表 23　北宋后期各地区单位面积产量[2]

单位：亩

年代	地区	单位面积产量（亩）	材料来源
宋哲宗元祐元年（1086）		1 石	吕陶《净德集》卷二《奏乞宽保甲等第并灾伤免冬教事状》*
宋哲宗时	吴越闽蜀	1 亩所收视他州辄数倍	《淮海集》卷一五《财用下》**
宋哲宗绍圣三年（1096）	太平州	5 石	贺铸《庆湖遗老诗集拾遗·题皖山北濒江田舍》
宋哲宗元符二年（1099）	麟、石、鄜、延等州	2 石	《续资治通鉴长编》卷五一七***

---

[1] 《文献通考》卷一一《户口考二》。

[2] 本表中数据引自漆侠《中国经济通史·宋代经济卷》，第 152 页。表中 1096 年处漆侠加注说明按贺铸系官太平州时所作诗，丙子年为宋哲宗绍圣三年。本表题为笔者所加。* 原表格此处所标资料来源为"吕陶《净德集》卷二《奏乞宽保甲等第并灾免冬教事状》"，其中所记文章题目有误，今以文津阁版《净德集》校改为《奏乞宽保甲等第并灾伤免冬教事状》。** 原表格此处所标材料来源为"《滩海集》卷一五《财用下》"，按，"滩海集"为"《淮海集》"之误，今校改之。《淮海集》卷一五《财用下》中有文曰："吴越闽蜀其一亩所出视他州辄数倍。"*** 《续资治通鉴长编》卷五一七，元符二年冬十月条载："河东路经略司勾当陈敦复言：'本路进筑堡寨，自麟、石、鄜、延，南北仅三百里，田土膏腴，并以厢军及配军营田一千顷，岁入谷二十万石。'"漆侠表中以麟、石、鄜、延等州亩产 2 石记之，不甚准确。故今将《续资治通鉴长编》原文系此作为参考。

年代	地区	单位面积产量（亩）	材料来源
宋徽宗政和七年（1117）	明州	六七硕谷	《宋会要辑稿》，食货七之四五

根据经济发展的一般规律来看，劳动生产率高的国家能够生产出更多的财富，人民的生活消费水平更高。由此我们认为北宋后期农业生产的持续发展为社会消费水平的提高提供了最为基础的生产保证。

另外，结合人口因素考虑，在生产率提高的同时，北宋后期劳动人口的增长也意味着能够生产出更多的社会财富，同时也意味着将有更多的农业剩余劳动力将被排挤出农业生产组织以从事其他生产活动。

但是，北宋后期的徽宗朝，官方性质的土地兼并加剧。当时，以徽宗、蔡京为首的统治集团试图将大片民田搜括为公田。在杨戬、李彦等人的推动下，宋朝廷以"西城所"为括田机构，大肆掠夺民田，疯狂增收租钱。恶官酷吏趁机残酷剥削百姓。结果，京东、京西、淮西北等地百姓大受其害。"西城所"大括公田，使得北宋统治集团掠夺了大量社会财富，造成了社会财富的高度集中。与此同时，京东、京西、淮西北等地百姓可支配收入大量减少，生活消费水平也急剧降低。北宋后期农业生产的成果并没有被广大劳动者所享有。

2. 手工业与消费

精美的瓷器。模仿型消费。高品质的纸。书籍消费的增长。昂贵的盐。精美的绢帛。船与消费品的运输。

制瓷业与消费

瓷器的消费。瓷器的新品。

根据对北宋前期、中期消费状况的研究，我们几乎可以得出这样的结论：

⊙ 宋代汝窑青瓷三足洗

⊙ 宋代汝窑青瓷茶盏托

⊙ 北宋官窑天青釉出戟尊

⊙ 宋大观二年《御制秘藏诠》刊本中的佛画

⊙ 宋元丰三年至崇宁二年刻印的《大般若波罗密多经》封面。美国
　伯克利加州大学图书馆藏

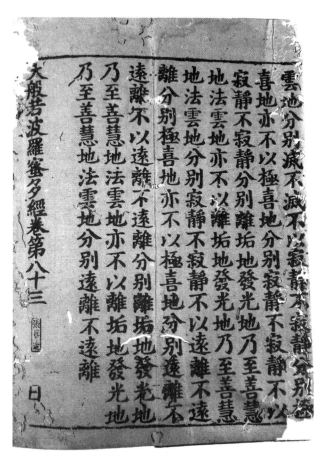

⊙ 宋元丰三年至崇宁二年刻印的《大般若波罗密多经》内页。
  美国伯克利加州大学图书馆藏

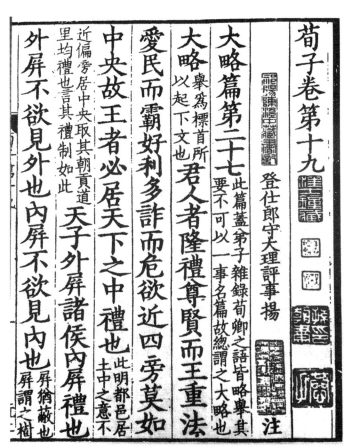

⊙ 宋刻本《荀子》内页之一

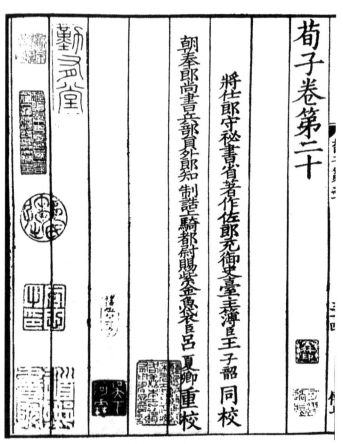

⊙ 宋刻本《荀子》内页之二

在社会总体财富增加的前提下，社会的两极化与阶级性消费、符号性消费具有一定的正相关性。瓷器的消费在宋代具有明显的阶级性和符号性特征。在北宋后期，如果这一商品消费的阶级性与符号性特征进一步加强，则意味社会贫富差距有可能进一步加大。目前所能掌握的史实证明，这一假设是成立的。同时，崇奢之风亦促使普通市民选择更加精美的瓷器。模仿型消费加大了普通市民的生活负担，于一定程度上掩盖了贫富的分化与消费的阶级性。

瓷器——宋代最为辉煌的产品之一，到了北宋后期，在品种已经非常丰富的家族中再次出现了新成员。新产品的出现要归功于汝窑和官窑的创建。汝窑创建于宋徽宗年间，以烧制青瓷闻名于世。其釉色非常丰富，有粉青、豆青、虾青、卵青等。汝窑的青瓷还吸收了定窑的印花技术。北宋后期的官窑是宋徽宗政和年间建立的，窑址在汴京。之前，汴京有著名的柴窑，因此，官窑的工艺受到柴窑的某些影响。官窑瓷器的最大特点是薄而体质细腻。汝窑、官窑的产品主要提供给宫廷使用，因此都属于官窑性质。

除了为官方提供产品的官窑在北宋后期有了明显发展之外，民窑中的磁州窑、耀州窑、景德镇（真宗时期在景德镇也设立了官窑）、龙泉窑、哥弟窑出品的瓷器，在北宋后期都大受老百姓的喜爱。究其原因，主要是商品经济发展后，市场需求增大，尤其是城镇中的市民也喜欢挑选更好、更精美的瓷器用于日常生活。由于受市场需求的刺激，磁州窑、耀州窑、景德镇等民窑也都大力改进技术，吸收和模仿官窑产品，不断丰富产品品种。其中，耀州窑还曾在北宋后期被选为贡品，成为宫廷消费中的名品之一。

造纸业、雕版印刷业、刻书业与消费

文化消费的增长。宋纸工艺的改进。雕版印刷业与刻书业提供了大量的文化消费品。

文化消费的增长促进了北宋造纸业、雕版印刷业、刻书业的发展，这些手工业部门的发展反过来也为文化消费提供了大量文化产品。

由于长期的文化繁荣，北宋后期造纸业非常发达。宋纸的制作工艺也有了进一步发展。当时制造的纸张纸幅增长，说明造纸工艺发展到一个新的阶段。流传于今的宋徽宗《千字文》，纸长即达三丈余。另外，时人对书籍的品质、印刷质量的要求提高也促进了宋纸工艺的改进。

北宋后期，雕版印刷业和刻书业的规模进一步发展。保存至今的北宋后期版画作品主要有《御制秘藏诠》（一）、（二）刊本中的佛画（大观二年，1108，邵明刊）[1]、经折装《佛顶心观世音菩萨大陀罗尼轮经》卷首佛画（崇宁元年，1102）[2] 等。叶德辉《书林清话》卷六记载："明高濂《燕闲清赏笺》论藏书云：藏书以宋刻为善。宋人之书，纸坚刻软，字画如写，格用单边，间多讳字，用墨稀薄，虽著水湿燥无漶迹。"[3] 当时刻印的图书达到了比较高的质量水平，刻印清晰，错讹之处也比较少，而且许多书籍用纸质量也非常高。北宋哲宗朝元祐年间刻印的司马光《资治通鉴考异》就是典范之一。《书林清话》卷六中记载，清乾隆帝曾对该刻本大加肯定，认为："是书字体浑穆，具颜、柳笔意。纸质薄如蝉翼，而文理坚致，为宋代所制无疑。"[4]

北宋后期雕版印刷业和刻书业大发展，原因是多方面的。首先，由于文化事业的长期发展，文化消费进一步增加，民间对于书籍的需求也进一步增加了。其次，宋朝廷尚文抑武，大力推行科举制度。书籍成为天下读书人和广大士大夫阶层的重要消费对象。再次，北宋中期王安石变法后又大兴县学，在培养人才的同时，使书籍的消费人群进一步扩大，到了北宋后期，书籍消费人群持续增长。由此可知，宋代中国人的文化消费需求，尤其是对书籍的消费需求，明显受到封建王朝统治制度的影响。其中影响最大者乃科举制度。它使封建时

---

① 《新编中国版画史图录》一书中有图版。周心慧主编《新编中国版画史图录》（第二册），第42—43页。

② 周心慧主编《新编中国版画史图录》（第二册），第44页。

③ 《书林清话》卷六《宋刻书纸墨之佳》。

④ 《书林清话》卷六《宋刻书纸墨之佳》。

代的中国人的文化消费需求具有了突出的机制性特征。中国传统文化中的主流——儒家文化——的功用之一，乃是通过文教，使学习在统治机制中寻找并确立一位置，或称之为治国经世，或所谓"学而优则仕"。中国人的文化消费需求鲜有被纯粹之求知欲所激励。中国儒家学问所思考致力解决的主要问题乃是人与人如何相处的问题、社会如何和谐发展及国家如何稳定存在的问题，而非纯粹之心灵或纯粹之自然问题。这恐怕也可解释为何随着人口的增多，中国科学的发展逐步放缓并且落后于西方。因为在这种社会发展态势中，中国文化的负担逐渐加重——它不得不使自身面临人口所造成的难以计数的复杂问题。这使它无暇顾及甚至排斥任何与世俗无关的纯科学之研究。直到现代科技使劳动生产率发生巨大飞跃，才使中国传统文化有可能从不堪重负中解脱出来，并将新的问题纳入原有的思考范畴。然而，中国人经数千年积累而成的文化消费需求的机制性特征并未因此而烟消云散，在当代中国人的文化消费中仍可看到它的"烙印"。不仅如此，在西方实用主义的影响下，当代中国人的文化消费的机制性特征又被蒙上了一层厚厚的功利主义色彩。相比之下，宋代中国人的文化消费需求，尤其是主流文化消费需求则显得动机相当单纯。北宋后期对书籍消费需求的增长，由此分析起来并无丝毫意外。此外，文化收藏热在北宋后期徽宗朝勃然大盛，民间不仅有大量读书者，还有大量藏书人。因此，雕版印刷业和刻书业在北宋后期继续获得长足发展，为人民的文化消费提供了更多的书籍。

张择端的《清明上河图》反映了北宋后期城市的景观，其中有一处专门画了一个书坊。书坊屋檐下挂一写着"书坊"字样的牌子，书坊向街面而开，门口为一横长柜台，一个伙计正向两个士人卖书，在伙计背后的书架上清晰可见摆着七大盒线装书。当时城市书坊生意与刻书业的红火于此可窥见一斑。

⊙《清明上河图》中的书坊

盐业与消费

政府财政对榷盐依赖性的增强。盐的专卖价格的提高。穷人买盐的花费负担更重。

北宋后期，朝廷为了解决财政困难，更加依赖于榷盐收入。因此，在政府的推动与重压下，北宋后期的盐业处于高速发展状态。从下面的榷盐收入（见表 24），我们可以推知当时盐业发展的规模不小。但是，需要指出的是，在加大盐的生产的同时，北宋政府使用惯用的剥削伎俩，不时提高盐的专卖价格。因此，虽然盐业有发展，但是广大老百姓并没有得到实惠。由于盐是由北宋政府专卖的，对于穷苦人而言，买盐的花费，更像是附加的额外赋税。

表 24　北宋后期宣和年间的榷盐收入 ①

时间	榷盐收入（万贯）
宣和元年（1114）	2500
宣和初年	3113（据《玉海》卷一八五《绍兴会计录》可知实为淮南与两浙盐利）②
宣和三年（1121）	10,000 ／ 11,000（《宋会要辑稿》食货二五之一四记"榷货务奏收盐钱一亿万及一亿一千万贯"，又谓"两项并作一项推恩"，课利同时有两项，原文未加说明。）

丝织业与消费

绢帛进入普通城市人的生活。

北宋后期，丝织业和农业分离程度已经比较高。专门的丝织品生产扩大，不仅可满足宫廷消费，也为民间的消费提供了大量的产品。绢帛已经普遍进入城市人民的生活。陆游于《老学庵笔记》中记载道："靖康初，京师织帛及妇

---

① 表中数据来自汪圣铎《两宋财政史》，第 699、702 页。

② 《玉海》卷一八五《绍兴会计录》。文中记："宣和初榷货所入淮南盐利二千四百五万，两浙盐利计七百八万。今淮浙路所入之盐利通一岁计之共三千二百万。"

人首饰衣服，皆备四时。如节物则春旛、灯球、竞渡、艾虎、云月之类；花则桃、杏、荷花、菊花、梅花，皆并为一景，谓之一年景。"[1] 城市的繁荣与消费中审美需求的增长显示出强烈的相关性。很显然，财富的高度集中使京师的人们在丰裕中更加追求消费品的精致与美观。即使在靖康初国家处境日艰的情况下，只要有足够的财富，自然能够激发人们对奢华的向往。

造船业与消费

> 北宋后期纲船的负载量。巨大的运输量。造船业对北宋政府消费
> 的意义。

北宋后期，造船业已经具有了很大的规模。北宋后期制造的船，运载量已经比较大。史载中，当时两浙的纲运用船载重量有明确的记录："政和三年（1113）九月十三日，两浙转运司奏：'……本路所管纲船，并是三百料，与他路大料纲船不同……'"[2] 显然，当时两浙主要纲船为三百料，而他路有载重量超过三百料的纲船。但是，由于当时两浙转运司在全国物资运输中具有重要地位，我们据此可以认为，徽宗朝主要的纲船负载量是三百料左右。（"料"是船的负载量单位，重量上相当于"石"、"硕"，王曾瑜曾对此做过专门论证。[3]）需要指出的是，11 世纪末，宋王朝能够制造的船最大载重量绝不是三百料左右。因为据生活在北宋中后期的张舜民的记载，"观万石船，船形制圆短，如三间大屋，户出其背，中甚华饰，登降以梯级，非甚大风不行，钱载二千万贯，米载一万二千石"。[4] 这船体积庞大，没有大风时不能航行。另，宋徽宗宣和年间为出使高丽募集的客舟，"其长十余丈，深三丈，阔二丈五尺，可载两千斛"，而为此专门建造的"神舟"，"长阔高大，什物器用人数，皆三倍于客舟也"。[5]

---

① 《老学庵笔记》卷二。
② 《宋会要辑稿》，食货四九之二九。
③ 王曾瑜《宋代的造船业》，《文物》1975 年第 10 期。
④ 《画墁集》所收之《郴行录》。《画墁集》作者张舜民生卒年大约是 1034—1100 年。
⑤ 《宣和奉使高丽图经》卷三四《客舟》。

⊙《清明上河图》中的船只

北宋后期船只的建造数量也很大。徽宗朝政和七年（1117）时，为了运输贡物，"蔡京以曩备东封船二千艘，及广济兵士四营，又增制作牵驾人，乞诏人船所比直达纲法"。[①] 所谓"直达纲法"，是用船直接将各处物资运往京城的运输法，不同于过去的转运法。由此我们可以推知，当时造船量非常大。由于需要大量漕船用以运输，各个主要船场的生产压力都很大。比如，徽宗朝政和四年（1114），"八月十九日，两浙路转运司奏明州合打额船，并就温州每年合打六百只……九月十四日……诏令两浙转运司各打造三百料三百只；江南东西、荆湖南北路转运司各打造五百料三百只……"[②]

大量船只的制造与投入使用，满足了政府的运输需要，同时为商品运输、流通提供了运输工具的保障。当时，像汴京这样的超级大城市，如果没有大量漕船为其源源不断地运入各种消费品，其后果是无法想象的。以每船载重量三百料计算，蔡京用二千艘船运输，如果二千艘船同时完成满载运输一次，总运载量是 600,000 料（石、硕）。需要指出的是，蔡京起用的二千艘船只是备用船只，如果加上已经在用之船的运输量，当时往京城的运输量是相当惊人的。从某种意义上说，北宋后期的船舶供应，对延缓北宋政府的崩溃是有功劳的。但是，大量的漕船也为奢侈的徽宗与权臣们运送着大量掠夺来的财富，包括大量的花石纲。因此，从另一个角度说，它们也是被那个已经腐败的朝廷所挟持的敛财工具。

3. 交通运输、商业与消费
交通运输与消费

汴河运输航道的废坏。中心城市的社会消费深受漕运状况的影响。

北宋后期，船运非常发达。前文已经提到北宋政府利用漕船转运和直达运

---

① 《文献通考》卷二二《土贡考一》。
② 《宋会要辑稿》，食货五〇之六。

⊙《清明上河图》中在汴河靠岸的船。搬运工往岸上搬的可能就
　是从南方运来的粮食

输货物。同样,内河运输也是民间商业运输的主要方式。但是,当时政治腐败,官吏无心政务,各地交通运输设施并没有得到维护,更谈不上发展。

从消费与投资角度分析,北宋后期消费奢侈,但是对于公共基础设施的投资并不多。以汴河为例,到北宋后期,这一全国最重要的漕运路线由于河床水位升高,已经处于危险之中。当时政府与民间对于汴河的使用,几乎没有什么未雨绸缪和可持续发展的概念,往往要到迫不得已时才采取一些应急措施。《宋史》记载:"靖康初,汴河决口有至百步者,塞之,工久未讫,干涸月余,纲运不通,南京及京师皆乏粮,责都水使者陈求道等,命提举京师所陈良弼同措置。越两旬,水复旧,纲运沓至,两京粮乃足。"[1] 由此可见,直到靖康初年,汴河之漕运对于京师、南京等地的基本生活消费依旧意义非凡,汴河在漕运体系中依然具有不可取代的作用。一旦汴河漕运不通,京师和南京等地就陷入了乏粮的困境。

由于汴河等运输航道属于交通基础设施范畴,北宋政府应在其中负有维护和建设的主要责任。北宋后期政府重奢侈之消费,轻基础设施之投资,没有未雨绸缪和可持续发展的概念,最终使汴河陷于脆弱的境地,影响了运输,进而使社会消费受到影响,甚至有可能产生了社会性危机。至于汴京、南京(应天府,今商丘)这样的大城市,更是在其间暴露出可怕的脆弱性,以致竟然出现了乏粮的局面。此足以为后世之鉴。

贸易与消费

海外贸易的繁荣。贸易中心的转移。管制的调整与加强。对奢侈品贸易的控制。奢侈品消费对封建统治的意义。

北宋后期,海外贸易的繁荣迫切要求北宋政府在管理层面做出反应。于是,"哲宗元祐二年(1087)十月六日,诏泉州增置市舶。三年(1088)三月十八

---

① 《宋史》卷一七五《食货志·漕运》。

日，密州板桥置市舶司"。[①] 泉州增置市舶司是宋代经济重心南移的一个先兆，亦为南宋的海外贸易从以广州为中心变迁为以泉州为中心埋下了伏笔。然而，这毕竟是几十年之后才发生的事，在哲宗朝，不论是统治者还是老百姓，还都没有预料到宋王朝在后来会屈居于东南一隅。但是，我们在历史的蛛丝马迹中，似乎可以看到历史诡异而无情的逻辑：之前，我们论及在北宋中期仁宗天圣年间，福州已经出现地方官连年私通外商购买奢侈品以致公人百姓追风购买违禁奢侈品的现象。颇具讽刺意味的是，此后，对奢侈品的消费欲望背后似乎暗中隐藏着一块巨大的磁石，渐渐将宋王朝吸引到了南边。

为了确保海外贸易的利益不至于流失，随着新的市舶司建立起来，北宋政府进一步调整了对市舶司及船舶的管制条例。从发展趋势看，有关管理条例是日渐严密的，尤其是对于商品货物的登记管理更是如此。《宋会要辑稿》记载："元祐五年（1090）十一月二十九日刑部言：'商贾许由海道往来，蕃商兴贩，并具入舶物货名数，所诣去处，申所在州，仍召本土物力户三人委保，州为验实，牒送愿发舶州，置簿，给公据听行。回日，许于合发舶州住舶，公据纳市舶司。即不请公据，而擅乘舶自海道入界河及往高丽、新罗、登莱州界者，徒二年，五百里编管。往北界者加二等，配一千里。并许人告捕，给舶物半价充赏。其余在船人，虽非船物主，并杖八十。即不请公据而未行者徒一年，邻州编管，赏减擅行之半，保人并减犯人三等。'从之。"[②] 管制之条例，不可谓不严。

在对海外商船的行动进行严格管制的同时，哲宗朝的北宋政府也开始创立各种法规，以保护海外商人的利益："元符二年（1099）五月十二日户部言：'蕃舶为风飘着沿海州界，若损败，及舶主不在，官为拯救，录物货，许其亲属召保认还。及立防守、盗纵、诈冒断罪法。'从之。"[③] 很显然，北宋政府希望海外商人按照他们制定的规则来从事贸易，其关键乃在于防止奢侈品在未经官

<hr>

① 《宋会要辑稿》，职官四四之八。
② 《宋会要辑稿》，职官四四之八。
③ 《宋会要辑稿》，职官四四之八。

方选择之前流入民间。这种对海外贸易既加以严格规制又加以鼓励的做法，具有强烈的实用主义色彩，对北宋政府而言具有三方面的意义：一是可以通过抽解直接获得收入；二是可以保证对海外奢侈品进行垄断，并通过专卖一些官方不需要的奢侈品来获得收益；三是可以通过对奢侈品的垄断和消费来维护自身的特权和社会地位。这可以解释，为何北宋政府一方面对海外商人的行动严加限定，同时又采取相关的措施鼓励和保护他们来中国做生意。

徽宗朝对于海外贸易更加倚重的心态自徽宗即位不久便显露出来。奢侈品及高额利益的诱惑，刺激着徽宗采取更加严密的管制办法来对待海外贸易："徽宗崇宁元年（1102）七月十一日，诏杭州、明州市舶司，依旧复置所有监官专库手，分等依逐处旧额。"①

两年后，崇宁三年（1104）五月二十八日，"诏应蕃国及土生蕃客，愿往他州或东京贩易物货者，仰经提举市舶司陈状；本司勘验诣实，给与公凭，前路照会经过官司，常切觉察，不得夹带禁物及奸细之人。其余应有关防约束事件，令本路市舶司相度申尚书省"。② 这份诏书，实际上强化了对外商于舶州以外之地从事买卖进行管制的制度。申请领取公凭是外商进入舶州以外之地从事买卖活动必须办理的手续。

崇宁五年（1106）三月四日诏："广州市舶司，旧来发舶往来南蕃诸国博易回。元丰三年（1080）旧条，只得却赴广州抽解；后来续降，③ 沿革不同。今则许于非元发舶州往舶抽买。缘此大生奸弊，亏损课额。可将元丰三年八月旧条，与后来续降冲改参详，从长立法，遵守施行。"④

在唐代，海外商人基本上可自由往来于各商埠。宋初也没有像北宋后期这样严格的海外贸易管理规定。北宋后期对海外贸易的严格管制，可以视为是对

---

① 《宋会要辑稿》，职官四四之八。
② 《宋会要辑稿》，职官四四之八至四四之九。
③ 参见赵升《朝野类要》卷四之法令"续降"条云："续降：法所不载，或异同，而谓利便者，自修法之后，每有续降指挥，则刑部编录成册，春、秋二仲颁降，内外遵守，一面行用。若果可行，则将来修法日，增文改创也。"
④ 《宋会要辑稿》，职官四四之九。

民间不断加强的需求和由此更趋繁荣的海外贸易的一种制度性反应。国内农业经济的发展，为北宋政府提供了消费保证，并提供了额外的财富，但是北宋统治者显然并不希望将由于经济发展而获得的财富用于重新分配以促进社会的平等，反之，他们心安理得甚至迫不及待地将大量的财富用于奢侈的消费，而对于民间的需求则采取一贯的限制与约束政策。海外贸易的管制与舆服制度方面的禁奢令在内在精神上具有高度的一致性。

通过加强对海外商人的管制，北宋政府继续比较有效地将对奢侈品的消费特权控制在自己手中，同时，也限制了商业自由的发展。这种管制的双重性效果，对于统治者而言，无疑可以在心理层面创生一种安全感，因为这样一来，在稀有的奢侈品的衬托下，他们能以独特的尊严凌驾于万民之上，同时，民间如果有人想要获得类似的消费品，只有等到他们在选择之余才给予考虑。万民之上的皇帝则可以通过给大臣赏赐稀有之物来彰显并强化自己的恩威。于是，在这种制度性的保护之中，在这种结构性的消费之中，封建王朝以稳固的姿态往前踟蹰前行。

商业城市与消费

　　汴京成为巨大的消费之都。汴京的文化娱乐业。行业的细分。发达的服务业。《清明上河图》中的消费图景。

汴京发展至北宋后期，已经成为名副其实的消费之都，城中四处呈现出繁华之景。周宝珠估算，汴京户数至元丰年间已达 16 万户，至崇宁年间已达 18 万户，总人口最高达 170 万。[①] 赵冈、陈钟毅认为这个数字可能偏高，认为合理的估计应是 140 万人左右，即 105 万民户，35 万军人及其他人员。[②] 笔者估计徽宗崇宁间的汴京人口总数大约在 126 万人左右（即以 18 万户、平均每户

---

① 周宝珠《宋代东京城市经济的发展及其在中外经济文化交流中的地位》，《中国史研究》1981 年第 2 期。

② 赵冈、陈钟毅《中国经济制度史论》，第 321 页。

⊙ 北宋东京外城实测图（邱刚《开封宋城考古述略》,《史学月刊》1999 年第 6 期）

7 人计算)。萧国亮研究指出，"在当时汴京的一百多万居民中，大致可以分为
两大类：一类是上层封建统治阶级，包括皇亲国戚、达官显宦、大地主等，以
及捍卫皇权的禁军大小头目，他们不从事生产，却要消费大量的高级消费品；
另一类是从事各种劳动的下层平民，其中有从事手工业生产的工匠、经营商业
的中小商人、提供各种服务性劳务的贫民以及其他人口"。[①] 庞大的人口为消费
提供了巨大的动力。加之都城之内高级官僚集中，他们享受特权并拥有非常可
观的可支配收入。因此，汴京居民消费能力之巨大是毋庸置疑的。

　　根据南宋人孟元老《东京梦华录》来看，北宋汴京之盛时，市场形式已经
有以下几个特征：第一，随处都有小卖行贩，交易不限于市区。第二，街面上
几乎随处都有商店、酒楼、旅舍及戏场（瓦子），场市分区的形式已经完全不
存在了。第三，交市时间不再有限制，从白天到深夜乃至通宵都可以做生意。
第四，商店的开设和交易的进行，虽然脱离了市区地域的限制，然而常常有多
数同行业的商店以及多数同行业的商贩集中在某些街巷或地点，形成"行"或
"市"。[②] 另外，吴郡等都会也和汴京出现同样的情况，商业的发达使城市的市
场形式相应发生变化。

　　就《东京梦华录》的记载分析，在北宋后期的汴京，商品市场上百货聚集，
生活消费品的数量超过了生产资料商品的数量，奢侈性消费品也为数不少。汴
京文化娱乐市场也比较发达，文化娱乐业出现了非常繁荣的局面。仅就《东京
梦华录》的记载来看，当时汴京城内的瓦子至少有九座。瓦子是当时的一种商
业娱乐中心。在瓦子里，有勾栏、饮食店、赌博场所，有唱戏的、卖药的、算
卦的、卖画的等各色生意，极类似于今日大城市内集购物、娱乐、休闲于一体
的综合商业中心（如今日北京城内之东方新天地、新东安商场等）。瓦子中的
主要娱乐场所是勾栏。勾栏是演戏的场所，相当于现代的剧场。《东京梦华录》

---

①　萧国亮《中国社会经济史研究》，北京大学出版社，2005 年，第 160 页。
②　参见李剑农《中国古代经济史稿》，第 678—684 页。

⊙ 宋《东京梦华录》清代刻本

⊙《清明上河图》中的正店

⊙ 宋代娱乐休闲方式之一: 蹴鞠 (宋《蹴鞠图》局
  部)

⊙ 韩城盘乐宋墓（约北宋末）杂剧壁画局部

⊙《清明上河图》中的檐子

还提到汴京的酒楼数目，文曰："在京正店七十二户，此外不能遍数。"①

当时汴京行业部门细分得已经比较厉害，各行各业甚至有自己特殊的服装行头。《东京梦华录》记载："其卖药卖卦，皆具冠带。至于乞丐者，亦有规格。稍似懈怠，众所不容。其士农工商，诸行百户，衣装各有本色，不敢越外。谓如香铺裹香人，即顶帽披背，质库掌事，即着皂衫角带，不顶帽之类。街市行人，便认得是何色目。"②北宋末年汴京城内各行业细分形成的原因，一方面是商业发达，有细分的可能性；另一方面是由于当时官府为了科索方便而设置。③北宋诸行服装分色并不是各行为了宣传自身。根据各行服色的设置原因看，制度约束和识别之功能大于其宣传功能。汴京行业细分之程度，即使以当代眼光视之，亦不免使人惊诧。这种行业细分，显然与消费需求细分是彼此呼应的。

北宋末年，东京城内的服务业已经比较发达，尤值一提。《东京梦华录》记载："士庶家与贵家婚嫁，亦乘檐子，只无脊上铜凤花朵，左右两军自有假赁所在。以至从人衫帽，衣服从物，俱可赁，不须借借。余命妇王宫士庶，通乘坐车子，如檐子样制，亦可容六人，前后有小勾栏，底下轴贯两挟朱轮，前出长辕，约七八尺，独牛驾之，亦可假赁。"④其中所记婚嫁时租赁车及有关器物的服务方式，可以说是与今日相差不大。即使是平时交通，也有由一头牛牵引的牛车可供租借。此外，东京也有为民间办吉凶宴席提供的租赁服务。《东京梦华录》记载："凡民间吉凶筵会，椅卓（桌）陈设，器皿合盘，酒檐动使之类，自有茶酒司管赁，吃食下酒，自有厨司。以至托盘下请书、安排坐次、尊前执事、歌说劝酒，谓之'白席人'，总谓之'四司人'。欲就园馆亭榭寺院游赏命客之类，举意便办，亦各有地分，乘揽排备，自有则例，亦不敢过越取钱。虽百十分，厅馆整肃，主人只出钱而已，不用费力。"⑤从这一记载来看，

---

① 《东京梦华录笺注》卷二之《酒楼》。
② 《东京梦华录笺注》卷五之《民俗》。
③ 参见《都城纪胜·诸行》。
④ 《东京梦华录笺注》卷四之《皇后出乘舆》。
⑤ 《东京梦华录笺注》卷四之《筵会假赁》。

⊙ 文人聚会时桌上的器皿（宋代赵佶
《文会图》局部 1）

⊙ 文人聚会时桌上的器皿（宋代赵佶
《文会图》局部 3）

⊙ 文人聚会时桌上的器皿（宋代赵佶《文会图》局部 2）

当时东京的宴会服务业已经非常成熟，有些服务几乎比今日的服务还要细致入微。"乘揽排备，自有则例，亦不敢过越取钱"，说明当时的商业服务竞争已经非常激烈，并且在自由竞争的压力下通过博弈形成了一定的行业自律。我们还可以看出，宴会司仪在北宋东京城内已经很普遍。对此，今人可能不会感到惊诧，却会感到有趣。因为，宴会司仪在现代中国的婚宴等正式宴席上，依旧从事着类似于祖先们所从事的工作。

　　研究北宋后期的汴京人的生活消费，张择端的《清明上河图》是无法绕过去的重要史料。张择端于徽宗朝任职翰林图画院，因此，他画的《清明上河图》可能主要以北宋后期的汴京为创作蓝本。《清明上河图》中的情景和孟元老《东京梦华录》所写的汴京非常吻合。《清明上河图》画中的河流极可能就着汴河而描绘。画中的建筑、街市也非常符合《东京梦华录》中所描写的街市情景。画中城市的城门附近和大街上一派繁华景象，随着画卷栩栩如生地展现于观者的眼前。画卷中这种繁华景象，即使是在千年以后，也使身处现代丰裕社会的观者感叹不已。该画卷使人心中产生之情愫，完全不同于罗马古城的遗址带给后人的心理冲击。后者更易令人在发思古之幽情中冥想历史的兴亡盛衰——爱德华·吉本正是在这种心灵冲击下产生了写一部城市衰亡史的念头，结果最终创作了洋洋数百万言的历史巨著《罗马帝国衰亡史》；而前者则常令人对千年之前生机勃勃的世俗生活产生一种心向往之的感动与怀旧之情，激发人们去怀想千年前先人们的生活消费细节。在这幅举世闻名的中国古代画卷中，街市上的各色人等来来往往，从事着各种活动。画面中店铺众多，店铺之前幌子、招旗、招牌触目可见。从那些具有广告性质的标志可以清楚地区别出酒楼、药铺、弓店，茶肆、当铺、书坊等从事不同经营的商铺。通过服装、物件还可以分辨出木匠、刀剪匠、卖花人、算命者。在街道上活动的各种人群中，官员特别醒目。他们骑着马，随从侍者们前呼后拥，簇拥而行。画面中还可见妇女们乘着轿。街道上、桥上行人熙熙攘攘，有挑担的，有推车的，有向妇女小孩兜售东西的。《清明上河图》中的汴河水道上有二十余艘船只，大多数应该是漕运船。

⊙《清明上河图》中的脚店

⊙《清明上河图》中正在放倒桅杆的大船

它们有的上行，有的顺水而下，有的正在行驶，有的正停泊岸边。可以看见有脚夫正在装卸谷货。在大桥前，一艘大船正将桅杆放倒，准备从桥下穿过，纤夫船工们一起忙着尽力使船顺利通过，桥上许多人注目观看，有热心者还攀附到桥侧去帮忙。桥南北的街道上，各色车辆众多，人来人往，展现了当年城市中的繁华景象。《清明上河图》以视觉形象再现了昔日商业都会的社会生活，在文字资料之外，为后人提供了北宋后期商业都会中消费旺盛的明证。

4. 货币与消费

交子、钱引的大量增发。北宋后期政府的财政困难。

哲宗绍圣时期（1094—1098），蜀地交子大量增发用以供给陕西沿边籴买粮食和招募兵马。成都由于缺钱，也请求造印交子。陕西也不得不重新通过使用交子的法规。

到了徽宗崇宁时期（1102—1106），京西北路也通过了使用交子的法规。交子随后改名为"钱引"。除了福建、浙江、湖广等地，钱引逐渐通行于诸路。徽宗大观元年（1107），宋朝将益州的"交子务"改名为"钱引务"。这一时期，宋朝政府为了支援边防军费，川蜀钱引发行更加无度，价值大跌。《文献通考》卷九记曰："大凡旧岁造一界，备本钱三十六万缗，新旧相因。大观中，不蓄本钱，而增造无艺，至引一缗，当钱十数。"[1]《宋史》中对大观年间钱引价值的记述，与《文献通考》所记相符。[2] 这说明，到了北宋末年，宋朝廷再次出现了巨大的财政困难。

这一时期宋朝政府的财政困难，主要是由于官僚机构庞大，朝廷官府消费无度，同时由于军费开支巨大等原因造成的。正如钱穆所言："宋代对外既如此不振，而内部又终年闹穷。而且愈闹愈凶，几于穷得不可支持。以中国以往历史而论，只要国家走上统一的路，以广土众民养一个中央政府，除非穷奢极欲，绝不至于贫患。"[3] 北宋末年，出现了货币贬值、政府财政困难等问题，北宋政府以徽宗为首的统治集团难辞其咎。他们穷奢极欲的消费，是引发许多社会问题的重要原因。

（三）影响消费之舆服制度与社会风尚因素

轿子形制的变迁。舆服制度对轿子使用方式的限定。物品的美学功能与消费欲望。愈演愈烈的奢侈风尚。对民间奢侈消费的限制。

《宋史》记载了哲宗绍圣二年（1095）侍御史翟思的进言："京城士人与豪右大姓，出入率以轿自载，四人舁之，甚者饰以棕盖，彻（撤）去簾[4]蔽，翼其左右，旁午于通衢，甚为僭拟，乞行止绝。"[5] 哲宗同意了翟思的建议。在

---

① 《文献通考》卷九《钱币考二》。
② 参见《宋史》卷一八一《食货志》。
③ 钱穆《国史大纲》（下册），第533—534页。
④ 此处"簾"字字形与形制有关，故仍用"簾"字，而不用简化字"帘"。
⑤ 《宋史》卷一五三《舆服志五》。

《宋会要辑稿》中，也记载了哲宗绍圣二年侍御史翟思的进言："近者京城士人与豪右大姓，出入往来，率以轿自载，四人舁之，甚者饰以棕盖，彻（撤）去簾蔽，翼其左右，旁午于通达之衢。"①两处史载就同一事的记载文字大致相同。但是，值得留意的是，《宋会要辑稿》中翟思的进言中有"近者"二字，这说明"轿"与"檐子"、"兜子"并非同一事物。因为，民间乘坐"檐子"、"兜子"在太宗朝已经出现，如果在哲宗朝再说"近者"就不太合理了。关于轿子的起源，陈振先生根据《续资治通鉴长编》和《事物纪原》的记载，考证轿子可能产生于神宗在位（1067—1085）的中后期。②（另，北宋初年王銍《默记》一书中已出现"轿"字，但形制可能仍是无顶无"簾蔽"之肩舆。）本书在此更关心的是轿子的使用方式以及被禁止的原因。从上引史料看来，民间豪富人家乘轿被禁止，是因为用四个人抬，并且有"甚者"用棕装饰遮盖轿子顶部，还将"簾蔽"撤去，改为左右的遮挡。陈振认为，肩舆的前为"簾"，其他三面为"蔽"，并指出"不甚者"的轿子虽不详，而所谓"甚者"的式样则比较清楚，大体上是从"垂簾肩舆"演变而成，是加了顶部"棕盖"，而将前面的"簾"及其他三面的"蔽"去掉，改成左右两侧有屏障。③关于"不甚者"的轿子形制，笔者认为可能是无顶，前为"簾"、后为"蔽"，两侧可能只有类似椅子的扶手。因为就翟思那句"彻（撤）去簾蔽，翼其左右"的语意来分析，轿子"左右"似乎本来是空的。如果左右原来有遮挡，再说"翼其左右"似乎不合情理。我们已经知道，宋初对民间商人、平民乘坐四人、八人抬的"檐子"和超过两人抬的"兜子"是禁止的。根据这些史料的记载，笔者认为，哲宗绍圣二年诏书对轿子使用进行限制的原因，并不是因为轿子作为一种交通工具被使用，而是因为轿子作为一种交通工具被改变了形制和被超过标准数目的人员来使用。从这一点看，北宋政府所真正担心的并不是物品的使用价值、实用价

---

① 《宋会要辑稿》，舆服四之七。

② 陈振《轿子的产生与发展》，《宋代社会政治论稿》，上海人民出版社，2007年，第269—274页。

③ 陈振《宋代社会政治论稿》，第269—274页。

⊙ 穿褙子的女子，宋宣和间承中郎刘宗古《瑶台步月图》
局部

值被普通人消费，而是担心物品所承载的符号功能被普通人所消费。

徽宗大观元年（1107），郭天信请求朝廷内外禁止使用翡翠装饰。郭天信所指的"翡翠"是一种鸟，并非指硬玉。徽宗对于该请求，回应道："先王之政，仁及草木禽兽，今取其羽毛，用于不急，伤生害性，非先王惠养万物之意。宜令有司立法禁之。"[①] 徽宗的这一说法很有意思，既没有谈到使用"翡翠"装饰是浪费，也没有谈到"翡翠"装饰是一种象征权力的符号，而只说这种消费行为"伤生害性，非先王惠养万物之意"。听起来，这种说法颇有点当代动物保护主义者的口吻。我们知道，徽宗朝不论是徽宗自己的消费，还是朝廷与民间的消费，都有明显的奢侈风尚。这就使得徽宗朝禁止使用"翡翠"装饰的舆服制度显得有些滑稽并极具讽刺意味。但是，由此我们可以推知，当时整个社会除了出现通过消费具有符号性质的物品来模仿上层消费的风尚之外，同时已经走向追求奢侈而华美的道路。也就是说，即使不具有任何符号象征的物品，由于其美学功能，同样激发了时人的消费欲望。

《宋史》记载，"政和二年（1112），诏后苑造缬帛。盖自元丰初，置为行军之号，又为卫士之衣，以辨奸诈，遂禁止民间打造。令开封府申严其禁，客旅不许兴贩缬板"。[②] 所谓的缬帛，是指有花纹的帛。所谓的缬板，应该是用来往帛匹上印花纹的雕板。由此看来，当时民间可能因为缬帛美观，而模仿制造。这样一来，使得缬帛用来作为行军标志和卫士服装的符号功能被破坏。《宋史》这段记载中的"以辨奸诈"之语，似有所指。可能当时有伪冒卫士衣装的情况，故《宋史》有是说。

徽宗朝的奢侈之风在后来愈演愈烈，不仅宗室、官僚如此，而且民间也大兴奢侈之风。但是，作为统治阶层的官僚们只注意压制民间的奢侈之风，而将自身的奢侈之风视为理所当然。这可以从史料之中清楚地看出来。《宋史》记载，政和七年（1117），有大臣上奏说："辇毂之下，奔竞侈靡，有未革者。居

---

① 《宋史》卷一五三《舆服志五》。
② 《宋史》卷一五三《舆服志五》。

室服用以壮丽相夸，珠玑金玉以奇巧相胜，不独贵近，比比纷纷，日益滋甚。臣尝考之，申令法禁虽具，其罚尚轻，有司玩习，以至于此。如民庶之家不得乘轿，今京城内暖轿，非命官至富民、娼优、下贱，遂以为常。窃见近日有赴内禁乘以至皇城门者，奉祀乘至宫庙者，坦然无所畏避。臣妄以为僭礼犯分，禁亦不可以缓。"① 于是，皇帝听从了建议，下诏禁止非品官不得乘坐暖轿。此处所说"暖轿"应有顶，前有"簾"，其余三面有"蔽"，区别于后来马端临于《文献通考》中所说的南宋之"凉轿"②。在这次诏令颁布之前，权发遣提举淮南东路学事丁瓛曾经上奏说："衣服之制，尤不可缓。今闾阎之卑，倡优之贱，男子服带犀玉，妇人涂饰金珠，尚多僭侈，未合古制。臣恐礼官所议，止正大典，未遑及此。"丁瓛认为当时民间百姓、下贱之人的消费不合古制，而且担心礼官无暇顾及这些。所以，他继续建议道："伏愿明诏有司，严立法度，酌古便今，以义起礼。俾闾阎之卑，不得与尊者同荣；倡优之贱，不得与贵者并丽。此法一正，名分自明，革浇偷以归忠厚，岂曰小补之哉。"③ 丁瓛意识到民间消费失去标准已经危及统治阶级的统治，因此才提出要通过限制消费来使贵贱分明。他并没有意识到，正是由于财富过于集中于宫廷、官僚而造成了奢侈之风的流布。社会问题的真正根源，并非在于奢侈本身，而在于财富过于集中。但是，使财富平均分配、使不同阶层的人平均消费又是封建王朝统治阶级所不愿意的，因为真若如此，他们便失去了象征他们特权的各种符号。当年，皇帝又下诏禁止制作契丹风格的服装，违反者按照违反皇命惩处。这些措施，再次说明当时的舆服制度主要功能就是为了维护统治者的特权，维护封建的等级秩序。

---

① 《宋史》卷一五三《舆服志五》。
② 《文献通考》卷一一九《王礼十四》。
③ 《宋史》卷一五三《舆服志五》。

（四）影响消费之广告因素

北宋后期的广告形式。《水浒传》与《清明上河图》所反映的北宋后期的广告——招牌、幌子等。门面设计与店头陈设。雕版广告。对"济南刘家功夫针铺广告铜版"制作年代的考证。

史料所呈现出来的北宋后期的广告形式并没有什么创新。叫卖、吟叫、招牌、幌子、门面设计等是当时常见的广告形式。

大部分时间生活于北宋后期的张耒（1054—1114）在《北邻卖饼儿》一诗中写道："捧盘出户歌一声，市楼东西人未行。"诗中提到的"歌"即是当时市场上最常听到的叫卖、吟叫式推销方式。

以北宋末年宋江起义为背景创作的《水浒传》中，有大量酒望子的描写。酒望子即酒家幌子，有时也称为招旗。今日很多研究者并不注意这些称呼的区别。但是，酒望子、招旗有可能因形制不同，故时人对它们的称呼也不一样。《水浒传》中最著名的酒家幌子恐怕要数景阳冈上写着"三碗不过冈"的那面招旗。《水浒传》中提到这面招旗的原文是："武松在路上行了几日，来到阳谷县地面。此去离县治还远。当时日晌午时分，走得肚中饥渴，望见前面有一个酒店，挑着一面招旗在门前，上头写着五个字道：'三碗不过冈。'"[1] 这段文字很值得仔细分析研究。"此去离县治还远"暴露出一个重要信息，即景阳冈地区的消费必然受到县治消费的拉动。武松行至此处大约中午，正当饿时便看见酒旗，这说明当时酒店出现得恰到好处，其地点设置反映了自然经济时代人们活动范围及交通方式对商业经营的影响。招旗作为一种商业信息和广告方式，在这种恰到好处的地点出现，其传播效果自然不差。再如，《施恩重霸孟州道　武松醉打蒋门神》那回中有如下一段："早见丁字路口一个大酒店，檐前立着望竿，上面挂着一个酒望子，写着四个大字道：'河阳风月。'转过来看时，

---

① 《水浒传》，人民文学出版社，1990年，第165页。

⊙《清明上河图》中一酒楼上悬挂出的酒旗
上有间隔的彩条和"新酒"字样（字已经
模糊不清）

门前一带绿油阑干，插着两把销金旗，每把上五个金字，写道：'醉里乾坤大，
壶里日月长。"① 诚然，《水浒传》属于小说，其中记载的酒家幌子上的词句有作
者杜撰的可能性，但是大量的酒望子（酒家幌子）描写至少可以说明，当时酒
望子具有招徕顾客的作用，而且该种广告方式信息传播效果不错。酒望子一般
挂在高竿之上，由于古时没有高大建筑遮挡，因此酒望子的信息传播半径还是
比较大的。酒望子有招牌的作用，但由于比起招牌，幅面更大，且易于更换，
所以比招牌更具广告性质，非常接近于今日之路牌广告和悬挂广告。

---

① 《水浒传》，第 217 页。

⊙ 正店招牌是立体的，类似于今天的灯箱

⊙ 脚店招牌也是立体的，类似今日的灯箱

⊙《清明上河图》中"赵太丞家"字样的招牌

⊙《清明上河图》中的"刘家上色沉檀楝香"字样的招牌

在张择端《清明上河图》中，我们也可以看到许多当年的广告形式。从画中可以看到，酒楼、药铺、香铺等各家店面稍大的店铺外一般都有招牌、幌子：比如，一家酒楼上悬有一书有"新酒"二字的旗帜广告，有一家饮食店打出上书"正店"字样的招牌，有一家店门口有"脚店"字样的招牌，有一卖药的店挂着有"赵太丞家"字样的招牌，有卖香料的店家门前打出具有广告语性质的"刘家上色沉檀楝香"竖标。仔细观看《清明上河图》中正店与脚店招牌的制作方式，我们会发现它们不是单板结构，而是类似于今日的灯箱，是一种六面体结构，其中因而可能都有文字。如图中有"正店"字样的立体招牌的另一可见的侧面上有"十千"字样。"十千"应取自于曹植《名都赋》中之句"我归宴平乐，美酒斗十千"。《清明上河图》上最为繁华的地段是东门附近的十字街头地段，这是最具商业价值和广告价值的黄金地段，相当于今日北京之王府井、日本东京之银座或美国纽约之时代广场。因此，这一地段的招牌、幌子显得尤其集中和醒目。

在当时的城市之中，招牌、幌子等广告形式的信息传播效果是显而易见的。北宋后期的汴京人口聚集，商贾辐辏，商业竞争日趋激烈是自然之事。徽宗朝消费奢侈，汴京的消费之旺盛在当时更是天下无双。所以，《水浒传》中说："故宋时，东京果是天下第一国都，繁华富贵，出在道君皇帝之时。"[1] 当时，汴京除了商品零售业非常发达之外，文化娱乐业也非常兴盛。即使是青楼女伎也挂烟月牌来招徕生意。《水浒传》中《柴进簪花入禁院 李逵元夜闹东京》一回中写当时宋江、柴进、戴宗、燕青四人来到御街所见："四个转过御街，见两行都是烟月牌。来到中间，见一家外悬青布幕，里挂斑竹帘，两边尽是碧纱窗，外挂两面牌，牌上各有五个字：'歌舞神仙女，风流花月魁。'"[2] 风月牌上的文字类似于广告语。"歌舞神仙女，风流花月魁"是"行首"李师师挂出的牌子，广告语写得非常响亮。当时，京城里唱戏的人也用招牌广告来吸引听众。

① 《水浒传》，第548页。
② 《水浒传》，第548页。

《水浒传》中《插翅虎枷打白秀英 美髯公误失小衙内》一回中写白秀英上戏台唱戏，拍一声界方，念了四句七言诗，便说道："今日秀英招牌上明写着这场话本，是一段风流蕴藉的格范，唤做'豫章城双渐赶苏卿'。"① 与青楼女伎的广告相比，书坊的广告要显得单调得多。从《清明上河图》可知，当时的书坊在屋檐下挂一写着"书坊"字样的牌子来为自己做广告。精英文化在后世真正的大众消费出现后走向落寞之趋势，于此已露出端倪。这端倪的表现者与"泄密者"，便是广告。

由此可见，当时用各种广告形式来传播信息，已经是被民间所充分认可的。《水浒传》虽为小说，其中所记当时东京的地名、风物与《东京梦华录》等笔记中所记有很多吻合，足见其中记载的民俗风物并非空穴来风，是有很大的史料价值的。《水浒传》中所记广告，具体文字并不一定完全符合史实，但是，与《清明上河图》等史料相印证，可知《水浒传》中所记招牌、幌子、烟月牌等广告形式应该是反映了历史真实的。

店铺的门面设计与店头陈设，在当时也是重要的促销手段。《东京梦华录》描述汴京酒店时，特别强调了其门面："凡京师酒店门首，皆缚彩楼欢门。"② 每逢节日，门面一般都要重新装饰，或者根据风俗的需要进行特别装饰。比如，清明节时"纸马铺皆于当街，用纸衮叠成楼阁之状"。③ "中秋节前，诸店皆卖新酒，重新结络门面彩楼……"④ "九月重阳……酒家皆以菊花缚成洞户"。⑤ 这种于门面上大做文章的促销方式，一直延续至今。今日都市街头店面上之霓虹灯，节日期间门前的张灯结彩，除了比宋代多了些技术含量，其思路、用意与昔日是一样的。

迄今所发现的我国最早的广告铜版雕刻，是北宋时期济南刘家功夫针铺

---

① 《水浒传》，第391—392页。
② 《东京梦华录笺注》卷二之《酒楼》。
③ 《东京梦华录笺注》卷七之《清明节》。
④ 《东京梦华录笺注》卷八之《中秋》。
⑤ 《东京梦华录笺注》卷八之《重阳》。

⊙ 济南刘家功夫针铺广告铜版

⊙ 济南刘家功夫针铺广告铜版印样

的广告铜版雕刻（现存于中国历史博物馆和上海博物馆）。但是，该铜版雕刻
制作的具体时期还没有确定。根据笔者考证，它最有可能制作于北宋晚期。
理由有二：首先，该铜版上所刻"济南"二字是重要的线索。济南，在北宋
前期、中期都以"齐州"为正式地名。北宋前期成书的《太平寰宇记》中，
济南政区建置名实为"齐州，济南郡"。① 而且，该书中"济南郡"之名为标注
式的按语。在北宋中期成书的《元丰九域志》中，济南政区建置名记为"齐
州，济南郡，德兴军节度"。② 《续资治通鉴长编》卷二〇六治平二年（1065）
十一月条记："建齐州为兴德军。"③ 《宋朝事实》卷一八也记："齐州，治平二
年，升为兴德军节度。"④ 《宋史·地理志》记："济南府，上，济南郡，兴德军
节度。……政和六年，升为府。"⑤ 按常理推，在正式政区建置名称为"济南
府"之前，称呼济南地区最可能使用的一个名字应为"齐州"。由此，我认
为济南刘家功夫针铺铜版最有可能出现的时间是在北宋政和六年（1116）之

---

① 《太平寰宇记》卷一九《齐州》。
② 《元丰九域志》卷一一《齐州》。
③ 《续资治通鉴长编》卷二〇六，治平二年十一月。
④ 《宋朝事实》卷一八《升降州县一》。
⑤ 《宋史》卷八五《地理志》。

后，即在济南政区建置升为"府"、政区建置名正式变为"济南府"之后。以上是考证该铜版制作年代的上限。其次，南宋前中期铜产量下降，政府推行铜禁措施，雕版以木版雕刻为主。故以制作印刷广告为目的的济南刘家功夫针铺广告铜版不大可能出现在南宋前中期。而南宋晚期咸淳年间的雕刻铜版制作水平已经很高，雕刻非常精细。从铜版雕刻的刻字来看，"济南刘家功夫针铺广告铜版"雕刻显得比较粗糙，并不是铜版雕刻中的上品，也不大可能制作于南宋晚期。因此，笔者认为，按照刘家针铺的广告铜版雕刻的工艺推断，制作于北宋晚期的可能性最大。（以上是我对济南刘家功夫针铺广告铜版制作年代的考证，今记述于此，供方家参考，以便进一步考证。）该铜版上方雕刻的文字为"济南刘家功夫针铺"，中间是"白兔捣药"的图案，图案两侧分别标注"认门前白兔儿为记"，下方文字为："收买上等钢条，造功夫细针，不偷工，民便用，若被兴贩，别有加饶，请记白。"（中国历史博物馆藏）另有一种版本的下方文字是："收买上等钢条，造功夫细针，不误宅院使用，客转为贩，别有加饶。"这两条广告非常清楚地点明了生产者（刘家功夫针铺），展示了标志（白兔捣药），通过印刷包装的纸张作为载体。可以说，这两个版本的刘家功夫针铺广告基本具备了近代广告的特征。值得一提的是，之前的研究者多只注意刘家功夫针铺广告是"迄今所发现的第一条广告铜版雕刻印刷广告"，而忽略了进一步对广告内容进行分析。仔细分析广告内容，我们可以发现，这两个版本的刘家功夫针铺广告其实是同时针对终端消费者（直接使用者）和中间商（兴贩者）进行产品宣传。从这一点看，当时北宋市场渠道的细分化程度已经很高，在生产者和消费者之间，中间商（等于现代的批发商、零售商等）的作用已经非常突出。同时，我们也可看到，该广告非常注意运用策略，用现代营销学的理论分析，刘家功夫针铺已经知道借助品牌，在利用"拉"式策略（将消费者"拉"入销售渠道）吸引消费者的同时，用"推"式策略（将产品"推"入销售渠道）来吸引中间商。

（五）影响消费之观念因素

元祐党争时期消费观念的变化。宋徽宗与蔡京的消费观念及其影响。北宋后期政府储蓄动机与储蓄之使用。

哲宗朝时期，由于受到政治上党争的影响，政治主流思潮数次变化，与此相应，北宋政府消费观念也复杂多变。元祐年间（1086—1093），北宋朝廷开始对内藏库储积进行编阅查核。《宋史》记："置库百余年，至是始编阅云。"[1]这从一个侧面说明，当时北宋朝廷的内藏库的管理重在收敛，而疏于支出。自元祐更化以来，北宋政府对于官吏奖赏减少，因此出现官吏懈怠之局面。到了绍圣、元符年间，北宋朝廷又反元祐之法，推行元丰旧制。政治风貌影响着社会风尚。随着官吏待遇再次好转，社会消费观念再次趋向于崇尚奢华。

宋徽宗的奢侈在历史上是出了名的。《宋史》记载他刚即位的时候，也曾想过要节省开支。他曾下令削减职能重复的官吏编制，还曾否决用金箔装饰宫殿的提议。不过，他很快就暴露了本性，生活变得极度奢靡。蔡京为相后，政府消费的奢侈观念更是日益盛行。蔡京"每及前朝惜财省费者，必以为陋。至于土木营造，率欲度前规而侈后观"。[2]蔡京在建筑上一味追求超越前人规模，所以《宋史》才有"率欲度前规而侈后观"之说。对于蔡京等人之奢侈，洪迈《容斋三笔》中亦有记载："京既固位，窃国政，招大珰童贯、杨戬、贾详、蓝从熙、何䜣五人，分任其事。……五人者各自为制度，不相沿袭，争以华靡相夸胜，故名'延福五位'。"[3]当时，蔡京深得徽宗宠信，君臣臭味相投。

以宋徽宗和蔡京为首的高层统治者的奢侈消费观对整个政府消费乃至民间消费观念都产生了深刻影响。《东京梦华录》的序言中写道："伎巧则惊人耳

---

① 《宋史》卷一七九《食货志·会计》。
② 《宋史》卷一七九《食货志·会计》。
③ 《容斋三笔》卷一三《政和宫室》。

⊙ 宣和通宝之一种

目，侈奢则长人精神。"只此一句已可见当时民间崇尚奢侈的消费观念如何盛行。另外，《东京梦华录·七夕》有语云："里巷与妓馆，往往列之门首，争以侈靡相尚。"[①]《东京梦华录·会仙酒楼》有语云："大抵都人风俗奢侈。"[②]该书中凡写奢侈景象，皆饱含赞赏与陶醉之情，可见当时民间并不以奢侈之消费观念为耻。例子不赘。

对于储蓄，北宋王朝在其走向衰亡的岁月中，不可谓不重视，可是储蓄之动机与储蓄之使用，却渐渐变成为了满足统治者奢侈消费而服务，令后人哀其不为。"元祐初，苗、役既罢，宽剩钱所在山积，诸公擘画计纲，般（搬）入京师，特置元丰库收管，以应副（付）陕西粮草"。[③]根据《宋史》与《皇朝编年纲目备要》可知（参见前文），元丰库始建于元丰三年（1080）。苏辙所作"特置元丰库收管"之记载，考《宋史》可知，应为输入元丰库存储之意。《宋史》记载，"元祐元年（1086），右司谏苏辙论河北保甲之害，因言：'元丰及内库财物山委，皆先帝多方蓄藏，以备缓急。若积而不用，与东汉西园钱，唐之琼林、大盈二库何异？愿以三十万缗募保甲为军。'寻用其议。"[④]随后，哲宗元祐三年（1088），改封桩钱物库为元祐库。不久，分元丰库为南北二库，后

① 《东京梦华录笺注》卷八之《七夕》。
② 《东京梦华录笺注》卷四之《会仙酒楼》。
③ 《龙川略志》第八之《陕西粮草般运告竭可拨内藏继之》。
④ 《宋史》卷一七九《食货志·会计》。

来又剩南库一库。封桩钱物则照旧输入南库。徽宗崇宁以后，各路封桩禁军阙额钱除了调拨边境三路之外，与常平钱等一律输送元丰库。后来，北宋政府又设立了大观库、宣和库。《宋史》记载，宣和库有泉货、币余、服御、玉食、器贡等分库名称，"盖蔡绦欲效王黼以应奉司贡献要宠"。[1] 显然，北宋末年宣和库的设置主要是为了聚敛奇珍异宝来讨好皇帝。北宋末年设置的一些积储财物的府库已经和最初内藏库的性质不太一样了。实际上，这些府库敛财满足皇帝、宗室和高级官吏之奢侈消费的功能，已经超过了其积储的功能。

（六）北宋后期的消费

政府消费巨大，财政困难。庞大的宗室、官僚消费群。北宋后期的贡品。腐败与奢侈的混合剂——亡国的"毒药"。官员的收入。民间的消费水平。

哲宗朝时期，虽然朝廷于"元祐更化"年间企图通过减少官吏奖赏来解决财政危机，但是到了绍圣、元符年间，北宋朝廷推行变了质的元丰旧制，政府消费根本无法削减下来。其中，用来支付俸禄的政府消费部分数目巨大，给当时的北宋政府造成巨大的财政压力。当时的朝臣李清臣对哲宗说："今中外钱谷艰窘，户部给百官俸，常无数月之备。"[2] 左司谏翟思则说："元祐以理财为讳，利入名额类多废罢，督责之法不加于在职之臣，财利既多散失，且借贷百出，而熙、丰余积，用之几尽。方今内外财用，月计岁会，所入不足给所出。"[3] 可见，当时北宋政府的储蓄已经非常少，而当期的收入则不能满足政府消费的需要，出现了入不敷出的困境。

徽宗建中靖国年间和崇宁初年，北宋政府动用行政强制力给各州施加压力催缴租额，官吏上缴钱物不到规定定额比例的都要治罪。督促的期限原来

① 《宋史》卷一七九《食货志·会计》。
② 《宋史》卷一七九《食货志·会计》。
③ 《宋史》卷一七九《食货志·会计》。

是一季度一次,后来改为一月一次。可是,即便催逼如此之急,"然国之经费,往往不给"。① 北宋政府国用捉襟见肘的困境,与徽宗朝的奢侈消费不无关系。由于政府财政非常困难,崇宁五年(1106),北宋政府一度下令裁减机构。大观三年(1109),取消了各路州军上供的贡品四百四十余种。当时户部侍郎范坦说:"户部岁入有限,支用无穷,一岁之入,仅了三季,余仰朝廷应付。今岁支遣,较之去年又费百万。"② 于是朝廷下诏令减少财政支出。御史中丞张克公言辞激昂地上奏说:"官冗者汰,俸厚者减,今官较之元祐已多十倍,国用安得不乏。"③ 他建议节度使下至刺史,除去有功者,都将俸禄削减一半;然后是不紧要的官员差役都应减俸。从元祐至崇宁末年,不过一二十年,而官员已经多了十倍。北宋在皇祐年间,宗室、吏员受禄者已经达万五千四百三十,此后官吏人数不断增长(参见前文),从皇祐年间(1049—1053)到元祐年间(1086—1093)有三四十年时间,如果张克公所言的"十倍"不是一个虚数,那么北宋崇宁末年的受禄宗室、吏员数量是非常惊人的,数目绝不会少于十五万人。北宋政府官吏的俸禄总数因此也变得非常巨大。《宋史·虞策传》记,吏部尚书入奏徽宗,请均财节用,曰:"今诸道一月须,旋为裒会,汲汲然不能终日。愿深裁浮冗,以宽用度。"④ 李心传在《建炎以来朝野杂记》中说:"祖宗时,中都吏禄兵廪之费,全岁不过百五十万缗。元丰间,月支三十六万。宣和崇侈无度,然后月支百二十万。"⑤ 由此可知,宣和时期,京城吏禄廪开支为每年 1440 万贯。这个数目约是北宋元丰时期京城吏禄兵廪每年开支 432 万贯的 3.33 倍。另据《宋会要辑稿》食货五六之七〇记,中都官吏俸禄兵廪"熙丰间月支三十六万,宣和末用二百二十万"。⑥ 据此可知,宣和末年京城吏禄兵廪开支为每年 2640 万贯,是元丰时期此项开支 432 万贯的 6.11 倍。这当

---

① 《宋史》卷一七九《食货志·会计》。
② 《宋史》卷一七九《食货志·会计》。
③ 《宋史》卷一七九《食货志·会计》。
④ 《宋史》卷三五五《虞策传》。
⑤ 《建炎以来朝野杂记》甲集卷一七《国初至绍熙中都吏禄兵廪》。
⑥ 《宋会要辑稿》,食货五六之七〇。

是两宋三百二十年间吏禄兵廪支数（中都）的最高峰。〔之前，《宋会要辑稿》的这条史载不被学界注意，学者多用李心传之记载数，或因《群书考索》续集卷四五《财用门》中记宣和末月支 120 万贯[①]（即年支 1440 万贯），而将宣和时期与宣和末的中都官吏俸禄兵廪相互混淆。另，《鹤山集》卷二一《答馆职策一道》中记"宣和以天下之全力侈汰无节，犹不过月支百二十万"。其文亦作"宣和"，应指宣和时期，非"宣和末"〕。官吏人数增加如此之多，实施起来困难重重的减俸措施并不能解决北宋政府消费巨大的问题。北宋朝廷在当时其实已经出现了全国性的财政危机。《宋史》记载，"时诸路转运司类以乏告"。[②] 由于政府消费开支巨大，北宋政府的财政状况可谓全面告急。

造成北宋政府财政开支巨大的原因除了俸禄开支巨大，还有多种原因。徽宗为首的统治集团生活奢侈、朝廷赏赐无度等都是使政府消费剧增不减的重要原因。（按照上文提到的李心传《建炎以来朝野杂记》中的说法，奢侈无度正是俸禄开支巨大的重要原因。）当时的淮南漕臣张根的一段话很能反映北宋朝廷消费无度的局面。他说："天下之费，莫大于土木之功。其次如人臣赐第，一第无虑数十万缗，稍增雄丽，非百万不可。佐命如赵普，定策如韩琦，不闻峻宇雕墙，僭拟宫省，奈何剥民肤髓，为厮役之奉乎？其次如田产、房廊，虽不若赐第之多，然日削月朘，所在无几。又如金帛以供一时之好赐，有不可已者，而亦不可不节。至如赐带，其直虽不过数百缗，然天下金宝靡费日久，夫岂易得？今乃赉及仆隶，使混淆公卿间，贵贱、贤不肖，莫之辨也。如以为左右趋走之人，不欲其墨绶，当别为制度，以示等威。"[③] 张根的奏疏是送上去了，但是却没有被理睬。当时徽宗朝廷已经奢侈成风，张根的建议是不可能被重视的。

从张根的奏疏我们也可以知道，当时官员在宅第的建造装饰上非常豪华，

---

① 《群书考索》续集卷四五《财用门》中"宋朝财用·今日费用"条记："至和末崇侈无度，月支百二十万。"此文中"至和"应为"宣和"之误。

② 《宋史》卷一七九《食货志·会计》。

③ 《宋史》卷一七九《食货志·会计》。

以至有僭越之嫌。而且，在宗室官吏周围，也出现了一批奢侈消费的人，以至于"混淆公卿间，贵贱、贤不肖，莫之辨也"。^①

徽宗朝的政府消费受到徽宗和他几个宠臣的巨大影响，政府各方面的消费开支都非常巨大。蔡京为相后，继续给在京官吏增加供给钱和食料钱。在蔡京罢相期间，北宋政府一度想要减少官吏开支。但是蔡京和他的党羽制造舆论说"减俸非治世事"，^②又以神宗不减官吏俸禄之故事给朝廷压力。于是，官吏俸禄一切照旧。同时，宰相的俸禄继续增加。这一时期，各个机构的伙食支出也大大增加。有官员上奏反对增加厨钱开支，可惜意见没有被采纳。在蔡京再次为相后，曾经负责裁减俸禄的户部侍郎许几也被弹劾免职。

徽宗朝时期，以宗室为核心的庞大的宗室、官僚消费群已经形成。《宋史》说："于时天下久平，吏员冗溢，节度使至八十余员，留后、观察下及遥郡刺史多至数千员，学士、待制中外百五十员。"^③这里所说的只不过是担任某些官职的人员数目。宗室、官僚的总数目到底有多少，《宋史》于此没有具体记载。庞大的宗室、官僚消费群享受着高俸禄，拥有强大消费潜力。而且，他们的奢侈消费是有制度保障的。徽宗崇宁年间，朝廷专门增设文绣院，招绣工三百人，负责纂绣，"以供乘舆服御及宾客祭祀之用"。^④宗室、官僚消费群的消费，直接刺激了汴京等大城市的民间消费。为了享受奢侈的生活，北宋朝廷加大了对百姓的掊克程度。当时的宰相蔡京专门用"丰亨豫大"的说法来讨好徽宗，"始广茶利，岁以一百万缗进御，以京城所主之。其后又有应奉司、御前生活所、营缮所、苏杭造作局、御前人船所，其名杂出，大率争以奇侈为功。岁运花石纲，一石之费，民间至用三十万缗"。^⑤徽宗、蔡京等人，为了维持自己的奢侈消费，不惜牺牲民力，竭尽剥削搜刮之能事。正如傅筑夫所说，"封建统

① 《宋史》卷一七九《食货志·会计》。
② 《宋史》卷一七九《食货志·会计》。
③ 《宋史》卷一七九《食货志·会计》。
④ 《宋史》卷一六五《职官志·少府监》。
⑤ 《宋史》卷一七九《食货志·会计》。

治阶级本是一个最大的消费者，而且是一个最大的奢侈品消费者。……历代的封建统治者虽然口口声声地要禁文巧，斥奢靡，但真能躬行节俭的实际上绝无仅有，所谓抑奢，只是要人民抑奢，而他们自己则是穷奢极欲，不受自己政令的约束"。①

进贡品是宋政府消费资料的主要来源之一。本书之前已经自《太平寰宇记》及《元丰九域志》两书中辑录出土贡记载，研究了北宋前期与中期的土贡情况。《宋史·地理志》中也有土贡情况的记载，但是就土贡的年代则多无具体说明。《宋史·地理志》记载混乱之处较多，其所记载行政区划以二十六路转运司为断，路断主要是宣和末年制度，其中京东、京西、河北、河东、陕西诸路及所辖府州户口主要采录崇宁户口，两浙、淮南、江南、荆湖、潼川府、利州、夔州诸路采录南宋绍兴三十二年（1162）户口，成都府路载南宋淳熙三年（1176）户口，两浙、淮南、江南、荆湖、潼川府、利州、夔州、成都府路所辖府州或记崇宁户口，或记元丰户口。在府州县名称的记载方面，有不少是南渡后建置使用的府州县名称。各府州土贡记载多跟于府州户口记载之后，根据行文方式推断，其记录的土贡最可能为北宋中后期的土贡。仔细分析可以发现，《宋史·地理志》没有土贡记录的府州军基本上是原来未设府州军而南渡后建置的府州军，或者是原来有府州军建置而南渡后撤销的府州军（见表25）。这说明《宋史·地理志》基本上没有使用南渡后的土贡资料。《宋史·地理志》府县名称跨时期交杂使用的编撰瑕疵反而为我们提供了证据，说明《宋史·地理志》中的土贡记录主要使用了北宋时期的史料。笔者进一步将《宋史·地理志》中的土贡品种与《元丰九域志》中的土贡记载做比较，发现两书记载各地贡品品种大多相同，但某些物品在《宋史·地理志》中的记载与《元丰九域志》中的记载略有差异。《宋史·地理志》中，在记录广州、郁林州、南宁军等地的贡品之后，还特地另记元丰时期的贡品。从这几方面推断，《宋史·地理

① 傅筑夫《中国经济史论丛》，第648页。

志》中记载的土贡品种应为元丰之后、北宋崇宁时期的土贡，这样很容易解释为什么《宋史·地理志》记载的贡品与《元丰九域志》中的记载大多相同，却略有差异。笔者推断北宋徽宗朝最初几年的贡品品种大致沿袭元丰旧制，只是某些府州贡品有些变化。另外，根据《宋史·地理志》编辑时的选材思路分析，也可推断《宋史·地理志》中记载的土贡品种最有可能为元丰之后、北宋崇宁时期的土贡。《宋史·地理志》编于元代，其编辑时所用材料最有可能采用各种宋代地理志文献，《太平寰宇记》成书于宋初，北宋后期的地理志《舆地广记》专记州县建置沿革、地名改易，并没有记载物产、土贡等内容。南宋绍定时期成书的《舆地纪胜》和咸淳年间成书的《方舆胜览》则重山川名胜。就时间上分析，修《宋史》选用户口数据及土贡材料时，最能代表宋代的时间段应在北宋中后期，因为就宋初论太早，就南宋论则宋之版图已失之大半，皆无法代表整个宋代。由此可以理解《宋史·地理志》在记录户口时为何多用崇宁、元丰数据。这样看来，要编辑《宋史·地理志》中的土贡部分，《元丰九域志》无疑是最好的，也几乎是唯一可供参考的资料。另外，大约在北宋元丰与熙宁之间根据《元丰九域志》修定的《新定九域志》也是很好的参考，只不过后者记录的土贡与前者基本相同。因此，《宋史·地理志》中的土贡记录很可能采自《元丰九域志》，再参考《新定九域志》等材料加以修订，且为了记载能够代表整个宋代的土贡（因各个时期进贡数量不同），则只记录品种，不记录土贡的数量。这样一来，今天我们在《宋史·地理志》中看到的土贡品种记载，就呈现出与《元丰九域志》中的记载基本相同的面貌，但是却没有《元丰九域志》中所载的各种贡品的具体定额。笔者因此认为，《宋史·地理志》中用来代表宋代的土贡记载，实际上正是（或至少大多是）元丰、崇宁时期的土贡。下面，笔者从《宋史·地理志》中辑录出各地土贡记载，并进行汇总制成表格（见表25），以资进行比较研究。

表 25 《宋史·地理志》记载的土贡（实为北宋中后期的土贡记录）

上贡地区		各地土贡	各路土贡汇总 *	全国土贡汇总 *
京城	东京	见开封府。		全国土贡共 231 种（为便于阅读，详细汇总内容另制表）。
	西京	见河南府。		
	南京	见应天府。		
	北京	见大名府。		
	行在所	见临安府。		
京畿路	开封府	方纹绫，方纹纱，芦席，麻黄，酸枣仁。	京畿路土贡共 5 种：方纹绫，方纹纱，芦席，麻黄，酸枣仁。	
京东路东路	青州	仙纹绫，梨、枣。	京东路东路土贡共 19 种：绫，仙纹绫，综丝素绝，绢，绵，梨，枣，牛黄，海藻，牡砺，防风，阳起石，仙灵脾，紫石英，茯苓，钟乳石，长理石，金，石器。	
	密州	绢，牛黄。		
	济南府	绢，绵，阳起石，防风。		
	沂州	仙灵脾，紫石英，茯苓，钟乳石。		
	登州	金，牛黄，石器。		
	莱州	牛黄，海藻，牡砺，石器。		
	潍州	综丝素绝。		
	淄州	绫，防风，长理石。		
	淮阳军	绢。		
京东路西路	应天府	绢。	京东路西路土贡共 12 种：双丝绫，绌，绢，花绫，墨，云母，紫石英，防风，伏苓，葶苈子。阿胶，蛇床。	
	袭庆府	花绫，墨，云母，紫石英、防风、伏苓。		
	徐州	双丝绫、绌、绢。		

上贡地区		各地土贡	各路土贡汇总 *	全国土贡汇总 *
京东路西路	兴仁府	绢，葶苈子。		
	东平府	绢，阿胶。		
	济州	阿胶。		
	单州	蛇床，防风。		
	濮州	绢。		
	拱州	无记录。		
	广济军	无记录。		
京西路南路	襄阳府	麝香，白穀，漆器。	京西路南路土贡共19种：白穀，白纻，纻布，绢，绫，葛，白菊花，覆盆子，麝香，枳壳实（实际为壳，实两种），杜仲，白胶香，黄蘗，麝香，钟乳石，笋，麸金，漆器。	
	邓州	白菊花。		
	随州	绢，绫，葛，覆盆子。		
	金州	麸金，麝香，枳壳实，杜仲，白胶香，黄蘗。		
	房州	麝香，纻布，钟乳石，笋。		
	均州	麝香。		
	郧州	白纻。		
	唐州	绢。		
	光化军	无记录。		
京西路北路	河南府	蜜，蜡，瓷器。	京西路北路土贡共11种：绫，绌，绝，绢，纻布，蜜，蜡，芦席，麻黄，粱米，瓷器。	
	颍昌府	绢，芦席。		
	郑州	绢，麻黄。		
	滑州	绢。		
	孟州	粱米。		
	蔡州	绫。		
	淮宁府	绌，绢。		

上贡地区		各地土贡	各路土贡汇总 *	全国土贡汇总 *
京西路北路	顺昌府	绌，绝，绢。		
	汝州	绝，绢。		
	信阳军	纻布。		
河北东路	大名府	花绌，绵绌，平绌，紫草。	河北东路土贡共14种：花绌，平绌，绌，绝，平绢，大绢，绵绌，绵，白毡，紫草，南粉，大柳箱，簟，莨莠席。	
	开德府	莨莠席，南粉。		
	沧州	大绢，大柳箱。		
	保顺军	无记录。		
	冀州	绢。		
	河间府	绢。		
	博州	平绢。		
	棣州	绢。		
	莫州	绵。		
	雄州	绌。		
	霸州	绢。		
	德州	绢。		
	滨州	绢。		
	恩州	绢，白毡。		
	永静军	簟，绢。		
	清州	绢。		
	信安军	绢。		
	保定军	绝。		

上贡地区		各地土贡	各路土贡汇总 *	全国土贡汇总 *
河北西路	真定府	罗。	河北西路土贡共16种：罗，暗花牡丹花纱，花绒，大花绫，素绒，绸，绢，绵，知母，胡粉，牛膝，皂角，磁石，栗，解玉沙，白磁盏。	
	相州	暗花牡丹花纱，知母，胡粉，绢。		
	中山府	罗，大花绫。		
	信德府	绢，白磁盏，解玉沙。		
	濬州	无记录。		
	怀州	牛膝，皂角。		
	卫州	绢，绵。		
	洺州	绸。		
	深州	绢。		
	磁州	磁石。		
	祁州	花绒。		
	庆源府	绢，绵。		
	保州	绢。		
	安肃军	素绒。		
	永宁军	无记录。		
	广信军	绸，栗。		
	顺安军	绢。		
河东路	太原府	大铜鉴，甘草，人参，礜石。	河东路土贡共20种：土绒，绢，礜石，白石英，柴胡，甘草，防风，禹余粮，人参，麝香，麝，青，绿，石膏，蜜，蜡，墨，蜡烛，解玉沙，大铜鉴。	
	隆德府	人参，蜜，墨。		
	平阳府	蜜，蜡烛。		
	庆祚军	无记录。		
	绛州	防风，蜡烛，墨。		
	泽州	白石英，禹余粮，人参。		
	代州	麝香，青，绿。		
	忻州	解玉沙，麝。		

上贡地区		各地土贡	各路土贡汇总 *	全国土贡汇总 *
河东路	汾州	石膏，土绝。		
	辽州	人参。		
	宪州	麝香。		
	岚州	麝香。		
	石州	蜜，蜡。		
	隰州	蜜，蜡。		
	慈州	无记录。		
	麟州	柴胡。		
	府州	甘草。		
	丰州	柴胡，甘草。		
	威胜军	土绝。		
	平定军	绢。		
	岢岚军	绢。		
	宁化军	绢。		
	火山军	柴胡。		
	保德军	绢。		
	晋宁军	无记录。		
陕西永兴军路	京兆府	靴毡，蜡，席，酸枣仁，地骨皮。	陕西永兴军路土贡共34种：绅，绝，紫茸白花毡，靴毡，毛段，酸枣仁，五味子，龙骨，括蒌根，柏子仁，麝香，枳壳实（实为两种），地骨皮，白蒺藜，生熟干地黄，茯苓，细辛，茯神，蜡，蜡烛，苁蓉，盐花，黄蜡，甘草，火箸，萆豆，菴闾，荆芥，弓弦麻，剪刀，砚，席，瓷器。	
	河中府	五味子，龙骨。		
	解州	盐花。		
	陕州	绅，绝，括蒌根，柏子仁。		
	商州	麝香，枳壳实。		
	虢州	麝香，地骨皮，砚。		
	同州	白蒺藜，生熟干地黄。		

上贡地区		各地土贡	各路土贡汇总 *	全国土贡汇总 *
陕西永兴军路	华州	茯苓，细辛，茯神。		
	耀州	瓷器。		
	清平军	无记录。		
	延安府	黄蜡，麝香。		
	鄜州	麝香，今贡改蜡烛。		
	坊州	弓弦麻，席。		
	保安军	毛段，苁蓉。		
	绥德军	无记录。		
	银州	无记录。		
	庆阳府	紫茸白花毡，麝香，黄蜡。		
	环州	甘草。		
	邠州	火箸，荜豆，剪刀。		
	宁州	菴闾，荆芥，砚，席。		
	醴州	无记录。		
	定边军	无记录。		
陕西秦凤路	秦州	席，芎藭。	陕西秦凤路土贡共14种：绢，紫茸，毛毻段，白毡，芎藭，榛实，蜜，苁蓉，甘草，羚羊角，鹿茸，麝香，蜡烛，席。	
	凤翔府	蜡烛，榛实，席。		
	陇州	席。		
	成州	蜡烛，鹿茸。		
	凤州	蜜，蜡烛。		
	阶州	羚羊角，蜡烛。		
	渭州	绢，苁蓉。		
	泾州	紫茸，毛毻段。		
	原州	甘草。		

上贡地区		各地土贡	各路土贡汇总 *	全国土贡汇总 *
陕西秦凤路	德顺军	甘草。		
	镇戎军	白毡。		
	会州	无记录。		
	怀德军	无记录。		
	西安州	无记录。		
	熙州	毛毲段，麝香。		
	河州	麝香。		
	巩州	麝香。		
	岷州	甘草。		
	兰州	甘草。		
	洮州	无记录。		
	廓州	无记录。		
	乐州	无记录。		
	西宁州	无记录。		
	震武军	无记录。		
	积石军	无记录。		
两浙路	临安府	绫，藤纸。	两浙路土贡共23种：罗，绫，越绫，轻庸纱，纱，绵，白纻，葛，蛇床子，白石脂，乾山蓣，乌贼鱼骨，甲香，黄连，金漆，鲛鱼皮，簟，漆器，藤纸，蠲糨纸，纸，花席，席。	
	绍兴府	越绫，轻庸纱，纸。		
	平江府	葛，蛇床子，白石脂，花席。		
	镇江府	罗，绫。		
	湖州	白纻，漆器。		
	婺州	绵，藤纸。		
	庆元府	绫，乾山蓣，乌贼鱼骨。		
	常州	白纻，纱，席。		
	江阴军	无记录。		
	瑞安府	鲛鱼皮，蠲糨纸。		

上贡地区		各地土贡	各路土贡汇总 *	全国土贡汇总 *
两浙路	台州	甲香，金漆，鲛鱼皮。		
	处州	绵，黄连。		
	衢州	绵，藤纸。		
	建德府	白纻，簟。		
	嘉兴府	绫。		
淮南东路	扬州	白苎布，莞席，铜镜。	淮南东路土贡共11种：绉纱，绢，白苎布，苎布，隔织，獐皮，鹿皮，鳔胶，莞席，麻纸，铜镜。	
	亳州	绉纱，绢。		
	宿州	绢。		
	楚州	苎布。		
	海州	绢，獐皮，鹿皮。		
	泰州	隔织。		
	泗州	绢。		
	滁州	绢。		
	真州	麻纸。		
	通州	獐皮，鹿皮，鳔胶。		
	高邮军	无记录。		
	安东州	无记录。		
	招信军	无记录。		
	淮安军	无记录。		
	清河军	无记录。		
淮南西路	寿春府	葛布，石斛。	淮南西路土贡共11种：纱，绢，葛布，苎布，练布，白术，连翘，石斛，糟鱼，蜡，簟。	
	六安军	无记录。		
	庐州	纱，绢，蜡，石斛。		
	蕲州	苎布，簟。		
	和州	苎布，练布。		

上贡地区		各地土贡	各路土贡汇总 *	全国土贡汇总 *
淮南西路	安庆府	白术。		
	濠州	绢，糟鱼。		
	光州	葛布，石斛。		
	黄州	苎布，连翘。		
	无为军	绢。		
	怀远军	无记录。		
江南东路	江宁府	笔。	江南东路土贡共13种：纱，纻布，白苎，黄连，红白姜，蜜，茶芽，葛粉，水晶器，纸，笔，麸金，竹簟。	
	宁国府	纻布，黄连，笔。		
	徽州	白苎，纸。		
	池州	纸，红白姜。		
	饶州	麸金，竹簟。		
	信州	蜜，葛粉，水晶器。		
	太平洲	纱。		
	南康军	茶芽。		
	广德军	茶芽。		
江南西路	隆兴府	葛。	江南西路土贡共7种：绢，白纻，纻布，纻，葛，云母，石斛。	
	江州	云母，石斛。		
	赣州	白纻。		
	吉州	纻布，葛。		
	袁州	纻布。		
	抚州	葛。		
	瑞州	纻。		
	兴国军	纻。		
	南安军	纻。		
	临江军	绢。		
	建昌军	绢。		

上贡地区		各地土贡	各路土贡汇总 *	全国土贡汇总 *
荆湖北路	江陵府	绫，纻，碧涧茶芽，柑橘。	荆湖北路土贡共15种：白绢，绫，纻，青纻，布，练布，五加皮，芒硝，杜若，朱砂，水银，碧涧茶芽，柑橘，竹簟，银。	
	鄂州	银。		
	德安府	青纻。		
	复州	缺。		
	常德府	布，纻，练布。		
	澧州	绫，竹簟。		
	峡州	五加皮，芒硝，杜若。		
	岳州	纻。		
	归州	纻。		
	辰州	朱砂，水银。		
	沅州	朱砂，水银。		
	靖州	白绢。		
	荆门军	无记录。		
	汉阳军	无记录。		
	寿昌军	无记录。		
荆湖南路	潭州	葛，茶。	荆湖南路土贡共10种：白纻，纻，零陵香，葛，石燕，茶，犀，犀角，银，麩金。	
	衡州	麩金，犀。		
	道州	白纻，零陵香。		
	永州	葛，石燕。		
	郴州	纻。		
	宝庆府	犀角，银。		
	全州	葛，零陵香。		
	茶陵军	无记录。		
	桂阳军	银。		
	武冈军	无记录。		

上贡地区		各地土贡	各路土贡汇总 *	全国土贡汇总 *
福建路	福州	荔枝，鹿角菜，紫菜。元丰贡红花蕉布。	福建路土贡共14种：绵，葛布，纻，石乳，松子，茴香，甲香，荔枝，鹿角菜，紫菜，龙茶，鲛鱼皮，火箭，蜡烛。	
	建宁府	火箭，石乳，龙茶。元丰贡龙凤等茶，练。		
	泉州	松子。元丰贡绵，蕉，葛。		
	南剑州	茴香。元丰贡茶。		
	漳州	甲香，鲛鱼皮。		
	汀州	蜡烛。		
	邵武军	纻。		
	兴化军	绵，葛布。		
成都府路	成都府	花罗，锦，高纻布，笺纸。	成都府路土贡共19种：罗，春罗，单丝罗，花罗，绫，锦，绵绸，丝布，纻布，高纻布，当归，羌活，巴豆，麝香，红椒，笺纸，麸金，苦药子，续随子。	
	眉州	麸金，巴豆。		
	崇庆府	春罗，单丝罗。		
	彭州	罗。		
	绵州	绫，纻布。		
	汉州	纻布。		
	嘉定府	麸金。		
	邛州	丝布。		
	简州	绵绸，麸金。		
	黎州	红椒。		
	雅州	麸金。		
	茂州	麝香。		
	威州	当归，羌活。		
	永康军	无记录。		
	仙井监	苦药子，续随子。		
	石泉军	无记录。		

上贡地区		各地土贡	各路土贡汇总 *	全国土贡汇总 *
潼川府路	潼川府	绫，曾青，空青。	潼川府路土贡共 15 种：绫，樗蒲绫，绢，绅，绵绅，丝布，葛，斑布，卖子木，天门冬，牡丹皮，白药子，曾青，空青，麸金。	
	遂宁府	樗蒲绫。		
	顺庆府	丝布，天门冬。		
	资州	麸金。		
	普州	葛，天门冬。		
	昌州	麸金，绢。		
	叙州	葛。		
	泸州	葛。		
	长宁军	无记录。		
	合州	牡丹皮，白药子。		
	荣州	斑布。		
	渠州	绵绅，卖子木。		
	怀安军	绅。		
	宁西军	绢。		
	富顺监	葛。		
利州路	兴元府	胭脂，红花。	利州路土贡共 15 种：莲绫，纻丝绫，绵绅，隔织，胭脂，红花，巴戟，天雄，羚羊角，麝香，蜜，蜡，麸金，金，钢铁。	
	利州	金，钢铁。		
	洋州	隔织。		
	阆州	莲绫。		
	隆庆府	巴戟。		
	巴州	绵绅。		
	文州	麝香。		
	沔州	蜜，蜡。		
	蓬州	纻丝绫，绵绅。		
	政州	麸金，羚羊角，天雄。		
	大安军	无记录。		
	金州	无记录。		

上贡地区		各地土贡	各路土贡汇总 *	全国土贡汇总 *
利州路	阶州	无记录。		
	同庆府	无记录。		
	西和州	无记录。		
	凤州	无记录。		
	天水军	无记录。		
夔州路	夔州	蜜，蜡。	夔州路土贡共14种：绵，绢，白苎，葛布，绵，绵绸，牡丹皮，黄连，木药子，车前子，朱砂，蜜，蜡，金。	
	绍庆府	朱砂，蜡。		
	施州	黄连，木药子。		
	咸淳府	绵绸。		
	万州	金，木药子。		
	开州	白苎，车前子。		
	达州	绸。		
	涪州	绢。		
	重庆府	葛布，牡丹皮。		
	云安军	绢。		
	梁山军	绵。		
	南平军	无记录。		
	大宁监	蜡。		
	珍州	无记录。		
	思州	无记录。		
	播州	无记录。		
广南东路	广州	胡椒，石鬃，糖霜，檀香，肉豆蔻，丁香母子，零陵香，补骨脂，舶上茴香，没药，没石子。元丰贡沈香，甲香，詹糖香，石斛，龟壳，水马，鼍皮，藤簟。	广南东路土贡共24种：绢，布，蕉布，苎布，纻布，官桂，钟乳，胡椒，石鬃，糖霜，檀香，肉豆蔻，丁香母子，没药，没石子，补骨脂，舶上茴香，零陵香，甲香，藤箱，鲛鱼皮，藤盘，	

上贡地区		各地土贡	各路土贡汇总 *	全国土贡汇总 *
广南东路	韶州	绢，钟乳。	石砚，银。	
	循州	绢，藤盘。		
	潮州	蕉布，甲香，鲛鱼皮。		
	连州	苎布，官桂。元丰贡钟乳。		
	梅州	银，布。		
	南雄州	绢。		
	英德府	纻布。		
	贺州	银。		
	封州	银。		
	肇庆府	银，石砚。		
	新州	银。		
	德庆府	银。		
	南恩州	银。		
	惠州	甲香，藤箱。		
广南西路	静江府	银，桂心。	广南西路土贡共14种：白石英，缩砂，朱砂，桂心，生豆蔻，草豆蔻，良姜，高良姜，槟榔，藤器，榹子，翡翠毛，银，金。	
	容州	银，朱砂。		
	邕州	银。		
	融州	金，桂心。		
	象州	金，藤器，榹子。		
	昭州	银。		
	梧州	银，白石英。		
	藤州	银。		
	龚州	银。		
	浔州	银。		
	柳州	银。		
	贵州	银。		

上贡地区		各地土贡	各路土贡汇总 *	全国土贡汇总 *
广南西路	庆远府	生豆蔻，草豆蔻。元丰贡银。		
	宾州	银，藤器。		
	横州	银。		
	化州	银，高良姜。		
	高州	银。		
	雷州	良姜，元丰贡斑竹。		
	钦州	高良姜，翡翠毛。		
	白州	银，缩砂。		
	郁林州	缩砂。元丰贡银。		
	廉州	银。		
	琼州	银，槟榔。		
	南宁军	高良姜。元丰贡银。		
	万安军	银。		
	吉阳军	高良姜。		
	平州	无记录。		
	从州	无记录。		
	允州	无记录。		
广西西路	庭州	无记录。		
	孚州	无记录。		
	溪州	无记录。		
	镇州	无记录。		
	延德军	无记录。		
	地州	无记录。		
	文州	无记录。		
	兰州	无记录。		
	那州	无记录。		
	观州	无记录。		

上贡地区		各地土贡	各路土贡汇总 *	全国土贡汇总 *
广西西路	隆州	无记录。		
	兑州	无记录。		
燕山府路	燕山府	无记录。	无记录。	
	涿州	无记录。		
	檀州	无记录。		
	平州	无记录。		
	易州	无记录。		
	营州	无记录。		
	顺州	无记录。		
	蓟州	无记录。		
	景州	无记录。		
	经州	无记录。		
云中府路	云中府	无记录。	无记录。	
	武州	无记录。		
	应州	无记录。		
	朔州	无记录。		
	蔚州	无记录。		
	奉圣州	无记录。		
	归化州	无记录。		
	儒州	无记录。		
	妫州	无记录。		

表 26 《宋史·地理志》记载的全国土贡（实为北宋中后期的土贡记录）汇总

全国土贡汇总 *
全国土贡共 236 种：绫，方纹绫，双丝绫，花绫，仙纹绫，越绫，樗蒲绫，莲绫，纻丝绫，大花绫，罗，春罗，单丝罗，花罗，纱，暗花牡丹花纱，方纹纱，轻庸纱，纱纱，综丝素绅，绅，花绅，平绅，绢，平绢，大绢，白绢，绝，花绝，素绝，土绝，绵绅，绵，锦，丝布，隔织，白毂，纻，白纻，青纻，纻布，白纻布，高纻布，白苎，白苎布，苎布，斑布，蕉布，葛，葛布，练布，白毡，紫茸白花毡，紫茸毛氆段，靴毡，毛段，芎䓖，云母，知母，磁石，礜石，白石英，紫石英，阳起石，钟乳石／钟乳／石乳，石膏，石髓，曾青，空青，南粉，胡粉，白石脂，补骨脂，长理石，缩砂，朱砂，水银，防风，伏苓，葶苈子，麻黄，黄连，牛黄，白菊花，覆盆子，枳壳实（实际为壳，实两种），仙灵脾，蛇床，蛇床子，杜仲，白术，连翘，黄蘗，粱米，茯苓，紫草，柴胡，甘草，五味子，地骨皮，白蒺藜，生熟干地黄，茯苓，细辛，茯神，龙骨，括蒌根，柏子仁，荜豆，菴闾，荆芥，牛膝，苁蓉，五加皮，芒硝，杜若，盐花，红椒，黄蜡，石斛，当归，羌活，官桂，巴豆，糟鱼，苦药子，续随子，卖子木，天门冬，牡丹皮，车前子，木药子，白药子，没石子，没药，乾山薷，牡砺，乌贼鱼骨，松子，巴戟，天雄，胭脂，红花，胡椒，桂心，生豆蔻，草豆蔻，糖霜，肉豆蔻，红白姜，良姜，高良姜，槟榔，丁香母子，舶上茴香，茴香，檀香，甲香，藤香，零陵香，白胶香，蜜，皂角，禹余粮、人参，鳔胶，阿胶，羚羊角，獐皮，鹿皮，鲛鱼皮，石燕，犀，犀角，鹿茸，麝，麝香，火箸，笋，酸枣仁，梨，枣，荔枝，海藻，鹿角菜，紫菜，龙茶，茶，茶芽，碧涧茶芽，柑橘，葛粉，榛实，栗，大柳箱，簟，竹簟，席，芦席，莞席，花席，莨莠席，墨，青，碌，解玉沙，弓弦麻，剪刀，砚，石砚，大铜鉴，铜镜，火箭，蜡，蜡烛，石器，漆器，瓷器，白磁盏，水晶器，樞子，翡翠毛，藤器，藤盘，藤纸，蠲糯纸，麻纸，笺纸，纸，笔，金漆，银，麸金，金，钢铁。

说明：

　　* 因表25、26主要目的是为研究北宋后期的土贡情况，故《宋史·地理志》中明确标为元丰贡品者，本表在进行各路土贡汇总与全国土贡汇总时不计入。

　　根据统计，我们可以知道，北宋中后期全国土贡为 236 种，比北宋中期土贡多出 20 多种。如果可以确证《宋史·地理志》记载的土贡为北宋中后期的土贡，那么则无疑可以说明北宋中后期与北宋中期元丰年间的土贡相比基本相同。其实支持这一说法的更为有利的证据来自于北宋后期元丰与熙宁间修定的《新定九域志》，该书中的土贡记录也与《元丰九域志》中的大致相同，这足以说明北宋后期徽宗朝最初几年的常贡大致沿袭了北宋中期。

　　不过，到了北宋末年，北宋政府奢侈消费的巨大胃口可能远远超过了原有土贡的定额。这一时期，蔡京的消费观念可能对北宋政府产生了很大影响。崇宁五年（1106），蔡京升官加爵，"进司空、开府仪同三司、安远军节度使，改封魏国"，"时承平既久，帑庾盈溢，京倡为丰、亨、豫、大之说"。[①] 蔡京权势发展到顶点时即大观前两年（1107—1108）。这一时期很可能正是北宋政府敛征供品种类大幅度增加的时期。随后，大观三年（1109），贡品种类大大减少。《宋史》记载，"大观三年，罢诸路州军见贡六尚局供奉物名件四百四十余，存者才十一二，减数十二，停贡六"。[②] 也就是说，大观三年罢停当时的贡品 440 余种，留存的占 10% 至 20% 左右，数量减少的占 20% 左右，停贡部分占 60% 左右。由此可推知，大观三年停贡之前，贡品名件大约有 734 种（440种除 60%）。也就是说，在徽宗朝最初十年间，敛收贡品名件一度高达 700 多种，约 3 倍于元丰年间的贡品种类。即使大观三年罢停 60% 贡品种类后，余下贡品种类也有 290 多种，比元丰时贡品种类多几十种。有趣的是，停罢贡品 440 种的大观三年，正好是蔡京因台谏官论及他的恶行而被迫去职之时。[③] 这两件事是否有直接联系我们无法确知。不过，徽宗对于奢侈生活的追求却并没有因蔡京的去职而有所收敛。《文献通考》中的记载显示，宋徽宗时期的非常规的进奉品大量增加。"政和七年（1117），置提举御前人船所。时东南监司、郡守、二广市舶率有应奉，又有不待旨，但送物至都，计会宦者以献。大率灵璧、太湖、慈口溪、武康诸石，二浙奇竹、异花、海错，福建荔枝、橄榄、龙眼，南海椰实，登、莱文石，湖湘文竹，四川佳果木，皆越海渡江、毁桥梁、凿城郭而至。植之皆生。而异味珍苞则以健步捷走，虽甚远，数日即达，色香未变也。乃作提举淮浙人船所……"[④] 按照传统惯例，土贡与进奉都应有一定的规定，但从这段史载可知，当时很多进奉不待旨就送往京城，显然北宋官场风气已坏，政府已经腐化到不可收拾的地步。更加可笑的是，为了从各地聚敛珍

---

① 《宋史》卷四七二《蔡京传》。
② 《宋史》卷一七九《食货志·会计》。
③ 《宋史》卷四七二《蔡京传》。
④ 《文献通考》卷二二《土贡考一》。

奇消费品，北宋徽宗政府还设置了专门机构提举淮浙人船所负责运输。唐明皇曾安排快马为杨贵妃送荔枝，而徽宗设置提举人船所运输进贡品之举，可谓令唐明皇望尘莫及。《文献通考》在记录土贡时，太祖、太宗、真宗、仁宗、神宗历朝都有罢免某地土贡之记录，惟有徽宗朝只记各地进奉珍奇、徽宗政府设置提举人船所之事。[1] 春秋笔法，尽曝徽宗朝荒淫奢侈之风。周官太宰以九贡为邦国之用，到了北宋后期，进贡品已经完全沦变为统治者奢侈消费的对象。

在太平盛世的颂唱声中，北宋政府"用度日繁，左藏库异时月费缗钱三十六万，至是，衍为一百二十万"。[2] 当时，北宋政府的官员依然多而杂，"有官至中大夫，一身而兼十余俸"。[3] 即使出现了这种局面，北宋朝廷还不断增设机构。有官员上奏谈论机构开支没有节制，还受到徽宗的斥责。于是，再也没有谁敢站出来说话了。以蔡京为首的贪官污吏更加肆无忌惮地过着奢华浪费的生活，以致出现"一筵之馔，有及数百千者，浮侈相夸，无有艺极"。[4] 北宋政府自宣和以来，进一步横征暴敛，但是由于消费巨大，"所入虽多，国用日匮"。[5] 陈亨伯在东南地区用兵，朝廷设立经制司，他以发运使兼任经制使，发明了增收各种小税的经制钱。于是东南百姓所受到的剥削进一步加重。宣和末年，由于财政极度恶化，北宋朝廷被迫下诏裁减宗室和官僚的俸禄，同时撤消了一些盘剥机构。《宋史》记载当时"天下财赋多为禁中私财，上溢下漏，而民重困"，在这种情况下，有人建议由户部统一管理政府财政，"格以法度，示天下以至公"。[6] 当时北宋朝廷可谓陷入内忧外患之中，因此下诏同意了建议。于是，户部请求按照元丰旧制来管理宗室、官僚的俸禄。但是，局面发展到如此地步，祖宗之法也难以挽回北宋灭亡的命运了。

进入钦宗朝后，北宋朝廷为了挽回人心，贬斥蔡京集团，并上溯前朝"兴

---

① 《文献通考》卷二二《土贡考一》。
② 《宋史》卷一七九《食货志·会计》。
③ 《宋史》卷一七九《食货志·会计》。
④ 《宋史》卷一七九《食货志·会计》。
⑤ 《宋史》卷一七九《食货志·会计》。
⑥ 《宋史》卷一七九《食货志·会计》。

师问罪"，将王安石与蔡京等政治投机分子归为一类人，认为王安石变法是祸国殃民的源头。此后，南宋至晚清数百年内，不少人将北宋的灭亡归罪于王安石变法，认为王安石之学导致天下士人"节义雕（通'凋'）丧，驯致靖康之祸，污伪卖国"。[①]其实，蔡京等人腐败奢侈，王安石却操行高洁，前者与后者根本不可同日而语。导致北宋衰亡的不是王安石的新法，真正的罪魁祸首是北宋后期统治集团的腐败无能与奢侈无度。当腐败与奢侈混同一体时，便成就了一剂亡国的"毒药"。至宋代，中国封建官僚体系历经数代磨砺，已经高度成熟，更加精密，尽管有时显得庞大甚至臃肿，但的确在治理一个巨大的农业国家时有其特有的适用性。然而，腐败与奢侈混合成的"毒药"，却使这一体系中的各个部分互相掣肘甚至功能丧失殆尽。更为糟糕的是，腐败与奢侈混合成的这剂"毒药"，看起来仿佛是润滑剂，让人产生一种错觉，以为正是它使得国家机器得以灵活运转。王安石则从风俗的角度早已洞见了奢侈之风对统治稳定性的危害。在《风俗》一文中，王安石尖锐地指出："而安利之要不在于它，在乎正风俗而已。故风俗之变迁染民志，关之盛衰，不可不慎也。……且天地之生财也有时，人之为力也有限，而日夜之费无穷。以有时之财，有限之力，以给无穷之费，若不为制，所谓积之涓涓而泄之浩浩，如之何使斯民不贫且滥也！……且圣人之化，自近及远，由内及外。是以京师者，风俗之枢机也，四方之所面内依仿也。加之士民富庶，财物毕会，难以俭率，易以奢变。"[②]可见，王安石虽主张理财，但却坚决反对奢侈，且将风俗（尤其是消费观念与社会风尚）提升至关乎国家盛衰的高度。（后人出于对新法的不同看法或其他种种原因而将王安石与蔡京等人混为一谈，实乃不公之论，近乎毁谤。）王安石的担忧，不幸在北宋末年成为现实。北宋末年的统治集团腐败奢侈，最终严重破坏了社会生产力，失去了广大民心。具体论之，一方面，奢侈消费使市场作出选择，资源向奢侈品的生产与提供倾斜，从而使大量生产力资源为拥有权力和财

---

① 《苕溪集》卷三〇《知枢密院事沈公行状》。
② 《临川文集》卷六九《风俗》。

富的特权人群服务，以提供维护特权地位的符号性消费和带来欲望的满足。长此以往，使资源配置极度不平衡，造成贫者愈贫，且发展性投资不足，从而严重削弱国家的竞争力和国防能力，阻碍了大多数人生活水平的提高。另一方面，导致收入较低的消费者追风模仿奢侈消费，进而极可能因风俗尚奢使人人趋利，人心浮躁甚至道德沦丧。此外，最具威胁的是，当腐败与奢侈混合、贫富两极分化之时，社会有可能滑至冲突与动荡的边缘，并进而有可能导致社会动乱甚至战争。如果出现这种局面，再有外来的侵略，政府就可能崩溃，国家就可能灭亡。等到这时，奢侈败国，便不再是危言耸听。

靖康元年（1126），北宋统治者应该已经意识到奢侈消费给国家与政府带来的恶果，皇帝下诏说："朕托于兆庶之上，永念民惟邦本，思所以闵恤安定之。乃者，减乘舆服御，放宫女，罢苑囿，焚玩好之物，务以率先天下；减冗吏，澄滥赏，汰贪吏，为民除害。"① 诏书是写得很好，问题也看到了，解决的方法似乎也有了。可惜的是，这个时候为时已晚。金人的铁蹄即将踏碎北宋繁华的迷梦。

北宋后期朝廷官僚的收入很高，这是他们能够进行奢侈消费的重要保证。《宋史》记载："至崇宁间，蔡京秉政，吴居厚、张康国辈，于俸钱、职钱外，复增供给食料等钱。如京，仆射俸外，又请司空俸，其余僚从钱米并支本色，余执政皆然，视元丰制禄复倍增矣。"②《文献通考》则记载："至崇宁间，蔡京秉政，吴居厚、张康国辈，贪鄙为徒，于寄禄官俸钱、职事官职钱外，复增供给食料等钱。如京，仆射俸外，又请司空俸，其余僚从钱米并支本色，余执政皆然，视元丰制禄之法增倍矣。"③《文献通考》的记载明确说明了北宋后期的官员实际上可以兼领寄禄官俸钱、职事官职钱及食料等钱三部分。从前文可知，北宋官员的寄禄官俸钱、职事官职钱都不低，再加一份食料等钱，无疑使官员

---

① 《宋史》卷一七九《食货志·会计》。
② 《宋史》卷一七一《职官志·奉禄制上》。
③ 《文献通考》卷六五《职官十九》。

们的可支配收入进一步增加，他们的消费水平也进一步同普通老百姓拉开了距离。

下面，我们再来分析一下北宋后期民间的社会消费水平。

赵冈、陈钟毅根据有关史料研究，一律以月为单位计算出中国历史上主要朝代的雇佣劳动力的实质工资（也就是货币工资所能购买的粮食数量），唐代的实质工资约是 160 市斤，北宋时期实质工资的范围是 165—198 市斤。[①] 我们据此可以看到，北宋雇佣劳动力的最低工资比唐代时期略高。这意味着作为一个普通的雇佣劳动者，他的可支配收入（货币或实物）比前代增加了一些。根据经济学基本原理来推测，北宋普通雇佣劳动者的消费支出应该略微超过前代。

到了宋哲宗元祐元年（1086），苏辙说"民间每夫日雇二百钱"。[②] 这是汴京雇佣民夫一日的费用。哲宗时期汴京米价不明，邻近的宋神宗时期，汴京常年米价一石四五百文（《司马光文集》卷四九说"平时一斗值钱者不过四五十"）；如果此处以每斗 50 文计算，同时按吴承洛《中国度量衡史》一书宋石折合 66.41 市升的标准，一石米如值 500 文，每文可买米 0.133 市升；[③] 那么，在宋神宗年间（1068—1085）和宋哲宗元祐元年，汴京雇佣民夫一日货币工资 200 文折合成实物工资是米 26.6 市升。

根据笔者计算，宋神宗年间（1068—1085）和宋哲宗元祐元年（1086）每文可买米 0.133 市升，那么，如果宋时平均每人每日最低生活费用按照 20 文计算，可折合成米 2.66 市升。按照日本学者斯波义信的研究，宋代口粮为宋量 1 升，[④] 如果按照此标准计算，北宋中后期一个普通人每日在粮食上的最低花费（口粮宋量 1 升折合米 0.6641 市升）是宋神宗年间和宋哲宗元祐元年时平均

① 赵冈、陈钟毅《中国经济制度史论》，第 249 页。

② 《宋史》卷九四《河渠四》。

③ 宋神宗年间和宋哲宗元祐元年每文可买米 0.133 市升为笔者根据赵冈、陈钟毅所制《历代工资比较表》中有关数据与资料进一步计算所得，参见赵冈、陈钟毅《中国经济制度史论》，第 251— 256 页。

④ 斯波义信《宋元代粮食消费与生产水准之探讨》，第 17—23 页。

每人每日最低生活费用（折米 2.66 市升）的 25%。当然，宋人每日最低生活费用 20 文中除了粮食消费之外，必然还有用于盐、蔬菜、肉食等方面的食物消费。

该时期汴京雇佣的民夫每日工资 200 文是宋人平均每人每日最低生活费用 20 文的 10 倍，其在粮食方面的消费应该远远超过口粮标准，在盐、蔬菜、肉食等方面的消费支出也可能超过最低生活费用的标准。如果宋代日口粮标准为米 0.6641 市升，而汴京受雇佣民夫每日工资是 200 文（折米 26.6 市升）符合历史真实，那么汴京受雇民夫在以口粮标准进行粮食消费的情况下，他们每日的粮食消费只占实物工资的 2.5%。由此几乎可以断定，当时社会中处于极端贫困状态的家庭（或个人）一定占据了总人口中非常大的比例，正是由于巨大的贫困人群，才直接拉低了最低生活费标准和口粮标准。由于当时贫困人群数目非常巨大，因此，以口粮与最低生活费标准的比例来估算，可以大致估算出当时社会的恩格尔系数。北宋中后期口粮宋量 1 升折合米 0.6641 市升是该时期平均每人每日最低生活费用（折米 2.66 市升）的 25%，如果在食物消费方面再加入用于盐、蔬菜、肉食等方面的支出，食物消费占该时期每人每日最低生活费用的比例可能更高。要做出更为准确之推测，需另有当时人们在盐、蔬菜、肉食等方面的支出数据。笔者暂时无法找到宋哲宗元祐元年（1086）的盐价资料。根据史料记载可知，神宗熙宁三年（1070）虔州盐价约为每斤 47 文，该年从岭南盗贩入虔州的盐价为每斤 20 文，① 熙宁九年（1076）成都路盐价每斤 250 文，该年东川盐价为每斤 70 文，② 哲宗元祐七年（1092）江都盐价为

---

① 《续资治通鉴长编》卷二一三，熙宁三年秋七月。文载："虔州地接岭南，官盐卤湿杂恶，轻不及斤，而价至四十七钱。岭南盗贩入虔，以斤半当一斤，纯白不杂，而卖钱二十，以故虔人尽食岭南盐。"
② 《续资治通鉴长编》卷二七九，熙宁九年十一月己卯条。文载："自陕西至成都二千里，道险不能续运，致成都路盐踊贵，斤为钱二百五六十，米二斗才得盐一斤。而东川路盐斤止七十，境上小民持入西路，即为禁地，辄冒重刑。"

每斤 28 文。^①将这五个相近年代的盐价相加取均数，可以估算出该时期的平均盐价为每斤 83 文，每文可买盐 6 克。按照一般情况，假设每人每天吃食盐 5—6 克。也就是说，宋哲宗元祐年间，每人每天如要吃食盐 6 克，需要花费 1 文钱（宋哲宗元祐元年每文可买米 0.133 市升）。将所估算的每日买盐开支加到宋日口粮上，可知宋时最基本的每日米、盐花费为折合米 0.7971 市升，占最低生活费用 20 文（折米 2.66 市升）的 30%。如果再将时人每日蔬菜、肉食支出累计到食品开支上，这个比例会大幅度上升。（由于时人每日蔬菜、肉食平均支出很难估算，此处暂时无法估计准确之费用。据《东京梦华录·州桥夜市》记：鹅鸭鸡兔、肚肺、腰肾、鸡碎等每个不过 15 文，^②这是商家经营时的卖价，去其利润、管理费等，若以卖价的三分之一为其原料钱，则为 5 文。如普通百姓以每日 5 文用以购买蔬菜、肉类，则这项消费支出占最低生活费用 20 文的 25%。）所以，笔者粗略估计北宋中后期社会的恩格尔系数不会低于 50%。从整个社会的平均消费来看，消费者的消费结构还处于低水平，消费基本上是为了再生产而进行的。

前文提到的张耒《北邻卖饼儿》一诗中写北邻卖饼儿"捧盘出户歌一声，市楼东西人未行"。在这首诗中，张耒对北邻卖饼儿的艰苦谋生表示了深切的同情，也对其勤劳谋生的精神流露出赞扬之情。这首诗具有鲜明的现实主义色彩，记载了卖饼儿穿单衣于"霜如雪"的寒冷早晨早出卖饼的情景，我们由此也可看出当时普通劳动人民的生活是非常艰辛的。

物价的变化会严重影响人民的生活消费水平。北宋后期的物价水平出现了比较明显的波动。粮价到神宗年间有所下降，但此后到徽宗时期又再次回升，麦和米的指数分别增至 1200 和 1500（北宋初指数为 100）；绢价变化趋势同粮价变化趋势有所类似，宋神宗年间绢价下落，到宋徽宗时期又飞涨起来，从

① 《苏东坡集》之《奏议集》卷一一《论积欠六事并乞检会应诏所论四事一处行下状》文载："其支盐纳钱者，每盐五斤五两，纳钱三百三十一文八分足，比元价买盐每斤二十八文足已多一百八十三文足。"

② 《东京梦华录笺注》卷二之《州桥夜市》。

1200—1300 文增至 2000 文，比北宋初增加了 1 倍。[①]关于北宋后期的物价变化研究也显示，北宋后期社会平均消费水平一定受到物价比较大的影响。

当时虽然民间消费水平和社会平均消费水平比较低，但是在汴京城内，消费水平是比较高的。在当时的汴京，消费也有多个层次。一般性的市民，大概以早市、夜市或小酒店为日常消费地，因为平常这些地方的消费属于中等水平，不算太高。《东京梦华录·州桥夜市》中写道："出朱雀门，直至龙津桥。自州桥南去，当街水饭、爊肉、干脯，玉楼前獾儿、野狐、肉脯、鸡、梅家、鹿家鹅鸭鸡兔、肚肺鳝鱼、包子鸡皮、腰肾鸡碎，每个不过十五文。"[②]再如，《东京梦华录·饮食果子》中写道："其余小酒店，亦卖下酒，如煎鱼、鸭子、炒鸡兔、煎燠肉、梅汁、血羹、粉羹之类。每分不过十五钱。"[③]假设徽宗朝东京民间雇佣民夫的工钱保持在宋哲宗元祐元年（1086）日二百钱水平，那么一个东京城内普通雇佣民夫在这些消费场所还是偶尔可以进行一定的消费的。

但是，如果北宋末年的一个普通老百姓要去汴京的高级酒楼消费，恐怕是承受不了的。《东京梦华录·会仙酒楼》有语云："大抵都人风俗奢侈，度量稍宽，凡酒店中，不问何人，止两人对坐饮酒，亦须用注碗一副，盘盏两副，菓菜楪五片，水菜碗五只，即银近百两矣。"[④]两个普通人，只要饭量稍好，在会仙酒楼像模像样吃上一顿，花费大约要一百两。这样的开销，对普通百姓来说已是非常惊人的了。或者，另一说是：两人在会仙楼中吃一顿饭所用餐具需用

① 漆侠《中国经济通史·宋代经济卷》，第 1239—1241 页。
② 《东京梦华录笺注》卷二之《州桥夜市》。
③ 《东京梦华录笺注》卷二之《饮食果子》
④ 《东京梦华录笺注》卷四之《会仙酒楼》。菜，即水果，果子；楪、碗皆为木制盘。有人将此句中的"银近百两"解释为于会仙酒楼中吃一顿像样饭菜所用的餐具需用银（用银打制）近百两，若"楪"、"碗"确系木制盘，则此说有误。笔者在之前也认不同此说，但后来根据一些散见的间接史料分析，会仙楼两人用餐所需餐具用银近百两打造是可能的。彭州南宋金银器窖藏有一副注子自铭"注子一副重三十一两"；四川南江县玉泉乡欧家河窖藏出土同式九件银花口盏，盏口錾刻长铭文中曰："两司库管银打造到清酒都各散盏一百只，共重百九十二两六钱半"；又有洛阳邙山宋代壁画墓出土一对银葵花盘，盘沿有铭文曰："行宫公用葵花盘二面共重八两"。这三则史料（尽管都说明的是南宋器物重量）中，注子一副 31 两，散盏每只近 2 两，盘每只 4 两，如我们将楪、碗的重量以盘的重量来算，即每只 4 两，那么会仙酒楼中两人用餐所用餐具如果是银打制的，则它们的总重量约为 83 两（即注子一副 31 两，盘盏两副 12 两，楪 5 只共 20 两，碗 5 只共 20 两）。

⊙ 四川蓬安县南燕乡南宋窖藏银芙蓉花盏一副

⊙ 彭州南宋金银器窖藏的一副
银注子自铭"注子一副重三
十一两"

⊙ 四川彭州南宋金银器窖藏银葵花盏

⊙ 银金茶花纹果盘。湖南临澧柏枝
乡南宋银器窖藏

⊙ 北宋墓出土的花瓣式朱漆盘

银（用银打制，近百两）。在汴京，不仅吃的贵，其他一些非生活必需品也非常贵。《东京梦华录·七夕》说到七夕节市场所卖的磨喝乐（当时的一种小塑土偶玩具），"悉以雕木彩装栏座，或用红纱碧笼，或饰以金珠牙翠，有一对直数千者"。[①] 这种玩偶的目标消费者肯定不是一般百姓，而是富贵人家的子女。这样的消费，是当时普通百姓承受不起的。很显然，北宋末年不同社会阶层的消费水平差距已经非常大了。

① 《东京梦华录笺注》卷八之《七夕》。

第三章　南宋时期影响消费的诸因素及消费状况

第一节　煎熬中的复苏：
南宋前期影响消费的诸因素及消费状况

（一）影响消费之政治与军事因素

宋金战争对南宋统治人口的影响以及对社会经济与消费的打击。
"绍兴和议"后的消费复苏。政府对人民剥削的加重。奢侈消费的
抬头。

南宋初年的政治与军事主题是宋金和战的问题。与北宋初年相似，这一时
期的政治与军事因素对南宋王朝统治的人口也产生了突出的影响。南宋初年宋
金和战的结果使南宋的国土面积比北宋减少了将近一半，户数人口数大大减少
（见表 27）。

表 27　《文献通考》中关于北宋末期和南宋初期户数与口数的记载[①]

时间	户	口
徽宗崇宁元年（1102）	20,019,050	43,820,769
高宗绍兴三十年（1160）	11,375,733	19,229,008

[①]《文献通考》卷一一《户口考二》。

南宋高宗统治初期，东南地区的老百姓饱受兵火，加之又遇到自然灾害，所以生活非常贫困，几乎没有什么消费能力。但是，对于南宋政府而言，也有一些有利的因素存在。当时，农业生产比较发达的江、淮、湖、广诸地皆在南宋境内。同时，由于南宋初年的政治与军事局面造成北宋境内大量人口南迁，增加了南方地区的人口密度，这对于劳动生产率的变化产生了巨大的影响。北宋末年至南宋初年的这次人口大规模南迁，是伴随着宋金战争而发生的。因此，南迁的人口实际上首先是对因战争损失的人口起到了补充作用。就这一时期南迁的人口数量，吴松弟曾经做过研究，根据他的估算，到绍兴末年时，在南迁人口最为集中的两浙路，北方移民及其后裔约有 50.3 万户，约占当地总户数224.3 万户的 22.4%；他进一步指出，估计在建炎四年（1130）两浙路的户数因战乱减少了 45 万户，因此北方人口的南迁是南宋两浙路人口恢复的主要原因。[①] 李伯重先生结合人口史学界的研究成果进一步指出，在当地人口总数中占主要比重的江南土著人口依然是对于人口增长率起决定作用的因素，"我们尚未发现此时期江南移民的人口行为与土著的人口行为之间有重大差异"，"把北人南迁说成是唐宋时期人口增长的主要动力,应当说尚无充分的事实根据"。[②]不过，我认为有一点可能被李伯重先生所忽视。宋金战争时期，户数的减少应该并不完全等同于人口的损失。战乱通常引起城市、城镇人口大量逃亡至穷乡僻壤，造成户口流失于版籍之外。宋金战争时期，户数减少的部分原因恐怕也与户口流失于版籍之外有关。因此，尽管有战乱造成人口损失之因素，但南宋初年史料所载之户口数可能远远低于实际户口数。同时，由于城市、城镇人口可能大量逃亡农村，有可能进一步加大了农村地区耕地的压力。遗憾的是，现存史料无法提供完整、系统之证据来支持这一说法。但是，根据逻辑推理，战乱造成一定的户口流失于版籍之外这种情况很可能正反映了历史的真实。（这

① 吴松弟《中国移民史》（第四卷），福建人民出版社，1997 年，第 412—413 页。
② 李伯重《多视角看江南经济史（1250—1850）》，三联书店，2003 年，第 224 页。

种情况是必然存在的，至于户口流失于版籍之外的具体规模则有待于进一步考证。）这样一来，加上北方人口的南迁，南方核心经济区有限的耕地实际上承担了更多的人口压力。因此，我认为，虽然南宋总人口数少于北宋，但是由于统治区面积缩小，单位土地面积上劳动力更加丰富，使得农业上有可能进行精耕细作，从而提高了劳动生产率。劳动生产率的提高，是社会财富增长的主要推动因素。南宋高宗朝后期的政治与军事局面，客观上使南宋地区的生产率和社会财富有了增长的可能性，间接为社会消费创造了更好的生产力基础。

下面，我们来看看南宋初期对社会消费产生巨大影响的政治与军事局面的演进过程。

靖康二年（1127）五月，赵构即位，改元为建炎，是为宋高宗。宋高宗重用当时的投降派大臣，把新成立的南宋政府从归德迁到扬州，并将整个黄河流域弃置不顾，显然已经失去了收复河北河东失地的意愿。建炎二年（1128），金兵分路向山东、河南、陕西三地进兵。其山东一路在建炎三年（1129）春攻下徐州，渡过淮河直杀扬州。宋高宗逃往杭州。建炎三年九月，金兵主力兀术分两路渡过长江，攻破建康等重镇，逼近杭州。宋高宗仓皇逃亡，经越州、明州，最后逃到定海。[1] 金兀术的军队先后攻破杭州、越州和明州。最后，由于无法下海追击宋高宗，又在浙水沿岸桐庐县牛山下被严州的乡兵击败，金兀术便在杭州等地肆意烧杀虏掠一番，随后于建炎四年（1130）春北返。金兵的这次南侵，对南宋的社会生产造成了极大破坏，杭州、越州、明州等地更是损失惨重。金兵主力兀术南侵的同时，侵入关中的金兵攻占了长安等地。此时，金开始将重心放在经营华北方面，于是在陕西、河南等地扶持了伪齐政权。

金兵北返后，宋高宗回到杭州，自此南宋政府慢慢在杭州安顿下来。在黄河南北，则出现了忠义民兵规模大小不等的反金斗争。绍兴二年（1132）之后，宋金军事力量和国力的对比基本上趋于平衡。

---

[1] 关于高宗这段时期的行踪，可以参见《宋史》卷二四《高宗本纪一》、卷二五《高宗本纪二》；《建炎以来朝野杂记》甲集卷一《高宗诞圣》。

南宋政府定都杭州后，主张抗金的一派和投降派的斗争变得更加激烈。岳飞领导的岳家军在建炎四年（1130）收复建康后，又于绍兴四年（1134）收复襄阳、信阳等六个州郡，绍兴六年（1136）、绍兴十年（1140）收复了河南郑州、洛阳等失地。岳家军的胜利迫使金兵考虑从河南全面撤退。绍兴十一年（1141）春，在淮西战事平息后，宋金东线、中线战事基本上结束。但是，以宋高宗为首的投降派为了表示对金的顺服，于绍兴十一年岁末（公历入 1142）杀害了岳飞和岳家军的重要将领。绍兴十一年十一月，南宋与金进行了议和，史称"绍兴和议"。绍兴和议后，南宋向金称臣，宋金以东起淮水、西至大散关（今陕西宝鸡境内）为界，中间的唐、邓二州归金国，南宋每年向金国纳银二十五万两，绢二十五万匹。

"绍兴和议"使北宋统治的北方地区落入金国统治区，造成了南宋政府偏安东南的局面。在这种情况下，历史体现了自己的逻辑。在劳动力充足、社会生产率提高的条件具备之后，即使像杭州、越州、明州等这些被金兵严重破坏的城市，社会经济也迅速恢复。杭州更是很快发展成为南宋的经济中心和消费中心。南宋社会由于具有较高的劳动生产率，生产出比以往更多的社会财富，南方经济发达地区的人民也有了更高的生活水平和消费潜力。这可以解释为什么经过北宋末年政治军事动荡之后，宋朝政府在南方得到了延续，并且东南的一些城市在经受金兵冲击之后，又迅速恢复了繁荣。

但是，南宋初年政治腐败，在社会生产受到战争破坏的同时，南宋政府对民间的剥削加重，社会矛盾非常尖锐，爆发了多次重大的农民起义，所谓的"中兴"局面多少有些名不副实。

建炎三年（1129）冬到四年春（1130），金兵渡过长江南侵，两浙、湖北、湖南、江西等许多地方遭受战争的摧残，经历了金兵的烧杀抢掠和南宋溃兵的掠夺，呈现十室九空、民生凋敝的惨相。绍兴元年（1131）正月，监察御史韩璜上奏说："自江西至湖南，无问郡县与村落，极目灰烬，所至破残，十室九空。询其所以，皆缘金人未到，而溃散之兵先之，金人既去，而袭逐之师继至，官兵盗贼劫掠一同，城市乡村搜索殆遍。盗贼既退，疮痍未苏，官吏不务安集，而更加刻剥。兵将所过纵暴，而唯事诛求，嗷嗷之声，比比皆是，民心散畔，不绝如丝。"[1] 韩璜之奏，道尽兵灾和剥削之害。

南宋初期，宋金处于交战状态，宋内外大军人数达十九万四千余人，《建炎以来朝野杂记》记载："绍兴初，内外大军凡十九万四千余，而川、陕不与。"[2] 如果加上川陕的宋军，人数就会更多。南宋政府的军费开支逐年上升。南宋统治者为了应付战争，同时为了满足自身高水平的消费，加强了对劳动人民的剥削。庄绰在《鸡肋编》中记载了南宋绍兴中的局面："时天下州郡没于金人，据于僭伪，四川自供给军，淮南、江、湖，荒残盗贼，朝廷所仰，惟二浙、闽、广、江南，才平时五分之一，兵费反逾前日，此民之所以重困。"[3] 一方面统治区域面积减小，一方面兵费反而增加，即使是东南的富庶之地，人民也难免最终陷入贫困。庄绰所用"重困"一词，极其明确地道明了当时老百姓的处境。他还说，靖康之乱后，六七年间，在受到战争摧残的地区，"荆榛千里，斗米至数十千，且不可得。盗贼、官兵以至居民，更互相食。人肉之价，贱于犬豕"。[4] 庄绰眼内千里荒芜，粮食价格飞涨，人们相互残食的惨状，通过文字如此清晰地展现于我们的眼前。毫无疑问，在饱受战乱的南宋初年，许多地方的人们连基本的食物消费也无法满足。当时许多人靠正常生产无法生活，逐渐沦落为盗贼和游寇。根据《建炎以来系年要录》记载，绍兴元年（1131）二月广东经略司在向朝廷汇报百姓起义的原因时说："以军兴赋重不能保，遂与其徒作乱。"[5] 同月，中书舍人洪拟说："兵兴累年，馈饷悉出于民，无屋而责屋税，无丁而责丁税，不时之须，无名之敛，殆无虚日，所以去而为盗。"[6] 仅从当时宋朝官员的这两段话就可以看到，南宋绍兴初年的百姓由于在遭受兵灾

---

① 《建炎以来系年要录》卷四一，绍兴元年正月癸亥条。
② 《建炎以来朝野杂记》甲集卷一八《绍兴内外大军数》。
③ 《鸡肋编》卷中。
④ 《鸡肋编》卷中。
⑤ 《建炎以来系年要录》卷四二，绍兴元年二月戊辰条。
⑥ 《建炎以来系年要录》卷四二，绍兴元年二月癸巳条。

的同时，还遭受沉重的苛捐杂税的剥削，几乎到了无法维持生存的地步。当时的贫苦人家几乎连基本的生活消费也无法保证。

在残酷的生存现实面前，许多无法生存的农民选择了发动起义。从建炎元年（1127）至绍兴四年（1134），八年之间，农民起义达五十余次，①"占了整个南宋农民起义总数的百分之二十三左右"。②从绍兴初（1131）至绍兴八年（1138），这八年之间，农民起义近五十次，③占整个南宋农民起义总数的百分之二十左右。建炎初至绍兴初这段时期内，规模最大的农民起义是发生在建炎四年至绍兴五年的钟相、杨幺起义。这次起义，提出了"等贵贱，均贫富"的口号。从这一起义口号可以看出，在刚刚遭受战乱的情况下，南宋统治阶级依然积敛了巨大财富，以至于令民间明显意识到贫富差距的严重性。南宋初年的战争，并没有摧毁原有统治阶级的特权，也没有摧毁他们所占有的大部分社会财富。实际上，由于统治阶级对劳动人民加重了剥削，致使南宋社会贫富差距、城乡差距继续拉大。这最终导致南宋社会出现了城市表面繁荣、广大乡村实质性衰退的奇怪格局，显现出同时并存的盛世繁华和民生凋敝的两张面孔（参见后文的分析）。我们甚至可以说，南宋社会的这种奇怪格局，对中国后世社会也产生了难以磨灭的影响。

在南宋初年的政治军事局面之下，民间消费一度疲弱得像是泄了气的皮球，很长时间内得不到复苏。绍兴七年（1137），四川都转运使李迨进言："军兴后来所增岁入之数，今比旧额已增过倍，取于民者可谓重矣。若计司不恤，更增赋敛，民力困竭，事有难测，此亦朝廷所当深虑矣。"④绍兴八年（1138）前后，尚书刘大中上奏中还说道：经过战火和自然灾害之后，东南之民"存者十无二三"，⑤再加上奸臣酷吏征收苛捐杂税，"愚民宁杀子而不愿输"。⑥老百姓"宁

① 参见何竹淇《两宋农民战争史料汇编》第三册（下编第一分册），中华书局，1976年。
② 何忠礼《宋代政治史》，第326页。
③ 参见何竹淇《两宋农民战争史料汇编》第三册（下编第一分册）。
④ 《建炎以来系年要录》卷一一一，绍兴七年五月壬午条。
⑤ 《文献通考》卷一一《户口考二》。
⑥ 《文献通考》卷一一《户口考二》。

杀子而不愿输"的情况，恐怕不仅仅是民愚而不愿纳税，最主要的原因恐怕还是在残酷的剥削面前，老百姓连基本的生活消费都可能无法保证，贫穷者甚至丧失了赡养子女的能力。许多人在严峻的社会现实面前，对未来失去了希望。从社会心理方面看，南宋初年整个社会对未来的预期和北宋初年的情况截然相反，北宋社会生产是在希望中得以恢复，而南宋社会生产则是在煎熬中寻找复苏的机会。然而，迫于严峻的军事局面，当时的南宋政府基本上选择的是涸泽而渔的办法来满足军费开支和其他方面的消费。在此种情况之下，社会的整体消费无疑是处于紧缩的状态之中。

"绍兴和议"后，南宋统治者大大喘了一口气。但是，南宋的老百姓却还没来得及喘气，便已处于一种新的高压之下。这一变化，是南宋封建王朝的权力结构与社会经济发展的一种必然结果。儒家的"仁爱"在滋生不平等的制度面前显得毫无意义。18 世纪法国的启蒙思想家卢梭指出："至于平等，这个名词绝不是指权力与财富的程度应当绝对相等；而是说，就权力而言，则它应该不能成为任何暴力，并且只有凭职位与法律才能加以行使；就财富而言，则没有一个公民可以富得足以购买另一个人，也没有一个公民穷得不得不出卖自身。这就要求大人物这一方必须节制财富与权势，而小人物这一方必须节制贪得与觊觎。"[1]在当时的南宋社会中，无疑是缺乏平等的。宋金战争并未改变南宋的权势结构。一方面，老百姓无权无势，只能听任摆布；另一方面，大人物们却不断动用权势聚敛财富。南宋初年，中央政府财政收入主要来源地东南地区的收入（货币收入）一年不足一千万贯，到了绍兴末年，已经增至六千余万贯，[2]如果再加上四川等地的赋税，全国总收入可能已接近一亿贯。[3]北宋初（太宗时），朝廷总收入（货币收入）是一千六百余万贯。北宋朝廷财政总收入（货币收入）最高时在神宗朝，曾高达六千余万贯。南宋统治区比北宋小，可是政府收入（货币

① 卢梭《社会契约论》，何兆武译，商务印书馆，2003 年，第 66 页。
② 参见《建炎以来系年要录》卷一九三，绍兴三十一年十月癸丑条。
③ 参见汪圣铎《两宋财政史》，第 136—146 页；何忠礼《宋代政治史》，第 389—390 页。

收入）却超过了北宋朝廷收入（货币收入）最高时。这一方面说明南宋至绍兴末年，经济确实比绍兴初年获得了发展，另一方面，也暴露了当时南宋政府对民间剥削之残酷。但是，高宗、秦桧集团在和平局面来临之后，没有抓紧时间富国强兵，却迅速走向腐败，南宋朝廷心安理得地沉醉于歌舞升平的迷梦之中。

经过战争后，南宋统治阶级没有丧失特权，也没有丢失财富，他们凭借特权与财富，重新过上了纸醉金迷的生活。南宋皇室、官僚的消费，最终在以临安为首的各个城市中，形成了消费的"黑洞"，源源不断地从周边吸取大量物资。与此同时，由于和平的环境来临，南宋社会从绍兴中期开始，人口渐渐增多，农村劳动力有了大量剩余的可能性。在这种情况下，在中国历史悠久的盛行自然经济的土地上，农业、手工业、商业开始把越来越多的产品输往城市。但是，在生产出大多数产品的广袤土地上，从事着生产的人们却依然很少享受到经济发展所带来的成果。广大农村依然基本处于自然经济状态，财富积累有限，消费力基本没有提高。在这种情况下，在生产出大多数产品的广大农村，也不需要更多的商业传播来彼此告知商品的信息；不是这里的人们不希望消费更加精美的物品与更加美味的食物，而是他们根本没有更多的财富来用于消费，他们更想要知道的是城里的人们想要什么，而不是自己需要什么。

（二）影响消费之经济因素

南宋时期并未出现社会经济制度的再生产。经济元气的恢复。

南宋时期并没有出现社会经济制度的再生产，[①] 不过，南宋前期却经历了一

---

① 　关于社会经济制度的再生产，可参阅厉以宁《资本主义的起源——比较经济史研究》，商务印书馆，2003 年，第 472—485 页。厉以宁先生指出："社会经济制度的再生产是指：在一种经济制度下，社会产品的再生产过程同时也是社会经济关系的再生产过程；也就是说，社会经济制度的再生产是指社会产品的下一轮生产的社会条件同上一轮生产的社会条件一样，即使社会经济制度受到了某种冲击，比如说，一个落后民族征服了一个较先进的民族，或一个皇朝替代了另一个皇朝，被征服地区的社会经济制度不变，新皇朝的社会生产条件不变。"（《资本主义的起源——比较经济史研究》，第 472 页）

个遭到打击的社会经济制度的恢复期。南部地区良好的经济基础使得宋王朝在战乱的煎熬中延续了它的"龙脉"，并使原来的社会经济制度得到了延续。南宋高宗朝初期，受到战争的影响，经济如同严冬中的草木，一副衰败之相。但是，到了绍兴后期，南宋的经济已经恢复了元气。如果没有雄厚的经济实力作为支撑，即使盘剥再苛刻，绍兴末年全国总收入要达到近一亿贯也是不大可能的事。即使将货币贬值因素考虑在内，绍兴末年的全国总收入也是非常可观的。因为，从绍兴后期江南、两湖、福建等地的粮食价格来分析，当时的通货膨胀和货币贬值情况并不是非常厉害，南宋初年有些地方"斗米至数十千"的情况已经没有，各地粮食价格大多在每斗 200 文至 1000 文之间（参见后文分析）。南宋高宗朝时期，经济因素中对于社会消费影响最大的是农业。在农业大发展这一基础因素具备的条件下，手工业、商业的发展也获得了有利因素，因此最终促成了南宋商品经济的发展。

1. 农业与消费

　　农业的恢复保障了社会的基本消费。土地兼并。富商大贾、官僚地主的消费力。经界制对土地兼并的抑制及对社会消费的影响。

南宋农业的发展主要得益于几个方面：一是农田水利事业发达；二是田地开垦、民屯与官田面积的增加；三是占城稻的普遍种植以及农业技术的发展直接促进了劳动生产率；四是南渡的人口为精耕细作提供了充足的劳动力。

南宋境内的农田水利灌溉本来就比较发达。南宋政府为了增加税收，又大力奖励各个州县官员兴修水利灌溉工程。当时的州县官大多都要兼任"提举圩田"或"主管圩田"的职务。比如，《宋会要辑稿》记载，"（建炎）三年（1129）二月二十八日，诏应有官圩田州县通判于衔位带兼提举圩田，知县带兼主管圩田，每岁不得使有荒田闲。委监司以旧额立定租稻石斗，尽收以充军储"。[①] 在

---

① 《宋会要辑稿》，食货一之三六。

南宋最初五十年内，各地兴修了大量的水利工程，对于发展农业生产起到了巨大的推动作用。

在农田水利得以兴修的同时，拥有小块土地的农民，也都自发将自己所有的山地或陆地开垦改造成良田。南宋朝廷面临收容北来难民与士兵的问题。为了解决这一棘手问题，朝廷根据建议将江淮地区军队屯田改为民屯，"以五顷为一庄，募民承佃"，[①] 以使地力使用更加充分。北宋时大部分官田都在北方，南渡后，北方官田全部丧失，而江南地区官田面积则大大增加。根据学者估计，从南宋前期绍兴元年（1131）到南宋中期淳熙元年（1174）四十年间，南宋江南官田面积扩充至二十万顷有余。[②]

南宋初年，占城稻种植面积更加广泛。当时的江南西路，乡民所种稻田百分之七八十都是早占米，只有百分之二三十布种大禾。大禾即晚稻，一年一熟；占城稻则可以一年两熟。仅从这一点，就可推知南宋初年江南单位面积的粮食产量应该有明显增加，为社会基本的生活消费提供了坚实的基础。

农田水利事业的发展、田地的开垦和改良、民屯田与官田面积的增加、占城稻的种植等因素使得南宋高宗朝中后期的农业生产得到了较快恢复，满足了人们对基本生活资料——粮食的需要。

南渡后，由于宋宗室与出身北方的官员在南方并没有土地，所以他们利用政治军事特权大肆兼并田地。南方地区早已形成的大量富商大贾也乘机和官僚地主结成同盟，很多人买官或在军中挂名。土地兼并的严重后果是形成了拥有雄厚经济实力的官僚地主群体。在南宋初年，供给南宋政府的粮食甚至由于土地兼并而一度减少。北宋从东南诸路运往汴京的粟米最多时达一年六百二十多万石。南宋绍兴年间，除淮南、湖北路由于宋金战争农业衰退，其余各路在农业增产的情况下，上供的粟米却只有二百八十万石。这说明，大量土地被具有

---

① 《文献通考》卷七《田赋考七》。
② 参见程溯洛《南宋的官田制度与农民》，《中国历代土地制度问题讨论集》，三联书店，1957年，第 493 页。

免税特权的人家所兼并。这些被兼并的土地上的社会生产成果，被一大批富商大贾和官僚地主所占有，没有被普通老百姓所分享。因此，从南宋初年开始，富商大贾和官僚地主经济实力的壮大，使得社会对基本生活资料之外的商品和服务的需求大大增加，从而为南宋社会商品经济的发展乃至南宋平均消费水准的提升创造了条件。同时，南宋政府也推行职田制度，大体沿用北宋时期的制度。所以说，南宋大部分官吏的较高消费水准在总体上是有保障的。官僚阶层也成为主要的食利阶层。许多南宋高官和将领都领有或兼并大量田地，他们拥有巨大的财富和消费力。

南宋初年，战乱使得版籍散失，许多地方官僚地主与地方官勾结，有的隐瞒田产，有的霸占民田，出现了有田者未必交税，有税者却未必有田的混乱与不公正现象。这种现象加剧了土地兼并，激化了阶级矛盾，同时使南宋政府的财政收入受到影响。绍兴十二年（1142）十一月，左司员外郎李椿年上书建议在平江府首先实行经界制度，然后逐渐推行全国。[1] 李椿年倡导的经界制度，"要在均平，为民除害，更不增税额"。[2] 经界的重要举措是为实施经界的官户民户制造"砧基簿"，其上书写户主姓名、田地面积、土地来源等信息，而且要附制地图。"砧基簿"经过核实，即付人户永为执照，以后田产交易，交易双方各执"砧基簿"及田契到县过户，否则不予认可。[3] 经界制度其实是南宋朝廷推行的土地登记制度。经界使得私产田地必须登记，进行田产交易都要和砧基簿上的登记内容相核对。经界的推行使不少田产不多者的田产通过经界核实后减少了税收，而许多官僚地主隐瞒的田产则被查实而增交了税收。比如，徽州歙县、休宁、祁门、婺源、绩溪、黟县六县经界之前田地共有一百五十

---

① 《宋会要辑稿》，食货六之三七至六之三八。

② 《建炎以来系年要录》卷一四七，绍兴十二年十一月癸巳条。

③ 参见《宋会要辑稿》，食货七〇之一二四至七〇之一二六。

一万余亩，经界后达二百八十八万余亩。① 普州乐安县通过经界，查出脱漏户"二千九百余户"，查出因土地不实而加税的有"四千五百七户"，"经界减税者六千一百二十二户"。② 经界的推行缓和了阶级矛盾，同时使南宋政府的税收增加了。有学者认为，"南宋开始，政府推行鱼鳞册的土地登记制度。……鱼鳞图册制度之创立，是中国土地制度史上的一件大事，它不但使得此后的耕地统计数字的可信性大大提高，而且减少了许多有关土地产权的纠纷"。③ 这种说法肯定了南宋经界制度的历史进步意义。何忠礼先生也指出，"至于打造'砧基簿'和地形图，实启明代造'鱼鳞图册'的先导，其意义不可低估"。④ 由于经界的推行使得贫苦之人的田产核实后赋税减少，在产出不变的情况下，实际上使他们的消费储蓄增加了，或者说等同于使他们的可支配收入得到了增加，这有利于保证缺少田产的贫苦之人的基本消费能力。

2. 手工业与消费

持续发展的雕版印刷业、刻书业、造船业。矿产量下降与铸币短缺。盐业与消费复苏的信号。

雕版印刷业、刻书业与消费

南渡后雕版印刷业、刻书业的继续发展与文化消费的繁荣。

南宋社会秉承了北宋社会的崇文风尚，因此，文化消费继续长盛不衰，从

---

① 参见罗愿《新安志》卷三至卷五。卷三至卷五记各县田亩祖额、经界后田亩数及"今"之田亩数。各县田亩祖额分别为：歙县约 252,984 亩，休宁望县 186,950 亩，祁门 199,563 亩，婺源 679,707 亩，绩溪 104,538 亩，黟县 92,135 亩。各县经界后田亩分别为：歙县 460,000 有奇，休宁在原有之外屯田 321 亩达 303,964 亩，祁门 7000 亩有奇，婺源 790,000 亩有奇，绩溪 296,000 亩有奇，黟县 334,430 亩有奇。

② 《汉滨集》卷五《改正安岳县界状》。

③ 赵冈、陈钟毅《中国经济制度史论》，第 38 页。

④ 何忠礼《宋代政治史》，第 401 页。

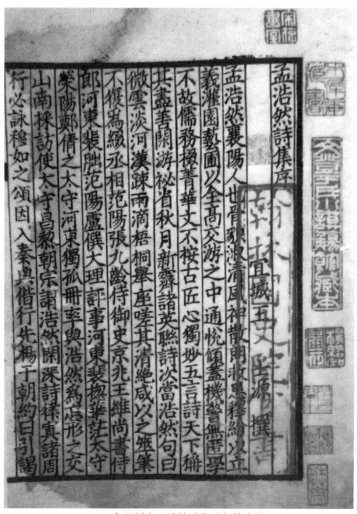

⊙ 宋蜀刻本孟浩然诗集（颜体字）

而为雕版印刷业、刻书业的继续发展创造了良好的宏观环境。南宋初年，杭州、婺州、苏州是当时刻书业中心。北宋开封的书籍铺有很多南渡后迁移到杭州。婺州、苏州雕版印刷业和刻书业都很发达。此外，饶州、抚州、吉州等也是刻书业中心。福建建州的刻书业在南宋初年很兴盛。建州有著名的麻沙、崇仁两书坊，这两处刻印书籍数量很多，不逊于杭州。各地印书的质量存在差距，从书的印刷质量上讲，当时的杭州刻印的书是质量最好的。叶梦得《石林燕语》记载："今天下印书，以杭州为上，蜀本次之，福建最下。"[①] 杭州自北宋以来经济就比较发达，宋朝廷南渡之后，杭州更逐渐发展成为融政治、经济、文化中心为一体的南宋最为重要的城市。宋朝廷的高官和文人雅士们汇集于杭州。由于这些原因，杭州地区对于图书质量的消费要求自然高于他地，因此对于印刷和刻书业来说，形成了巨大的市场推动作用。这是消费影响生产、促进生产技术发展的一个很好的例子。发达的刻书业为南宋时期人们的文化消费提供了丰富的产品。

造船业与消费

发达的船舶制造业。漕运与海运地位的变化。

水路运输是南方的主要交通运输方式。从运输成本看，水路的运输成本比起陆运要低很多，运输方面对舟船有巨大需求。南宋前期的造船业从整体规模看，要比北宋有了进一步发展。

自南渡后，宋政府的物资运输更加倚重于水路。这无疑是为造船业的发展创造了有利的宏观条件。根据史料记载，"建炎四年（1130）七月三十日，户部言：'且以五百料船为率，依条八分装发'。"[②] 据此可知，当时五百料载重量的船已经比较普遍。根据此史载推测，南宋政府常用漕船载重量可能要比北宋

---

① 《石林燕语》卷八。
② 《宋会要辑稿》，食货四三之一六。

后期常用漕船的载重量（三百料）稍高。

尽管南宋运输非常依赖于漕运，但是仅就漕船的建造而言，其重要性慢慢落到了海船建造的后面。在南宋初年，温州造船场年额打造本路直达纲船为340只，管理船场的官员有5人，造船的兵级有247人，后来因为资金紧张，"选留监官一员并兵级一百人"。[①]另，绍兴三十年（1160），洪、吉、赣三州造船场，"每场差监官二员，工役兵卒二百人"，"日成一舟"。[②]南宋初年造船场的年定额与徽宗朝时温州船场年额600艘相比，显然少了许多。由此可推知南宋漕船制造与北宋末年相比，略有衰退。此时，由于汴京已经落入北敌之手，以汴京为中心的内河航运系统对南宋而言其实已大半丧失了作用。这是南宋漕船地位落后于海船的重要因素。漕船所运输的物资，在消费品总体中的比例也必明显下降。

南宋造船业的发展主要表现在海船建造方面。南宋时期，对于丧失了北部疆土的宋朝廷来说，海上贸易的地位进一步加强。当时不论中国商人还是海外商人，大多乘用中国制造的商船，因此大大促进了南宋的造船业。可以说，南宋对于海上贸易的依赖，促发了对于海船的巨大需求。南宋的泉州、福州、广州、明州等地都有海船制造厂。建炎三年（1129）冬，高宗准备逃往海上避难时从各个地区征集了大海船三百多艘。

建炎四年（1130）至绍兴五年（1135），钟相、杨幺起义过程中，起义军也制造了大量船只。其中最大的车船分三层，高十丈，可载二十四车及千人，船载车的功能构思简直有点类似于后世之航空母舰。绍兴三十一年（1161），虞允文在采石抗击金兵时，使用的船舰有车船、艨艟战舰及海鳅船等。从这些用船情况看，南宋高宗朝时期南方造船业已经相当发达。

发达的船舶制造业为商品流通提供了良好的交通工具条件，直接促进了商品流通，对于各地的消费有潜在的间接促进作用。

---

① 《宋会要辑稿》，食货五〇之一一。
② 《宋会要辑稿》，食货四四之六至四四之七；《宋会要辑稿》，食货四八之七。

矿冶业与消费

> 南宋前期铜铁铅锡矿产量。铜矿产量下降、铸币减少加重"钱荒"。铸币短缺对社会消费的影响。

在南宋各种手工业中，与消费问题密切相关的手工业部门是矿冶业，值得对它特别加以留意。下表（见表 28）是笔者转引自程民生根据《宋史·食货志》整理的南宋绍兴年间与北宋元丰年间的矿产课额比较表：

表 28　程民生整理的南宋绍兴年间与北宋元丰年间的矿产课额比较[①]

单位：斤

时代＼品名	铜	铁	铅	锡
元丰年间（1078—1085）	14,605,969	5,501,097	9,197,335	2,321,898
绍兴年间（1131—1162）	7,057,260	2,162,140	3,213,620	761,200

程民生认为，南宋初期铁矿产量下降是由于客观条件造成的，其他有色金属产量下降则是生产方面的问题。他指出宋代铁矿资源主要分布在北方地区，绍兴年间铁产品下降的主要原因是失去北方领土；而铜、铅、锡等主要分布在南方，产量大幅度下降不是矿藏分布造成的。

漆侠根据李心传《建炎以来朝野杂记》甲集卷一六《铜铁铅锡坑冶》中的记述，结合《宋会要辑稿》中的相关记载，整理出了另外一组北宋和南宋前期铜铁铅锡坑冶的课税数据，笔者摘引有关数据制成下表（见表 29），以资比较：

---

① 程民生《宋代地域经济》，第 304 页。

表 29　漆侠整理的南宋高宗绍兴三十二年与北宋徽宗崇宁年间的矿产课额比较①

单位：斤

时代 ＼ 品名	铜	铁	铅	锡
崇宁年间 （1102———1106）	7,057,263	2,162,144	3,213,622	761,204
绍兴三十二年（1162）	263,169	880,302	191,249	20,458

将以上程民生根据《宋史》整理的数据，与漆侠根据李心传《建炎以来朝野杂记》及《宋会要辑稿》整理的数据进行比较（见表 30），笔者发现一个很大的疑问：即程民生所整理出的绍兴年间铜铁铅锡坑冶的课税数据似乎与漆侠整理的北宋徽宗崇宁年间铜铁铅锡坑冶的课税数据非常接近，几乎是同一组数据。

表 30　程民生与漆侠整理的南宋与北宋年间的矿产课额比较②

单位：斤

时代 ＼ 品名	铜	铁	铅	锡	数据整理者／资料来源
元丰年间 （1078—1085）	14,605,969	5,501,097	9,197,335	2,321,898	程民生／《宋史》
崇宁年间 （1102—1106）	7,057,263	2,162,144	3,213,622	761,204	漆侠／《朝野杂记》《宋会要辑稿》
绍兴年间 （1131———1163）	7,057,260	2,162,140	3,213,620	761,200	程民生／《宋史》
绍兴三十二年 （1162）	263,169	880,302	191,249	20,458	漆侠／《朝野杂记》《宋会要辑稿》

笔者重新核查《宋史》，发现程民生在摘引《宋史》中的数据时，略去了原文每个数据后的"有奇"③二字。这样一来即证明他所引的数据和漆侠所引的数据实际上为同一组数据。问题在于，同样是这组数据，程民生摘引的数据作

---

① 漆侠《中国经济通史·宋代经济卷》，第 645 页。

② 参见程民生《宋代地域经济》，第 304 页；漆侠《中国经济通史·宋代经济卷》，第 645 页。

③ 《宋史》卷一八五《食货志·坑冶》。

绍兴年间数据（《宋史·食货志》中另一处文字可证明程民生所引数据即为绍兴三十二年数据），而漆侠摘引的数据作北宋徽宗崇宁年间（1102—1106）数据。漆侠在摘引李心传《建炎以来朝野杂记》甲集卷一六《铜铁铅锡坑冶》中的数据时说，"按李心传这段记述系来自《中兴会要》，其中'祖额'大约是北宋徽宗崇宁初年的数额，'绍兴末'数额即绍兴三十二年数额，亦即《中兴会要》中所谓'今递年趁到者'。《中兴会要》这段文字仍保留在今本《宋会要辑稿》中"。[①] 笔者核查《宋会要辑稿》，其中摘引那段《中兴会要》的文字中，并没有说明"祖额"大约是北宋徽宗崇宁初年的数额，漆侠此说的依据，笔者暂时不得而知。笔者推测，漆侠的这一判断，可能来自于《宋史·食货志》的记载。《宋史·食货志·坑冶》记云：宣和六年（1124）五月，"诏：'坑冶旧隶转运司者，如熙、丰、绍圣法；崇宁以后隶常平司者，如崇宁法。'……崇宁以后，广搜利穴，榷赋益备。凡属之提举司者，谓之新坑冶……"[②] 漆侠摘引整理出的南宋高宗绍兴三十二年数据，在《宋史·食货志》中则是乾道年间数据。重新核查《宋会要辑稿》，笔者发现，出现这样的问题，主要原因在于《宋史·食货志》及《宋会要辑稿》（其中记载为《中兴会要》原载数据）之中的一段文字本身有语焉不详，并可能产生歧义之处。

《宋史·食货志》在记录有关数据之前有一段文字："南渡，坑冶废兴不常，岁入多寡不同。今以绍兴三十二年（1162）金、银、铜、铁、铅、锡之冶废兴之数一千一百七十，及乾道二年（1166）铸钱司比较所入之数附之……"[③] 在随后的各组数据中，以一种矿冶为一组数据，每组有两个数据，一为"旧额"，另一明确指出为"乾道岁入"。按照《宋史·食货志》的这种记载和程民生整理的数据分析，程民生将每组第一个"旧额"作绍兴年间数据，另一个是"乾道岁入"。《宋会要辑稿》在记录有关数据之前有一段按文："按《四朝会要》

① 漆侠《中国经济通史·宋代经济卷》，第 644—645 页。
② 《宋史》卷一八五《食货志·坑冶》。
③ 《宋史》卷一八五《食货志·坑冶》。

382

云，坑冶场务兴废不定，逐年所入多寡不同。今以虞部所具绍兴三十二年内诸路州军坑冶兴废之数并乾道二年七月内铸钱司比较祖额之数以次参附云……"①在随后的各组数据中，以一种矿冶为一组数据，一为"祖额"的数据，一为"今递年趁到"的数据。按照《宋会要辑稿》的这种记载分析，加之有漆侠自己的说明，我们知道他是将"祖额"看作是北宋徽宗崇宁年间数据，将"今递年趁到"的数据视为绍兴末年之数据。〔李心传之《建炎以来朝野杂记》甲集卷一六《铜铁铅锡坑冶》记云："祖宗时，天下岁产铜七百五万斤，铁二百十六万斤，铅三百二十一万斤，锡七十六万斤，皆有奇。渡江后，其数日减，至绍兴末……（后记铜铁铅锡产量）。"根据此处记载，李心传并未说明渡江之前那组数额是何时数据。〕

　　笔者认为《宋史》《宋会要辑稿》两书中每种矿冶的第一个数据大约是南渡之前的数据（即"旧额"或"祖额"），绍兴三十二年（1162）其实缺了具体数据，只有"坑冶兴废之数"；第二个数据应该比较明确是乾道二年（1166）的数据。但是，笔者认为，"旧额"或"祖额"最可能是南渡后绍兴末年宋政府的矿冶定额，而不是北宋徽宗崇宁年间数据。这一判断的主要依据是：北宋后期，尤其是政和朝之后，"祖额"的确定是以"五年增亏数较之"。《宋史》卷一八六《食货志·商税》记载："（靖康元年，1126）臣僚上言：'祖宗旧制并政和新令，场务立额之法，并以五年增亏数较之，并增者取中数，并亏者取最高数，以为新额，故课息易给而商旅可通。近诸路转运司不循其法，有益无损，致物价腾踊，官课愈负。请令诸路提刑下诸郡，准旧法厘正立额。'诏依所奏。"②也就是说，自北宋后期以来，每五年就可能有一个新的"祖额"被制定出来。因此，笔者认为李心传《建炎以来朝野杂记》针对"渡江后"绍兴末年矿冶数所说的"祖宗时"的各类矿产数额可能遥指北宋年间旧"祖额"；而《宋会要辑稿》中记载的乾道二年七月内铸钱司用来比较的"祖额"应是绍兴

---

① 《宋会要辑稿》，食货三三之一八。
② 《宋史》卷一八六《食货志·商税》。

三十二年宋政府的矿冶新"祖额";从乾道二年回溯到绍兴三十二年,含首尾年正好是五年,可能正是因为这个原因,由于缺乏绍兴三十二年准确数据,在记载时只以坑冶兴废之数代,而将与乾道二年七月内铸钱司用来比较的数目称为"祖额"。这一判断比较接近于程民生的看法,但是程民生并未明确说明判断之依据,只是依照《宋史·食货志》中的记载将"旧额"判定为绍兴年间数据。根据以上考证,笔者认为,《宋会要辑稿》与《宋史》中的矿冶数据记载是一致的,即以一种矿冶为一组数据,每组有两个数据,一为"祖额"或"旧额"(绍兴三十二年宋政府制定的矿冶新"祖额",但不是绍兴三十二年的矿冶实际岁入),一为乾道二年矿冶实际岁入。这样我们可以制出南宋与北宋年间的矿产课额比较表(见表 31)如下:

表 31 南宋前期与北宋元丰年间的矿产课额比较[①] 单位:斤

时代＼品名	铜	铁	铅	锡	数据整理者／资料来源
元丰年间(1078—1085)／元丰元年(1078)	14,605,969	5,501,097	9,197,335	2,321,898	何辉／《宋史》《宋会要辑稿》
绍兴三十二年(1162)宋政府制定的矿冶新"祖额",但不是绍兴三十二年的矿冶实际岁入。《建炎以来朝野杂记》作"祖宗时"之数据。	7,057,260 有奇或 7,057,263	2,162,140 有奇或 2,162,144	3,213,620 有奇或 3,213,622	761,200 有奇或 761,203	何辉／《宋史》《宋会要辑稿》
乾道二年(1166)《建炎以来朝野杂记》作"绍兴末"之数据。	263,169	880,302	191,249	20,458	何辉／《宋史》《宋会要辑稿》

李心传《建炎以来朝野杂记》的记载则与《宋会要辑稿》《宋史》两书不同。那么,为什么《宋会要辑稿》与《宋史》两书中的"旧额"(或"祖额")会与《建炎以来朝野杂记》中所记载的"祖宗时"的矿产数额相同呢?而《宋

---

① 参见《宋会要辑稿》,食货三三七之一六;《宋史》卷一八五《食货志·坑冶》;《宋史》卷一八六《食货志·商税》。

会要辑稿》与《宋史》两书中乾道二年的数额为什么又与《建炎以来朝野杂记》中所记载的"绍兴末"的矿产数额相同呢？笔者推测，李心传著《建炎以来朝野杂记》之时，在参考宋朝廷原始档案资料的过程中，将"今递年趁到"之数据误为绍兴末年之数据，而将绍兴末年之数据误为渡江前北宋年间的数据，即他说的"祖宗时"之数据。李心传《建炎以来朝野杂记》中记高宗朝史事，有些部分不如《建炎以来系年要录》精审，这是为学界所熟知的。因此，《建炎以来朝野杂记》在记录铜铁铅锡坑冶岁收时由于疏忽出错的可能也是存在的。但是，不论按照何种判断，南宋前期铜铁铅锡坑冶的课税与北宋元丰时期相比，出现了大幅度下降，这一点是可以确定的。

对于本书研究的问题而言，南宋初期铜矿产量下降是一个值得特别留意的手工业状况，这一变化对于消费产生的影响主要表现在影响了购买商品时所需支付的货币的铸造量。由于金属产量下降导致金属货币铸造量下降，间接造成了金属货币短缺，促使纸币使用更加普遍。同时，由于铜钱不断外流，许多铜钱被销毁以制作铜器，更是加重了南宋的"钱荒"。南宋政府为了解决铜的短缺和铜钱的短缺问题，从高宗绍兴年间即禁止民间私造铜器，而由官方负责卖铜器，同时还从民间大肆收买铜器铸造铜钱。高宗绍兴二十八年（1158），还下达了非常严格的命令，要求民间将日常使用的铜镜等各类铜器输送官府，"限一月输官，限满不纳，十斤已（以）上徒二年"。[①]但是，铜禁和敛铜都解决不了铜钱缺少的问题。因为，问题的关键是南宋政府在铜矿减少的情况下，没有采取正确的课税激励措施（采用了僵化的课额制，而弃用较灵活的二八抽分制），因此根本无法调动采冶生产者的积极性，大大影响了劳动生产率。后来，南宋政府在面临财政危机的情况下又大量增印纸币，结果常常造成通货膨胀，极大地影响了百姓的日常消费和生活。

---

① 《建炎以来系年要录》卷一八〇，绍兴二十八年七月己卯条。

食品加工业中的盐业与消费

盐的生产、消费与统治人口数的关系。绍兴朝后期政府榷盐收入的增加——消费复苏的信号。

食品加工业中的盐业规模与北宋宣和年间相比，明显萎缩。下表（见表32）是南宋初期的榷盐收入。与北宋时期相比，盐业在南宋初期的萎缩，究其根源，是因为战争的破坏导致宋朝失去了大片土地，由于统治区人口剧减，因此食盐的消费和需求量剧减。消费和需求量的减少最终反映到盐业的产量和榷盐收入上。

表 32 南宋绍兴年间的榷盐收入 [①]

时间	榷盐收入（万贯）
绍兴九年（1139）	1300（淮浙钞盐收入数）
绍兴二十四年（1154）	1560（淮浙盐钱数，川、闽、广南在外）
绍兴末年	2100（东南与四川盐课总数，未知是否含广南、福建，又四川当以铁钱、钱引计数）

不过，当绍兴后期生产恢复、人口增长的情况出现后，从榷盐收入看，盐业似乎又有所恢复。作为最基本的生活消费品，盐的需求量、生产量显然与人口数量直接相关。

3. 交通运输、商业与消费

发达的交通运输。海外贸易与舶来品的消费。新的消费之都。

交通运输、贸易与消费

以临安府为中心的内河运输网络的形成。海上交通与贸易对南宋

---

① 表中数据来自汪圣铎《两宋财政史》，第 703 页。

政府的重要意义。财政压力和奢侈需求促进奢侈品流入。招诱、鼓励
及立法保障海外贸易。对舶来品的处理。市舶司的角色。舶来品丰富
了人民的生活消费。铜钱外流及政府的对策。

南渡后，汴京不在宋朝廷的统治区域内，汴淮交通基本处于断绝状态，汴
河北段由于失修渐渐干涸。而汴京运输大动脉一绝，再加上汴京已经不再是都
城，所以汴京的消费也一落千丈，不复有昔日之繁华。由于这种变化，江南运
河开始在南宋的运输系统中发挥出至关重要之作用。江南运河属于隋唐京杭大
运河江南段的一部分，宋时在浙西路境内。北宋时，两浙路的物资经由江南运
河北上，可通淮水与汴渠。南宋时期，江南运河从临安府至镇江口闸，全长六
百四十一里，是当时最重要的水上交通要道。南宋初年，由于对海外贸易日益
依赖，且希望有直通浙东沿海的便利的水上通道，南宋政府疏通了两浙东路上
虞梁湖堰以东的运河，还修通了余姚县境内的运河，这一运河东接余姚江，直
通明州。这样一来，以临安府为中心，钱塘江、江南运河、浙东运河形成了一
个放射状的内河运输网络。这一内河运输网络，对于向临安府输送各类物资提
供了极大的便利。临安之所以成为南宋的消费中心，该内河运输网络可谓居功
不小。

南宋前期，就陆上运输路线而言，滇桂通道的作用非常突出。当时南宋政
府大量购买大理马匹，正是通过这一通道进行贸易沟通。高宗初年，南宋政
府在邕州设立了买马司，每年购买马匹一千匹，绍兴十一年（1141），购买马
匹数量一度高达二千一百五十四。绍兴六年（1136）时，"大理国献象及马五
百匹，诏偿其马值，却象勿受，而赐书劳遣之"。[1] 当时，南宋政府为了对金
作战，大量购买马匹，开支巨大，购买马匹的费用成为政府消费的重要开支
之一。

宋朝廷南渡后，以杭州为都城。当时的杭州，人口更加稠密，全国各地以

---

[1] 《宋史》卷一八六《食货志·互市舶法》。

及海外的货物都往这里运送,市场消费的兴旺程度远远超过了北宋时期。因此,以杭州为最大枢纽的商业交通系统在南宋慢慢建立起来。南宋朝廷以杭州为首都(行在),可以充分发挥杭州的地理优势。一方面,杭州是南宋内河航运的枢纽;另一方面,它亦可成为牵引海外贸易的龙头。内河航运依然是重要的交通运输方式,但是由于南宋更加依赖于海上贸易,因此,南宋的海上商业交通发展势头很猛,在商业交通中占据重要的地位。海上交通对于保障南宋社会的消费需求具有重要意义。

由于南宋偏安东南,国土面积缩小,不能再享有北方地区的社会经济生产成果,所以比起北宋来说,更加重视通过海外贸易以供给财政需要。南宋时期,对于海外贸易的需求中,财政需要已经超过了来源于宗室、官僚对奢侈消费品的需求。"到北宋末年和南宋初年,贸易中心逐渐由广州转移到泉州。南宋建都杭州,泉州为距首都较近的一个出海港,而政府因财政困难,一切倚办海舶,故奖励招徕,不遗余力,因而对外贸易遂大量发展。当时来中国通商的有五十余国,输入的商品有数百种,除香料宝货等奢侈品外,还有布匹、染料、棉花、贵重木材等。当时因输入的数量过多,输出不足以抵补,致造成金钱外泄,引起国内严重的金融恐慌"。[①] 在这一时期,奢侈品多用于专卖,以获利补助财政。

由于奢侈品大量流入中土,客观上培育了南宋朝廷上下的尚奢之风。政府靠专卖奢侈品谋取高额利润之动机,与社会对奢侈品之需求,达成了某种默契。绍兴七年(1137)十月三日高宗说:"市舶之利最厚,若措置合宜,所得动以百万计,岂不胜取之于民。朕所以留意于此,庶几可以少宽民力尔。"[②] 可见,当时南宋皇帝希望通过进出口的顺差来获得收入,以减少从国内获取财政收入的压力。《宋会要辑稿》又载:"先是诏令知广州连南夫条具市舶之弊。南夫奏:至其一项,市舶司全借蕃商来往货易。而大商蒲亚里者既至广州,有右

---

① 傅筑夫《中国经济史论丛》,第 689 页。
② 《宋会要辑稿》,职官四四之二〇。

武大夫曾纳利其财，以妹嫁之。亚里因留不归。上今委南夫劝诱亚里归国，往来干运蕃货。"①宋朝皇帝为了通过海外贸易给国内带来利益，不惜诱使已经在中国结婚定居的商人重新从事海外贸易，可见宋皇帝对海商是非常重视的。

南宋的时候，凡是海船由中国海港发航时，官府常常设宴犒赏。绍兴二年（1132）六月二十一日，广南东路经略安抚提举市舶司言："广州自祖宗以来，兴置市舶，收课入倍于他路。每年发舶月分，支破官钱，管设津遣。其蕃汉纲首、作头、梢工等人，各令与坐，无不得其欢心。非特营办课利，盖欲招徕外夷，以致柔远之意。旧来或遇发船众多，及进贡之国并至，量增添钱数，亦不满二百余贯；费用不多，所说（悦）者众。"②绍兴十四年（1144）九月提举福建路市舶司楼璹上言说："臣昨任广南市舶司，每年于十月内，依例支破官钱三百贯文排办筵宴，系本司提举官同守臣犒设诸国蕃商等。今来福建市舶司，每年止量支钱委市舶监官备办宴设，委是礼意与广南不同。欲乞依广南市舶司体例，每年于遣发蕃舶之际宴设诸国蕃商，以示朝廷招徕远人之意。"③皇帝听从了楼璹的建议。

利用设宴款待外国商人，可以说是中国宋代政府所做的公共关系活动。这些事实，都反映了南宋朝廷对于海外贸易的强烈依赖。令人吃惊的是，南宋政府所表现出的开放姿态，简直令几百年后的清政府望尘莫及。正是由于南宋政府对海外贸易的鼓励，使得海外诸多奢侈品源源不断进入中国市场，使南宋的消费大受刺激，成为商品经济发展的重要动力之一。而商品经济的发展，则反过来为南宋的消费者提供了更多可供选择的商品，从而进一步提高了人们的消费水平，尤其是使拥有巨大财富的达官贵人们的消费水平大为提高。但是，在这种商品流通中，中国的铜钱外流的速度大大加快。南宋建造的具有庞大运载量的海船将大量的铜钱运往海外，换回中土稀缺的各种贵重消费品。

① 《宋会要辑稿》.职官四四之二〇。
② 《宋会要辑稿》，职官四四之一四。
③ 《宋会要辑稿》，职官四四之二四。

南宋朝廷对于海外贸易的重视是造成南宋海外贸易非常繁荣的重要原因。另外,值得一提的是,宋朝还依靠法规来保障海外贸易。宋朝颁布了法规,以立法来保障对海上遇难的商船的救助,同时对官员进行严格管理,禁止他们勒索海外商人或收取贿赂。

如果外商因受官吏非法剥削而蒙受亏损,南宋政府允许外商投诉,而官吏必受处罚。南宋绍兴五年(1135),曾有诏禁市舶司监官和现任其他官员诡名强买市舶司及客旅舶货。绍兴十六年(1146)九月二十五日,"宰执进呈广南市舶司缴进三佛齐国王寄市舶官书,且言近年商贩乳香颇有亏损。上曰:'市舶之利,颇助国用,宜循旧法以招徕远人,阜通货贿。'于是降右朝散大夫提举福建路常平茶事袁复之一官,以前任广南市舶亏损蕃商物价,故有是命"。①

在这种对海外贸易鼓励和保护的措施之下,南宋的海外贸易自然日趋繁盛。南宋朝廷的财政压力由此减轻不少,宫廷和官府的消费也得到了保障。

绍兴十七年(1141)十一月四日,"诏三路市舶司,今后蕃商贩到龙脑、沉香、丁香、白豆蔻四色,并依旧抽解一分,余数依旧法施行"。②这则诏书的出台,说明南宋初年对海外商人抽解比例有过一些变化和波折。为了从海外贸易谋取高额利益,南宋曾一度将抽解增至四分,《宋会要辑稿》记载说,"先是,绍兴十四年(1144)一时措置,抽解四分。以市舶司言蕃商陈诉抽解太重",③所以朝廷又颁布诏书,重新调整了抽解比例,恢复了原来的抽解比例。总体看,虽然宋朝抽解(入口商税)比例有所变化,但是大多数时候是以十分之一作为抽解的比例。

市舶司抽解及收买所得的物品,是舶来品中最珍贵稀有的部分,多属于供皇室、官府消费的奢侈品。当然,这些物品除了皇室、官府享用消费及朝廷发放奖赏之外,也有一部分供中央或地方财政支出补充之用。市舶司所收买较普

---

① 《宋会要辑稿》,职官四四之二四至四四之二五。
② 《宋会要辑稿》,职官四四之二五。
③ 《宋会要辑稿》,职官四四之二五。

通的商品，主要以出卖为目的，客观上丰富了民间消费。宋政府最初（北宋初期）于京师等地设置的権署（后来改称権货务），主管有关舶来商品对民间的出售工作。后来，在设置市舶司后，海外贸易的管理功能进一步向各市舶司转移。到南宋前期，在对海外贸易的管理方面，各市舶司发挥着最为主要的作用。

除抽解物品运送都城之外，沿海各市舶司通过抽解并收买的商品，并不都往京城运送，而是在各地进行销售。而且，南宋政府还将出卖舶来品的现钱收入进行"桩管"，采取"中纳"之法让某些不想远距离带现钱的人在行在中纳现钱，然后带"关子"去各地兑换现钱。因此，在宋政府处理舶来品的过程中，类似于现代的物流系统以及汇票制已具雏形。官方在各地扮演了批发商甚至零售商的角色，从而使较为一般的舶来商品被散卖于民间。海外舶来品的"起发"与"留州"的两种主要处理方式，实际上进一步增强了南宋消费的等级化和结构化。

建炎元年（1127）十月二十三日承议郎李则言："'闽广市舶旧法，置场抽解，分为粗细二色，般（搬）运入京。其余粗重难起发之物，本州打套出卖。自大观以来，乃置库收受，务广帑藏，张大数目，其弊非一。旧系细色纲，只是真珠、龙脑之类，每一纲五千两；其余如犀、牙、紫矿、乳香、檀香之类，尽系粗色纲，每纲一万斤。凡起一纲，差衙前一名管押，支脚乘赡家钱，约计一百余贯。大观以后，犀、牙、紫矿之类，皆变作细色，则是旧日一纲分为之（《宋会要辑稿》原文为"之"，按上下文，此字当为"三"之误；另，《宋史》卷一八六《食货志·互市舶法》记同一事文为："以旧日一纲分为三十二纲。"）十二纲，多费官中脚乘赡家钱三千余贯。乞将前项抽解粗色，并令本州依时价打套出卖。尽作见钱桩管。许诸客人就行在中纳见钱，赍执兑便关子，前来本州支请。'诏依旧，余依所乞。"[①] 这个时候，市舶司就不仅仅只是管理船舶、征收税品及收买货物，还成了政府商品的批发机构，与権货务职能相类似了。其

---

① 《宋会要辑稿》，职官四四之一一至四四之一二。

至在某种意义上说，市舶司还扮演了商业银行之角色。

绍兴八年（1138）七月十六日臣僚言："广南、福建、两浙市舶司，抽买到市舶香药物货，依绍兴六年（1136）四月九日朝旨，立定合起发本色，并令本处一面变转价钱赴行在送纳名件。缘合起发内，尚有民间使用稀少等名色，若行起发，窃虑枉费脚乘及亏损官钱。诏令逐路市舶司如抽买到和剂局无用并临安府民间使用稀少物货，更不起发本色。一面变转价钱赴行在库务送纳。"① 由此诏书可以非常清楚地看到，只有对那些"民间使用稀少等名色"、"和剂局无用并临安府民间使用稀少物货"，南宋政府才允许就地销售，获得现金收入后再与其他货物赴行在交纳。因此，这种"起发"与"留州"的制度，与封建统治的要求是完全一致的。南宋政府在采用市场手段处理商品流通问题时，使有关规定非常精巧地与其他封建制度契合在一起，表现出中国封建统治机制的高度成熟性。

南宋时期，舶来商品种类增加，大大丰富了中国人的消费生活。我们已经知道，在北宋初年，禁榷的舶来商品种类仅有八种，所放通行药物允许商民直接贩买的有三十七种，总共还不到五十种。然而，到了南宋绍兴时，舶来品的种类已经增加到二百数十种。绍兴十一年（1141），朝廷所确定的要求合起发运京城的细色货物大约有七十种，粗色货物大约百一十种。其中，那些因过于粗重不便发运而由各市舶司打套出卖的商品，达一百四十余种，要比北宋初年增多四五倍。其中除犀、牙、珊瑚、瑇瑁、乳香、玛瑙等珍贵奢侈品外，大多数是药材之类。药材中，苍术、杏仁、青桔皮、木鳖子等常见药品也不少。

南宋进口的商品大多属于生活消费品，生产资料的比例比较低。同时，根据《宋会要辑稿》的记载看，南宋进口的商品种类，远较北宋时期要丰富。这从一个方面说明，南宋的经济更加倾向于外向型经济，南宋的社会消费内容也比北宋更为丰富。

在《宋会要辑稿》的记载中，北宋时输入的木材及服装材料比较少，但是

---

① 《宋会要辑稿》，职官四四之二〇至四四之二一。

到了南宋绍兴年间，户部所裁定的物货名色留在市舶司不发运可以出卖的物资中有海外木材多种，其时进口的服装材料有吉贝布、袴布、木棉、鞋面布、大布、青花蕃布、蕃青斑布、吉贝花布、白熟布、粗黑小布、单青蕃棋盘小布、白苎布、蕃头布、生苎布、海南青花布、袜面布、小布、青苎布、粗小布、白细布、吉贝纱、海南白布、毛施布、海南棋盘布等。[①]

在南宋，与海外贸易相伴而生的是铜钱外流的现象，且外流现象日益严重。早在北宋时期，中国的通商国已经很多，"凡大食、古逻、阇婆、占城、勃泥、麻逸、三佛齐、宾同胧、沙里亭、丹眉流，并通贸易。以金银、缗钱、铅、锡、杂色帛、精丽瓷器，市易香药、犀、象、珊瑚、琥珀、珠钏、镔铁、鼊皮、玳瑁、玛瑙、车渠、水晶、蕃布、乌樠、苏木之物"。[②] 从这种贸易进出口的物资名目看，中国出口的主要是硬通货、金属、精丽瓷器，进口的东西中，则以奢侈品、名贵木材、药材等居多。这种进出口的物资品类结构，造成了中国缗钱的大量外流。北宋年间，进口商品的种类比较少，但铜钱外流的情况已比较严重；到了南宋初期，由于进口商品种类的扩大和进口数量的增多，铜钱外流的情况日益加剧。

为了满足奢侈消费和对高额利益的追求，南宋政府已经不得不越来越倚重于海外贸易。而南宋奢侈之风日盛，则使海外贸易变得更加有利可图。"古人很早就看出了问题的症结所在，认为要抑商就不能不首先抑奢，如果不能彻底抑奢，则抑商将是一句空话"。[③] 因此，从某种程度上说，正是因为民间也出现了追求奢侈的趋势，南宋政府才可能通过专卖和转卖舶来品获得高额利益。消费的欲望、市场的需求促进了海外贸易的发展，南宋政府虽然意识到铜钱外流造成的严重后果，但是已经落入了陷阱无法自拔。在利益和欲望的驱动下，抑奢与禁奢的力量已经大大削弱。

---

① 参见《宋会要辑稿》，职官四四之二一至四四之二三。
② 《宋会要辑稿》，职官四四之一。
③ 傅筑夫《中国经济史论丛》，第 666 页。

⊙ 南宋木椅 江苏武进南宋墓出土

⊙ 南宋木桌 江苏武进南宋墓出土

在迫不得已的情况下，南宋政府依然采用了政府调控的办法，希望通过制度来扭转或遏制这种不利局面。南宋政府为了减少铜钱外流，制定了严格规定，将铜钱定为禁止的输出品。《宋会要辑稿》记载，绍兴十一年（1141）十一月"二十三日臣僚言：'广东、福建路转运司遇舶船起发，差本司属官一员临时点检，仍差不干碍官一员觉察至海口，俟其放洋，方得回归。如所委官，或纵容般（搬）载铜钱，并乞显罚，以为慢令之戒。诏下，刑部立法。刑部立到法：诸舶船起发，贩蕃及外蕃进奉人使回蕃船同。所属先报转运司，差不干碍官一员，躬亲点检，不得夹带铜钱出中国界。仍差通判一员，谓不干预市舶职事者，差独员或差委清强官。覆视，候其船放洋，方得回归。诸舶船起发，贩蕃及外蕃进奉人使回蕃船同。所委点检官覆视官，同容纵夹带铜钱出中国界首者，依知情、引领、停藏、负载入法，失觉察者减三等。即覆视官不候其船放洋而辄回者，徒一年。'从之"。① 但是，刚性的制度也有其漏洞，即使制定得非常严格，也有人为了谋取利益而采取各种办法钻制度的空子，甚至明目张胆地侵犯制度。诚如《宋史》所言："南渡，三路舶司岁入固不少，然金银铜铁，海舶飞运，所失良多，而铜钱之泄尤甚。法禁虽严，奸巧愈密，商人贪利而贸迁，黠吏受赇而纵释，其弊卒不可禁。"②

商业城市与消费

南渡人口对城市人口比例的影响。杭州的扩建。杭州成为新的消费之都的原因。

南宋时期，由于大量人口南渡，人口密度大大增加，出现了大量人口聚居的市镇和都会，城市人口比例上升。赵冈、陈钟毅根据梁庚尧的研究，进一步测算出南宋 13 个郡县的城市人口比重为 16.8％，其中真州的城市人口比重达

---

① 《宋会要辑稿》，职官四四之二三。
② 《宋史》卷一八六《食货志·互市舶法》。

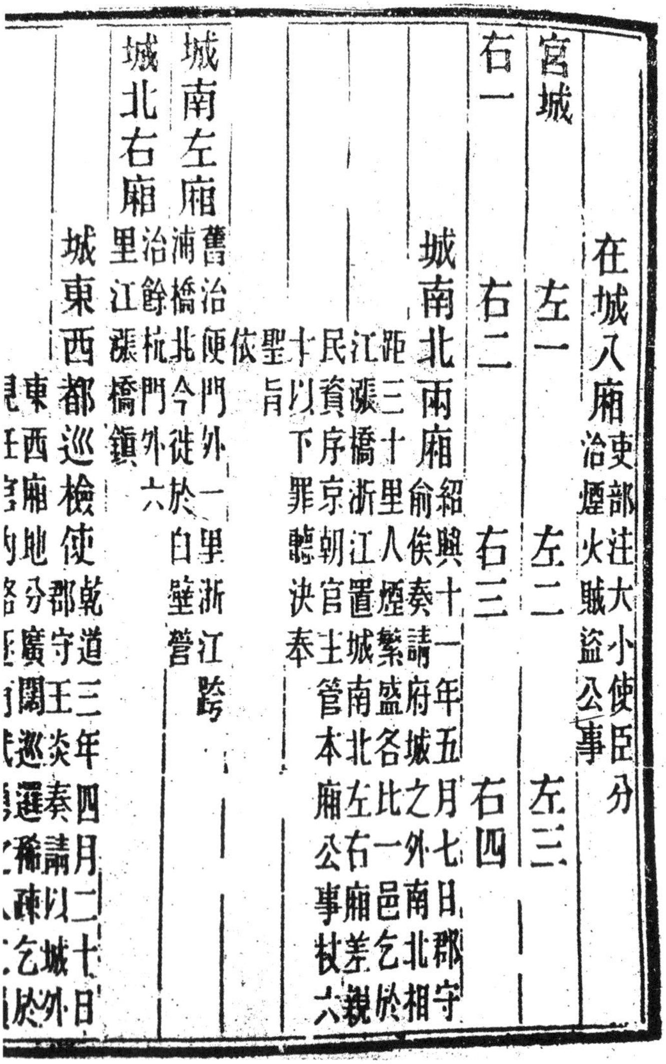

在城八廂吏部注大小使臣分治煙火賊盜公事

宮城 左一 左二 左三

右一 右二 右三 右四

城南北兩廂紹興十一年五月七日郡守俞俟奏請府城之外南北相

距三十里人煙繁盛各比一邑乞於

江漲橋浙江置城南北左右廂差親

民資序京朝官主管本廂公事杖六

十以下罪聽決奏

聖旨

依

城南左廂舊治便門外一里浙江跨浦橋北今徙於白壁營

城北右廂治餘杭門外六里江漲橋鎮

城東西都巡檢使乾道三年四月二十日郡守王炎奏請以城外

東西廂地分廣闊巡邏稀疏乞於

⊙ 宋周淙纂修《乾道临安志》，清光绪七年《武林掌故丛编》书页影印局部

46.1%，以上这个样本不包括临安以及县治以外的商业市镇。①

　　杭州，根据《梦粱录》记载，隋朝创立郡城，"仅三十六里九十步"，后武肃钱王增筑罗城，"周围七十里许"。②赵冈、陈钟毅根据前人研究，推断南宋初临安城大约南北长20里，东西宽15里，占地约65平方公里。③绍兴元年（1131）冬，有关部门奉诏在临安建造宫殿，二年（1132）大修城墙，作长居之计。此后，临安城迅速扩大。《乾道临安志》记载："绍兴十一年（1141）五月七日，郡守俞俟奏请：府城之外，南北相距三十里，人烟繁盛，各比一邑，乞于江涨桥、浙江置城南北左右厢。"④赵冈、陈钟毅认为，绍兴元年至绍兴十一年的十年间，临安向南北两个方向共延伸了10里左右，中间隔着20里长的城区。⑤结合《乾道临安志》的记载来看，他们对临安城南北的距离推算是合理的。临安城原本城市人口已经达到70万至100万左右（见前文），而《乾道临安志》记载绍兴十一年"府城之外，南北相距三十里，人烟繁盛，各比一邑"，由此可见，此时的临安城内外人口总数，必定已经超过了100万人。

　　一个城市成为新的政治中心，由于政治地位提升，吸引了大量人口集中居住是很自然的。但是，杭州人口在短时期内大量增多，不仅仅是因为它成为新的政治中心，恐怕更主要是因为南渡人口的迅速聚积（当然，临安成为新都是人口聚积的推动因素之一）。人口大量聚居，使得城市内民间整体购买力大大增强，商业便随着购买力的增强而繁荣。杭州城内的消费主要发生在日常的衣食住行以及娱乐性消费方面，大量的消费资料是从外地输入的。

　　关于杭州城消费旺盛、商业繁荣的原因，前辈学者多认为主要是由于杭州政治地位提升，吸引了大量人口集中居住而造成的。比如，全汉昇先生《南宋杭州的消费与外地商品之输入》一文就持这种观点，并且认为由于杭州本地的

① 赵冈、陈钟毅《中国经济制度史论》，第321页。
② 《梦粱录》卷七《杭州》。
③ 赵冈、陈钟毅《中国经济制度史论》，第323页。
④ 《乾道临安志》卷二《城南北两厢》。
⑤ 赵冈、陈钟毅《中国经济制度史论》，第323页。

生产不能满足消费需要，因此对外地输入商品依赖性很强，进而总结出四条通往杭州的商业运输线及输入杭州的主要商品。[①] 笔者认为，杭州成为消费中心，除了政治地位提升、人口聚居这些主要原因之外，还有其他原因。就杭州成为都城这一政治方面的因素和人口聚居因素而言，北宋都城汴京也是具备的，但是，杭州的消费远远超过汴京，这一点仅仅靠以上原因是无法解释的。就这一问题，需从人文地理角度出发做补充研究，方可做出更加全面的解释。实际上，杭州优美的自然环境、比较宜人的气候、便利的地理位置等人文地理特点，亦是杭州成为南宋消费中心的重要原因。

4. 货币与消费

纸币的滥发。货币贬值对人们生活消费水平的影响。

南宋前期，由于战争因素，宋朝廷大量发行各类纸币，导致货币购买力下降，严重影响了当时人们的生活消费水平。与北宋时期相比，南宋初年的铜铁等金属产量的大幅下降，亦使南宋朝廷严重依赖于纸币，货币贬值问题因此而雪上加霜。这是引起南宋初年通货膨胀的重要原因之一。货币贬值及通货膨胀问题在当时是非常严重的，若非南方地区本有良好坚实的经济基础，若非绍兴后期经济得以逐渐恢复，消费力得以明显复苏，这些问题可能使南宋财政迅速陷入"泥潭"而一蹶不振，更不会有此后南宋中期孝宗朝相对良好的局面。因此，可以说，是消费力的复苏在某种程度上掩盖了南宋前期货币贬值及通货膨胀所造成的财政危机与社会危机。

南宋高宗绍兴元年（1131），由于在婺州屯兵，水路不通，军费运输困难。于是，宋朝廷便用"入中"法召商人于婺州当地入钱，然后让商人持所谓的"见钱关子"（现钱兑换券，近似于今日之汇兑票）去杭越的"榷货务"请钱，每"入中"千钱官府给予十钱的利息。后来，"见钱关子"还被用来购买粮食，

---

① 参见全汉昇《南宋杭州的消费与外地商品之输入》。

⊙ 南宋建炎通宝铜　　　⊙ 绍元通宝铜钱之　　　⊙ 南宋的会子（上有"行
　钱之一种　　　　　　　　一种　　　　　　　　在会子库"字样）

这样一来，"见钱关子"便流入民间。但是，在"榷货务"无法迅速兑现现钱
的棘手情况出现之后，"见钱关子"便信用大跌。绍兴六年（1136），南宋朝廷
又想设置行在所"交子务"，谏官赵时需认为官府没有本钱，恐怕民间不会相
信这种交子，于是朝廷只好作罢，依旧使用"见钱关子"。到了绍兴二十九年
（1159），又推出了所谓的"公据"，行使于淮东，行使期为两年。"见钱关子"
则行使于淮西、湖广，行使期为三年。不论"见钱关子"和"公据"，都已经
失去了汇兑票的性质，其实已经是一种代币了。绍兴三十年（1160），南宋官
府将原来在临安民间推行的"便钱会子"发行权收归户部，在绍兴三十一年
（1161）设置了行在所"会子务"，于东南诸路发行，并以左藏库钱十万缗作为
本钱发行。后来，会子发行同交子一样出现滥发的情况，行使地区扩展到了荆
湖两淮等地。[①] 南宋朝廷此后常常依赖会子和交子应对官府财政困难问题，交
子、会子滥发流于民间，因为无法充分兑现，价值低落，购买力大大下降，结
果伤害了民间百姓的利益，降低了人们的生活消费水平。

　　在社会生产发展的同时，南宋朝廷庞大的官僚机构的巨大消费使得政府财

① 李剑农《中国古代经济史稿》，第 641 页。

政非常困难，会子与交子的大量发放，除去解决军费问题之外，其实是以民间之力支撑了官僚机构和富贵阶层的超过社会平均消费标准的奢侈消费。官僚机构和富贵阶层为满足超过社会平均消费标准的奢侈消费而进行的支付，吸纳了大量的劳动产品，而同时使难以兑现的会子、交子等滥流于民间。

（三）影响消费之舆服制度与社会风尚因素

舆服禁令在南宋初期不多见于史载。士大夫的服装。对金翠服饰的禁令。

在《宋史》记载中，除了在南宋初年战乱时期有一条禁令见于文字之外（参见后文），整个南宋时期对于销金等消费的禁止令明显少于北宋时期。这可

⊙ 戴巾帻穿窄袖紫衫（袍衫）的男人（宋《中兴瑞应图》局部）

能由于南宋时期的史料本身就少，但是也不排除另一种可能的存在，即由于南宋政府在引导民间消费方面的制度影响力削弱。我们通过对史料的研究已经可以看到，在北宋时期，政府出台的对于奢侈消费的禁止令效果已经不是很明显，多种越级消费行为出现了屡禁屡兴的现象。这种趋势有可能导致南宋政府不得不对一些民间消费行为放宽限制。

根据《宋史》的说法，南宋时期，士大夫的服装，基本上沿袭了东都的旧制，但是后来稍稍有些变化。南宋士大夫服装主要有五种：第一种叫深衣，第二种叫紫衫，第三种叫凉衫，第四种叫帽衫，第五种叫襕衫。

深衣是上古人所穿之服，前后深长，后来就慢慢不流行了。但是，到了宋代，深衣又受到一些士大夫的喜爱。南宋时期，深衣也是士大夫阶层常着之服装。

紫衫本来是军校的服装。南宋时，士大夫喜欢此种穿着，"以便戎事"。[1]这种服装风尚明显是受到南宋初年政治军事局面的影响。当时金军数次南侵，威胁着整个南宋政府机构。南宋政府的大臣们跟着皇帝一起四处避难，甚至跑到了宁波，最后还上了海船以避免被擒拿之命运。在颠沛流离之中，方便的紫衫，的确是有利于当时士大夫的行动。

凉衫，其形制类似于紫衫，也叫作白衫，应该也是属于比较方便的衣服。根据《宋史》记载分析，凉衫在南宋高宗朝已经有士大夫开始穿着。因为在孝宗乾道初年时，就有大臣上奏说最近看到士大夫都穿凉衫（参见后文）。[2]从高宗末年（1162）至乾道元年（1165），中间只隔了两年（即隆兴年间）。据此推断，南宋高宗朝时期应该已经有士大夫穿凉衫的现象，只不过可能到了孝宗乾道初年时变得更加普遍。从这一服装流行现象看，南宋初年的战乱和政府流离失所的尴尬局面使得宋朝廷的舆服制度的约束力遭到了削弱，实用主义消费观在社会上产生了一定的影响。需要指出的是，这一时期舆服制度的约束力遭到

---

① 《宋史》卷一五三《舆服志五》。
② 《宋史》卷一五三《舆服志五》。

⊙ 戴幞头系革带的文士（宋《女孝经图》局部）

⊙ 戴珠玉金翠冠的皇后（宋《宋高宗后像》）

削弱，其原因来自于一种消极的力量，而并非来自于生产发展、财富增加的正面因素。实际上，士大夫穿紫衫和凉衫是一种对低层级消费行为的逆向模仿。从消费水平上说，我们可以认为这个阶段的南宋士大夫的消费水平有所下降。南宋初期士大夫服装消费行为对低层级消费行为的逆向模仿，是在特殊社会背景下出现的，具有一定的被动性，但是符合实用主义原则。这也从一个细节上说明，战争和社会动荡局面不仅对平民百姓的消费水平有影响，对于特权阶级也一样会产生冲击。

帽衫是士大夫的一种重要服饰。帽衫由帽和衫两部分组成。帽用乌纱，衫用皂罗，穿戴时要配角带，同时要穿系鞋带的鞋子。在东都时，士大夫经常穿着这种服装。帽衫在南渡后穿戴渐渐变少。《宋史》记载，"南渡后，一变为紫

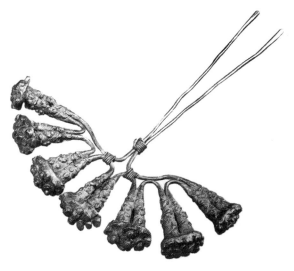

⊙ 金连七式花筒钗。湖南临湘陆城南宋一号墓出土

衫，再变为凉衫，自是服帽衫少矣。惟士大夫家冠昏（婚）、祭祀犹服焉。若国子生，常服之"。^①据此可知帽衫在北宋时期是一种常服，但是到了南宋后，被穿着方便的紫衫、凉衫所取代，最后成为一种礼服，同时，也作为具有身份标志性质的服装，被国子监学生所穿戴。

襕衫用白细布做成，圆领大袖，下设横襕为裳，腰间有装饰性的彩饰。进士、国子监学生、各个州县的学生常穿这种服装。

在高宗朝，也有对于金翠服饰的禁令。绍兴五年（1135），高宗对辅佐的大臣们说："金翠为妇人服饰，不惟靡货害物，而侈靡之习，实关风化。已戒中外，及下令不许入宫门，今无一人犯者。尚恐士民之家未能尽革，宜申严禁，仍定销金及采捕金翠罪赏格。"^②通过分析这条禁令的措辞，我们可以推测，在此之前，南宋朝廷还颁布过类似的禁令，否则该禁令不会说"已戒中外"。仅

① 《宋史》卷一五三《舆服志五》。
② 《宋史》卷一五三《舆服志五》。

就此看来，南宋朝廷于南渡初年颁布的对销金等奢侈消费的禁令还是有点效果的。但是，这也说明在南渡初年局势非常紧张的情况下，宫廷内外依然存在奢侈消费现象，否则也就没有颁布禁令的必要。另外，该诏书颁布的绍兴五年（1135），正是宋金战争的紧要关头，当时岳飞率领岳家军刚刚于绍兴四年（1134）收复襄阳、信阳等六个州郡，正继续致力于收复河南郑州、洛阳等失地。在这种政治军事局面之下，高宗颁布这道诏书就显得有点意味深长了，值得格外加以留意。这道诏书颁布的背景，极可能是在朝廷军费紧张的情况下，朝廷内外还有不合时宜的奢侈消费。"不许入宫门，今无一人犯者"的说法并不能排除朝廷内外还有奢侈消费行为存在之可能性。因此，该道诏书的颁布与其说是为了引导消费，还不如说是南宋政府迫于政治军事局面，希望通过遏止奢侈消费来缓减政府财政压力，同时为抗金制造有利的舆论。

（四）影响消费之广告因素

商品广告在城市中的日渐活跃。《梅花引》曲破的促销功能。书籍牌记。广告传播针对有限人群。

南宋初年的战争，对当时几个中心城市的打击是非常巨大的，严重影响了当地人们的生活和消费。在绍兴中后期经济恢复之后，随着人口的繁衍与聚居，南宋一些城市的消费需求日益增长，商品交易日渐发达，城市也渐渐繁华起来。在这种背景之下，商品广告也日渐活跃。但是，就南宋前期的史料来分析，当时的广告并没有出现什么惊人的发展。不过，笔者认为也有值得一提之处。

《梦粱录》卷一六之《茶肆》中记载："向绍兴年间，卖梅花酒之肆，以鼓乐吹《梅花引》曲破卖之。"唐宋时曲的第三段称为破，单独奏唱的第三段称为"曲破"。"以鼓乐吹《梅花引》曲破卖之"是说配上鼓乐演奏《梅花引》这段曲子来促销梅花酒。之前的研究者没有对这个史料进行充分分析，大多研究者只是根据此条史料说明当时卖梅花酒的人用与酒同名之曲来促销。笔者认为，

⊙ 荣六郎书铺印本牌记

卖梅花酒的人专门用与酒同名之曲来促销，而且专门只演奏其中的一段，这个事实说明时人卖该产品的时候，已经意识到重复演奏一段音乐具有强化记忆、强化诉求之功能，这有点类似今天广告中对标识性音乐的使用。

南宋初年，书刊印本里面出现了牌记。牌记也叫作"刊语"、"牌子"。它们一般刻印在书的目录和序文之后，内容大多是刻书人名、书坊名、刻书时间等。牌记内容通常会说书坊刊刻书籍没有错讹、经过仔细校对、质量上乘等内容。荣六郎书铺的印本牌记写道："旧日东京大相国寺东荣六郎家，见寄居临安府中瓦南街东，开印输经史书籍铺。今将京师旧本《抱朴子·内篇》校正刊行的无一字差讹。请四方收书好事君子幸赐藻鉴。绍兴壬申岁六月旦日（牌记文字为笔者根据牌记图录出）。"该牌记所说"绍兴壬申"为 1152 年。[1] 由此可

---

[1] 黄升民、丁俊杰、刘英华主编《中国广告图史》，南方日报出版社，2006 年，第 87 页。

见，当时书刊的牌记已经具有一定的广告性质。

在史载中，南宋前期的广告史料并不多。不论是卖梅花酒吹《梅花引》曲破，还是书刊牌记，都不是真正意义上的大众传播。这类商业传播，只是针对有消费需求的有限人群，其对商品的促销作用非常有限。

（五）影响消费之观念因素

高宗崇俭。南宋政府对奢侈消费的警觉与警诫。

高宗朝初期，由于对金作战，南宋政府的消费观念稍稍重视了一点节制，同时也意识到不能过度剥削百姓。《建炎以来朝野杂记》记载，高宗前期，"御膳惟面、饭、煎肉、炊饼而已。镇江守钱伯言尝献宣和所留器用，其间有螺钿椅桌，上恶其靡，亟命于通衢毁之"。[①] 钿就是用金打成的薄片装饰，高宗因为觉得有金片装饰的奢华，所以命令人将用金钿装饰的桌椅在大街上销毁了。在高宗晚年，"大刘妃有宠，恃恩骄侈，盛夏以水晶饰足蹑。上偶见之，即命取其一以为御枕。妃惶惧，撤去。自是六宫无复逾制者矣"。[②] 不论当时高宗是否只是摆摆样子，还是真心倡导节俭，他的行为客观上在朝廷内鼓励了节约消费的观念。高宗初年，南宋政府中都吏禄兵廪的支出也相应减少。

南宋初年，南宋政府对于奢侈消费具有一定的警觉性也在贸易方面表现出来。《文献通考》记载："建炎元年（1127）六月诏，市舶司多以无用之物枉费国用，取悦权近，自今有以笃褥香、指环、玛瑙、猫儿眼睛之类博买前来，及有亏蕃商者，皆重置其罪。"[③]《宋史》记载："建炎四年（1130）三月，宣抚使张浚奏，大食国遣人进珠玉宝贝。上曰：'大观、宣和间，川茶不以博马，惟市珠玉，故武备不修，遂致危弱如此。今复捐数十万缗易无用之物，曷若惜财

① 《建炎以来朝野杂记》甲集卷一《高宗恭俭》。
② 《建炎以来朝野杂记》甲集卷一《高宗恭俭》。
③ 《文献通考》卷二〇《市籴考一》。

⊙ 戴珍珠花冠的女官（宋《历代帝后像》局部）

以养战士乎？'谕张浚勿受，量赐予以答之。"① 由此可见，当时高宗对于朝廷追求奢侈消费的危害性并不是没有认识。但是，不论是奢侈品消费还是养兵开支，高宗都是站在朝廷的角度来考虑的，这两项支出的去向虽有不同，却都属于政府消费范畴。当时的统治者似乎没有考虑过制定系统的政策来减少赋税以增加民间积累，进而促进生产。

但是，在定都临安局面稍稍稳定后，南宋朝廷的奢侈消费观又再次占据了上风。民间也受到朝廷奢侈之风的影响，日趋崇尚奢华。

（六）南宋前期的消费

> 宋金战争时期的消费状况。南宋政府奉神事亲的消费。食物消费：粮食、羊肉、猪肉、水产等。土贡的结构性缩减。稻米消费地与生产地的分离。不同阶层的消费水平与差距。这一时期最直接的消费动力。

高宗朝时期，南宋许多地方受到战争影响，社会生产受到一定破坏。南宋在战争的压力之下，军费比较紧张。李心传在《建炎以来朝野杂记》中记曰："建炎初，以军兴国用不给，始命张诚伯以同知枢密院事提领措置户部财用，黄道州潜厚以京祠副之。其后，孟富文庾、沈忠敏与求皆以执政继领利权，由是少给，然所取大率出于经制之外焉。自罢总制司，版曹但掌经费，岁入仅五千万缗，出亦称是。一有不足，即告于朝。或遇军兴，则除禁裑应付外，版曹但能预借民间坊场净利四百万缗，绍兴三十一年十月癸丑。或科卖度牒六百万缗而已。"② 在这种情况下，南宋政府主要通过削减上供的物资、按照市场价收购物资来缓和朝廷和百姓的关系，同时通过削减皇家、宗室消费来供给军队。

南宋前期，高宗建炎年间，由于经历了宋金战争，南宋政府比较注意减轻民间的压力。因此，皇帝和宗室的消费也有所缩减；在土贡方面，也多次

---

① 《宋史》卷一八六《食货志·互市舶法》。
② 《建炎以来朝野杂记》甲集卷一七《三司户部沿革》。

推行了罢免的措施。李心传在《建炎以来朝野杂记》中记曰："渡江之初，连年用兵，然犹月支不过八十万。"①也就是说，当时南宋都城中吏禄兵廪每年达960万贯。但这几乎等于当时东南地区的岁入。（"渡江之初，东南岁入尤不满千万"。②）由此可知，当时的中央财政并不宽裕。但南宋朝廷也意识到，在国难当头之际，不宜敛收太重，而当以宽免税贡之政策来稳定局面、收买人心。《文献通考》记载："高宗建炎元年（1127），诏：'诸路常贡时新口味果实之类，所在因缘更相馈送，骚扰为甚。其令礼部措置，除天地、宗庙、陵寝荐献所须外，余并罢。'又诏：'天下土贡如金银、匹帛，以供宗庙祭享之费用，以赡官兵之请给，不可阙者依格起发外，其余药材、海错、邠州火箸、襄阳府漆器、象州藤合、扬州照子之类，一切罢之。'"③从这条史载可以看到，除了一些供给祭祀、军需所必须的消费品之外，当时南宋政府在奢侈品消费和一些日用消费品方面有所缩减。从《宋史》中，我们也可以看到高宗朝时期南宋政府大致的消费增减情况。建炎三年（1129）二月，"减婺州上供额罗二万八千匹"；"闰八月，减福建、广南路岁买上供银三分之一"。④

为了减轻在战乱中遭受破坏之地的进贡负担，促进经济尽快恢复，南宋政府在绍兴年间也多次蠲免有关地区的进贡。"绍兴二年（1132），罢镇江府御服罗，省钱七万缗，助刘光世军"。⑤绍兴四年（1134）二月，高宗下诏命令各州县上贡的用来过天申节的礼物一律设场，按照市场价向百姓购买。十一月，又减免了淮南州军的大礼绢。对于这次蠲免，《文献通考》有详细的记载："绍兴四年，先是，和州言：'本州残破之余，乞蠲免大礼银绢。'户部奏展半年。中书舍人王居正言：'生辰及大礼进贡，乃臣子飨上之诚，初非朝廷取于百姓。若民力无所从出，合预降诏，曲加慰谕，止其进奉，则君臣恩礼两尽。既不能

① 《建炎以来朝野杂记》甲集卷一七《国初至绍熙中都吏禄兵廪》。
② 《建炎以来系年要录》卷一九三，绍兴三十一年十月癸丑条。
③ 《文献通考》卷二二《土贡考一》。
④ 《宋史》卷一七九《食货志·会计》。
⑤ 《宋史》卷一七九《食货志·会计》。

然，至使州县自乞，盖已非是，矧又不许，臣窃以为过矣。望特与蠲免，仍诏户部，淮南诸郡如合行除放，不须令本处再三申请，庶使恩意自出朝廷，人知感悦。'乃诏淮南州军进奉大礼银绢并蠲之。"① 绍兴五年（1135），高宗又令四川将应上缴朝廷的钱帛供给军用。"绍兴二十六年（1156），诏罢临安府岁贡御服绫一百匹。又诏罢连州岁贡珠子，其籍定蜑丁并放逐便"。② 这些措施，在客观上都有利于减轻地方的进贡压力，有利于当地人民生活消费水平的改善。因此，在绍兴二十七年（1157）宰执奏四川便民事的时候，高宗说道："蜀制造锦绣帘幌，以充岁贡，闻十岁女子皆拘在官刺绣。朕自即位以来，不欲土木被文绣，首为罢去，后来节次科敷多所蠲减，想民力稍宽矣。"③ 的确，由于南宋政府在两宋之交的宋金战争后比较注意减轻对民间的剥削，社会生产在绍兴中后期渐渐恢复，劳动人民的生活水平也有所提高。

在削减上贡物资的同时，由于朝廷财政紧张，为了解决军费问题，南宋政府又在地方上加大了对百姓的征敛。绍兴二年（1132），当时韩世忠驻军建康，宰相吕颐浩、朱胜非命令江东转运司每月起发供给军队钱十万贯，以上供朝廷的经制钱和转运司移用等钱供给。这就是月桩钱的由来。但是，转运司不考虑各个州县财力，配额一律均摊。结果，地方州县横征暴敛，江东江西受月桩钱压力尤其严重。

不过，即使在南渡之初国用紧张的情况下，南宋政府奉神事亲的消费开支却依然很大。明堂犒赏军兵之花费亦不菲。"渡江后郊赏，建炎二年（1128）用钱二十万缗，金二百七十两，银十九万两，帛六十万匹，丝绵八十万两，皆有奇。绍兴元年（1131），越州明堂内外诸军犒赐，凡百六十万缗。四年，建康明堂增至二百五十九万缗，宿卫、神武右军、中军七万二千八百余人，共支二百三十一万，每人率为十三千有奇。刘、韩、岳、王四军十二万一千六百余人，共支二十八万，每人率为二千有

---

① 《文献通考》卷二二《土贡考一》。
② 《文献通考》卷二二《土贡考一》。
③ 《文献通考》卷二二《土贡考一》。

奇。而方州不与。其后，日有增益"。[①]

至于当时南宋都城的吏禄兵廪，也在宋金休兵后日益攀升。《建炎以来系年要录》记曰："其后休兵，浸久用度滋多，部尝患无余。"[②] 这条记载出现在绍兴三十一年（1161），回顾了南宋前期中都吏禄兵廪的变化情况。另据该书绍兴五年（1135）三月癸卯条记载，其时"户部月支百一十万缗"。[③] 也就是说，其时户部每年开支（主要是京城吏禄兵廪）达 1320 万贯。由此可知，从绍兴五年至绍兴三十一年，由于休兵后"浸久用度滋多"，南宋京城吏禄兵廪的每年支出定然超过 1320 万贯，且仍有继续攀升之势。（但是，即便如此，还未超过北宋宣和末京城吏禄兵廪每年开支 2640 万贯的高峰点。于此亦可再次印证北宋末年政府消费的无所节制。）

南宋初年，为了保证粮食流通，满足政府对粮食的需求，南宋政府逐渐恢复了粮食免征"力胜税"的制度，而且过税、住税也时常免征。由于战乱之后，物资匮乏，南宋朝廷羊肉消费也减少了，"旧制，御膳日百品。靖康初，损其七十。渡江后，日一羊、煎肉、炊饼而已"。[④] 但是，羊肉消费的减少并不仅仅是因为战乱导致物资匮乏所致。这一消费情况的变化实有经济原因。随着经济重心南移，在南方农业生产发展的基础上，由于养猪既能制造肥料，又能给农民带来农副业之经济收入，故养猪业获得了很快发展，为社会提供了丰富的猪肉，"同时贩运业的兴盛、苏轼等士大夫对猪肉营养及味道的宣传等，也对猪肉的消费起到了促进作用，使得北宋中后期至南宋，社会上猪肉消费超过了羊肉"。[⑤] 在猪肉消费增加的同时，南宋社会对水产的消费量也开始迅速上升，水产成为南宋人主要的蛋白质摄取源。

为了应付日益增长的消费开支，一旦局面稍微稳定，南宋政府又再次增加

①《建炎以来朝野杂记》甲集卷一七《渡江后郊赏数》。
②《建炎以来系年要录》卷一九三，绍兴三十一年十月癸丑条。
③《建炎以来系年要录》卷八七，绍兴五年三月癸卯条。
④《建炎以来系年要录》卷二〇，建炎三年二月壬戌条。
⑤ 魏华仙《宋代四类物品的生产和消费研究》，四川科学技术出版社，2006 年，第 250 页。

了征敛。绍兴五年（1135），参政孟庾提领措置财用，请以总制司为名，又在之前的经制钱上增加了总制钱。（这样一来，经制司、总制司其实和户部有重叠之处，都有监督监司之权，而监司则统辖各州县。对于百姓来说，交纳经总制钱纯属额外增加的变相税收负担。）而各种征敛所得无非是以满足统治者的统治需要和消费需要为重要目的。《宋史》记载："（绍兴）十一年（1141），始命四川上供罗复输内藏，其后绫、纱、绢，悉如之。四路天申节大礼绢及上供䌷、绫、锦、绮，共九万五千八百匹。"①虽然，这里看不到对内藏库增收物资的支用情况，但是从增加征收的物资品种来看，在当时多属于高级消费品，因此不可能单是为了储备之用。我们可以从另一个事实看出当时的皇室、官僚消费复又走向奢侈。"绍兴和议"之后，秦桧为了迎合高宗的消费欲望，不断地给高宗进献珍宝、珠玉、书画、奇玩以及钱财。由此我们也可以看到，奢侈之风与腐败常常是一对孪生兄弟。

作为征敛对象之一的土贡，在南渡后发生较大变化。这是时局发展的一种必然结果，因为南宋王朝已经失去了它的北半部江山，原来可以向中央政府进贡的为数众多的府州已经落入了金人手中。本书此前之所以不厌其烦地全面研究了《太平寰宇记》《元丰九域志》及《宋史·地理志》中的土贡记载，实在是因为土贡制度不仅对于封建王朝的政府消费和民间消费都具有重要意义，而且土贡情况的变化还反映出政府力量与商业力量的此消彼长。正如有学者指出，"真正使抑商政策收到了效果，而且收到了远超过预期的重大效果的，并不是这些空洞的言论，而是具有抑商作用的三项制度，即禁榷制度、土贡制度、官工业制度。这三种制度都起源很早，并随伴着抑商政策而贯彻始终"。②土贡制度是三大抑商制度之一，南渡之后，由于版图大面积缩减，尽管该制度之根本未受到动摇，但是土贡征敛的实际效果显然受到了巨大的冲击。南渡之后，由于南宋政府已经无法获得北部地区的土贡，因此宗室的土贡物资其实出现了结构性的缩

---

① 《宋史》卷一七九《食货志·会计》。
② 傅筑夫《中国经济史论丛》，第667页。

减。但是，已经长期培养起来的消费欲望以及由制度所保护和规定的消费内容却不可能轻易地被削减。这样一来，南宋王朝就必然更多地借助于商业购买和其他方面的横征暴敛来弥补这部分消费对象的流失。南宋政府对于海外贸易依赖性的加强，正是南渡所引起的一系列反应的必然结果，土贡结构性的流失是其中的因素之一。土贡的结构性缩减本来可以发展成为促进商业发展的一个有效动力，但可惜的是，事实并非如此。不论是海外贸易，还是南宋政府的商业购买以及官办经营，南宋政府在大多数情况下并非是以公平的市场参与者的身份出现的。海外贸易的入关商品都要经过南宋政府的抽解和筛选，统治者不仅通过海外贸易获得大量的奢侈品，而且垄断了可以通过再交易获利的各种商品。南宋政府以粮食为主的商业购买行为更是不公平的交易。各种官办经营实际上是对战略性物资和生活必需品的垄断性经营，最大的获利者是南宋政府。以明确制度形式出现的禁榷制度，更是在各种商品交易中继续保护着南宋政府的特殊利益。因此，实际上，土贡的结构性缩减与南渡后产生的许多有利于商业发展的因素一样，并没有发展成为商品经济发展的有效动力。南宋王朝的制度性力量反而进一步发展成遏制商业全面发展的隐形的"铁钳"。通过这把"铁钳"，南宋政府压制了民间的消费欲望，保证了自身的奢侈消费。而且，由于宗室及高级官僚聚敛了大量财富，遂在他们聚居的城市中造成了商业繁荣的盛世景象。

土贡的结构性缩减对于民间而言，实际上影响不大。因为土产作为消费物资，主要以地区性消费为主，通过商旅发生的消费还在其次。况且，宋王朝的北部疆土虽然落入金人手中，但是，金朝与南宋之间的敌对局面，并不能完全有效地钳制民间的商业交易。另外，南宋王朝统治区内的府州多为富庶之地，土特产众多，它们作为民间的消费对象，在人们的生活中具有重要意义，尤其是在农村消费中具有不可忽视之地位。宋代农村的市场，名称有多种，或称为墟市、集市，或称为草市。农村规模与层次不同，有的依附于城市市场，有的以比较封闭的状态存在于农村之中。在农村市场的发展中，商业交易的大部分内容，除了粮食、蔬菜、盐等基本生活消费品和牛等生产资料之外，正是这些具有浓郁地域色彩的土特产。张金花的研究也可以支持本书关于土特产在农村消费中意义不容忽视的观点。她通过研究宋诗发现，宋代农村市场大多依村为市、依水为市、靠山为市，草市逐渐发展为介于县级市场与草市之间的镇市；宋代农村市场的特点是市期缩短，市时延长，规模参差不齐，发展不平衡，兼有文化娱乐功能，交易的物资主要有粮食、纺织品、水果、蔬菜、花卉、盐、茶、酒、家禽、牛、水产、药材。[①] 她认为，"宋代农村市场，一方面在数量、规模、形态上得到长足的发展，构成农村市场网络，以丰富的农副产品支撑着城市市场，推动着农村城镇化的进程。另一方面，尽管宋代农村市场与前代相比达到了较高水平，但农村经济的商品化程度毕竟有限，它不能也不可能摆脱自然经济的束缚与羁绊"。[②] 通过我们的研究可以看到，农村市场之所以不能充分发展起来，不仅仅在于不可能摆脱自然经济的束缚与羁绊，还在于其商品生产的满足对象主要是具有强大消费能力的城市，而农村自身的主要商品交易和消费对象，除了粮食、蔬菜、盐等基本生活消费品之外，主要局限于具有地域性的土特产。

随着城市逐渐恢复繁荣，南宋的稻米消费生产地和消费地分离现象加剧。当时，宋朝政府的粮食一部分是通过赋税和公田租所得，一部分是通过和籴购买。政府和军队的稻米消费通常是通过集团消费的形式来实现的。日本学者斯波义信曾专门研究过设在建康府的淮西总领所大军所消费的军粮的供给。他指出，南宋一代，设在建康的淮西总领所消费的军粮，从南宋初的 70 万——80 万石，至理宗朝渐增为 150 万石，除上供米支应外，还由和籴米充供。[③] 至于南宋民间粮食消费，他根据研究认为宋代口粮为宋量 1 升。[④] 当时，官僚与普通军兵、普通劳动者的消费差距是比较大的。这种差距，仅从粮食消费就可以看出来。南宋时期军兵的月粮一般在 1 石至 1 石 5 斗之间，按宋制 1 石等于

---

① 参见张金花《宋诗与宋代商业》，河北教育出版社，2006 年，第 104—154 页。
② 张金花《宋诗与宋代商业》，第 154 页。
③ 参见斯波义信《宋代江南经济史研究》，方健、何忠礼译，江苏人民出版社，2000 年，第 123—124 页。
④ 参见斯波义信《宋元代粮食消费与生产水准之探讨》，第 17—27 页。

66.41 市升折合，大约是 66.41 市升至 99.42 市升之间，如再将衣装发放折加计入，估计和一般的普通雇佣劳动者的实质工资比较接近（见表 33）。

表 33　南宋高宗时期雇佣劳动者工资比较表 [①]

朝代	公历（年）	地区	工种	工资别	工资额	折合粮	资料来源
南宋高宗	1132	杭州	下等军器工匠	月	—	粮 132.8 市升	1
南宋高宗	1132	杭州	杂役兵匠	月	—	粮 112.8 市升	1
南宋高宗	1136	福建建溪	采茶工	日	70 文	米 0.5 市升	2

表中资料来源：

1.《宋会要辑稿》，职官一六之五。

2. 庄季裕（绰）《鸡肋编》下卷："采茶工匠几千人，日支七十足。旧米价贱，水芽一胯犹费五千。如绍兴六年，一胯十二千足，尚未能造也。"绍兴六年，福建米价未见记载，只得绍兴五年江西米价每斗千文，两浙每斗七百文。绍兴六年，广西斗米千钱。见全汉昇《南宋初年物价的大变动》，载《宋辽金社会经济史论集》（第 2 集），第 146—148 页。此处按每斗千文计算。

根据表 33 的数据，我们可以计算出南宋高宗时期雇佣劳动者日平均实物工资比较表（见表 34）：

表 34　南宋高宗时期雇佣劳动者日平均实物工资比较表

朝代	公历（年）	地区	工种	按每月 30 天计算每日平均实物工资
南宋高宗	1132	杭州	下等军器工匠	粮 4.43 市升
南宋高宗	1132	杭州	杂役兵匠	粮 3.76 市升
南宋高宗	1136	福建建溪	采茶工	米 0.5 市升

南宋初年，粮价波动比较大，各地之间粮价差比较大。表 33 中，对于绍

[①] 本表数据自赵冈、陈钟毅所制《历代工资表》中摘录，参见赵冈、陈钟毅《中国经济制度史论》，第 251—256 页。表中资料来源为原表格所附。表中"—"为笔者所加，原表"—"处为空格，表示因为有关数据缺少，因而无法按照一定的粮食价格进行换算。

兴六年即 1136 年的福建建溪采茶工每日工钱 70 文只够买米 0.5 市升的推算，是根据粮价每斗千文计算出的。

按吴承洛《中国度量衡史》一书，宋石折合 66.41 市升，1 石米等于 10 市斗，那么 1 市斗等于 6.641 市升，如按绍兴六年（1136）广西米价斗米值千文计算，每文可买米 0.006641 市升。按照这种计算，绍兴六年即公元 1136 年的福建建溪采茶工每日工钱 70 文只够买米 0.5 市升。如宋代每人日平均口粮为宋量 1 升，那么福建建溪采茶工每日工钱尚不够买口粮。笔者认为当时采茶工很可能是在领取实物工资外，由雇主另提供每日主要口粮；或者采茶工属于打零工性质，家庭另有主要经济收入来源。否则，福建建溪采茶工将很难维持其基本生活，更无法赡养自己的家庭。

这里，我们再来看一些南宋初年粮价的资料（见表 35），以做进一步分析。

表 35　南宋初期江南和两湖粮价 [①]

单位：文 / 斗

时期	江南粮价	两湖粮价	指数
绍兴前期	1132 年 270		
	1136 年 300	1141 年 100 以上	100：33
		1142 年 100	
绍兴后期	1156 年 200	1158 年 60—70	100：30—35

参考表 35 中绍兴六年（1136）江南粮价每斗粮 300 文（由于资料中的"粮"没有说明是何种粮食，我们还无法断定此为米价），我们假设绍兴六年福建粮价也是每斗 300 文，那么每文可买粮 0.022 市升，福建建溪采茶工每日工钱 70 文可买粮 1.54 市升。即使这样，我们也可以看到，绍兴六年福建建溪采茶工每日可消费的粮食也比四年前的杭州杂役兵匠要少一半还多。由于地方不同，时间不同，我们很难以此证明，绍兴六年福建建溪采茶工每日可消费的粮

---

① 该表根据龙登高所制《南宋和清代江南与两湖米粮价格差》一表编制。参见龙登高《江南市场史——十一至十九世纪的变迁》，清华大学出版社，2003 年，第 198 页。

食一定比几年前下降了。但是，以上的数据至少可以说明，南宋初期不同地区的生活消费水平存在着比较明显的差异。

我们捎带来大致讨论一下当时一个普通劳动者的文化消费能力。有资料显示，绍兴十七年（1147）刻印的《小畜集》一部八册，书前刻印价格为"每部价钱五贯文省"。[①] "五贯文省"大约是 3850 文（按 100 文省等于 77 文换算），远远超出了一般百姓的消费承受能力。绍兴六年即公元 1136 年，福建采茶工月工资是 2100 文左右（日工资 70 文乘以 30 日，参见前文）。也就是说，当时一个福建采茶工的月工资还不够买一部《小畜集》。由此可见，当时普通劳动人民的消费水平不高，除了满足进行再生产所需的基本生活消费之外，文化、娱乐等方面的消费力并不充分具备。英国古典经济学家李嘉图曾指出，工资是维持工人及其家庭所必需的生活资料的价值，工人的消费水平可以由工资水平来表示，并进一步认为，由于人口增加对工资上升具有抑制作用，从长期看，工资是基本不变的。南宋前期，雇佣工人的工资水平处于较低水准，绝不是这一时期特有的偶然现象。正如李嘉图所言，从长期看，工资是基本不变的，在社会总收入基本稳定的情况下，雇佣工人的收入不可能有较大的提高。显然，南宋雇佣工人的工资也受到这一经济规律的支配。

与宋王朝的其他时期一样，南宋初期，不论是普通军兵还是普通雇佣劳动者，他们的收入标准都无法和当时高级官僚的收入标准相比拟。根据《宋史》记载，"料钱、职钱，绍兴仍政和之旧：宰相、枢密使，料钱月三百贯"。[②] 这与北宋时期的高级官员待遇差别不大。也就是说，宰相、枢密使一级的高级官僚，他们的每日日常收入大概是 10 贯，即 10000 文，大约是绍兴六年福建建溪采茶工每日工钱 70 文的 143 倍。南渡之后，高级武官的俸禄也不低，比如，太尉的月收入是："料钱一百贯，春服罗一匹，小绫及绢各十匹，冬服小绫十

---

① 转引自张金花《宋诗与宋代商业》，第 292 页。原书资料引自林申清编著《宋元书刻牌记图录》，北京图书馆出版社，1999 年。

② 《宋史》卷一七二《职官志·奉禄制下》。

匹，绢二十匹，绵五十两。"① 而低级散官如进义副尉，每月的收入只有"料钱一贯"，② 折每日约 33 文，这大约是绍兴六年福建建溪采茶工每日工钱 70 文的一半。

下面，我们再来看看差不多同一时期南宋权臣的消费水平。绍兴十三年（1143），张俊被封为清河郡王后，通过接受朝廷赏赐和兼并，占有大量田产、宅地和园苑，"俊复善治生，其罢兵而归，岁收租米六十万斛"。③《西湖游览志余》中有文叹曰："今浙中岂能著此富家也！"④ 真可谓富压当代而惊后世。张俊岁收租米 60 万斛，相当于每日收租米 16.44 万升，这约是绍兴六年（1136）福建建溪一名普通茶工日工资收入（折合粮食 1.54 市升）的 10.68 万倍。

绍兴十五年（1145）四月，秦桧迁居时，高宗赐秦桧"银、绢、缗钱各一万，采千匹，金银器皿、锦绮帐褥六百八事，花千四百枝"。⑤ 这种高额赏赐，足以彰显最高统治者的慷慨与排场，但是由于其赏赐他人之物乃来自于广大人民之劳作，因此极易给他带来丑名与恶名。以儒家观点视之，此乃失德之举。即便以马基雅维利的观点视之，亦属不明智之举。再退而论之，这种高额赏赐即使作为笼络人心之统治手段自有其理由，但是这一行为却暴露出一种更为可怕的事实，即不论君臣，皆将奢侈消费视为理所当然且习以为常。这就使纯粹的消费行为在难以满足之时有可能滋生腐败与道德沦丧。仅就秦桧那一次所获得的银、绢、缗钱赏赐 30,000 文计算，按照绍兴六年江南粮价每斗粮 300 文折算，这笔钱即可买粮食 100 斗，合 664.1 市升，是绍兴六年福建建溪一名普通采茶工日工资收入（折合粮食 1.54 市升）的 431.2 倍。有人可能会说这只不过是偶尔的赏赐，没有什么代表性。实际上，类似的赏赐是非常多的。根据史

---

① 《宋史》卷一七二《职官志·奉禄制下》。
② 《宋史》卷一七二《职官志·奉禄制下》。
③ 《西湖游览志余》卷二一《委巷丛谈》。
④ 《西湖游览志余》卷二一《委巷丛谈》。
⑤ 《建炎以来系年要录》卷一五三，绍兴十五年四月戊寅条。

书记载，秦桧在当权的近 20 年间，敛聚的财产富于左藏库数倍。"及张俊薨，其房地宅缗日二百千，其家献于国，桧尽得之"。[①] 如果按照绍兴六年（1136）江南粮价每斗粮 300 文折算，这笔房租可买粮食 666.67 斗，合 4427.36 市升。这就是说，秦桧仅获张俊死后其家献于国的房地宅日收入一项（折合粮食 4427.36 市升），即是绍兴六年福建建溪一名普通采茶工日工资收入（折合粮食 1.54 市升）的 2875 倍。

当然，不论是皇室还是秦桧、张俊等其他富有的官僚，他们所获得的巨额可支配收入不可能都用来买粮食进行消费，把巨额钱财用于奢侈消费就成了一种必然。《武林旧事》有记载，绍兴二十一年（1151）十月，高宗御驾亲临张俊府，张俊准备宴席的水果、香药、菜肴等达 220 余种，进奉的宝器、金器、陶瓷、书画、匹帛等难以胜数；此外，对于陪同赴宴的官员和低级随行人员，都有赠赐。[②] 南宋朝廷上上下下奢侈浮华的生活、靡费无度的消费于此可窥一斑。

南宋初期的粮价从南宋绍兴元年（1131）至绍兴末年处于下降之中，大约从绍兴元年斗米 1200—600 文（两浙）逐渐下降到绍兴八年（1138）的斗米 300 文足（浙西），然后继续降至绍兴十一年（1141）的斗米 100 文左右（荆湖南路）。[③] 这正好可以说明，战后社会生产恢复，人民生活消费水平日益提高。不过，南宋高宗绍兴年间，绢价上升很厉害，一度高达一匹 10,000 文，是北宋的 10 倍，金银价格也处于不断升高之中。[④] 结合以上分析，笔者认为，南宋绍兴朝后期的绢价、金银价格不断提高，主要原因是纸币的不断贬值以及社会中奢侈消费的欲望产生了巨大需求，从而拉动了对金银的需求，使绢等奢侈消费品的价格上升。

在南宋皇室和权臣的周围，还有各级官员、军官。这个群体，拥有非常丰

---

① 《建炎以来系年要录》卷一六九，绍兴二十五年十月丙申条。
② 参见《武林旧事》卷九《高宗幸张府节次略》。
③ 参见《宋会要辑稿》，食货四〇之一三至四〇之一四；四〇之二三至四〇之二四。
④ 参见漆侠《中国经济通史·宋代经济卷》，第 1243—1246 页。

厚的可支配收入。他们主要的居住地是城市，是城市之中拥有强大消费能力的群体。对于市场来说，为了满足这群特殊消费者的需求，就必然竭力生产出各种商品；而各种商品之间、同类商品之间，为了获得消费者的青睐，就必然各逞其能来推销自己。如此一来，在人口聚居、财富聚集的城市之中，具有现代广告性质的商业传播就有了发展的条件。城市如同一块巨大的磁铁石，它不仅吸引着商品，也吸引着人们的注意力。

亚当·斯密曾经说过，在欧洲大部分地方，城市工商业是农村改良与开发的原因，而不是它的结果，且进一步指出，"这种发展，既与自然趋势相反，当然是迟缓和不确定的"。[①] 亚当·斯密认为欧洲各国以工商业为国富基础，故进步慢，而英国殖民地以农业为国富基础，故发展急速。他已模糊意识到生产关系的变化促进了北美农业的大发展，但却并没有清楚地揭示出来。不过，在南宋绍兴朝后期，中国农业生产的恢复与发展却完全不同于几百年后的英国与北美。南宋之前，中国已经经历了漫长的封建社会，农业生产已经有了很好的基础，南宋前期并没有出现类似北美开发初期大规模拓荒的情况（尽管宋金战争后南宋政府鼓励垦田），亦未出现生产关系之大变化。南宋前期农业生产恢复的主要原因是战争的停止及人口大量南迁所引起的基本消费需求增长。基本消费需求的增长对南宋的社会生产有明显的拉动作用，且同时迫使农业生产更加强调精耕细作。因为若非如此，有限的土地将无法生产出足够的粮食以养活不断繁衍的人口；若非如此，农业生产部门亦不可能吸收由于人口增长而出现的大量农村劳动力。农业的发展和劳动力的充足，又对农业剩余劳动力产生排斥作用，从而为其他生产部门的发展提供了劳动力条件。与此同时，由于宋政府南迁，大量的宗室、官僚对商品的巨大需求也正好对工商业经济产生了拉动作用，故商品经济亦受到促进。但是，毫无疑问的是，在南宋绍兴朝的后期，由最基本的消费需求所拉动的农业发展，是国民财富增加的最主要的动力源。这种动力远远超过当时南宋城市工商业对农业经济的拉力，甚至也大于生产率

①　亚当·斯密《国民财富的性质和原因的研究》，商务印书馆，1972年，第379页。

提高所产生的动力。也就是说，南宋经济发展依然具有以农业为主的自然经济的自然发展趋势之特征，而在这种情况下，基本生活消费需求依然是整个社会最直接的消费动力。

第二节　一个有两张消费面孔的国度：
南宋中期影响消费的诸因素及消费状况

（一）影响消费之政治与军事因素

> 对金作战与备战使军费大增。虞允文治川。北伐失败后奢侈之风
> 复兴。光宗减免赋税杂科。宁宗朝政府消费剧增。

绍兴末年，金朝完颜亮南侵，再次给南宋造成冲击。金朝完颜亮南侵失败后，高宗"禅让"孝宗，南宋进入一个政治相对清明的时代。

孝宗当朝的前期，曾一度期望北伐雪耻。他先起用张浚领导北伐，但是由于军队战斗力已经严重削弱，加之太上皇高宗反对北伐，北伐以失败告终。几经周折后，宋金最后达成"隆兴和议"。"隆兴和议"议定金宋为叔侄之国，宋不再对金称臣，南宋输金的银帛由原来的银、绢各二十五万减为各二十万，并改"岁贡"之名为"岁币"。张浚贸然北伐，空谈误国，使孝宗朝前期稍微积累起来的军力受到削弱，加深了南宋积贫积弱之局面。此后，孝宗又任用虞允文，寄希望他能领导对金的战争。但是，虞允文的去世使孝宗计划再次落空。乾道年间，南宋为了备战对金战争，内外禁军人数大增。"乾道三衙、江上、四川大军新额总四十一万八千人"，军费开支因此大增，"合钱粮衣赐约二百缗可养一兵，是岁费钱已八千万缗，宜民力之困矣"。[①]

---

① 《建炎以来朝野杂记》甲集卷一八《乾道内外大军数》。

值得一提的是，乾道年间，虞允文两度担任四川宣抚使出任四川，使得四川地区经济情况好转，军事力量得到了加强。乾道三年（1167），虞允文第一次治川，裁减军队的冗员并对军队进行了改编，节省了军费，加强了军队的战斗力；同时禁止二税杂科预征，并用减税和赈灾之法，给归正人分发官田，给饥民补给粮食，从而使四川政治、军事和经济局面大为好转。虞允文第二次治川，则增加军队粮饷，并且免去民间养马者赋役，从而使军队士气大增，可用的军马数也获得增长。①可惜，虞允文由于操劳过度而病逝。与北宋中期相比，南宋孝宗朝虽然有虞允文等务实务事之良臣，却未造就出王安石之类的经世治国之大材，因此南宋社会虽然趋于稳定，社会问题却如毒瘤般愈加难以割除。王安石的变法虽然失败了，但却在一定程度上缓减了当时的社会矛盾，虞允文治川虽有成就，却未影响南宋政治军事之大局。为什么我说南宋孝宗朝"未造就出王安石之类的经世治国之大材"，而不说"没有经世治国之大材"呢？这与孝宗任用宰相之道大有关系。孝宗朝二十六年间，先后出任宰相的有十七位，"所有人的任相时间，长的是六年九个月，短的只有三个月，每人每次平均不到二年"。②这种情况，即使是虞允文之类有经世治国之材，也没有机会得以充分施展。假使有三五个虞允文与王安石、司马光等并世，且他们彼此之间能够取长补短、有力务实地实施治国之道，假以时日，谁又敢说他们无法再造大宋王朝呢？

历史没有给予王安石、司马光、虞允文等人更多的机会，而孝宗则空有抱负，却没有明智的用人之道。受到自身阶级局限性的影响，南宋统治阶级也看不到通过增进人民福祉来促进生产力的方法，因此南宋虽有提升整体国力的机会，虽有缓和社会危机的可能，却皆未能好好把握。孝宗朝的前期，由于为了准备对金战争，加大了对民间的剥削。依靠残酷的剥削，南宋政府财政状况有

---

① 虞允文之事迹参见《诚斋集》卷一二〇《宋故左丞相节度使雍国公赠太师谥忠肃虞公神道碑》、《宋史》卷三八三《虞允文传》。
② 何忠礼《宋代政治史》，第432页。

所好转。同时，为了孝敬生活日益奢侈的太上皇高宗，南宋政府四处搜集奇珍异宝，以满足高宗的消费欲望。

随着北伐计划的失败，孝宗在晚年也丧失了斗智，陷入安逸享乐之中。[①]由于大规模战争已经停止，加之得到改善的政府财政状况为宗室、官吏的奢侈消费提供了财富基础，故孝宗淳熙年间，政治气候和社会风气日渐出现了和绍兴末年类似的情况，朝野上下只图享乐，不思进取。当时士人林升作《题临安邸》诗曰："山外青山楼外楼，西湖歌舞几时休？暖风薰得游人醉，直把杭州作汴州。"[②]可见当时朝野上下，已经耽迷于太平盛世的美梦，以享乐为快；亦可见当时南宋都城杭州（临安）的娱乐消费已经非常普遍。

淳熙十六年（1189）二月，孝宗"禅让"光宗。光宗在位时间只有五年。光宗朝南宋与金朝基本上相安无事，处于相对和平的状态，南宋朝廷内的政治也没有什么大的风云。值得一提的是，光宗在位前三年，曾下了十几道诏令，大规模减免百姓的赋税杂科的负担。但是，光宗统治的后两年，由于长期身体不好，已经无意朝政。结果，皇后李氏肆意妄为，大长宗室奢侈消费之风，"而宫中燕游之乐，锡赉奢侈之费，已腾于众口"[③]（此黄裳在奏议中所言）。

宁宗即位以后，权臣韩侂胄实施"庆元党禁"，发动了对金战争。战争失败后，韩侂胄被投降派杀害，于是宋金签订了"嘉定和议"。"嘉定和议"后，南宋开始衰落。在宁宗朝后期，权臣史弥远长期擅权，残酷剥削人民，南宋政治更加腐败，政府消费更加无度。

南宋中期每年敛收8000万缗，当时的学者叶适（1150—1223）指出，"渡江以至于今，其所入财赋，视宣和又再倍矣。是自有天地，而财用之多未有今日之比也"，[④]然而由于"今天下有百万之兵，不耕不战而仰食于官；北有强大之虏，以未复之仇而岁取吾重赂；官吏之数日益而不损，而贵臣之员多不省事

---

① 《西湖游览志余》卷二《帝王都会》、卷三《偏安佚豫》。
② 林升诗见《西湖游览志余》卷二《帝王都会》。
③ 《历代名臣奏议》卷一九五《戒佚欲》。卷一九五中记有黄裳奏议。
④ 《叶适集》之《水心别集》卷一一《财总论二》。

而坐食厚禄"，^① 遂造成"多财本以富国，财既多而国愈贫；加赋本以就事，赋既加而事愈散"。^② 叶适所指出的问题，其实揭示了南宋中期大量增加的财富和剩余产品被数目庞大的官吏和军兵占用并消费的问题。

"嘉定和议"几年之后，南宋拒绝向金交纳岁币，双方出现局部性战争。与此同时，蒙古开始崛起，金朝却走向衰落。南宋政府此时也许没有想到，北方新崛起的游牧民族，从南宋后期开始，将影响着中国人今后近两百年的生活与消费。

（二）影响消费之经济因素

扑朔迷离的南宋中期经济状况及消费状况。

关于南宋的经济情况，不同学者的意见很不一样。宋史专家程民生认为，"建炎南渡后，南方经济面临一个新的社会环境。……基本特征是日渐衰退"。^③ 程民生搜集了大量证据（以孝宗、宁宗朝社会境况的史料记载为最多），以此来证明南宋经济呈日趋衰落之势的观点。^④ 漆侠认为，如果从人口数量上看，"一般地说，北宋的生产是上升的，而南宋则显得有些迟滞"。^⑤ 黄仁宇论及南宋军事积弱的原因时说，"这朝代不能在经济上突破，影响所及，其军事才积弱不振"。^⑥ 对于南宋经济的这一评价颇为模棱两可。日本学者斯波义信的说法较为具体，他在研究宋代江南经济时指出，"第四期期间，中心区域的生产率持续上升，与发展缓慢、步履维艰的周边地区的等级差别开始鲜明突出而引人注目。显而易见，迁都杭州这一外因的影响极大，经济的货币化、谷物市场

---

① 《叶适集》之《水心别集》卷二《财计下》。
② 《叶适集》之《水心文集》卷一《上宁宗皇帝札子三》。
③ 程民生《宋代地域经济》，第 294 页。
④ 程民生《宋代地域经济》，第 294—321 页。
⑤ 漆侠《中国经济通史·宋代经济卷》，第 50 页。
⑥ 黄仁宇《中国大历史》，第 168 页。

的扩大等也作为刺激剂发挥了作用"。[1] 斯波义信所说的"第四期"是1127—
1206年，他把这个时期称为"实质性成长期"，[2] 在时间段上相当于本书所说的
南宋前期和南宋中期。法国汉学家谢和耐则在评价11—13世纪期间的中国社
会时，用了"生产的全面突飞猛进"[3] 这样的表述，时间跨度很大，且显然把南
宋时期涵盖在内。有的学者认为，"在这300年中，经济持续增长，市场日益
扩大，职业种类增多"。[4] 有的学者指出，南宋"经济最发达的江南地区，有
了突飞猛进的发展"。[5] 为什么学者们对南宋经济的发展状况有着不同的、甚至
是针锋相对的看法呢？笔者又为什么将该问题放在此处加以讨论呢？因为，对
南宋经济发展状况的看法众说纷纭，其焦点正是在于南宋中期经济发展状况显
得非常扑朔迷离。就南宋中期的户口数目来看，比南宋初年略有增长（见表
36），但是考虑到大规模战争停止对人口增长的刺激因素，南宋中期人口略有
增长并不能成为南宋中期经济增长的非常有力的证据。

表36 《文献通考》中关于南宋中期和南宋初期户数与口数的记载[6]

时间	户	口
高宗绍兴三十年（1160）	11,375,733	19,229,008
孝宗乾道二年（1166）	12,335,450	25,378,684

南宋中期的经济，到底是衰退了，还是发展了，许多学者们并没有加以
仔细讨论。许多学者谈到南宋经济发展状况时大都泛泛而谈，有人甚至对《西
湖老人繁胜录》《都城纪胜》《梦粱录》《武林旧事》等书中的资料的具体时
间背景不加严格区分，就用来对南宋经济的发展状况进行泛泛说明。实际上，

①　斯波义信《宋代江南经济史研究》，第167页。
②　斯波义信《宋代江南经济史研究》，第82页。
③　谢和耐《中国社会史》，耿昇译，中国藏学出版社，2006年，第241页。
④　芮内伟·韩森《开放的帝国：1600年前的中国历史》，梁侃、邹劲风译，江苏人民出版社，
2007年，第275页。
⑤　樊树志《国史十六讲》，中华书局，2006年，第147页。
⑥　《文献通考》卷一一《户口考二》。

这几部书中的具体记载，时间背景相当复杂。《西湖老人繁胜录》当成书于耐得翁的《都城纪胜》之前。《梦粱录》反映的大多是度宗咸淳年间的临安。《都城纪胜》成书于南宋理宗端平二年（1235）。《武林旧事》是宋人周密（1232—1298）入元以后所作，其中记载的临安城情况多为南宋末年的社会生活情况，但其中记事则涉及从南宋初年到末年的各个时期。况且，这几部书记载的大多是临安旧事，其史实大多只能用来证明南宋城市的经济发展状况。如果用南宋末年的经济状况来代替整个南宋时期经济的发展，或以城市的经济状况来代替整个社会经济的状况，这种历史"望远镜"的焦距恐怕是很成问题的。因此，我们需要仔细甄别史料的年代，只有用针对南宋中期经济状况的史料来说明同一时期的经济状况，才能对该时期的经济发展情况有个比较准确的认识。

关于南宋初期的经济发展状况还是比较容易弄清楚的。南宋高宗初期，由于战争破坏，社会经济发展明显受到影响，随着社会逐渐趋于和平，高宗中后期经济的困顿局面有所改善的表现也比较明显。然而，南宋中期的经济发展情况却比高宗朝复杂得多，让人有一言难尽之感。首先，这一时期南宋政府军费开支增大，可是国库收入和储蓄却也呈增多之势。其次，民间多处地方出现民不聊生的局面，可是南宋政府的收入却增多了。再次，乡村以及许多城镇出现民生凋敝的现象，但与此同时，有许多城市却呈现出一幅繁荣景象。

南宋赋税收入增加比较容易解释，其原因主要是南宋政府加重了赋税。孝宗朝的赋税总收入，远远超过了两宋三百二十年间的任何一朝，增加的赋税收入主要来自于茶、盐等榷税以及支移、加耗等各种苛捐杂税。南宋中期国库收入和储蓄增加的原因也与加大剥削力度有关。至于城市的繁荣，则与城市商品经济的发展关系密切。虽然，我们可以将南宋中期政府收入增加、国库储蓄增加以及城市的繁荣归因于南宋统治阶级加大了剥削，但是我们并不能以此否认南宋经济没有发展或处于衰退之中。笔者认为，更加客观的说法是，南宋经济出现了复杂的发展情况，社会经济内部出现了产业结构的调整，经济成果的分配也越来越不公平，商业经济在自然经济体系内部迅速壮大，与此同时乡村自然经济却出现了停滞甚至衰退的观察。与这种经济发展趋势和发展状况相应的是，城市消费日趋繁荣，宗室、官僚、城市市民成为社会消费的主要力量，而广大农村地区却出现了消费疲软，消费水平非常低下。笔者对于南宋中期经济发展状况的看法，与日本学者斯波义信的观点比较接近。下面，我们从具体几个方面来分析影响南宋中期消费的经济发展情况。

1. 农业与消费

农业赋税的激增。亩产量不会低于南宋初期。农业与副业的发展状况及对社会消费的影响。

南宋中期农业发展的证据和农业衰退的证据在史载中都能找到。难以判断的是，到底是发展的趋势压过了衰退的趋势，还是衰退的趋势压过了发展的趋势。很多史载证明，南宋中期时支移、加耗等附加税比前期大幅度增加。比如，秀州（今浙江嘉兴）的加耗原按旧例每石尚只有一斗四五升，乾道二年（1166）以后增至每石加耗五六斗，相当于每石收加耗 50%—60%。这样一来，秀州"计每岁溢取十五万石"。[1] 在湖南，虽然皇帝"不许多取百姓斗面米"，而实际上如辛弃疾所说，"今一岁所取，反数倍于前者"。[2] 再如潭州（今湖南长沙）地区，每年两税的税额原来定额是三十万斛，而额外加收的支移费竟高达到十万缗之多，令人为之瞠目。[3] 显然，南宋中期农业赋税大幅度提高了。不过，按照惯例，宋代在正常情况下，很少在荒年或农业歉收的情况下加收赋税。退一步说，如果没有农业生产的产量基础，即使是增加赋税定额也难以获得实际的收入，而实际的压力也会迫使税额回落。这就是说，从长期看，

---

① 《宋会要辑稿》，食货九之一一。
② 《历代名臣奏议》卷三一九《弭盗》。卷三一九中记有辛弃疾奏议。
③ 参见《晦庵集》卷九三《转运判官黄公（洙）墓碣铭》。文中记："如潭州岁输三十万斛，则税外当输钱十万缗，民力安得不重困！"

农业赋税加收意味着在一定时期内平均亩产量或总产量获得了提高，农业生产整体获得了发展。当时农业附加税增加意味着农业也获得了一定的发展。

南宋中期亩产量的数据可以支持上面的这一看法。

漆侠根据有关资料研究指出："以江浙为例，宋仁宗时亩产二三石，北宋晚年到南宋初已是三四石，南宋中后期五六石，是不断增长的。"[①] 将漆侠这一看法，与他关于"南宋则显得有些迟滞"的说法结合起来看，他对于南宋经济发展的看法大约是：南宋经济发展有些迟滞，但江浙地区处于增长之中。还有一点值得留意，漆侠这一总结非常谨慎，他不说"南宋中期"、"南宋后期"，而言"南宋中后期"。南宋中期各个阶段各个地区的农业生产状况之难以总结，由此也可窥一斑。但是，我们并不能否定"南宋中后期（亩产）五六石"这一说法。这一说法恰恰是漆侠根据所能掌握的史料做出的谨慎判断，体现了其治学精神之严谨。因为，实际上"南宋中后期（亩产）五六石"这个数据偏向于南宋后期，准确说，该亩产量是南宋理宗前期端平年间（1234—1236）两浙路的亩产数据。漆侠所获史料中，有宋孝宗淳熙十六年（1189）闽浙一带亩产为上田 3 石（米）、次田 2 石的记载，以及有宋宁宗嘉定二年（1209）湖州草荡为田亩产 3 石的记载（见表 37）。漆侠当时并没有获得宋孝宗淳熙十六年（1189）至南宋理宗端平元年（1234）这段时期内有关江浙亩产五六石的史料，因此，他做出的"南宋中后期（亩产）五六石"的这一结论，其中包含了判断与估测的成分。笔者认为，漆侠的这一结论是在科学判断基础上谨慎做出的，完全可以用来说明南宋中后期江浙地区的亩产量情况。梁庚尧研究指出："到南宋中期，闽浙地区耕地的增加已经达到极限。"[②] 这一结论，正可为漆侠的结论提供有力的支持。这说明，南宋中期在巨大的人口压力下以及耕地有限的压力下，亩产量的提高是有可能的，因为这是解决生存与温饱问题的最基本也是最有效的办法。

---

① 漆侠《中国经济通史·宋代经济卷》，第 154 页。
② 梁庚尧《南宋的农村经济》，联经出版事业公司，1984 年，第 99 页。

　　笔者根据漆侠所掌握资料进一步推断，宋孝宗淳熙十六年（1189）至南宋理宗端平元年（1234）（属于南宋中期的后半期）这段时间内，江浙地区的亩产量大概在2—5石之间。而我们知道，江浙地区是南宋最重要的农业基地。江浙地区亩产量的增长，至少意味着南宋核心经济区的农业发展并没有出现衰退。又由于当时农业经济在整体经济中占有重要地位，我们进一步可推知这一时期南宋核心经济区并没有出现经济衰退，该地区人民的生活消费水平也应该不会下降。

　　根据漆侠整理的资料可以看出，整个南宋中期大部分时间段内，各地的亩产量大概在1—5石之间。南宋中期各个阶段各个地区的亩产量差距比较大，显示了南宋中期农业发展呈现出的复杂状况。但即使不考虑江浙地区，南宋中期其他地区的亩产量大多并不比南宋初期低。如果再将南宋中期核心经济区的江浙亩产量增加这一因素考虑进去，笔者估计整个南宋中期的平均亩产量至少不会低于南宋初期（见表37）。这一判断，与漆侠关于"南宋（生产）则显得有些迟滞"的说法恰好吻合。因此，仅就此来看，关于南宋中期经济衰退的说法并不准确。

表37　南宋中期各地区单位面积产量[①]

年代	地区	单位面积产量（亩）	材料来源
宋孝宗乾道九年（1173）	歙州	上田2石（米）	罗愿《新安志》卷二

　　① 本表内容引自漆侠《中国经济通史·宋代经济卷》，第153页。表中宋孝宗淳熙十六年（1189）处，漆侠加注说明据楼钥所撰陈傅良神道碑、蔡幼学所撰行状，陈傅良知桂阳军在宋孝宗淳熙十六年与宋光宗受禅之间，即1189—1190年之间，故系于此。宋宁宗嘉定年间处，漆侠加注说明岳珂《愧郯录》成书于宋宁宗嘉定年间，故系于此。本表题为笔者所加。＊表格此处原资料来源作"梁克家《淳熙三山志》卷一四《贡赋税则》"。按《淳熙三山志》卷一四应为《版籍类五》，内容为《州县役人》《海船户》《炉户坑冶》。且该地方志中无《贡赋税则》之篇目，原资料来源标注有误。今不取。
　　② 廖行之《省斋集》卷四《石鼓书院田记》记："凡田以亩计二千二百四十有奇，合为米六百二十七斛……湖南地瘠，率一亩为米不过二三斗。"平均亩产量约为0.28斛。漆侠引此文资料，并未详之，今系此作为参考。由此可知，当时湖南土地贫瘠之地，亩产实远未及1石。

宋孝宗淳熙元年 （1174）	湖北路营田	1.6 硕	《宋会要辑稿》，食货 六之二六
宋孝宗淳熙年间 （1174—1189）	武昌大冶营田	3 硕	薛季宣《浪语集》卷 一九《论营田》
宋孝宗淳熙年间 （1174—1189）	鄂州	上田 3 斛（谷）下田 2 斛	王炎《双溪文集》卷 一一《上林鄂州书》
宋孝宗淳熙十三年 （1186）	襄阳木渠	六七斗	《宋会要辑稿》，食货 六之二八
宋孝宗淳熙十六年 （1189）	闽浙一带	上田 3 石（米）、次 田 2 石	陈傅良《止斋先生文 集》卷四四《桂阳军 劝农文》
	桂阳军	1 石	陈傅良《桂阳军劝农 文》
宋孝宗淳熙年间 （1174—1189）	衡州	1 石②	廖行之《省斋集》卷 四《石鼓书院田记》
	福州	2 石	*
宋宁宗嘉定二年 （1209）	湖州草荡为田	3 石	《宋会要辑稿》，食货 六之三一
宋宁宗嘉定年间 （1208—1224）	江南东路	4 石	岳珂《愧郯录》卷一 五

另外，南宋中期人口的增长加大了人地矛盾，使更多的人有机会从事或被迫从事农村副业。从理论上讲，南宋农业的发展将更多依赖于副业作为补充。赵冈、陈钟毅在《中国经济制度史论》一书中对此有精辟之论："当人口增加，农户的平均耕地减少……也就是说，由于耕地面积减少，劳动力的报酬便普遍下降。此时补救的办法之一就是由一年一收的耕作制度改为一年两收或两年三收的制度，也就是改采劳动力集约的生产技术。……不过，一年多熟的耕作制度有其极限，受生长季长短所决定。故当人口继续增加时，农业的边际报酬曲线不断下降……于是农户便要逐渐减少农业生产的劳动力，增加副业生产的劳动力。"① 如果按照这样的推论，南宋中期农业在有充足劳动力条件的情况下，

---

① 赵冈、陈钟毅《中国经济制度史论》，第10页。

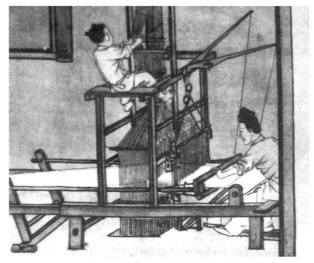

⊙ 宋《蚕织图》局部 1

⊙ 宋《蚕织图》局部 2

不太可能出现衰退。

市场对于丝织品的需求扩大也进一步促进了蚕桑业的发展，以及相应生产部门的专业化。在丝织品需求扩大的拉动力量、农业对剩余人口的排斥力，以及从事于多种经营的压力或诱惑力的共同作用之下，南宋中期孝宗、光宗时期，苏州、太湖、湖州等地蚕桑业进一步脱离种植业而独立成为农业的一个分支。蚕桑业的发展，为纺织业提供了新的发展机会。同时，蚕桑业的发展也使人们能够有机会消费更多的丝织品。

孝宗朝也有一些妨碍农业发展的情况出现。其中对农业发展阻碍最大的是土地兼并情况日益严重，甚至数十万顷的官田也是"朝籍于官，暮入势家"。[①]很多贫下户沦为佃户，生产积极性下降。此外，地主豪民横行霸道，围湖造田，破坏水利，破坏生态平衡，对农业健康发展造成破坏。比如，当时两浙地区著名的人造湖鉴湖就于此时基本消失。围湖造田，破坏水利，其结果往往导致灾害增多，对人民的长期福利造成损害。

2. 手工业与消费

手工业的发展状况显示社会消费需求结构的变化。

南宋中期人口增多与耕地面积相对减少，意味着农业人口进一步被分流以进入其他生产组织从事其他生产方式。"在各种制约中，最强大的是天然资源的限制，在古代的技术条件下，人们只能设法去适应这些制约。在中国历史上最具体、最重要的一项因素是人与耕地的比率。在 12 世纪以前，人地比率尚属有利，不构成任何制约。人们在市场制度下，有高度的社会流动性，大家做最有利的选择，经济效率很高，发展快速，把采行无效率经济制度的欧洲国家远远抛在后面，相差很大一段距离。从 12 世纪末开始，中国的人地比率恶化，人口压力形成一项无可抗拒的强大制约。在这种形势下，人们许多重大的经济

---

① 《宋会要辑稿》，食货六一之五四。

选择都必须重加调整，以期容纳更多的人口。许多经济制度上的变化都是这样产生的。有的生产方式及生产组织对于吸收劳动力很具弹性，有的缺乏弹性，人们很自然地选择前者，以容纳最大量的人口"。[1] 南宋中期，大量人口从农业生产部门转向其他生产部门，手工业具备了获得更多劳动力的有利条件。但是，南宋由于拥有庞大的农业人口从事农业生产和农村副业，因此对手工业向规模化发展也有巨大的阻碍作用。"农村副业排斥手工业工场是中国历史后期很明显的事实"。[2] 但是，不论怎样，由于具备了很多有利条件，南宋中期的手工业状况在整体上应是发展的趋势占了上风。（关于这一点，学者们也有不同的观点，我将随后论述。）手工业的发展，为市场提供了大量的商品，因而对于丰富人们的生活消费功不可没。

矿冶业、金属制造业与消费

　　矿产量下降。军器制造。手工业的内部结构与社会消费需求结构。

我们考察南宋孝宗朝的矿冶业情况发现，乾道年间矿产课额比绍兴年间又下降了不少，见下表（表38）：

表38　南宋乾道年间与绍兴年间的矿产课额比较 [3]

时代＼品名	铜	铁	铅	锡
绍兴年间 （1131—1162）	7,057,260	2,162,140	3,213,620	761,200
乾道年间 （1165—1173）	263,160	880,300	191,240	20,650

乾道年间矿产课额与绍兴年间相比，下降的幅度非常明显。根据数据比

---

① 赵冈、陈钟毅《中国经济制度史论》，第6页。
② 赵冈、陈钟毅《中国经济制度史论》，第12页。
③ 参见程民生《宋代地域经济》，第304页。程民生根据《宋史·食货志》整理。

较，程民生认为，南宋的手工业自南宋初年以来处于衰退之中。他同时举出军器制造业的规模比其在北宋时期大大缩小这一例子来支持南宋手工业衰退这一结论。[①] 笔者认为这一结论值得商榷。仅仅从矿冶业产量下降和军器制造业的规模缩小并不足以做出南宋手工业衰退的结论。宋代的手工业范围很广泛，从经营性质角度分析，包括官营手工业和民营手工业；从行业性质角度分析，宋代手工业包括纺织业、食品加工业、以木为原料的制造业、日用品制造加工业、文化用品制造加工业、矿冶业（参见前文）。矿冶业只不过是宋代诸多手工业种类中的一种。从乾道年间矿产课额比前朝减少的史载可以推知几种金属冶炼业的衰退，但是不能得出南宋手工业衰退的结论。从产业结构的角度分析，南宋几种金属冶炼业的衰退很可能是手工业内部产业结构调整的结果。

再说说金属制造业中的军器制造业情况。军器制造是官方经营的重要手工业部门，军器制造方面的支出是政府消费的组成部分之一。程民生所举的数据是：绍兴初年御前军器所共有兵匠 1000 人，加上地方差充工匠共 4500 人，绍兴二十六年（1156）又减至 2500 人，与神宗时的 8700 人相比，不及其 1／3，孝宗时也只增至 3500 人。[②] 但是，如果我们结合南宋初期和中期的政治军事因素，就可以对当时御前军器所出现的工匠人数变化情况有更全面的认识。绍兴初年，南宋朝廷在南方立足未稳，各种建制不可能完备，御前军器所自然也不可能有多大规模。况且，绍兴初年，宋金处于交战状态，前线军队所用军器不可能完全依赖于御前军器所和地方差充工匠的制造。御前军器所和地方差充的工匠人数不能反映当时军器制造业的全貌。至于绍兴二十六年已经是"绍兴和议"之后，当时的投降派已经占了上风，政治风气和军器需求也对军器制造业的发展不利。孝宗初期励精图治，因此御前军器所工匠人数增至 3500 人，恰恰说明该行业受到政治军事因素影响较大。因此，军器制造业的萎缩只能说明

---

① 参见程民生《宋代地域经济》，第 303—305 页。

② 参见程民生《宋代地域经济》，第 305 页。程民生数据来源于《建炎以来朝野杂记》甲集卷一八《御前军器所》、《攻媿集》卷二六《论军器所冗费》。

⊙ 宋代湖州铜镜之一

手工业内部产业结构出现了调整，并不能证明南宋初期中期整个手工业处于衰退中。另外，即使南宋中期手工业确实衰退，也无法根据这一单一事实推出南宋经济衰退的结论，因为即使是手工业衰退也可能是国民经济内部整体产业结构调整的结果。

这里我们还没有考虑纺织业、食品加工业、以木为原料的制造业、日用品制造加工业、文化用品制造加工业等手工业的其他门类。这些手工业部门在南宋中期都处于良好的发展状态。手工业各个部门的发展情况出现变化（包括盐业），恰好说明了南宋社会对于商品门类和品种的需求已经出现了结构性的变化，与此相对应的是，南宋社会的消费结构也必然出现了结构性的调整。比如，值得一提的是，南宋中期两浙湖州的铜器，制造工艺精良，曾经销往许多地方，"行于天下"。[①] 宋代铜镜，当时依然是民间重要的生活消费品之一，但是在整个铜镜发展历史中，它已经处于衰落期。铜镜在中国社会中的衰落，正是南宋中期社会消费结构发生调整这一变化于人们生活消费细节方面所表现出的症状。

---

① 《两朝纲目备要》卷五，庆元三年闰六月甲戌条。

不过，南宋金属产量下降导致金属货币铸造量下降，间接造成了金属货币短缺，这一问题确实是存在的。南宋政府为解决财政危机大量增印纸币造成通货膨胀影响了百姓的消费，也确实与这一问题有一定的关系。

盐业与消费

> 政府通过榷盐牟利。盐价的提高及对劳动人民生活消费水平的影响。

下面我们以南宋初期和南宋中期乾道年间的手工业中的盐业发展状况来分析当时的手工业内部产业结构的情况。南宋中期，南宋政府的茶、盐等榷税获得大幅度增加。比如，绍兴年间临安府的茶、盐岁入以一千三百万缗为额，到乾道六年（1170）以后，就增至二千四百万缗。成都府初额为四万八千缗，到乾道末年增至四十余万缗。傅筑夫曾说："禁榷制度剥夺了工商业的最有利的营业部门……"[1] 在绍兴年间，这一制度的牟利功能暴露无遗。

《宋会要辑稿》记当时的侍御史章颖所说："乾道以后，大臣当国者皆以理财为务，如盐袋钱、头子勘合钱，官户减半役钱，又复增取者七八百万缗，可谓重矣。如月桩、经总制之类虽未可顿减，而江浙和买、广西盐额之类，皆可稍损，以宽民力。"[2] 由"盐额之类，皆可稍损"之语，可推知当时盐额之数是很高的，即便稍加减损，也对朝廷牟利影响不大。此外，史料显示，四川地区在盐税之外，对井户客商又额外增收的杂税也有多种，比如"买酒钱、到岸钱、塌地钱之类，皆是一时增创"。[3]

茶、盐等榷税的增加，一方面可以解释为南宋政府加重了剥削。另一方面，我们也可将茶、盐等榷税的增加部分归功于农副业和盐业的发展。如果没有农副业和盐业的发展作为基础，榷税定额的增加就是不切实际的。

---

① 傅筑夫《中国经济史论丛》，第 667 页。
② 《宋会要辑稿》，食货二八之四〇。
③ 《宋会要辑稿》，食货二八之三九。

宋朝对盐实行政府专卖，我们可以从宋朝榷盐收入的数据大致了解当时盐业的发展情况。下表（表 39）是南宋绍兴年间和乾道年间的榷盐收入：

表 39 　南宋绍兴年间和乾道年间的榷盐收入 [①]

时间	榷盐收入（万贯）
绍兴九年（1139）	1300
绍兴二十四年（1154）	1560
绍兴末年	2100
乾道五年（1169）	2697.5

从表 39 中的数据可以看出，南宋中期乾道年间手工业中的盐业发展与南宋初期相比，并没有衰退现象，而且，如果从榷盐收入数据看，盐业还出现缓慢的发展趋势。（实际上，除去宁宗朝时期榷盐收入下降之外，随着南宋政府财政收入越来越多地依赖于榷盐，至理宗淳祐、宝祐年间，榷盐收入超过了每年一万万贯。参见后文。）程民生指出南宋盐产量的增加，是建立在降低产品质量基础上的。（宋人在卤中投莲测浓度，北宋浮十莲的盐为合格，南宋浮五莲的盐为合格。）但是，对产品质量要求的变化更多是源自于市场需求的变化，并不能据此来说明盐业的衰退。实际上，南宋改变盐的标准恰恰说明由于市场需求压力，需要整个盐业生产出更多产品以满足市场消费需要。因此，仅就盐业发展情况分析，南宋手工业衰退一说也难以成立。

不过，在宋榷盐收入增加的同时，盐的市场零售价格也不断提高，使老百姓的生活消费水平受到很大的影响。"（盐的市场零售价格）从徽宗时起不断提高，到宋孝宗时候提高了三倍，有的地区则不止三倍。盐价不断提高，是封建国家和商人获得厚利的又一来源。这一来源则直接来自广大的消费者，而消费者当中的极大多数是农民和手工匠人"。[②] 盐价的提高，使南宋政府所获盐利增

---

① 表中数据来自汪圣铎《两宋财政史》，第 700—704 页。
② 漆侠《中国经济通史·宋代经济卷》，第 991 页。

大，政府收入和政府消费亦相应增加。"宋高宗绍兴末年总收入 3540 余万贯，盐利 1930 余万，占 54.2%；宋孝宗淳熙末总收入为 4530 余万，盐利 2196 万，占 48.4%"。[①] 由此可见，南宋中期，盐利占政府财政收入的比例高达 50% 上下。南宋中期，盐业毋庸置疑已成为经济发展的重要部门。很显然，一方面，南宋政府从盐业获得了巨大利益，使政府消费有了最为重要的支柱。另一方面，盐价的提高，减少了广大消费者的可支配收入，对于收入本来不多的农民和手工匠人来说，意味着消费能力和生活水平的明显下降。（根据研究，我们知道，从绍兴末年至孝宗淳熙末年这段时间，农民和普通雇佣工人的名义工资和实质工资实际呈下降趋势。关于这一点，我将在后文"南宋中期的消费"部分详论。在这种情况下盐价的提高对普通劳动者的生活消费影响很大。）

造纸业、印刷业、刻书业与消费

纸币大量印行的连带效应。活字印刷付诸实用。铜版雕刻用于纸币印刷。书成为全国性商品。通俗文化消费需求明显扩大，以版画为例。

南宋孝宗朝之后，由于市场上铜铁钱严重不足，同时政府财政压力增大，造成了对会子、交子的大量需求，南宋政府增加了印刷发行量。这些纸币是用楮纸来印刷的。纸币需求量的增大，间接促进了造纸业的发展。不过，大量发行纸币却没有给老百姓带来什么利益，造成的只是物价飞涨，生活消费水平极大降低。

南宋中期印刷业发展中特别值得一提的是，毕昇发明的活字印刷术已经得到了实际的运用。漆侠在其著作中专门提到黄宽重在《论南宋活字印刷史料及其有关问题》一文中引周必大《周益国文忠公集》卷一九八《程元成给事》中的记载，确证了在南宋淳熙、绍熙年间，活字印刷得到了实际应用。黄宽重引

---

① 漆侠《中国经济通史·宋代经济卷》，第 977 页。

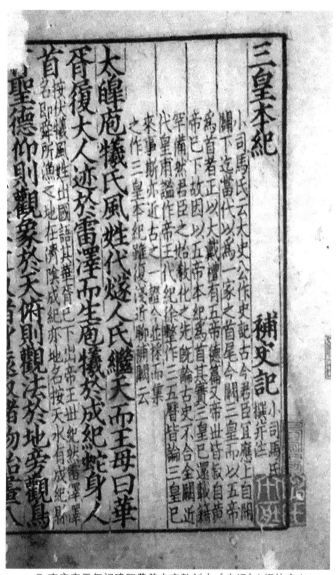

⊙ 南宋庆元年间建阳黄善夫家塾刻本《史记》（柳体字）

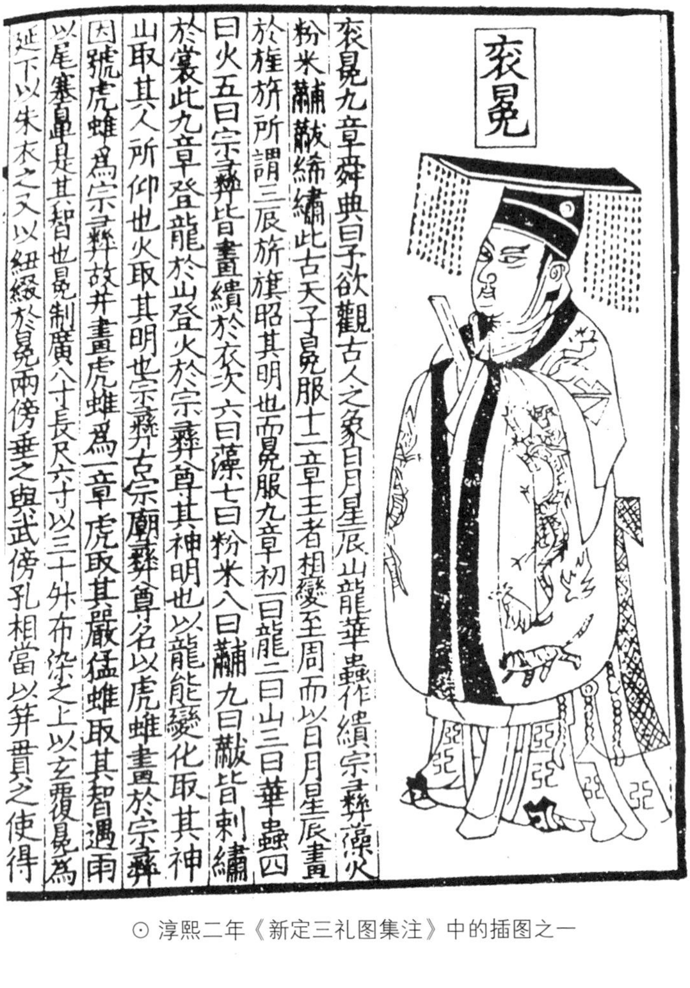

衮冕九章舜典曰予欲觀古人之象日月星辰山龍華蟲作繢宗彝藻火
粉米黼黻絺繡此古天子冕服十二章王者相變至周而以日月星辰畫
於旌旂所謂三辰旂旗昭其明也而冕服九章初一曰龍二曰山三曰華蟲四
曰火五曰宗彝皆畫繢於衣次六曰藻七曰粉米八曰黼九曰黻皆刺繡
於裳此九章登龍於山登火於宗彝尊其神明也以龍能變化取其神
山取其人所仰也火取其明也宗彝古宗廟彝尊名以虎蜼畫於宗彝
因號虎蜼爲宗彝故并畫虎蜼爲一章虎取其嚴猛蜼取其智遇雨
以尾塞鼻是其智也冕制廣八寸長尺六寸以三十升布染之上以玄覆冕爲
延下以朱衣之又以紐綴於冕兩傍垂之與武傍孔相當以笄貫之使得

⊙ 淳熙二年《新定三礼图集注》中的插图之一

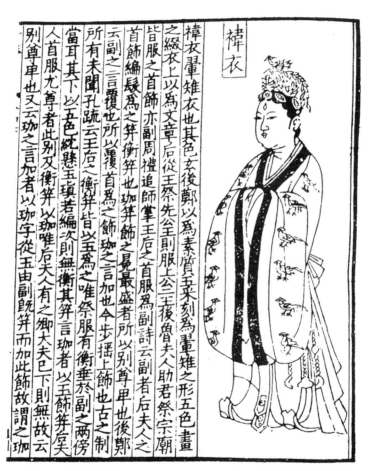

⊙ 淳熙二年《新定三礼图集注》中的插图之二

441

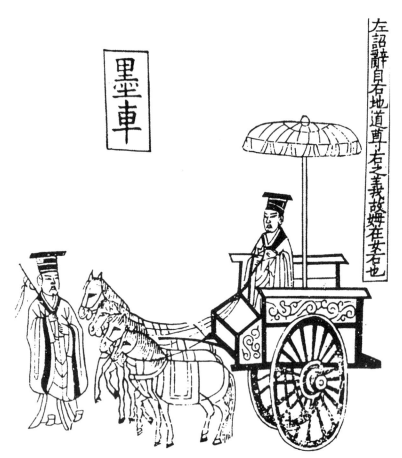

墨車

左詔辭見右地道尊右之義故婦在夫右也

⊙ 淳熙二年《新定三礼图集注》中的插图之三

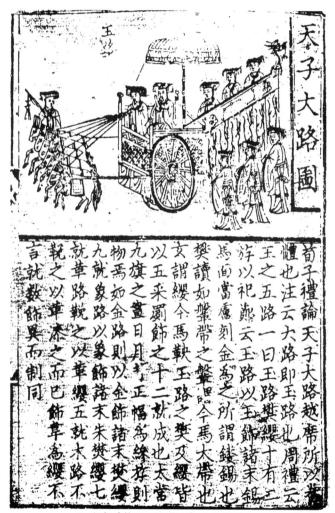

⊙ 南宋《纂图互注荀子》中的插图之一

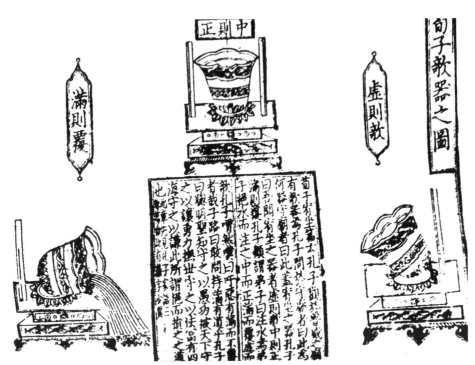

⊙《纂图互注荀子》中的插图之二

《程元成给事》文"近用沈存中（即沈括）法，以胶泥铜板移换摹印今日偶成《玉堂杂记》二十八事，首恩台览"。[①]

南宋中期，在广泛应用木版雕刻的同时，铜版雕刻开始应用在纸币印刷上面。但是，那时由于铜产量有限，因此，铜版雕刻除印制纸币之外，应用范围还不是很广泛。孝宗时，陈良祐上言陈滥印滥行纸币的危害，请求皇帝捐出内府的财物来解救百姓的急难。孝宗说"朕积财何用，能散可也"，于是"慨然发内府白金数万两收换会子，收铜版勿造，军民翕然"。[②] 由此可见，在孝宗朝时，铜版雕刻已经被用于纸币印刷。

杭州、婺州、苏州、饶州、抚州、吉州等是南宋中期的刻书业中心。建州（建阳）刻印的书籍在南宋中期已经"无远不至，而学于县之学者，乃以无书可读为恨"。[③] 据此我们可以推知，南宋中期市场对于书籍的需求很大，同时，书籍已经作为商品在全国各地流通。

与雕版印刷相伴成长的是版画的发展。南宋中期，人们对通俗文化的消费需求进一步加强。当时，除了传统的佛画，书籍中开始大量出现与人们生活息息相关的版画题材，这正是对通俗文化的消费需求进一步扩大的具体表现。保存至今的南宋中期的版画作品主要有《新定三礼图集注》（南宋淳熙二年，1175，二十卷，宋聂崇义撰，镇江府学刻公文纸本）中的插图，这些插图内容包括衮冕、袆衣、墨车、信圭、躬圭、谷璧、蒲璧、柳车等图样；有《尚书图》（绍熙前后建阳刊本，一卷，图七十七幅，内有乐器等图）；有佛道书《天竺灵鉴》（嘉定年间，1208—1224）中的插图，该书上图下文；有经折装《大字妙法莲华经》中的插图（庆元年间，1195—1200）；有《妙法莲华经》中的插图（庆元年间，1195—1200）；有《纂图互注荀子》（南宋，约1210年刊本，二十卷，战国荀况撰，唐杨倞注）中的卷首插图三幅；有《经史证类备急本草》（嘉定

---

① 漆侠《中国经济通史·宋代经济卷》，第803—804页。
② 《宋史》卷三八八《陈良祐传》。
③ 《庵晦集》卷七八《建宁府建阳县学藏书记》。

四年，1211，刘甲刻本）中的插图；有《东家杂记》（南宋中叶补版，二卷，宋孔传撰，衢州刊本）中的孔子登杏坛抚琴图；有《佛国禅师文殊指南图赞》（南宋，约1210年，临安贾官人经书铺刊本，藏日本京都国立博物馆）中的插图，该书每页半图半文，图所占篇幅很大；[①]此外，还有《妙法莲华经》扉页画[②]（南宋，1210年前后，临安府贾官人经书铺刊本，框高18.1厘米，宽40.5厘米，五折，左下角刊署"凌璋刀"，刀为雕刻代称；另有临安府王八郎经书铺刊本，刻工处署"沈敦刀"，两本均为武林版画）、嘉定三年（1210）所刻印的楼璹的《耕织图》等。这些版画，或满足人们的宗教需要，或满足人们的日用需要，深受人们的喜爱。显然，版画的大发展是与雕版手工业的发展分不开的。

通过对以上几个手工业部门的分析，我们可以推知，尽管矿冶业、军器业在南宋中期规模有些缩小，但是并不能推出南宋中期手工业处于衰退之中的结论。

3. 商业与消费

商业发达。腐败与苛取影响商业健康发展与人民生活消费。商业信用制度使富裕阶层成为最大的受益者。

商业交通、贸易与消费

海外贸易输入更多的物资。对海外贸易的支持与保护。对海商剥剥苛取的加剧及海外贸易的局部衰退。放免商税与贪吏苛取的并存。对消费的影响。

---

① 以上提到的版画在《新编中国版画史图录》一书中有图版。参见周心慧主编《新编中国版画史图录》（第二册）。《新定三礼图集注》中的插图，图见该图录第58—62页；《尚书图》，图见该图录第63页；佛道书《天竺灵鉴》中的插图，图见该图录第64、65页；经折装《大字妙法莲华经》中的插图，图见该图录第66页；《妙法莲华经》中的插图，图见该图录第67、68页；《纂图互注荀子》中的卷首插图，图见该图录第71、72页；《经史证类备急本草》中的插图，图见该图录第73页；《东家杂记》中的孔子登杏坛抚琴图，图见该图录第76页；《佛国禅师文殊指南图赞》中的插图，图见该图录第77—80页。

② 《中国版画史图录》一书中有图版。参见周芜编《中国版画史图录》（上），第22—23页。

　　南宋的两广、福建、江浙等沿海州郡，是海外贸易非常发达的地方，海上商船频繁往来这些地方，每年都为中国输入很多物资，其中更以奢侈品为主，大大满足了南宋宗室、官僚们的需求。

　　南宋中期，南宋政府通过海外贸易获得的各类物资日益增多，大多数物资都运往了行在临安。《宋史》记载："旧法，细色纲龙脑、珠之类，每一纲五千两，其余犀象、紫矿、乳檀香之类，为粗色，每纲一万斤。凡起一纲，遣衙前一名部送，支脚乘赡家钱一百余缗。大观以后，张大其数，象犀、紫矿皆作细色起发，以旧日一纲分为三十二纲，多费脚乘赡家钱三千余贯。至于乾道七年（1171），诏广南起发粗色香药物货，每纲二万斤，加耗六百斤，依旧支破水脚钱一千六百六十二贯有奇。"① 从史载来看，北宋政府后期对于奢侈品的需求猛增，以至对于奢侈品及稀有之物的纲运到了"大观以后，张大其数"。由当时一纲分为三十二纲且支付脚乘赡家钱大量增多来看，当时的每纲分为多纲的主要原因是舶来物资总量增大，而不是简单的运输方法的变化。而到了南宋乾道七年，粗色纲每纲也达到了两万斤，可见南宋中期通过海外贸易获得物资进一步增多了。孝宗淳熙二年（1175），户部言："福建、广南市舶司粗细物货，并以五万斤为一全纲。"② 在分纲的基础上，全纲货物量的增加，说明了南宋中期通过海外贸易所获得的物资处于持续增长中。

　　宁宗嘉定中，苏州昆山县的黄姚税场"系二广、福建、温、台、明、越等郡大商海船辐辏之地……每月南货商税动以万计"，③ 其时海外贸易的繁荣由此也可见一斑。

　　南宋政府对海外贸易继续采取支持与保护的政策。比如，乾道三年（1167），"诏广南、两浙市舶司所发舟还，因风水不便，船破樯坏者，即不得抽解"。④ 当时的南宋政府能够根据实际情况调整规定，对遇到灾害的商船不做抽解。另

---

① 《宋史》卷一八六《食货志·互市舶法》。
② 《宋史》卷一八六《食货志·互市舶法》。
③ 参见《宋会要辑稿》，食货一八之二九。
④ 《宋史》卷一八六《食货志·互市舶法》。

外，南宋政府还通过防止和惩罚官员违规违法来保护外商的利益。比如，乾道七年（1171），"诏见任官以钱附纲首商旅过蕃买物者有罚，舶至除抽解和买，违法抑买者，许蕃商越诉，计赃罪之"。① 根据这条史载，我们一方面可以知道，当时南宋政府为了保护外商利益是采取了一些办法的。但是，我们同时也可推知，当时的向奢之风已经比较普遍。有些官员为了获取海外珍奇，满足自己的奢侈消费，常做一些私下买卖和强制购买的事情。

然而，有些史载也显示，自南宋中期开始，有些地方的海外贸易已经出现衰退迹象。比如，南宋前期，泉州港岁收市舶税百万贯左右，到了宁宗嘉定年间，真德秀在任日"舶税收犹十万余贯"。② 泉州贸易税收下降，主要原因之一是当地官府对海外商人盘剥太过。宁宗嘉定二年（1209），有臣僚说："泉广舶司，日来蕃商寖少，皆缘剋剥太过。既已抽分、和市，提举监官与州税务又复额外抽解、和买。"③ 由此可见，海外贸易受政策及政策执行情况的影响比较大，由于南宋绍兴年间支持对外贸易的各种措施至南宋中期已经不能很好地贯彻执行，直接影响了当时泉州的对外贸易收入。

在宁宗之前的孝宗朝，已经出现过抽解、和买太多的问题。根据《宋史》记载，孝宗隆兴二年（1164），就有大臣注意到这一问题，进言说："熙宁初（1068），立市舶以通物货。旧法抽解有定数，而取之不苟，输税宽其期，而使之待价，怀远之意实寓焉。迩来抽解既多，又迫使之输，致货滞而价减。择其良者，如犀角、象齿十分抽二，又博买四分；珠十分抽一，又博买六分。舶户惧抽买数多，止贩粗色杂货。若象齿、珠犀比他货至重，乞十分抽一，更不博买。"④ 《文献通考》的记载显示，《宋史》其实将事情发展的两个阶段合成一个事实。《文献通考》记载："隆兴二年臣僚言：'熙宁初，创立市舶以通货物。旧法抽解有定数，而取之不苟，纳税宽其期，而使之待价，怀远之意实寓

---

① 《宋史》卷一八六《食货志·互市舶法》。
② 《西山文集》卷一五《申尚书省乞拨降度牒添助宗子请给》。
③ 《宋会要辑稿》，食货三八之二四。
④ 《宋史》卷一八六《食货志·互市舶法》。

焉。近来抽解名色既多，兼迫其输纳，使之货滞而价减，所得无几。恐商旅不行，乞下市舶司约束。'从之。"① 但是，在这条进言被采纳后，问题似乎没有解决，"既而市舶司条具利害，谓抽解旧法十五取一，其后十取其一，又后择其良者，如犀牙十分抽二，又博买四分；真珠十分抽一，又博买六分。舶户惧抽买数多，所贩止是粗色杂物。照得象牙、珠犀比他货至重，乞十分抽一外，更不博买"。② 虽然两处记录不太一样，从史载可以看到，当时南宋政府主要的消费欲望还是在象齿、珠犀等奢侈品方面。为了获得更多的奢侈品，南宋政府抽解无定数，致使舶户惧怕抽买数多而只是贩卖粗色杂货。当时大臣意识到这将有损于海外贸易的发展，也将影响到南宋政府对奢侈品的需求，因而提出了应对措施。《宋史》里记载的那条进言后面，没有记"从之"之类的内容。但是，《文献通考》中的记载说明大臣的第一条进言已被采纳。《宋史》那条记载的后半部分其实是《文献通考》中所记载的后一条进言。这第二条进言其实说明了一个问题，即第一条进言虽然被皇帝采纳，但是问题并没有解决。因此，《宋史》中将事情发展的两个阶段记成是大臣的一次进言，而进言的文字后不写"从之"，正好和事情实际的结果是一致的，所以这种合并，也算基本符合历史事实。相比之下，《文献通考》的记录则更加精确，说明了抽解额度问题的波折，即在大臣提出意见并下诏进行约束之后，依然出现了高额变相的抽解以及和买。宁宗嘉定年间臣僚所说的"剥剥太过"，可能正是南宋政府对奢侈品和高额利益贪得无厌所造成的后果，而且极可能正是由于孝宗朝对抽解无定数的放纵态度，才导致进口商品的税收状况在局部地区进一步恶化。

为了保证物资的供给，宋政府常常对商税进行减免。商税主要有过税、住税两种，过税按照商货价值征收，是商品流通税，"每千钱算二十"，③ 就是说过税额为2%；住税是商品交易税，"每千钱算三十"，④ 就是说住税额为3%，（当

---

① 《文献通考》卷二〇《市籴考一》。
② 《文献通考》卷二〇《市籴考二》。
③ 《文献通考》卷一四《征榷考一》。
④ 《文献通考》卷一四《征榷考一》。

然，这只不过是个大概的标准，实际上在具体执行中并无定制，征收商税的名物也常因地制宜，不尽相同。这亦为吏员腐败大开方便之门。）此外，还有船舟税，叫作"力胜税"。按照《宋会要辑稿》中的记载，"力胜税"是根据船舟运载量收取的，"计所载之多寡，以税其舟"。①"力胜税"是一种"花税"，按照《宋会要辑稿》中的说法，花税者，是"以无为有"。"力胜税"显然属于无中生有之税种。也许，正因滥加花税所造成的商业受滞已经到了难以承受之地步，南宋中期商税减免便成了常有之事。《宋史》记载："孝宗继志，凡高宗省罢之未尽者，悉推行之；又以临安府物价未平，免淳熙七年（1180）税一年。光、宁以降，亦屡与放免商税，或一年，或五月，或三月。凡遇火，放免竹木之税亦然。光、宁嗣服，诸郡税额皆累有放免。"②从遇火灾时放免竹木之税则可见，宋时政府对于市场的干涉机制已经比较成熟。不过，在南宋中后期，放免商税的效果常因吏治昏暗而被湮没。《宋史》记载："然当是时，虽宽大之旨屡颁，关市之征迭放，而贪吏并缘，苛取百出。私立税场，算及缗钱、斗米、束薪、菜茹之属，擅用稽察措置，添置专栏收敛。虚市有税，空舟有税，以食米为酒米，以衣服为布帛，皆有税。遇士大夫行李则搜囊发箧，目以兴贩。甚者贫民贸易琐细于村落，指为漏税，辄加以罪。空身行旅，亦白取百金，方纡路避之，则栏截叫呼；或有货物，则抽分给赏，断罪倍输，倒囊而归矣。闻者咨嗟，指为大小法场，与斯民相刃相劘，不啻仇敌，而其弊有不可胜言矣。"③由此可见，前文提到的南宋中后期政府加大了对海外贸易的抽解、和买绝非偶然。其时，由于吏治腐败，对于商业贸易滥加税收的情况已经比较普遍。而对于斗米、束薪、菜茹之类的基本生活消费品滥加税收，则无疑将大幅度提升人民的生活成本，且可能导致物价攀升，严重影响人民的生活消费水平。

---

① 《宋会要辑稿》，食货一八之一五。
② 《宋史》卷一八六《食货志·商税》。
③ 《宋史》卷一八六《食货志·商税》。

商业、人民的生活消费与王朝盛衰

　　剜剥苛取与腐败的恶果。南宋政权苟延残喘的部分原因。蒙古对商业的保护及南宋的命运。

　　剜剥苛取往往与官吏腐败问题纠缠在一起。这两株毒草藤蔓相连，盘根错节，严重打击了商人从事贸易的积极性与人民从事各种生产经营的积极性，使统一市场内部出现分裂的隐患。税收能力本是统治力量的重要表征，但是，当苛政与腐败如毒药一般侵蚀包括税收机制在内的各种统治机制之后，混乱的税收和统治手段反过来却成为中央集权被削弱的信号。各地商人、四方百姓本来可以从只剩下半壁江山却依然保持统一面貌的南宋王朝中获益，但是，至南宋中期，情况却发生了变化，官吏剜剥太过使得生产经营与商业贸易的"规模效应"被大大抵消，商人逐利的本性又使生产经营与商业贸易成本向消费者身上转移。结果，不论是商人，还是普通老百姓，无不怨声载道，甚至对统治中枢及其各级统治机构的统治能力与动机产生怀疑。

　　不过，南宋王朝在这种状况之中为什么又能苟延残喘到1279年呢？要回答这个问题，我们就不能忽视另一种力量。这种力量，既可以看作是来自于自然之力，也可以看作是来自于天下的百姓。实际上，中国地理与气候所造成的影响，一直使中央集权有其特殊的存在价值。在南宋中期，尤其是在光宗宁宗朝，自然灾害依然非常频繁。在赈灾、兴修水利等方面，强大的中枢使得中央集权的独特优势得以充分的发挥。以水灾为例，根据《宋史》的记载，我做了一个简单的统计：在南宋高宗朝36年中（1127—1162），发生过大小水灾的有16年，发生水灾年数占高宗朝统治年数的44%；在南宋孝宗光宗宁宗朝62年中，发生过大小水灾的有50年，发生水灾年数占孝宗光宗宁宗统治年数的81%，几乎是年年都有水灾；在理宗朝至帝昺时期的57年中，发生过大小水灾的有16年，发生水灾年数占理宗朝至帝昺时期的28%。[①]我们不排除南

――――――――――
　　① 参见《宋史》卷六一《五行志·水上》。

宋后期由于局势混乱，对水灾的史载有缺失的可能。但是，毫无疑问的是，在整个南宋时期，南宋中期是水灾最频繁的时期。频繁的灾难无疑会严重影响着生产经营、商业贸易和百姓的生活消费。不论在哪个时代，普天下的百姓出于生存的本能和获得更好的生活的希望，总会倾向于支持可以依赖的政权。在自然灾害面前，一个大国采取中央集权的统治方式，最有利于调动与协调各种力量来应对灾难。依赖一个强大的中枢进行领导，各地也更容易形成对付自然灾害的力量。在《宋会要辑稿》中，有关赈贷、恤灾的记载是非常可观的。有关赈贷的记载分布于食货五七之一至食货五八之三四、食货六八之二八至一一一；有关恤灾的记载分布于食货五九之一至五二、食货六八之一一二至一二七。有关赈贷、恤灾的记载可谓长篇累牍，由此可知，宋王朝对于灾害的赈恤是非常重视的。这应该也是南宋王朝可以在积贫积弱中继续存在的一个重要因素。

中央集权也在应对外部战争压力方面有一定的组织方面的便利。南宋中期频发的水灾等自然灾害以及长期的战争压力，使得内部出现腐败、统治机制日趋混乱的南宋王朝依然保持着一定的历史生命力。不过，在宁宗之后的半个世纪内，政治腐败、生产力的严重破坏、民心的逐渐丧失所造成的破坏力，最终超过了一定限度，使南宋王朝不可能再通过对付自然灾害与战争的压力来维持内部的团结。官吏腐败、人民生产积极性下降、生产力遭到破坏等种种负面因素，最终与自然灾害、残酷的战争等因素混合在一起，将南宋王朝逐步推向衰亡。

到了南宋中后期，当南宋王朝的商人和百姓正遭受更加沉重的剥削之时，在南宋王朝的北方，有一股力量正在逐渐壮大，并且日益表现出一股统一天下的决心与气魄。1206 年，当南宋王朝走向衰退的时候，草原上的人们在斡难河源召开了一次大会（或称为库里勒台），全体突厥和蒙古部落推举铁木真为至高无上的汗，即成吉思汗。他已经逐渐成为全体突厥和蒙古部落的保护神。远距离的商旅由于他和他的继任者的保护，逐渐发展起来。商旅受到保护，商业获得发展，并不仅仅促使财富大量增加，还在时人的心中创造了一种天下归一的印象，尽管这个过程伴随着杀戮与血腥。1218 年，成吉思汗甚至为了保护商旅通道而发动了对花剌子模的战争。当时，一支来自蒙古帝国的商队（商队成员中有蒙古使者兀忽纳）在锡尔河中游的花剌子模边境城市讹答剌遭到劫掠，商队中有一百名左右的成员被花剌子模总督亦纳乞克处死。[①]《元史》中对这一事件的记载是："西域杀使者，帝率师亲征，取讹答剌城，擒其酋哈只儿·只兰秃。"[②] 哈只儿·只兰秃即是花剌子模总督亦纳乞克。成吉思汗开疆拓土，逐渐增加自己统治下的人民的数量，在南宋王朝的北方逐渐壮大。成吉思汗通过血腥征伐统一草原的这一发展趋势，似乎正暗合了草原上的民心。草原上的人们显然也希望草原部落之间的血腥战争能够尽早结束。《草原帝国》的作者勒内·格鲁塞甚至有些夸张地写道："由于把所有突厥—蒙古民族统一于一个唯一的帝国之中，由于在从中国到里海的范围内强行贯彻铁的纪律，成吉思汗平息了无休止的内战，为商旅们提供了前所未有的安全。"[③] 成吉思汗的草原帝国纪律苛严，全力保护商旅，同一时期的南宋王朝却是官吏腐败，对商人百姓剋剥苛取，将两者相比，这两个王朝在此后半个世纪中的胜负似乎早已注定。历史的逻辑在王朝盛衰规律这一大命题上，表现得冷酷无情而又似乎合情合理。对于天下的普通百姓来说，道理则简单明了，如果统治力量无法保证天下之人和平安定的生存，如果天下人的生活消费无法获得保障，这种统治力量就不再值得信任与依赖了。

商业城市与消费

南宋中期杭州城的扩展。杭州的人口。人口增长与财富积累造就城市消费的兴旺。

杭州城在南宋孝宗朝中期得到了很快的发展。《咸淳临安志》卷一九记载："乾道三年（1167）四月二十日，臣僚奏请：城东西户繁夥，警逻稀疏，时城西门将仕家被劫，遂有此奏。乞置巡检使二员措置盗贼，仍各差军兵。从之。"于

---

① 参见勒内·格鲁塞《草原帝国》，商务印书馆，1998 年，第 304 页。
② 《元史》卷一《太祖铁木真本纪》。
③ 勒内·格鲁塞《草原帝国》，第 322 页。

是，在乾道三年，城外又增设了东厢与西厢，各设立都巡检使司。这说明当时临安于二十六年前向南北延伸之后，其东西市区的宽度也增大了。但是，很显然，由于受到地形限制，临安市区的延伸主要发生在南北方向。从当时行政隶属方面看，西厢隶属于城北右厢，而东厢隶属于城南左厢。

杭州城在绍熙年间的人口数可从《建炎以来朝野杂记》的记载大致推出。《建炎以来朝野杂记》卷一七《财赋四·丰储仓》记："今关外亦积粮一百万斛有奇，然行在岁费粮四百五十万斛余。"李心传所谓"今"，乃是绍熙年间（1190—1195），此据其随后说"自乙酉休兵（乾道元年，1165）至今，近四十年矣"推知。以宋人口粮宋量 1 升计，年费 450 万斛粮食分摊至每日，大约日费粮 123 万升。以此知当时杭城人口大约 123 万左右。

杭州南左厢要比北右厢发展得快。《攻媿集》卷九〇《薛居宝行状》说："主管临安府城南左厢公事，南厢户口十四万，最为繁剧。"宁宗嘉定十一年（1218）六月，郑湜作《城南厢厅壁记》时说："今治平，中外绥靖，众大之区，编户日繁，南厢四十万，视北厢为倍。"[1] 赵冈、陈钟毅认为这两处记载中的数字单位是宋朝编户标准单位——口（学界一般认为是男丁数目），并据此估算南北厢 60 万口约合 150 万人，"也就是说，在 1220 年左右，临安全盛期的人口是 250 万人，城内约百万，城外郊区约 150 万"。[2]（历来学者对于临安罗城内人口数目估计的差距不大，大多认为是约 100 万人。）

笔者同意赵冈、陈钟毅认为当时临安南北厢人口是 60 万口的看法，但是对于 60 万口约合 150 万人有点不同意见。根据《文献通考》的记载，笔者计算出宋朝宁宗嘉定十六年（1223）"口"数与"户"数的比值是 2.24。（宋朝每个具体时期的"口"数、"户"数及"口"数与"户"数的比值见表 40。）据此笔者推算当时 60 万口相当于约 26.8 万户，再根据每户平均人口 5~7 人计算，

① 《薛居宝行状》、《城南厢厅壁记》记载转引自赵冈、陈钟毅《中国经济制度史论》，第 326 页。按：影印文津阁四库全书版《攻媿集》卷九〇中《薛居宝行状》标题名为《直秘阁知扬州薛公行状》，其中言南厢户口十四万，"最为剧繁"。

② 赵冈、陈钟毅《中国经济制度史论》，第 326 页。

可推知当时临安南北厢人口大约为 134 万 ~188 万（不含罗城内人口）。

表 40　宋朝每个阶段的"口"数、"户"数及"口"数与"户"数的比值[①]

时间	户	口	口与户的比值	口与户的比值的平均值
太祖建隆元年（960）	967,353			
平荆南得	142,300			
平湖南得	97,388			
平蜀得	534,029			
平广南得	170,263			2.08（不计理宗景定五年数据，太祖太宗朝缺"口"的数据）
平江南得	655,065			
开宝九年（976）	3,090,504			
太宗至道三年（997）	4,132,576			
真宗天禧五年（1021）	8,677,677	19,930,320	2.30	
仁宗庆历七年（1047）	10,162,689	26,054,238	2.56	
庆历八年（1048）	10,723,695	21,830,064	2.04	
嘉祐八年（1063）	12,462,317	26,421,651	2.12	
英宗治平三年（1066）	12,917,221	29,092,185	2.25	
神宗熙宁八年（1075）	15,684,529	23,807,165	1.52	
元丰六年（1083）	17,211,713	24,969,300	1.45	
哲宗元祐六年（1091）	18,655,093	41,492,311	2.22	
元符二年（1099）	19,715,555	43,411,606	2.20	2.09*（计入景定五年数据，太祖太宗朝缺"口"的数据）
徽宗崇宁元年（1102）	20,019,050	43,820,769[①]	2.19	
高宗绍兴三十年（1160）	11,375,733	19,229,008	1.69	
孝宗乾道二年（1166）	12,335,450	25,378,684	2.06	
光宗绍熙四年（1193）	12,302873,	27,845,085	2.26	
宁宗嘉定十六年（1223）	12,670,801	28,320,085	2.24	
景定五年（1264）	5,696,989	13,026,532	2.29	

①　表中"户"与"口"的数据主要源自《文献通考》卷一一《户口考二》。其中，景定五年数据源自《续文献通考》卷一二《户口考一》。《续文献通考》卷一二《户口考一》载："景定五年时度宗已即位，两浙、江东西、湖南北、广东西、福建、成都、京西、潼川、夔利路户五百六十九万六千九百八十九，口一千三百二万六千五百三十二。"口与户的比值、口与户的比值的平均值为笔者计算。

赵冈、陈钟毅还估算出南宋宁宗嘉定十六年（1223）南宋辖区内大约有1267万户，其中首都临安45万户，市镇（人口超过两千者）20万户，并据此估算出当时的首都人口占全部人口的比例为3.55%，市镇人口占全部人口的比例为1.58%，全部城市人口占全部人口的比例为21.06%。[②] 这个城市人口的比例是赵冈、陈钟毅根据户数比例算出的，因此即使对每户平均人口的看法不同，对这个比例的计算也没有大的影响。

虽然学者们对宁宗嘉定时期的临安罗城加上南北厢总人口（东西厢行政隶属于南北厢）的估算很不同（日本学者加藤繁的估算是150万人，池田静夫的估算是450万人，赵冈、陈钟毅的估算是250万人，笔者的估算为234万至288万人），但是有一个事实是可以肯定的：临安城市人口从南宋初期至南宋中后期一直处于高速增长状态。人口的增长为城市消费的兴旺提供了最重要的基础性条件。在人口增长了的城市中，特权阶层拥有巨大的财富，进行着奢华的消费。他们的消费行为，被城市普通市民所模仿追随，从而造成了城市消费的一片繁荣局面。

4. 货币与消费

货币的流通。商业信用制度的发展。银被更多地纳入岁课项目。对农民消费力的影响。

南渡后，宋朝廷在靠近金的边防地区大量屯兵，每月军费五十万，大多是用现钱支付的。在与金比邻地区，民间交易依然存在，因此铜钱大量流入北部的金统治区。南宋朝廷意识到铜钱大量流失，于是在孝宗乾道二年（1166）下令靠近金的地区都使用铁钱。因此，在原来不通行铁钱的江淮地区，铁钱也开

---

① 因宋代的"口"一般指男丁，因此笔者认为，若按"户"数，每"户"5至7人算，南宋人口最多时（徽宗崇宁时期）的人口总数估计为1亿至1.4亿。

② 参见赵冈、陈钟毅《中国经济制度史论》，第328页。

始流行起来。

在会子、交子发行诸路的同时，南宋政府对于银的依赖也大大增强。由于每年需要向契丹支付岁币三十万两，其他支出又大量用银，因此宋朝廷岁课中银的比例增大，银的使用渐多，逐渐与缗钱一同作为法币使用。正如李剑农先生指出："盖宋为由'现币交换'转入'信用交换'之过渡时期，交换媒介之重心，已渐向各种信用证券上转移，而信用证券所能权衡之现物，非但盐茶粟米及诸舶来品商品，即缗钱亦与金银并受其权衡，前此缗钱所独占之法币地位，因之不能维持。……其地位且将由银取而代之也。而促成此取代之势者，则为信用证券中之交钞……"[①]笔者是认同这一观点的。就消费问题而言，南宋中期信用制度的发展，虽然也给会子、交子的滥印滥发埋下伏笔，但不可否认的是，信用制度的发展及其具体表现之———交子的出现，对于社会消费实有刺激之作用。但是，另一方面，由于银逐渐成为法定货币并且被更多地纳入岁课项目，处于社会低层的被剥削者的消费力又由此受到抑制。

银属于贵金属，相对稀少，所以农民以出售粮食换取银来缴纳赋税，实际上是贱卖粮食高价收银，农民的利益受到损害。南宋时期有良知有见识的官员也早已看清了这一点。光宗绍熙元年（1190），有大臣言："古者赋租出于民之所有，不强其所无。今之为绢者，一倍折而为钱，再倍折而为银。银愈贵，钱愈艰得，谷愈不可售，使民贱粜而贵折，则大熟之岁反为民害。"[②]因此，南宋时期，农民的购买力和消费能力其实是受到课银的抑制的。朝廷由于是规则的制定者，又是银最大的拥有者，因此在银货币地位确立的过程中，朝廷其实是使民间的一部分消费能力在课银过程中实现了转移——朝廷和民间富贵阶层就是这一部分被转移的消费力的受益者。财富越来越集中于朝廷和富贵阶层，同时生产所得的物产也越来越容易被他们所占有和消费。而对于农民和穷人来说，他们一方面贱卖他们的生产所得换取具有法币地位的银用以交纳赋税，一

---

① 李剑农《中国古代经济史稿》，第633—634页。
② 《宋史》卷一七四《食货志·赋税》。

方面由于在交换中利益受到损害而使自身消费力、购买力逐渐减弱。此外，朝廷作为纸币（会子、交子之类）的发行者，又由于缺乏本金，实际上是将一部分不存在的购买力以信用形式转化为消费力；而这部分消费力之所以能够得以实现，则是以伤害民力、削弱民间消费力为代价的。因此，实际上，因信用制度的发展而在消费上受益最大的是统治阶级和富裕阶层。

（三）影响消费之舆服制度与社会风尚因素

　　舆服管制日趋严厉。孝宗朝后期宫廷奢侈之风对民间的影响。朱熹制定礼仪服装制度。宁宗朝消费风尚的变化。

经过南渡初年的社会混乱以及绍兴中后期的经济恢复，至南宋中期孝宗朝前期时，社会生产实进一步获得了发展，商品经济也日益繁荣，社会规范亦逐渐恢复，南宋政府对于舆服的管制也日趋严厉。

乾道初年，礼部侍郎王晞上奏说："窃见近日士大夫皆服凉衫，甚非美观，而以交际、居官、临民，纯素可憎，有似凶服。陛下方奉两宫，所宜革之。且紫衫之设以从戎，故为之禁，而人情趋简便，靡而至此。文武并用，本不偏废，朝章之外，宜有便衣，仍存紫衫，未害大体。"[1]看来，社会刚刚稳定，生产刚刚恢复，南宋的卫道士们便迫不及待地要使统治阶级与平民百姓明显区别开来，以维护特权者的身份。所以，王晞会说凉衫"甚非美观"，而且在交际和与平民百姓接触时"纯素可憎"，甚至说它像是丧服。对于紫衫的态度，王晞并不反对将其用作便衣。他的看法则暴露出实用主义消费观念在当时已经具有一定影响。〔关于"靡而至此"一句，有人解为"侈靡到如此地步"。但是，如果结合此句之前的"而人情趋简便"理解，这样的解释语意上就显得有些矛盾了，因为"简便"一般情况下并不至于导致奢侈。笔者以为，"靡而至此"一句中的"靡"应作"退却"解。"靡"作该解时，原来用来指军队退却，这里可能

---

[1] 《宋史》卷一五三《舆服志五》。

是用其引申意。按照这一意思解释，"而人情趋简便，靡而至此"这句话的意思是，但是人情都趋向于贪图简便，（服装）也退化到这种简单的地步。这样语意才显得通顺。〕王晔的建议被孝宗认可了。于是，南宋政府只允许士大夫在道途中骑马的时候穿白色凉衫，其余的时候都禁止穿着。从此以后，凉衫只用作凶服。

淳熙二年（1175），孝宗在宣布中宫皇后的祭服形制时说："珠玉就用禁中旧物，所费不及五万，革弊当自宫禁始。"[①]孝宗接着问起民间风俗，大臣龚茂良上奏说："由贵近之家，仿效宫禁，以致流传民间。鬻簪珥者，必言内样。彼若知上崇尚淳朴，必观感而化矣。臣又闻中宫服浣濯之衣，数年不易。请宣示中外，仍敕有司严戢奢僭。"[②]由此看来，孝宗朝后期宫廷有奢侈消费的趋势，而且，宫廷的风尚通过贵族和近臣的模仿，再次影响了民间，因此出于维护统治之考虑，大臣龚茂良进言请求皇帝宣扬淳朴的风气。

淳熙年间，朱熹制定了祭祀、冠礼、婚礼的服装，朝廷采纳并向天下颁布。该制度规定：凡是士大夫之家，举行祭祀、冠礼、婚礼，都要备办盛装。有官者要备幞头、腰带、靴子、手持笏，进士要备幞头、襕衫、腰带，处士要备幞头、皂衫和腰带，无官者通用帽子、衫、腰带就可以了。不能置办以上服装者，穿深衣、凉衫也可以。有官但不能置办必要服装的人，除了不戴平民的帽子，其余的装束可以通行。妇女则要求戴假髻，穿大衣、长裙。女子已经出嫁为人妻的，要戴冠，穿背子（中衣）。众妾则结髻，穿中衣。[③]朱熹除了制定祭祀、冠礼、婚礼的服装，还制定了深衣的形制。他认为深衣应作为士大夫家举行冠礼、婚礼、祭祀、宴居、交际时穿用的服装。深衣用白细布制成，上衣下裳，"圆袂方领，曲裾黑缘"，穿戴时要佩戴大带、缁冠、幅巾、黑履。[④]

朱熹制定的一套礼仪着装制度，明显是为了维护封建等级制度，但是，在

---

① 《宋史》卷一五三《舆服志五》。
② 《宋史》卷一五三《舆服志五》。
③ 《宋史》卷一五三《舆服志五》。
④ 《宋史》卷一五三《舆服志五》。

⊙ 戴梁冠手持笏的宋代官员（宋《却座图》局部）

⊙ 挽发髻穿长裙的女人（宋《女孝经图》局部）

⊙ 穿褙子的女人（宋《歌乐图》局部）

具体规定方面也表现出了很强的实用主义色彩。这种对于现实的妥协，在一定程度上暴露出当时舆服制度的约束力已经大不如前。与以前相比，舆服制度已经更加不被民间所重视与严格遵守了。

宁宗在位前期，政治上还有些抱负，对奢侈消费也采取限制的态度。宁宗嘉泰初年，"以风俗侈靡，诏官民营建室屋，一遵制度，务从简朴。又以宫中金翠，燔之通衢，贵近之家，犯者必罚"。[①] 可惜的是，宁宗于在位后期政治上走向腐败，他前期推行的有关用度要从简的规定很快被弃之如敝屣。

（四）影响消费之广告因素

> 依然盛行的叫卖、吟唱、酒幌、招旗等。商号观念。铜镜兴衰说
> 明广告并不对需求起决定性作用。广告绢画的出现。

叫卖、吟唱形式的广告并不新鲜，至南宋中期依然如旧。实际上，这种近乎原始的促销方式，在自然经济时代具有特殊的作用。从农业经济中分离出来从事副业、手工业的人们在推销自己产品的时候，叫卖、吟唱的方法一直是成本最低也是最容易实现的。即使到今天，走街串巷的手艺人、修理工等小本生意人依然用叫卖、吟唱方式招徕生意；连都市中的一些许多沿街商店也依然以叫卖来吸引顾客。主要生活时间在南宋中期的范成大（1126—1193）在《元夕四首》之一诗中云："尚爱乡音醒病耳，隔墙时有卖饧人。"[②] 从此诗中"乡音"一词看，"卖饧声"不一定是吹箫声，也可以是叫卖声，因为如果只有吹箫声，就无所谓乡音一说了。另外，范成大在一篇诗序中写道："墙外卖药者九年无一日不过，吟唱之声甚适。雪中呼问之，家有十口，一日不出，即饥寒矣。"[③]（此段文亦被视为诗题，因文后之诗没有专门的标题。）

---

① 《宋史》卷一五三《舆服志五》。
② 《范石湖集》卷二五《元夕四首》。
③ 《范石湖集》卷三三《墙外卖药者九年无一日不过，吟唱之声甚适。雪中呼问之，家有十口，一日不出，即饥寒矣》。

⊙ 王叔边刊印书籍印本牌记

⊙ 眉山陈氏牌记

酒幌、招旗等传统的广告形式在南宋中期也很普遍。主要生活时间在南宋中期的洪迈（1123—1202）于《容斋续笔》中说："今都城与郡县酒务，及凡鬻酒之肆，皆揭大帘于外，以青白布数幅为之，微者随其高卑小大，村店或挂瓶瓢，标帘杆。唐人多咏于诗，然其制盖自古以然矣。"①洪迈所说的"酒帘"，应该和酒幌、招旗同属于一类广告形式。他所说的用"青白布数幅"来制作"酒帘"的方法，与北宋《清明上河图》中用青白布三幅并列制成招旗的方法非常类似，且唐代早已有之，因此 ++ 洪迈说"然其制盖自古以然"，这是一点也没有说错的。

由于商业竞争日趋激烈，南宋生意人的商号观念很强。南宋中期，刻书印书业很发达，有大量的书坊主刊印发行图书。书刊中的牌记到这个时候已经不是什么新鲜事物了。书坊主一般都会在书中加印牌记。比如，原籍钱塘（临安）的福建建安书坊主王叔边刊印书籍的印本牌记中有这样的文字："本家今将前后《汉书》精加校证，并写作大字锓板刊行，的无差错，收书英杰伏望炳察，钱塘王叔边谨咨。"该牌记随书刊印的时间大约是在 1150—1170 年间 ②（文字为笔者根据牌记图录出）。王叔边刊印的《后汉书》目录后有"今求到刘博士《东汉刊误》，续此书后印行"。③ 这一牌记内容，明显是在推销新书。眉山陈氏的牌记文则写道："眉山程舍人宅刊行，已申上司，不许复板。"这一牌记的刊印时间大约是 1190—1194 年间。④（文字为笔者根据牌记图录出。）眉山陈氏的这一牌记文强调了自己刊行的书籍已经申报有关部门批准，不得随便复印。这说明光宗年间，当时书坊主已经有了类似今天的版权观念。约 1208—1224 年间（即宁宗年间）的蔡纯父书籍牌记写道："建安蔡纯父刻梓于家塾。"⑤（文字为笔者根据牌记图录出。）这个牌记说明当时书刊刊刻在民间是比较普遍的，即使

① 《容斋续笔》卷一六《酒肆旗望》。

② 黄升民、丁俊杰、刘英华主编《中国广告图史》，第 87 页。

③ 转引自张金花《宋诗与宋代商业》，第 292 页。原书资料引自林申清编著《宋元书刻牌记图录》。

④ 黄升民、丁俊杰、刘英华主编《中国广告图史》，第 87 页。

⑤ 黄升民、丁俊杰、刘英华主编《中国广告图史》，第 87 页。

⊙ 蔡纯父书籍牌记

是家塾也可以刊刻。但是，家塾刊刻的牌记，功能重在记识，不重在广告。书籍牌记的普遍出现，从一个侧面说明南宋中期的书刊刻印业比较发达。而书刊刻印之发达，除了文化大繁荣、文化消费旺盛这种宏观的有利条件之外，书籍牌记于微观层面的促进之功也是不应被埋没的。

在宋代之前，产品上标出生产者名号的情况也是有的。到了南宋中期，这种现象变得更加普遍。不过，在产品上标出生产者名号的做法，作为一种市场竞争手段，与某一种特定产品本身的兴衰并无密切关联。下面以铜镜为例来说明这一点。至南宋中期，虽然政府大量从民间敛收铜器，但是民间制作铜器依然不少。铜镜是当时利用铜生产的耐用消费品之一。宋代铜镜通常叫作"照子"，宋代的铜镜常附有制镜作坊的广告性质的标记，如"湖州石念二叔清铜照子"、"成都龚家青铜照子"、"建康府范家炼铜照子记"等。[1] 我们可以看到，这几例有广告性质标记的铜镜都出品于南方城市。这几个宋代铜镜都有现存实物，属于宋代制品无疑，但是具体的制作年代则不明。《两朝纲目备要》卷五庆元三年（1197）闰六月甲戌条记载，南宋中期两浙湖州的铜器因制作精良，曾销往许多地方。笔者根据这一史料记载，推测"湖州石念二叔清铜照子"最有可能制作于南宋中期，故将该则材料放在此处。但笔者还不敢确认"湖州石念二叔清铜照子"一定是在南宋中期制作（这实有待进一步考证），因为铜镜的制作与消费古已有之。而且，铜镜附广告性质的标记并不始于宋代，唐代的铜镜上也有广告性质的铸铭。如在安徽合肥出土的一面唐代铜镜上就有"都省铜坊匠人李成"的铭文。更早一些，东汉至魏晋南北朝时期的铜镜上也有广告性质的铭文。有的铭文很长，多是吉祥语或给自己作坊做宣传的广告性质的铭文。比如，一面铜镜铸有："侯氏作镜大无伤，巧工刻之成文章，左右龙虎辟不祥，七子九孙居中央，夫妻相保日安兮。"再如，湖北宜昌出土的一面吴会稽铜镜，镜铭文为"鲍氏之作，子孙享迁"。[2] 铜镜在青铜器分类中，常被归为

---

① 杜逎松《古代铜镜文明》，《收藏》2008 年第 1 期。
② 杜逎松《古代铜镜文明》，《收藏》2008 年第 1 期。

⊙ 北宋铜镜上的缠枝花草

⊙ 宋代铜镜上的缠枝花草牡丹纹

⊙ 南宋杂剧《眼药酸》广告绢画局部

杂器类或生活用具，铜镜的衰落期是宋元时期。这说明，一种商品的兴衰主要决定于需求，而争夺消费者的商业性传播（如铜镜上附有制镜作坊的广告性质的标记）并不能对需求起决定性的影响作用。但是，我们可以看到，即使在某一产品走向衰落的时期，由于商品交易的需要，产品上广告性质的标记就有其存在的意义。另外，我们还可发现，宋代铜镜消费也有符号消费的表现。铜镜在宋代常以圆形、菱花形镜为最多，还有方形委角、亚字形、葵瓣形。有的圆形铜镜形体很大，纹饰以缠枝花草牡丹纹为主，也有双鱼、双凤以及海水舟纹。缠枝花草牡丹、双鱼、双凤等文饰已经不是单纯的文饰，而具有了符号性质。这些符号承载了当时人们对于美好与幸福的祈望。

就南宋的广告发展情况，还有一件值得关注的事是广告画的出现。"据有关材料记载，中国最早的广告画至少在南宋时期就已经出现，这是一幅从戏剧中演绎的推销'眼药酸'的广告"。[1] 宋代杂剧《眼药酸》的宣传绢画（北京故宫博物院藏）是一幅当时的广告画，画面上有两个身穿戏服的演员，一人扮演眼疾者，另一人扮演卖眼药者。卖眼药者身穿长袍，肋下挂一布囊，他的衣服和布囊上画满了巨大的眼睛。广告画的主题和形象可谓非常鲜明。据此前专家推测，该则广告画出现在南宋时期，更加具体的年代则暂时无法确定。笔者认为该广告画大概绘制于南宋中期。理由有四：其一，杂剧《眼药酸》广告画中患眼疾者所戴之头巾比较复杂，遍察《清明上河图》中各色人等，头巾形制都没有该眼疾者所戴之头巾复杂而讲究。《清明上河图》反映的是北宋后期汴京社会生活，据此可知《眼药酸》广告画作画年代应距北宋末年有些时日。其二，杂剧《眼药酸》广告画中两人的服饰都比较讲究，而南宋前期由于战争的原因，民间服饰相对趋于简单，因此该广告画不大可能在南宋初年。其三，即便是画中头巾、服装为杂剧中专用之戏服，其作画的风格雍容圆润，近于南宋风俗画风格，而与北宋时期绘画的质朴之风相去甚远。其四，从《夷坚志》可推知，[2] 南宋中期与医药相关之事，是当时人们的热门话题，且可能卖假药现象比较严重，杂剧《眼药酸》广告画中对卖药者的夸张讽刺很可能是对当时社会现象的一种艺术化嘲弄。根据以上几点，笔者推测宋代杂剧《眼药酸》的宣传绢画大概为南宋中期绘制。陋见暂系于此，绝非断语，有待方家进一步考证。

至南宋中期，广告发展似乎仍无质的飞跃，无论叫卖、吟唱、酒幌、招旗，还是书牌记、铜镜的铭文与花样，抑或是广告绢画，它们的广告内容大多明显依附于产品或服务而存在，信息传播半径都未远离产品或服务，因此影响所及非常有限。这些广告形式的传播效果，也多发生在小范围之内，实不具大众传播之性质。不过，它们对于消费具有促进作用，这一点是毋庸置疑的。

---

① 黄升民、丁俊杰、刘英华主编《中国广告图史》，第91页。
② 《夷坚志》中有多篇与医药有关的故事。如《夷坚甲志》卷三中的《万岁丹》，卷八中的《潘璟医》，卷一○中的《草药不可服》《观音医臂》《李八得药》，卷一七中的《梦药方》；《夷坚乙志》卷一九中的《疗蛇毒药》；《夷坚丙志》卷一一中的《李生虱瘤》，卷一六中的《异人瘭疽方》；《夷坚支乙》卷七中的《喻氏招医》；《夷坚支景》卷二中的《潘仙人丹》等。

（五）影响消费之观念因素

　　孝宗朝初期重节俭，后期奢侈消费观抬头。孝宗本人的消费观念。
南宋中期的家训以及时人的消费观念与储蓄观念。理学与功利之学对
维护特权消费的意义。

　　南宋中期孝宗朝的政府消费观念比较重视节约。《宋史》记载，孝宗隆兴
二年（1164），下诏说："朕恭览国史，太祖乾德诏书有云：'务从省约，无至劳
烦。'仰见事天之诚，爱民之仁，所以垂万事之统者在是。今岁郊见，可令有
司，除礼物、军赏，其余并从省约。"① 前面我们曾经提到，淳熙二年（1175），
孝宗也曾禁止宫中奢侈消费，同时，大臣龚茂良也上奏说听闻"中宫服浣濯之
衣，数年不易"，这说明在此之前还是比较注意节约的。也说明，到了孝宗朝
后期，奢侈消费观再次抬头，若非如此，就不用孝宗下诏禁奢了，大臣龚茂良
自然也没有必要进言请求皇帝宣扬淳朴的风气。

　　就孝宗自身而言，是比较喜欢朴素的。《建炎以来朝野杂记》甲集卷一《孝
宗恭俭》记录了这个南宋第二个皇帝的故事："淳熙中，上作翠寒堂于禁中，
以日本国松木为之，不施丹腰，其白如象齿。……太上至宫，徘徊周览，每兴
依然之欢，颇讶其不雅饰也。"② 仅从这条史载来看，孝宗的恭俭，一方面有节
约之观念，一方面恐怕还有他个人性情与审美情趣的影响。

　　孝宗有比较强的储蓄观念，但是他的储蓄除了用来防备灾害时急需之用，
很大一部分用来供奉高宗夫妇。《建炎以来朝野杂记》中说，"内帑与南库之入，
专以奉两宫，备水旱，其费不赀，然所积尚夥也"。③

　　陆游的《放翁家训》（写于乾道四年，1168）和袁采的《袁氏世范》（淳熙
五年，1178）是南宋中期广为流传的家训。陆游在《放翁家训》中倡导节俭

① 《宋史》卷九九《礼志》。
② 《建炎以来朝野杂记》甲集卷一《孝宗恭俭》。
③ 《建炎以来朝野杂记》乙集卷三《孝宗恭俭至贯朽》。

的消费观念，他在《放翁家训》中写道："天下之事，常成于困约，而败于奢靡。"① 他还提到："而旧俗方已大坏。厌黎藿，慕膏粱……"② 由此可知，在南宋乾道之前，民间已经出现了奢侈的迹象。袁采在《袁氏世范》中则提出消费应该量力而行的观点，他说："人有财物，虑为人所窃，则必缄縢扃鐍，封识之甚严。虑费用之无度而致耗散，则必算计较量，支用之甚节。然有甚严而有失者，盖百日之严，无一日之疏，则无失；百日严而一日不严，则一日之失，与百日不严同也。有甚节而终至于匮乏者，盖百事节而无一事之费，则不至于匮乏，百事节而一事不节，则一事之费，与百事不节同也。所谓百事者，自饮食衣服、屋宅园馆、舆马仆御、器用玩好，盖非一端。丰俭随其财力，则不谓之费。不量财力而为之，或虽财力可办，而过于侈靡，近于不急，皆妄费也。年少主家事者宜深知之。"③ 袁采是浙江人，在乐清任地方官时为正风俗而写了《袁氏世范》一书，书成后很快流传民间。这些流传广泛的家训文字，其中倡导的消费观念，对于民间的消费观念应该产生了一定的影响。但是，社会的消费观念往往并不是文人或学者的观念所能左右，而受到政治、经济等许多宏观因素的影响。

到了光宗宁宗朝，政府消费观念日益崇尚奢靡。当时的文化思想也为特权阶层激进的消费观念提供了借口。实际上，自南渡以来，南宋政府虽有内藏库的积蓄，但是积储的财物已不及北宋时期。《宋史》曰："南渡，内藏诸库货财之数虽不及前，然兵兴用乏，亦时取以为助。"④ 可惜，南宋关于内藏库的资料很少且零散，我们现在很难清楚知道当时内藏库的系统完整的账目情况。

当然，宋政府发挥储蓄功能的库藏并非只有内藏库。左藏库、朝廷封桩库除了支用经费的职能外，也有储蓄职能。如从各库设立的动机与实际发挥储蓄职能来看，内藏库的储蓄职能最重，次为朝廷封桩，再次为左藏库。北宋熙宁

---

① 《放翁家训》（一卷本）。
② 《放翁家训》（一卷本）。
③ 《袁氏世范》卷二《节用有常理》。
④ 《宋史》卷一七九《食货志·会计》。

之前，内藏库与左藏库是宋朝廷两大经费储蓄与支用库藏，前者"供君之用及待边费"，后者"供国之用及待边费"。①熙宁变法后，朝廷加强理财，强化朝廷封桩职能。此后，朝廷封桩的储蓄与经费调用职能逐渐上升，大有将左藏库挤在一边之势。南宋人章如愚曰："今日财计有三所：内之库，天子财也；南库，宰相财也；户部，天下财也。"②由于户部是最经常性的经费支用机构，因此，发挥储蓄功能的以朝廷封桩与内藏库见长。南宋朝廷财政经费管理制度大体沿袭北宋，但也有变化。南宋时增设了四个总领所，亦有储蓄与支用经费大权。不过，就库藏来说，内藏库、封桩库、左藏库依然是南宋政府最重要的库藏。李心传《建炎以来朝野杂记》甲集卷一七《财赋四岁用仓库户口》提及的南宋中央政府与地方政府的库藏主要有左藏库、左藏南库、左藏封桩库、内藏库、激赏库、御前甲库、三省枢密院激赏库、丰储仓、诸州军资库、公使库等。左藏库在南宋依然是政府贮藏经费与国家财富的重要场所，因此李心传说，"左藏库者，国家经赋所贮也"。③光宗绍熙初，郑溥之以秘书郎身份进言，诉说经费支用太过，"请明诏大臣裁定经费，上自乘舆，下至庶府，除奉宗庙、事两宫、给兵费之外，一切量事裁酌，罢其不急，损其太过"。④当时户部侍郎赵德老因此请求稽查内外财富，编《绍熙会计录》。不过，后来裁减经费之事还是不了了之。由此可以推知，南宋中期绍熙初年时，左藏库经费开支巨大，没有太多节余，自然谈不上有多少储蓄。左藏南库本是御前封桩激赏库，孝宗即位那年改名而来。绍兴休兵后，秦桧在御前封桩激赏库积储了大量钱财，时人谓"今天下财赋半入内帑"。⑤孝宗即位后，便将御前封桩激赏库改为左藏南库，以增强其国用之功能。孝宗淳熙十年（1183）八月，左藏南库并入户部；十二年（1185）正月，又改名为左藏西上库；光宗绍熙元年（1190）十月，又再次

---

① 《宋会要辑稿》，职官二七之二。
② 《群书考索》后集卷六四《财赋门·内库类》"神宗有复幽燕之志"条。
③ 《建炎以来朝野杂记》甲集卷一七《财赋四岁用仓库户口》之《左藏库会计录》。
④ 《建炎以来朝野杂记》甲集卷一七《财赋四岁用仓库户口》之《左藏库会计录》。
⑤ 《建炎以来朝野杂记》甲集卷一七《财赋四岁用仓库户口》之《左藏南库》。

改名为封桩下库，依旧隶属于户部。从左藏南库拨归户部的过程来看，当时它已经没有什么储蓄。因此，当它于淳熙十年八月归并入户部时，当时的户部版书王宣子算了一笔账，奏说南库欠了户部四十四万缗钱，"是南库归版曹无益而有损也"，他还请求将南库拨归封桩库，"其朝廷年例合还户部钱，却于封桩库支"。① 王宣子账算得很清楚，由此可知道南宋中期左藏南库不仅没有什么储蓄，还有负债。结果，左藏南库成了"皮球"，户部还想把它踢回封桩库。这样的算盘，朝廷自然没有听从。左藏封桩库也是南宋中期孝宗所创，主要为了奉亲、军需服务，其他用途不得支取。左藏封桩库有一定的金、银储蓄，但是都是为了奉神、事亲服务，因此开支相当巨大。② 关于内藏库，前文已经大略提及。在南宋初期休兵后，曾经一度"内帑山积"，可是至光宗绍熙中，朝廷开始取封桩钱入内藏。③ 宁宗即位后，"又取淮东总领所羡财五十万缗入禁帑"。由此看来，到光宗宁宗朝，内藏库的储蓄似乎也并不充裕，以至于要将封桩库、淮东总领所等处的经费挪入。但是，由于内藏库的账目一直严加保密，其储蓄与支用之系统情况，我们目前很难弄清楚。激赏库就是左藏南库，不再赘言。御前甲库乃绍兴朝中期设置，于绍兴二十九年（1159）已经罢除。三省枢密院激赏库是南宋初期所创，原来岁支三十八万缗，绍兴二十九年减为岁支十八万缗，至南宋孝宗受禅后，"复减岁用钱为十万缗"。④ 丰储仓乃绍兴二十六年（1156）设置，目的是为了储存粮食，"以备水旱"。但是，至南宋中期绍熙年间，丰储仓储蓄粮食并不多，因此李心传于《建炎以来朝野杂记》中云："今中都但积三月之粮，关外积粮亦不能支一岁。古者，三十年必有九年之蓄，自乙酉休兵至今，近四十年矣，谓宜益储羡粮，以为饥荒、军旅之备，不则增籴如岁用之数，以陈易新，使常有一年之蓄，庶乎其可也。"⑤ 李心传所说"乙酉

① 《建炎以来朝野杂记》甲集卷一七《财赋四岁用仓库户口》之《左藏南库》。
② 《建炎以来朝野杂记》甲集卷一七《财赋四岁用仓库户口》之《左藏封桩库》。
③ 《建炎以来朝野杂记》甲集卷一七《财赋四岁用仓库户口》之《内藏库激赏库》。
④ 《建炎以来朝野杂记》甲集卷一七《财赋四岁用仓库户口》之《三省枢密院激赏库》。
⑤ 《建炎以来朝野杂记》甲集卷一七《财赋四岁用仓库户口》之《丰储仓外路积粮》。

休兵时"当为"隆兴和议"条款生效之乾道元年（1165），因可推知"近四十年"后为宁宗庆元年间。诸州军资库至南宋中期之时，情况已经非常糟糕，常常入不敷出，很难说得上有什么储蓄。《建炎以来朝野杂记》记："庆元一郡而添差四十员，尽本府七场务所入，不足以给四员总管之俸……扬州，会府也，岁输朝廷钱不满七八万，而本州支费乃至百二十万缗，民力安得不困？……今之为郡者，但能撙节用度，讥察渗漏，使岁计无乏，已号过人，无复及民之政矣。"[1] 可见，南宋中期地方政府的政府消费亦非常可观，诸州军资库经费储蓄不可能有很多。至于公使库，其实严格讲算不上是南宋政府的库藏，而是诸道、监、帅及州、军、边县敛收遗利的"小金库"。至孝宗淳熙中时，各地公使库已经成了各地官场收受馈赠、敛收遗利、滋生奢侈与腐败的温床。《建炎以来朝野杂记》记："淳熙中，王仲行尚书为平江守，与祠官范致能、胡长文厚，一饮之费，率至千余缗。时蜀人有守潭者，又有以总计摄润者，视事不半岁，过例馈送，皆至四五万缗，供宅酒至二百余斛。孝宗怒而诎（黜）之，九年正月戊子，三月乙未。然其风盖未殄也。东南帅臣、监司到署，号为上下马，邻路皆有馈，计其所得，动辄万缗。近岁蜀中亦然。"[2] 显然，地方官员馈送、宴饮等消费所需财物皆自公使库出。公使之库，其实并无多少为真正"公使"之存储。由"近岁蜀中亦然"一语，可知淳熙中之后，滥用公使库财物的情况一直延续到南宋中后期。由是观之，南宋中期上自朝廷，下自州县，并非没有储蓄之观念，但实由于官员冗多、吏治腐败、消费无节制等原因而导致上下储蓄日渐匮乏。其例外者，可能只有账目保密、敛财不断的内藏库。但是其即使有储蓄，其主要目的却已经是为了满足皇家宗室的消费需要，支援国用则为其次。

　　从朝廷库藏的变迁与库藏经费的使用情况，可以知道宋政府至南宋中期，消费观念方面虽有储蓄之思想，却并没有明显的节制观。那么，南宋中期民间的储蓄与消费的观念又是怎样的呢？

---

① 《建炎以来朝野杂记》甲集卷一七《财赋四岁用仓库户口》之《诸州军资库》。
② 《建炎以来朝野杂记》甲集卷一七《财赋四岁用仓库户口》之《公使库》。

在南宋中期几部著名的家训中，可以看到时人是如何看待消费与储蓄的关系的。陆九韶的《陆氏家制》之《居家正本制用》中也有相关的论述。《居家正本制用》说："古之为国者，冢宰、制国用，必于岁之杪，五谷皆入，然后制国用。用之大小，视年之丰耗。三年耕，必有一年之食。九年耕，必有三年之食。以三十年之通制国用，虽有凶旱水溢，民无菜色。国既若是，家亦宜然。故凡家有田畴，足以赡给者，亦当量入而为出。然后用度有准，丰俭得中，怨詈不生，子孙可守。今以田畴所收，除租税及种盖粪治之外，所有若干，以十分均之，留三分为水旱不测之备。专存米谷，不可变易银钱轻货，但当逐年增置仓廪。"[1] 陆九韶由国及家，论述储蓄的必要性，认为不论家、国，消费以三分作为储蓄为适宜。在论述了消费与储蓄的基本比例之后，他对消费与储蓄的比例更有具体的安排，条分缕析地指出："一分为祭祀之用，祭祀谓先祖、中霤、社稷之神。六分分十二月之用，闰月则分作十三月之用。取一月合用之数，约为三十分，日用其一。茶饭鱼肉，宾客酒浆，子孙纸笔，先生束脩，干事奴仆等，皆取诸其间。可余而不可尽，用至七分，为得中。不及五分，为太啬。盖于所余太多，则家益富，不至僭侈无度，而入于罪戾矣。"[2] 陆九韶的消费与储蓄观念与陆游、袁采的消费观念具有内在的一致性，他们三人的消费与储蓄观念，代表了南宋时期以"量入为出"为基本消费原则。在这种消费观念的指导下，南宋时期的人对于借贷的看法也基本上倾向于认为"债不可轻举"。比如袁采说："凡人之敢于举债者，必谓他日之宽余可以偿也。不知今日之无宽余，他日何为而有宽余？譬如百里之路，分为两日行，则两日皆办；若欲以今日之路，使明日并行，虽劳苦而不可至。凡无远识之人，求目前宽余，而那（挪）积在后者，无不破家也。切宜鉴此。"[3] 他不仅劝诫人们"债不可轻

---

[1] 《陆氏家制》原在《梭山日记》卷八之中，后附录于《陆氏家谱》，元人自《陆氏家谱》中辑出，刻印单行，分《居家正本》上下篇和《居家制用》上下篇。今《续修四库全书》收有《陆氏家制》。

[2] 《陆氏家制》之《居家制用上》。

[3] 《袁氏世范》卷三《债不可轻举》。

举"，而且劝诫人们钱谷不能多借给别人，提醒人们："有轻于举债者，不可借
与，必是无籍之人，已怀负赖之意。凡借人钱谷，少则易偿，多则易负。故借
谷至百石，借钱至百贯，虽力可还，亦不肯还，宁以所还之资，为争讼之费者
多矣。"[1] 他还说，即使要借给别人钱物，也要注意收取的利息应该合理适中。
陆九韶、陆游、袁采等人的消费与储蓄观念，体现了强烈的重农思想，符合当
时生产力的发展状况，对于自然经济时代普通人家的生活消费具有非常重要的
指导意义。这种消费观，更波及后世。现代中国老百姓不敢轻言信贷消费，亦
可认为是传承千年的中国传统消费观念之直接反映。

　　理学（或道学）在北宋时期已经有一定的发展，涌现了周敦颐、程颢等理
学大师，并在学术思想上形成几个学派。南宋时期，朱熹集理学之大成，构
建了庞大的理学体系。"道学高谈性命，强调三纲五常，有利于封建王朝的统
治"，[2] 但是对功利之说却避而远之。通过分析理学的思想体系，我们可以认为，
自南宋中期开始日渐确立自身地位的理学在思想实质上并不反对贫富分化，这
对维护特权阶级的利益是有利的。南宋中期，与理学相对应的是功利之说。功
利之说反对空谈性命，认为治理国家需要强调务实。不过，功利之说在思想上
也并不反对贫富分化。比如，南宋中期的学者陈亮（1149—1194）就是讲求
实际、重事功、重财利的代表人物，他非常重视商人，认为"青苗之政，惟恐
富民之不困也，均输之法，惟恐商贾之不折也"。[3] 陈亮的这种思想客观上讲是
有利于自由市场的发展的，但是在南宋特定的社会权力结构空间中，他主倡的
思想实际上最终维护了等级化的消费，特别是维护了宫廷和官僚的消费。因为，
南宋中期政府大大增加了赋税收敛，社会财富高度集中化，宫廷官僚日益占用
大量社会财富，拥有强大的消费力。商人所从事的商品交易活动，其最大部分
是为宫廷和官僚消费提供了服务。功利之说在表现上与理学所宣扬的三纲五常

---

① 《袁氏世范》卷三《钱谷不可多借人》。
② 石世奇《中国传统经济思想研究》，北京大学出版社，2005年，第153页。
③ 《龙川文集》卷一《书疏·上孝宗皇帝第一书》。

是相悖的，前者有利于消费自由的发展，后者则有利于维护既存消费状态。但是，在中央集权制封建社会中，功利之说的思想与主张所能产生的客观结果却是强化了统治阶级的消费特权——尽管可能伴随着富有商人和城市市民消费自由的发展。所以说，在南宋中期，不论理学还是功利之说，都在思想实质上维护了统治阶级和富有阶层的利益，为统治阶级和富有阶层的消费活动提供了合法性。他们的论调，从不同向度上都使统治阶级和富有阶层的各种消费活动变得天经地义。

（六）南宋中期的消费

　　特殊时期消费的节制。对百姓的减压。南宋中期政府消费呈上升趋势——庞大的军费开支和官吏俸禄。孝宗的事亲消费。加大征敛以保证消费支出。"嘉定更化"后的奢侈腐化。有两张不同消费面孔的国度。普通劳动者和高级官僚的消费水平与差距。

南宋孝宗统治时期，是南宋政治较为稳定的一段时间。在某些特殊的情况下，南宋政府也比较注意消费的节制和减轻百姓的压力。《文献通考》记载："（绍兴）三十二年（1162），孝宗登极赦：'诸路或假贡奉为名，渔夺民利，果实则封闭园林，海错则强夺商贩，至于禽兽、昆虫、珍味之属则抑配人户，致使所在居民以土产之物为苦。太上皇帝尝降诏禁约贡奉，窃虑岁久，未能遵承，自今仰州军条具土产合贡之物闻于朝，当议参酌天地、宗庙、陵寝合用荐献及德寿宫甘旨之奉，止许长吏修贡外，其余一切并罢，州郡因缘多取，以违制坐之。'"[1]淳熙五年（1178），湖北转运司漕臣上奏说，鄂州、乐州、汉阳军自绍兴九年（1139）以来每年都增加上缴财赋，结果"民力凋弊，无所从出"。[2]于是，朝廷当时将已经增加到的钱数作为定额，以后暂免递增。随后，"诏夔

---

① 《文献通考》卷二二《土贡考一》。
② 《宋史》卷一七九《食货志·会计》。

州路九州百姓科买上供金、银、绢，自淳熙六年（1179）为始尽免。十六年（1189），蠲两淮州军合发上供诸窠名钱物，极边全免，次边展免一年"。① 这些措施，对于当地的百姓来说，不啻为一种福音。

南宋中期政府消费的趋势整体上处于上升之中，政府军费开支是其中最为重要的一项。淳熙年间（1174—1189），南宋政府的军费开支也非常巨大。叶适在《水心别集》中提到了当时的养兵情况，他说："夫供役有兵，备战有兵，巡徼有兵，控扼有兵，大州四五千人，中州三千人，小州二千人。计一兵之费，其正廪给之者居其一焉，因兵而置营伍将校其上，则路分钤辖、总管者居其一焉；恩赐、阅视借请券食者居其一焉；缘兵之蠹弊亏公病私者又居其一焉。民之所谓第一等户，尽其赋入不足以衣食一兵。"② 比较富裕的一等户交纳的赋税还不足养一兵，其时兵费之高令人瞠目。按照叶适的记载，我们也可以看到，真正在普通士兵身上的花费其实只占兵费中的一部分，普通士兵的消费水平并不会很高。大量养兵费用没有用在冲锋陷阵的士兵身上，这也是造成宋朝军队人数庞大却战斗力低下的重要原因。孝宗驾驭将领之道是对他们大加赏赐，即使对于生病在家休养的李显忠，每年也"以上供米三千斛给之"。③ 这种做法，与其说是宽仁，还不如说是宠溺，是以国民财富满足"蠹虫"无度的消费欲望。

南宋中期政府消费开支很大的原因还与官吏俸禄开支巨大有关。"乾道初，孝宗尝计户部岁入之数，较之岁用，但阙三百万缗。元年（1165）十二月丁亥。时会子初行，李侍郎若川因请增印二百万缗。二年（1166）二月。然上半年尚阙五十万。上命左藏南库以银、会（子）中半与之。三月壬辰。自是版曹岁借南库钱百余万缗，因以为例"。④ 根据这一记载，当时南宋户部显然是入不敷出的，以致孝宗要令左藏南库支援。"淳熙中，左藏库帮过三衙、百官请给，成

---

① 《宋史》卷一七九《食货志·会计》。
② 《叶适集》之《水心别集》卷一二《厢禁军弓手土兵》。
③ 《建炎以来朝野杂记》乙集卷三《孝宗善驭将》。
④ 《建炎以来朝野杂记》甲集卷一七《三司户部沿革》。

岁为钱一千五百五十八万余缗，银二百九十三万余两，金八千四百余两，丝绵一百十八万余两，绢帛一百二十六万余匹，以直（值）计之，金银钱帛共约计三千万余缗，而宗庙、宫禁与非泛之费不与焉"。① 李心传《建炎以来朝野杂记》载："至淳熙末，朝廷无事，乃月支百二十万，而非泛所支及金银棉绢不与焉。以孝宗恭俭搏节，而支费拟于宣和，则绍兴休兵以后，百司宫禁循习承平旧弊，日益月增，而未能裁削故也。"② 淳熙末月支 120 万中应含军费，为中都吏禄兵廪。也就是说，当时中都吏禄兵廪每年支出达 1440 万贯。显然，在绍兴休兵后的承平局面下，南宋政府的官吏俸禄开支已经无法削减下来。究其原因，恐怕与官吏长期以来已经习惯了奢侈的消费生活不无关系。

南宋孝宗朝的政府收入很大一部分用来供给太上皇、太皇后的消费。据淳熙二年（1175）至十四年（1187）间的不完全统计，孝宗先后供奉太上皇、太皇后节日的礼物有黄金二万二千余两、银四十六万余两、钱二十五万贯、会子三百五十万贯以上、绢三万匹、度牒一百七十余道。③

由于军费、俸禄及其他各项消费开支很大，孝宗朝的财政支出比以往要多，而国库积余却反而增加了。淳熙末年，为皇帝个人所掌握的封桩库所储，金至八十万两，银一百八十六万余两，缗钱有五六百万贯，"在有关南宋封桩库财赋的记载中，这是最高数字"。④ 其原因，"除了社会生产比南宋初期有所发展以外，主要是封建剥削大为加重的缘故"。⑤ 孝宗淳熙末年，仅东南地区的岁入就达到六千五百三十余万贯。宋代经济比较发达的两浙路，北宋时岁入钱三百三十余万贯，其中百分之八十是盐茶酒税，到孝宗末年，激增到一千二百余万

---

① 《建炎以来朝野杂记》甲集卷一七《左藏库会计录》。

② 《建炎以来朝野杂记》甲集卷一七《国初至绍熙中都吏禄兵廪》。

③ 参见《宋会要辑稿》，职官二七之五四至二七之五五；何忠礼《宋代政治史》，第 438—439 页。

④ 《建炎以来朝野杂记》甲集卷一七《左藏封桩库》；佚名《续编两朝纲目备要》卷一，中华书局，1995 年；《玉海》卷一八五《乾道会计录》；何忠礼《宋代政治史》，第 439 页。

⑤ 何忠礼《宋代政治史》，第 439 页。

贯，盐茶等税还不包括在内。①南宋政府正是通过加大赋税的剥削，来保证在各个方面的支出和消费。

根据郭正忠的考辨，南宋中期孝宗乾道年间（1165—1173）中央财政岁入（钱数）约为 700 万贯以上，孝宗淳熙末（1189）南宋政府中央财政岁入（钱数）约为 8000—8200 万贯，淳熙末至绍熙年间（1189—1194）南宋中央财政岁入（钱数）约为 8000 万贯以上，宁宗嘉泰至开禧年间（1201—1207）南宋中央财政岁入（钱数）约为 10650 万贯。②由是知淳熙末年南宋行在吏禄兵廪开支 1440 万贯（见前文）约占当时中央财政货币岁入部分的 18% 左右。行在的政府消费中，吏禄兵廪的比例如何呢？《宋会要辑稿》记："先是，（庆元）二年三月，监察御史姚愈言：……比年以来，月支不下百二十万，大略官俸居十之一，吏禄居十之二，兵廪居十之七……"③也就是说，在庆元二年（1196），行在吏禄兵廪岁支 1440 万贯（与淳熙末相同）中，官俸占 10%，吏禄占 20%，兵廪占 70%。由是可算出，兵廪大约占当时中央财政岁入（货币收入）的 13% 左右。

南宋宁宗时期政府消费开支有增无减，仅从奉神事亲的消费开支来看，政府消费就已非常巨大。"（宁宗）庆元后，每封桩库取拨钱辄数十万缗，银亦数万两，黄金亦数千两，盖以为奉神、事亲之费云"。④宁宗"嘉定更化"后，南宋统治集团的生活更加奢侈腐化。嘉定和议使许多人陶醉在和平的环境中，正好应了太学博士真德秀在和议之前的担心。真德秀曾于嘉定和议前（嘉定元年，1208）上奏宁宗，警告宁宗南宋今后可能出现的局面。他说："臣恐盟好既成，志气愈惰，宴安鸩毒之祸作，浮淫冗蠹之事兴。"⑤令人痛心的是，真德秀的担心很快变成了现实。

在皇室、官僚、军官等特权阶层享受奢华生活、进行大量奢侈消费的同时，

①《建炎以来朝野杂记》甲集卷一四《国初至绍熙天下岁收数》《两浙岁入数》。

② 郭正忠《南宋中央财政货币岁收考辨》，《宋辽金史论丛》（第 1 辑），中华书局，1985 年，第 168—191 页。

③《宋会要辑稿》，食货五六之七〇。

④《建炎以来朝野杂记》甲集卷一七《左藏封桩库》。

⑤《历代名臣奏议》卷三三七《御边》。卷三三七中有真德秀奏议。

真文忠公續文章正宗卷第七

敘事　名德君子人事迹　賢士大夫事迹

此兩門元本鈔未定今不惟自為區別始併作一門而存其目

尹師魯墓誌銘　　歐陽文忠公

師魯河南人姓尹氏諱洙然天下之士識與不識皆稱

一曰師魯蓋其名重當世而世之知師魯者或推其

學或高其議論或多其材能至其忠義之節處窮達

禍福無愧於古君子則天下之稱師魯者未必盡知之

魯為文章簡而有法博學彊記通知今古一作長於

師魯為人是是非非務窮盡道理乃已不為苟止

春秋其與人言是是非非所罕能過也遇事無難易而

而安隨而人所罕能過也遇事無難易而一無勇於敢

⊙ 宋刻明修《真文忠公续文章正宗》内页之一（美国伯克利加州大学
　图书馆藏）

⊙ 宋刻明修《真文忠公续文章正宗》内页之二

民间消费能力却没有什么增长。遭受残酷剥削的劳动人民可支配收入少得可怜，消费水平低下。南宋中期孝宗朝社会虽逐渐安定，但土地兼并日益严重成了贫苦下户生活消费水平下降的重要因素。将领、地主和富商大贾依靠恩赐、特权或通过高额地租及高利贷盘剥，大量兼并土地。贫下户大量破产，生活水平和消费能力极度下降。

我们通过有关资料可以发现，南宋中期物价的上升主要发生在粮价方面，绢价与南宋初年比反而有所下降，但是绝对价位依然很高。光宗绍熙年间（1190—1195）南康军绢价每匹 3000 文，宁宗嘉定十三年（1220）绢价为 4000 文，两个时间点的绢价指数分别为 300 和 400（北宋太平兴国五年指数为 100，南宋绍兴四年指数为 850—1000）。[①] 但是，基本生活资料的价格上升，严重影响着贫下户的消费力。表现最明显的是粮价，自孝宗朝中期开始，在绍兴末年粮价回落的基础上重新露出攀升之迹象。南宋中期宋孝宗乾道六年（1170），米价是斗米 300 文，光宗绍熙五年（1195），常、润、扬、楚、盱眙军的米价为斗米 400 文，宁宗嘉定年间（1208—1224）东南诸路米价达斗米 500 文，三个时间点的粮价指数分别是 1500、2000 和 2500（北宋真宗景德四年指数为 100）。[②]

陆九渊说："所谓农民者，非佃客庄，则佃官庄，其为下户自有田者亦无几。所谓客庄，亦多侨寄官户，平时不能赡恤其农者也。当春夏缺米时，皆四出告籴于他乡之富民，极可怜也。"[③] 可见，当时贫穷的客庄，一到春夏时常常

---

① 漆侠《中国经济通史·宋代经济卷》，第 1242—1243 页。宋光宗绍熙年间绢价参见《晦庵先生朱文公文集》卷二〇《乞听从民便送纳钱绢札子》。宁宗嘉定十三年绢价参见《宋会要辑稿》，食货六八之二四。按，此处所说宁宗嘉定十三年绢价乃纳绢之折钱。《宋会要辑稿》，食货六八之二四记："（嘉定）十三年八月四日臣僚言：通考朝廷行下，凡民户合纳之绢，限以一半本色，一半折钱，每匹则折以四贯……"

② 漆侠《中国经济通史·宋代经济卷》，第 1239—1241 页；宋孝宗乾道六年米价参见《宋会要辑稿》，食货四〇之四九；光宗绍熙五年米价参见《止堂集》卷二《论淮浙旱潦乞通米商仍免总领司籴买奏议》；宁宗嘉定年间米价参见《愧郯录》卷一五，"米十百倍莅于熙宁"。《愧郯录》卷一五《祖宗朝田米直》记："太平兴国至熙宁止百余年，熙宁至今亦止百余年，田价米价乃十百倍莅。"系此供参考。另据《续资治通鉴长编》卷二六七记，熙宁八年苏州米价为每斗 50 至 80 文。

③ 《陆象山先生全集》卷八《与陈教授书》。

连米也没有，基本的生活消费失去保障，只好从富民那里买米度日。

乾道七年（1171），蔡戡《定斋集》中说，虽然"连年灾旱，饥馑荐臻，江、湖十数州，赤地千里，米价腾踊，日甚一日，列肆为之昼闭，行旅至于绝粮，茹草食葛，流离颠仆，相属于途，县官方且急于催科，必欲足其常数"；蔡戡以质问的口气写道："饥民饘粥不给，税租何从出乎？"[①] 由此可见，当时的劳动人民不仅消费能力低下，而且几乎没有什么储蓄，一遇灾害，就连生存性消费也无法保证。淳熙年间，时任湖南诸州安抚的辛弃疾在大力镇压农民起义的同时，对农民的悲惨处境深表同情。他上奏议对孝宗说："臣姑以湖南一路言之，自臣到任之初，见百姓遮道，自言嗷嗷困苦之状，臣以谓斯民无所诉，不去为盗。将安之乎？臣一一按奏，所谓诛之则不可胜诛。"[②] 就在大约五年前的乾道三年（1167），杭州城外刚刚增设了东厢与西厢。如果当时的杭州无法支持足够的消费，城市是不可能扩大的。繁荣的都城杭州和嗷嗷困苦状的湖南路，在几乎同一个历史时空下形成了鲜明的对比，令人触目惊心。南宋社会两张不同的消费面孔从南宋中期开始变得更加清晰。

我们再来分析一下淳熙年间普通劳动者的收入情况，以便对当时普通人的消费水平、消费结构有一个更加具体的认识。下面是一张南宋孝宗时期雇佣劳动者工资比较表（见表41）：

表 41　南宋孝宗时期雇佣劳动者工资比较表[③]

朝代	公历（年）	地区	工种	工资别	工资额	折合粮
南宋孝宗	1180	饶州	佣	日	30文	—
南宋孝宗	1181	黄州	酿酒工	月	1000文	—

表中资料来源：洪迈《夷坚丙志》卷一一；《夷坚支乙》卷二"茶仆崔三"条。

---

① 《定斋集》卷一一《馆职策》。

② 《历代名臣奏议》卷三一九《弭盗》。卷三一九中记有辛弃疾奏议。

③ 本表数据自赵冈、陈钟毅所制《历代工资比较表》中摘录，参见赵冈、陈钟毅《中国经济制度史论》，第251—256页。表中资料来源为原表格所附。表中"—"为笔者所加，原表"—"处为空格，表示因为有关数据缺少，因而无法按照一定的粮食价格进行换算。

根据表 41 的数据可知，南宋孝宗朝饶州雇佣一日工钱为 30 文，黄州酿酒工一日工钱大约也是 30 文。由于缺少数据，我们无法计算实物工资额。因此，以上两个数据彼此之间及与其他朝代的数据之间皆缺乏可比性。下面我们再来看时间上与 1180 年比较接近的江南和两湖的米价（见表 42）：

表 42　南宋中期江南和两湖粮价 [①]

单位：文／斗

时期	江南粮价	两湖粮价	指数（江南为 100）
乾道年间（1165—1173）	1168 年 250	1166 年 100—200	100：40
	1169 年 303		100：33—66
	1170 年 300		
	1173 年 250	1172 年 140	100：56

如果我们以最接近 1180 年的 1173 年江南每斗 250 文的粮价（即每文可买 0.027 市升粮食）来折算 1180 年饶州雇佣一日的实物工资，可以得出饶州佣一日的实物工资可买粮 0.81 市升。很明显，乾道年间江南粮价虽然比南宋绍兴朝前期还低（绍兴六年即 1136 年的江南粮价为每斗 300 文，参见前文），但是南宋中期的普通雇佣劳动者的粮食消费能力却比南宋前期绍兴朝前中期降低了（福建采茶工日工钱为 70 文，以江南粮价每斗 300 文折算，约折粮 1.54 市升，参见前文）。可以说，南宋中期人地矛盾已经在雇佣劳动者和普通手工业者的工资上反映出来。

南宋中期，普通劳动者依然基本上不具备文化消费能力。根据记载，淳熙十年（1183），象山县学刻本《汉隽》刊记曰："象山县学《汉隽》每部二册，见（现）卖钱六百文足，印造用纸一百六十幅，碧纸二幅，赁板钱一百

---

　　① 　该表根据龙登高所制《南宋和清代江南与两湖米粮价格差》一表编制。参见龙登高《江南市场史——十一至十九世纪的变迁》，第 198 页。

文足，工墨装背钱一百六十文足。"① 如此算来，每册书价钱是三百文足，相当于 1181 年黄州酿酒工每月工钱（1000 文）的近三分之一。很显然，这样高的价格，依然是酿酒工这种社会阶层的人承受不起的。书籍这样的文化消费品，主要的目标消费群是文化人士中的富有者和官僚阶层。由于宋代是科举取士，所以富有的文化人士很大部分最终可归属于官僚阶层。贫穷的读书人也是不具备书籍消费能力的。他们要读书，恐怕大多时候只能靠借阅或借阅后抄录。

差不多同一时期，生病在家的李显忠每年收到孝宗赏给的供米是 3000 斛，这相当于每日有米 8.22 斛（石），即折合米 545.89 市升。这是饶州雇佣一日的实物工资（0.81 市升）的 674 倍。当然，这仅仅是李显忠受到的一项赏赐而已。就南宋孝宗、光宗、宁宗朝的官员的通常收入而言，根据《宋史》记载："惟兵兴之始，宰执请受权支三分之一，或支三分之二，或支赐一半，隆兴及开禧自陈损半支给，皆权宜也。其后，内外官有添支料钱，职事官有职钱、厨食钱，职纂修者有折食钱，在京厘务官有添支钱、添支米，选人、使臣职田不及者有茶汤钱，其余禄粟、廉人，悉还畴昔。"② 这就是说，除了在宋金战争的非常之时，南宋官员的收入可能迫于形势而有所降低之外，其他大多数时间，他们都可以享有很高的收入。有不足的时候，朝廷就会以某种方式追加。由此可见，南宋中期，普通人与政府高级官员相比，在可支配收入和消费水平方面的差距非常大，与一些权臣相比，则简直有天壤之别。

---

① 转引自张金花《宋诗与宋代商业》，第 292 页。原书资料引自林申清编著《宋元书刻牌记图录》。

② 《宋史》卷一七二《职官志·奉禄制下》。

第三节 没有奇迹的结局：
南宋后期影响消费的诸因素及消费状况

（一）影响消费之政治与军事因素

"端平更化"对消费的影响。蒙古入侵对南宋人民生活消费的打击。贾似道擅权后的政治举措及后果。南宋末年的王朝战争对社会生产力的破坏。

嘉定十七年（1124），宁宗去世，南宋进入理宗朝时期。理宗朝大概可分为三个阶段：第一阶段从理宗即位到绍定六年（1233），这是史弥远擅权时期。在这一时期，理宗基本上无所作为。第二阶段自理宗亲政到淳祐中后期。这一时期，理宗一度试图挽救社会危机，对财政和吏治进行一定的改革。从端平元年（1234）开始，理宗推行了一些政治措施，希望能够革新政治，改变局面，历史上把这段时期称为"端平更化"。第三阶段是理宗统治的最后十来年，这一时期的理宗疏于政事，奢侈无度。开庆元年（1259）闰十一月，鄂州保卫战胜利后，出现了贾似道擅权的局面，南宋政治更加腐败与混乱。理宗统治时期，随着金朝灭亡，蒙古将攻击的矛头朝向了南宋。

理宗朝的"端平更化"时期，政治改革措施及当时的军事局面对南宋政府消费和民间消费产生了一定的影响。端平元年（1234）正月初一日，理宗下诏"求直言"。太常少卿徐侨进言道："陛下国本未建，疆宇日蹙；权幸用事，将帅非才；旱蝗相仍，盗贼并起；经用无艺，帑藏空虚；民困于横敛，军怨于掊克；群臣养交而天子孤立，国势阽危而陛下不悟：臣不贫，陛下乃贫耳。"[①] 理宗闻言后为之感动，次日下诏罢免了一些行为无度的边帅，提醒群臣不要结交

---

① 《宋史纪事本末》卷九五《真魏诸贤用罢》。

朋党，同时命令官员"裁节中外浮费"。[①]

整个宋代，对于官吏贪污的惩治呈逐渐宽松的趋势，到理宗朝时期，官吏贪污成风。理宗为了革除贪浊之风，亲自制定了《审刑铭》，将官员贪污与谋杀、故杀、放火等重罪并列。淳祐四年（1244），他还御制《训廉》《谨刑》二铭戒饬中外，曰："周典六计，吏治条陈，以廉为本，乃良而循。彼肆贪虐，与豺虎均，肥于其家，多瘠吾民。纵逭于法，愧其冠绅，货悖而入，灾及后人。我朝忠厚，黜贪为仕。咨尔群辟，是训是遵。"[②] 这个时候，理宗的头脑还是非常清醒的。

理宗朝时期，南宋政府的官员人数继续大幅度增加。这个问题在史弥远擅权时期变得更加明显。当时史弥远为了笼络人心，扩大自己的威望，大量提拔官员。理宗也大量内降受官，导致官员人数越来越多。冗员问题增加了南宋政府财政压力，同时扩大了社会中食利阶层的规模。再加上官员中贪污腐化、剥削百姓的人很多，因此间接造成了官僚敛财、消费奢侈和民间消费力减弱的问题。淳祐四年（1244），理宗采纳时任宰相杜范的建议，严格官员任命制度与程序，发挥吏部的作用，减少内降恩泽的局面。[③] 理宗还试图通过减少权摄官和科举进士的人数及严格升迁制度等措施来减少冗员。可惜杜范死后，在范钟当政的情况下，内降滥恩、官以贿成的问题再次出现。理宗于统治后期也仿佛彻底失去了信心，变得日益昏庸。

"端平更化"体现了南宋最高统治者积极的政治意图，对于整顿吏治、遏制浪费、增加政府收入有一定的作用。南宋理宗朝的"端平更化"也有一定的外力因素的影响。端平元年（1234），蒙古已经表明南侵的意图。从端平二年（1235）春开始，窝阔台汗在继续西征的同时，兵分三路，进攻四川、襄阳以及两淮地区。于是，南宋边疆局势日益紧张。为了抵抗蒙古的入侵，南宋大军

---

① 《宋史》卷四二二《徐侨传》。
② 《宋史全文》卷三三，淳祐四年正月。
③ 参见《宋史》卷四〇七《杜范传》。

再兴，军费开支相应增加。在这一时期，南宋政府为了解决财政压力，不得不大力增印楮币，从而使广大老百姓的生活消费受到严重的影响。战争的压力也促使南宋最高统治者和统治阶级内部的有识之士意识到改革政治弊病的必要。

然而，南宋的政治发展到理宗时代已经非常腐朽，简直可以用百病丛生来形容，浮于形式的政治改革已经很难起到什么作用。综观理宗的政治举措，当受到宰相及诸多要员支持的时候，才可稍有效果。一旦宰相等要员不支持或不能力行，其政治举措就都流于空谈。很显然，南宋末期的政治已经不是最高统治者和几个力图革新的能臣所能左右。庞大的官僚体系已经成了一个巨大的漩涡，吸纳着权力，聚敛着财富，任何不顺应它的运动态势的力量，最终都被淹没。

淳祐中后期开始，理宗朝政治明显走向腐败。有些史家在论及这段历史时只讲理宗晚年昏聩，政治日渐腐败，似乎前者就是后者的原因。笔者认为，理宗前后期的对比，除了理宗性格和年龄方面的原因，恐怕也和当时政治、军事以及经济情况的变化有关。经过理宗亲政后的"端平更化"，南宋政府的财政状况于端平末年和嘉熙年间有所好转（参见后文详论）。这种变化虽然谈不上成功扭转了南宋积贫之势，但确实一度稳定了物价和币值，使百姓生活消费水平比宁宗朝和理宗朝初年有所好转。"端平更化"的短期效果可能给理宗带来了很大的心理安慰和自信。同时，从端平至淳祐中，南宋基本顶住了蒙古军队的进攻，这也可能给理宗造成了一定的错觉，他有可能以为自此可以偏居一隅，安享蒙古铁蹄之侧的太平了。如果结合这几方面的变化，恐怕更容易理解理宗在统治后期为什么会迅速走向政治腐败和生活奢侈。

理宗朝时期的政治、军事对社会消费影响很大。理宗端平初年，随着金朝灭亡，蒙古将攻击的矛头明确朝向了南宋。端平二年（1235）春天开始，蒙古分兵三路进攻南宋，四川、中原、江淮地区皆成战场，社会生产受到极大破坏。情况最糟糕的是四川，端平三年（1236），蒙古军再度攻入四川，蜀口、三关、五州全部沦陷，随即川东、川西遭受蒙古铁蹄的践踏，成都城郭被焚烧，城内居民被血洗，死伤数十万。该年冬天，蒙军主力撤出四川。嘉熙三年（1239）八月，蒙军再次攻入四川，占领开州，进据万州，然后顺长江而下，进至夔峡。随后，蒙军由于在巴东遭到孟珙所派遣的军队的顽强抵抗而退兵。四川地区遭到蒙古军队两次入侵，人口大量减少，社会生产遭到严重破坏，幸存的人们流离失所。《历代名臣奏议》中记载了时任监察御史的吴昌裔的奏议，其中描述了战后四川的悲惨景象："昔之通都大邑，今为瓦砾之场；昔之沃壤奥区，今为膏血之野。青烟弥路，白骨成丘，哀恸贯心，疮痍满目，譬如人之一身，命脉垂绝，形神俱离，仅存一缕之气息而已。"[1]端平三年进攻南宋的中路蒙军也给南宋带来重创。随后，南宋京西南路一府八州军除金州外全部沦陷。该路蒙军继续南侵至江陵等地时，被孟珙所带领的军队挫败。在东路，蒙军则于端平三年进攻淮西，但很快被南宋将领杜杲等领导的军队打败退去。中路、东路蒙军也给南宋制造了巨大的压力，使京西南路、两淮地区的社会生产遭受破坏，许多地方的老百姓生活陷入极度贫困之中。蒙军这次端平年间的全面入侵，使南宋经济几乎受到了致命的打击。就笔者目前所能掌握的史料分析（端平、嘉熙至理宗景定五年，即公元 1264 年之前没有官方户口记录，理宗景定五年之后，也未见官方户口记录），笔者认为南宋末期户口数正是在蒙军的这次大规模入侵之后开始剧减。

嘉熙年间至淳祐中，孟珙、杜杲、余玠等名将分别稳定了襄阳、四川的局势。孟珙于嘉熙三年（1239）派兵收复了襄阳。从嘉熙年间到淳祐六年（约 1237—1246），孟珙整顿四川军政，加强了荆湖、夔州路内的长江中、上游地区的防御能力。他历迁至四川宣抚使兼知夔州，节制归、峡、鼎、澧各州军兵马，又兼任京湖安抚制置使，对四川、京湖两大战场的协调防御做出重要贡献。不过，随着他在南宋军政事务中作用越来越重要，朝廷对他越来越不信任。淳祐中后期，理宗已经没有收复中原的决心。孟珙最后于淳祐六年六月病逝于江陵府治。余玠于淳祐二年（1242）从淮东战场调往四川，任权兵部侍郎、四川

---

[1] 《历代名臣奏议》卷一○○《经国》。卷一○○有吴昌裔奏议。

宣谕使。该年十二月，余玠任兵部侍郎、四川安抚制置使兼知重庆府。余玠到重庆后，听取建议，利用合州钓鱼山的地理特点，在原来钓鱼城的基础上修筑山城，并将州治迁至此处，储备粮食，防御蒙古的进攻。他将建筑山城的策略推广到周围各州郡，从而修筑了十余座山城，形成了一个山城防御体系。余玠还在成都平原大兴屯田，鼓励农业生产，以保证军队的粮食供应和军费开支。余玠同时减轻当地赋税和劳役，减轻商税，以促进商业发展。余玠主管四川军政时期，收复了兴元府（汉中地区）等蜀边大片失地。宝祐元年（1253）五月，余玠由于遭人陷害被召回临安，七月突然病逝。次年，理宗下诏，抄没余玠家产。余玠死后，蜀地士气涣散，导致防御力量严重削弱。

当时，蒙古的力量还在继续加强，南宋的四川、京湖地区、两淮地区已经全面暴露于蒙古的军事力量之下。可是，自宝祐以后，理宗朝政治却彻底走向腐败，宫廷消费有增无减。而南宋城市消费由于建立在特权消费阶层这一核心消费群之上，因此依然繁华如故。但是，由于广大百姓深受战争和剥削的摧残，已经没有什么消费能力，南宋的社会消费实际上已经处于疲软状态。南宋社会，如同是一辆正在失去动力的列车，中间却挂着一节豪华餐车。这辆列车，几乎完全暴露在巨大无情的外部冲击力之下，随时有被掀翻的可能。

宝祐元年（1253）秋，忽必烈率军从宁夏进入甘肃藏族地区，与另一部蒙军兀良合台部分兵三路进入云南。宝祐二年（1254），忽必烈军攻陷大理城。国祚长达三百六十年之久的大理国在蒙古铁蹄之下灭亡了。随后，忽必烈被调往襄、汉，作为东路军统帅。兀良合台部镇守云南。宝祐五年（1257），兀良合台部进入安南（今属越南）。至此，蒙古对南宋形成了陆上全面包围之势。南宋大半国土处于战争的直接威胁之下，社会生产全面受到影响。

开庆元年（1259）初，蒙军进逼长江口岸。南宋朝廷匆忙命贾似道从扬州领兵至峡州支援，以防止蒙军进入湖北路。贾似道自此担任多项要职，负责组织抗击蒙军进攻。开庆元年八月，忽必烈率军渡淮南下，九月渡江包围了鄂州（武昌）。同时，兀良合台部由云南北上进抵潭州城下。于是，蒙军和南宋在鄂州展开了争夺战。南宋军被围鄂州城，进行了艰苦的抵抗。入冬后，蒙军遭受疫疾，军粮也开始短缺。开庆元年闰十一月初，忽必烈急于北归争夺汗位，因此趁机接受贾似道的私下议和请求，撤围北返。鄂州保卫战后，贾似道邀功自重，随即出现了擅权的局面。

贾似道掌权后，说服理宗对将领实行打算法。所谓的打算法，是审理核查军费的开支，追查索交赃款。从理论上讲，打算法是有利于节省军费开支、打击军官贪污腐化的。但是，由于南宋军官将领揩克军饷、贪污肥私与官吏贪污腐败问题一样积弊已久，打算法的推行直接触及一些边防大将和军官的利益，实际推行起来造成了许多负面后果。另外，贾似道有利用打算法打击异己、公报私仇之心，某些有积怨的将领也趁机互相打击报复，因此打算法的推行使一些在抗蒙战争中有军功的将领被迫害，甚至间接造成了在抗蒙战争中立有战功的潼川路安抚副使刘整于景定二年（1261）叛宋投蒙。

由于战争军费开支巨大，而两税粮食收入有限，南宋政府不得不越来越依靠增发楮币和籴购买粮食。结果造成了物价飞涨、货币贬值、民不聊生的局面。景定三年（1262），知临安府刘良贵、浙西转运使吴势卿向理宗和贾似道献上回买公田之策。四年（1264），在贾似道的推动下，南宋政府开始推行公田法。公田法的推行，虽然在一定程度上减轻了南宋政府的财政压力，却引起了南宋统治集团内部的重重矛盾。

从南宋后期嘉定年间至景定年间的户口情况（见表43）可以看出，当时社会出现了重大的危机，导致户口数目剧减。（户口数目减少除了因为战争导致人口减少之外，也由于社会动乱，户口登录混乱。[①]）

---

① 《续文献通考》卷一二《户口考一》载："臣等谨按，《理宗本纪》宝庆元年止载两浙路户一百九十七万五千九百九十六，口二百八十二万二千三十三，福建路户一百七十万四千一百八十六，口二百五十五万三千七十九，余具缺漏不尽，以兵战之故也！"

表 43　正续《文献通考》中关于南宋末期户数与口数的记载 [1]

时间	户	口
宁宗嘉定十六年（1123）	12670801	28320085
景定五年（1264）	5696989	1326532

景定五年（1264）十月，理宗去世，度宗即位。度宗比理宗更加荒淫无耻，他几乎将朝政完全让给了贾似道管理。

南宋景定五年、蒙古至元元年（1264）之后，蒙古军便开始大举进逼南宋。咸淳四年（1268），蒙古军开始包围襄樊。至此，南宋政权已经岌岌可危。南宋咸淳七年（1271），蒙古改国号为元。咸淳八年（1272），襄樊城内盐、布帛等基本生活物资几乎断绝。咸淳九年（1273）正月，襄樊城被攻破。随后，襄阳城在元军压力下开城投降。咸淳十年（1274）七月，度宗病死。赵㬎被立为帝，是为恭帝。德祐元年（1275）正月，贾似道率宋军主力十三万与元军决战于安徽丁家洲。结果，宋军战败，主力基本被消灭。

恭帝德祐二年（1276）正月，元军逼近临安。文天祥借出使元军之机劝伯颜退兵，伯颜见文天祥"举动不常，疑有他志，留之军中"。[2]（文天祥后来在被伯颜押解北去途中逃脱，坚持抗元数年，后被俘，拒不投降，英勇就义。）元军随后进军至临安府北阙。二月，伯颜进屯湖州，后又屯于钱塘江边的沙洲之上。伯颜担心元军入城会导致繁华的杭州毁于一旦，不利于收买人心，加强统治，因令元军驻扎临安府郊外，不得入城。三月，伯颜进入了已经投降的临安城。宋祥兴二年（1279）二月，元军对崖山发起总攻，陆秀夫负帝昺投海而死，南宋灭亡。元军的作战部队没有对杭州城进行破坏，所以，当杭州城这一销金之城依然沉浸在灯红酒绿的繁华景象中时，宋代的历史已经宣告了终结。

---

[1]　宁宗嘉定十六年数据参见《文献通考》卷一一《户口考二》，理宗景定五年数据参见《续文献通考》。

[2]　《宋史纪事本末》卷一〇七《元伯颜入临安》。

（二）影响消费之经济因素

> 南宋后期社会经济的衰退。解决经济问题的措施的失灵。存在一
> 定的积极经济因素支撑城市消费、特权消费。

斯波义信将宋代长江下游区域史划为五个时期，加上元至明初的这段时间，共划分为七个时期。1207—1279 年之间这段时期，被他称为"下降始动期"[①]，这一时期与本书所说的南宋后期基本相重合。长江下游是南宋社会的核心经济区，因此该区域经济的下降，实意味着拉动整个南宋经济走向衰退。就南宋后期的经济发展趋势，我是完全赞同斯波义信的观点的。在南宋后期，当经济出现严重问题后，南宋政府曾数次推行过试图挽救危机的措施，其中动静最大的是收买公田法和推排经界法。这些试图挽救危机的措施，由于触犯了既得利益集团的利益，最终都没有逃脱失败的命运。但是，在南宋后期经济整体出现停滞甚至衰退的局面中，仍有一些积极的经济因素存在。下面的具体分析中，我们仍然可以看到一些积极的经济因素支撑着南宋后期人们的消费，也使特权阶层依然能够充分享受到社会所创造的丰富多彩的产品。

1. 农业与消费

> 农副业的发展，棉花的推广。政府消费对商品粮的依赖加强。南
> 宋晚期和籴不济。公田法、推排法对政府消费的意义及后果。

南宋后期，农村副业（尤其是商品性农村副业）有了进一步发展。其中，棉花在南宋后期由岭南向北扩展至长江流域东南地区种植。漆侠先生经研究指出说："棉花的种植与织造，在南宋时期已经逾岭峤而向东北一带即江南西路、两浙路、江南东路逐步推进和扩展，从而到元朝初年成为这些地区的一项重要

[①] 斯波义信《宋代江南经济史研究》，第 82 页。

的物产或产品。"① 棉花的推广，使南宋人民多了一种新的生活消费品，对于提高生活水平具有积极意义，对于后世之日用消费也具有深远的影响。

南宋政府消费在南宋后期对于商品粮的依赖越来越大。《宋史》记载："宝庆三年（1227），监察御史汪刚中言：'和籴之弊，其来非一日矣，欲得其要而革之，非禁科抑不可。夫禁科抑，莫如增米价，此已试而有验者，望饬所司奉行。'有旨从之。"② 在此之后，南宋政府通过抬高收购价格以和籴更多的粮食。这一革除和籴中科抑弊病的改革措施，客观上有利于促进农业发展，同时有利于保证政府最基本的消费需求。绍定元年（1228），南宋朝廷拨银、会子、度牒给湖广总所，命令和籴米七十万石供给军队。绍定五年（1222），有官员建议："若将民间合输缗钱使输斛斗，免令贱粜输钱，在农人亦甚有利，此广籴之良法也。"③ 皇帝同意了这一建议。所谓的"合输缗钱使输斛斗"是指让农民将本该交纳的货币形态的赋税改为交纳粮食。这种办法一方面确实有利于农民，另一方面也暴露了南宋政府对粮食的需求已经日益迫切，迫不得已通过一切利诱之法来广增和籴。《宋史》记载："开庆元年（1259），沿江制置司招籴米五十万石，湖南安抚司籴米五十万石，两浙转运司五十万石，淮、浙发运司二百万石，江东提举司三十万石，江西转运司五十万石，湖南转运司二十万石，太平州一十万石，淮安州三十万石，高邮军五十万石，涟水军一十万石，庐州一十万石，并视时以一色会子发下收籴，以供军饷。"④ 这些地方累计和籴粮食高达五百六十万石。咸淳六年（1270），尚书省上言说："咸淳五年（1269）和籴米，除浙西永远住籴及四川制司就籴二十万石桩充军饷外，京湖制司、湖南、江西、广西共籴一百四十八万石，凡遇和籴年分皆然。"⑤ 宝庆、绍定年间，南宋政府正面临蒙古军的战争威胁，而开庆元年正是蒙军大举进攻南宋、南宋组

---

① 漆侠《中国经济通史·宋代经济卷》，第 161 页。
② 《宋史》卷一七五《食货志·和籴》。
③ 《宋史》卷一七五《食货志·和籴》。
④ 《宋史》卷一七五《食货志·和籴》。
⑤ 《宋史》卷一七五《食货志·和籴》。

织鄂州保卫战之时。咸淳年间，蒙宋战争日益紧张，襄阳正被蒙军围困。由此可见，战争给南宋政府制造了明显的粮食供应方面的压力。

南宋晚期，由于社会危机重重，社会生产力遭到破坏，和籴渐渐不济，南宋政府消费和民间消费面临着很大的压力。景定四年（1263），贾似道推行公田法，主观愿望是积极的，主要是为了挽救当时的社会危机，试图解决和籴不利、军粮短缺、货币贬值、物价飞涨等一系列严重的社会问题。为此，他带头献出自己的一些土地。公田法推行前后长达十二年，客观上讲，对于南宋政府的财政状况来说，起到了一定的改善作用，并且使南宋政府对和籴依赖程度有所降低，军粮供应压力也相对减轻了。但是，由于公田法主要是为了收买多田之户的田地，因此直接触犯了官僚、地主的利益，受到他们的强烈反对。此外，南宋吏治腐败，在公田法推行过程中，出现了回买公田不均和残酷榨取公田田租的情况。许多大官僚地主虚报田亩，而增报普通民户的田亩数，造成很多民户倾家荡产。违反公田法规定过多榨取公田田租，则严重伤害了租种公田的佃农的利益。回买公田价格过低甚至不兑现的做法，也使公田法受到强烈的抵制。贾似道在度宗统治年间，继续推行公田法，同时为了配合公田法的推行，于咸淳元年（1265）开始在江南再次推行推排经界法，依据原先的经界、田产簿书资料，核查田产变化情况，挨户推算，清查土地，调整赋税额度。到咸淳三年（1267），平江、绍兴等府和荆湖南路都已完成。推排的结果使赋税稍稍公平了一点，国家收入也有所增加。但是，推排法在清查土地的过程中，和公田法一样，严重侵害了官僚大地主的利益，遭到了猛烈的反对。正如有学者指出，"推排法的推行从本质上来说，是封建国家与土地所有者，特别是大土地所有者分割土地和劳动成果的斗争，这就势必要遭到官僚、地主的猛烈反对"。[①] 就当时南宋面临之困境，吕思勉也指出："会子则已滥矣，金银数亦无多，且究

---

① 何忠礼《宋代政治史》，第 551 页。

不能径作钱币，^①故上下所贵，惟在谷粟，而国用遂专资和籴。和籴取谷粟于小民，买限外之田而收其租，则取谷粟于豪强，其是非固无待再计者也。然则买公田非徒救急，以义理论，亦无可訾议矣。所争者，行之之善否耳。"^②公田法和推排法本应能够对农业发展起到一定的积极作用，对于满足政府消费尤其具有积极意义，但是由于南宋政治已经腐败至深，既得利益集团使得南宋政府本来能够再借以苟延残喘一下的应急措施彻底失效。此后，南宋社会的生产力已经江河日下，迅速衰退，根本无法满足政府于战争时期的消费，而由于战事扩大，农业生产遭受严重破坏，民间的消费水平也极度下降。

2. 手工业与消费

棉纺织品。书封画与版画。消费活动与船。价格高攀的盐。

纺织业与消费

民间棉纺业的发展。棉纺织品进入中国人的日常生活。

棉花对于今人来说再熟悉不过了，但是它并非生来就为广大中国人民所普遍消费。直到南宋后期之前，棉花并没有得到广泛种植。棉花在南宋后期由岭南向北扩展至长江流域东南地区种植，促进了民间棉纺织业的发展。这是宋代纺织业发展的重要一步。对于消费者来说，自此又多了一类可供选择的重要消费品。棉纺织品这一类新消费品的出现，看起来似乎并不引人注目，但实际上却影响了此后亿万中国人的日常生活。

---

① 这里要说明一下，银在南宋时期已经使用得比较广泛了，具有了法定货币的职能。但是，宋代物价还是用钱表示，人们得到银后，一般都是先兑换成钱，然后再行使用。故吕思勉说："(金银)究不能径作钱币。"萧清在《中国古代货币史》中写道："所以白银尚未充分获得价值尺度及流通手段这两种基本职能，因而白银还不是流通中十足的货币。"参见萧清《中国古代货币史》，第237页。

② 吕思勉《吕思勉读史札记》，上海古籍出版社，2005年，第1099—1100页。

⊙ 淳祐年间《小字妙法莲华经》中的插图

雕版印刷业与消费

通俗文化消费的进一步发展。封面图画。世俗题材的版画。

南宋后期，文化消费依然旺盛，这为刻书业的发展提供了有利因素。杭州、婺州、苏州、饶州、抚州等都是当时的刻书业中心。北宋时期刻印的图书还没有封面，书名有的题刻于卷首，或刻印于版心。直到南宋末年，书籍才出现封面并有醒目的书名，有时还配有封面图画。封面图画的出现，说明在精英文化占据统治地位的文化环境中，显露出了通俗文化力量壮大的明显迹象。

通俗文化的消费是由来已久的，其兴盛绝非在短时期内一蹴而就。以版画（包括佛像画、书籍中的插图等）的发展为例，我们可以从中看到通俗文化的消费在宋代是如何逐步发展的，并最终于南宋后期呈现出明显壮大的迹象。结合前文，我们可以发现，保存至今的南宋版画作品制作时间主要集中在南宋中期和后期。南宋后期的版画作品主要有《小字妙法莲华经》中的插图（淳祐年间，1241—1252）[1]，有《梅花喜神谱》（景定二年，1261，二卷，宋伯仁绘编，金华双桂堂刊本）[2]，有《演禽斗数三世相书》（宋末刊本，一卷，署"唐袁天纲

---

[1] 《新编中国版画史图录》一书中有图版。周心慧主编《新编中国版画史图录》（第二册），第69页。

[2] 周心慧主编《新编中国版画史图录》（第二册），第74、75页。

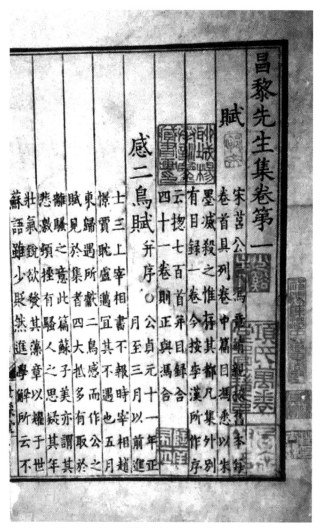

⊙ 南宋咸淳廖莹中世綵堂刻本《昌黎先生集》（欧体字）

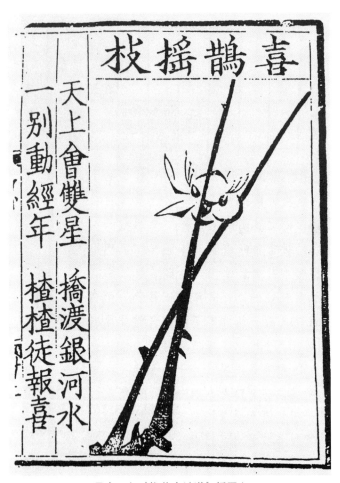

⊙ 景定二年《梅花喜神谱》插图之一

撰")中的大版幅插图，有《碛砂大藏经》扉页画（绍定四年至元至治二年间，1231—1322，平江府陈湖碛砂延圣院刊本，框高 28.3 厘米，宽 44.4 厘米，梵夹装，经书 591 函，6362 卷，宗教类，宋陈昇画，孙祐、陈宁、袁玉等刻）[1]等。此外，还有一些无法确认具体刻印年代的书籍，其中也常有大量插图。比如，《纂图互注毛诗》20 卷，汉郑玄笺，宋麻沙书坊刊本，卷首冠"毛诗举要图"[2]；《乐书》200 卷，目录 20 卷，宋陈旸撰，有插图。[3] 从这几本书的插图题材来看，应都属于南宋中后期版画作品。尽管少数版画制作年代不详，但由保存至今的版画作品的量与作品题材的整体来看，北宋时期版画大多是佛画，有的是独幅雕版佛画，有的是刊本中的佛画〔如《大佛顶陀罗尼经》扉页画（北宋年间，964—1126）。[4]〕南宋时期，版画的题材开始摆脱宗教题材的束缚，更多地反映了人们在现实生活中的审美需要和文化需要。图画比文字更加通俗易懂，它最终于南宋后期从书中"走到了"封面，意味着通俗文化已经渐渐成为一股文化力量；或至少可以说明，通俗文学获得了进一步的发展。毫无疑问是，有封面画的书籍的出现，反映出在南宋后期的社会生活中，人们对通俗文化的需求进一步变大了。

造船业与消费

海外贸易、娱乐消费、奢侈消费刺激造船业。

南宋后期，由于政治与军事局面的影响，海外贸易对于南宋政府消费和民间消费来说意义非凡，因此，海船制造非常发达。根据史料记载，南宋后期，"浙江，乃通江渡海之津道，且如海商之舰，大小不等，大者五千料，可载五六百人；中等二千料至一千料，亦可载二三百人；余者谓之'钻风'，大小八

---

[1] 《中国版画史图录》一书中有图版。周芜编《中国版画史图录》（上），第 30 页。

[2] 《新编中国版画史图录》一书中有图版。周心慧主编《新编中国版画史图录》（第二册），第 85—86 页。

[3] 周心慧主编《新编中国版画史图录》（第二册），第 87—88 页。

[4] 《中国版画史图录》一书中有图版。周芜编《中国版画史图录》（上），第 20 页。

櫓或六櫓，每船可载百余人。此网鱼买卖，亦有名'三板船'"。① 仅据此之记载，便可知南宋后期造船业之发达。由此可以推知，当时商业发达，像杭州这样的港口城市对各种物品的需求巨大，

杭州的娱乐消费、奢侈消费也促进了浙江造船业的发展。反过来，浙江发达的造船业，也为杭州的娱乐消费、奢侈消费创造了条件。《梦粱录》记载："杭州左江右湖，最为奇特，湖中大小船只，不下数百舫。有一千料者，约长二十余丈，可容百人；五百料者，约长十余丈，亦可容三五十人；亦有二三百料者，亦长数丈，可容三二十人，皆精巧创造，雕栏画拱，行如平地。"② 这些船各有名称，大多是为了娱乐休闲或做生意所制造。杭州的湖中还有贾秋壑（贾似道）府专有的车船，另有用香楠木制造的精巧的御舟，赵节斋制造的名叫"乌龙"的湖舫，做小买卖的小船，钓鱼网鱼、放养龟鳖的瓜皮船，专载商人妓女等人的"小脚船"，下雪天供富家玩乐的雪船，甚至有富豪之家专门建造的自家船。③ 浙江造船业之发达与消费之兴旺，于这一史料中鲜活可见。

食品加工业中的盐业与消费

不断增加的榷盐收入和生活困苦的盐户。

在南宋后期，食品加工业中的盐业依然是南宋的重要手工业部门。下表（见表44）是南宋后期的榷盐收入，从表中数据可以看到，南宋后期，政府的盐业收入并没有减少：

---

① 《梦粱录》卷一二《江海船舰》。
② 《梦粱录》卷一二《湖船》。
③ 参见《梦粱录》卷一二《湖船》。

表 44　南宋后期的榷盐收入 [①]

时间	榷盐收入（万贯）
淳祐十二年（1252）	11,815
宝祐二年（1254）	13,173

南宋政府对于盐的收购价格很低，出卖价格和收购价格的差价很大，因此可以通过榷盐获得高额收入。榷盐收入的增加，并不意味着盐户、盐工们的生活水平和消费水平提高。恰好相反，盐户深受剥削，大多数劳动成果并没有被他们所享有。诚如漆侠先生所言："畦户、大部分亭户、备丁、小火，以及私盐井中的盐工是这个部门的生产者、财富的创造者。他们虽然提供了非常可观的财富，但占 90% 以上的剩余劳动却作为厚利被封建国家所占有，自己只能过着贫困竭蹶的生活。" [②] 南宋政府不断增加的榷盐收入背后，是大量生活困苦的财富创造者。这些财富创造者由于处于被剥削的地位，几乎没有什么消费能力。

3. 交通运输、商业与消费

发达的商业与繁华城市中多姿多彩的消费。

交通运输、贸易与消费

海上商业交通。浙江内陆航道。杭州贸易地位的上升。

南宋后期的商业交通值得一提的是当时的海上商业交通。当时主要的港口有杭州、台州、温州、泉州、福州等。从杭州出发，乘船可以到达各个主要港口。泉州则是当时主要的出洋港口。《梦粱录》卷一二《江海船舰》中记载："若商贾止到台、温、泉、福买卖，未尝过七洲、昆仑等大洋。若有出洋，即

①　表中数据来自汪圣铎《两宋财政史》，第 700—704 页。
②　漆侠《中国经济通史·宋代经济卷》，第 943 页。

从泉州港口至岱屿门，便可放洋过海，泛往外国也。"①

当时，浙江的内陆航道商业交通也非常发达。在浙江航道之上，虽然也有很多海船，但是其中最多的是在严州（今浙江建德）、婺州（今浙江金华）、衢州（今浙江衢州）、徽州（今安徽歙县）与杭州之间来往行商的船只，"如杭城柴炭、木植柑橘、干湿果子等物，多产于此数州耳"。②明、越、温、台各地的海鲜产品，也可以进入长江、浙江等内河航道。但是，严州、婺州、衢州、徽州等地的船，沿江往下游去做买卖容易，逆江而上就非常艰难了。③在机械动力没有出现之前，商业交通与贸易依然严重受限于自然力。而在消费领域，人们也更多地依赖于自然经济所生产出的产品，显然，这些都是受制于生产力发展水平的。

浙江是南宋时期最重要的内河航道之一，而杭州则是当时最重要的港口之一，它既是内河出口，又是海港，因此成为名副其实的交通枢纽。《梦粱录》如此描述当时浙江和杭州的盛况："江岸之船甚夥，初非一色；海舶大舰、网舰大小船只，公私浙江渔浦等渡船、买卖客船，皆泊于江岸。盖杭城众大之区，客贩最多，兼仕宦往来，皆聚于此耳。"④

在海外贸易方面，当杭州地位上升之同时，泉州的地位在南宋后期则有所下降。南宋后期，泉州在海外贸易方面的地位已经无法和杭州相比拟了。史载显示，泉州港市舶税岁收百万贯左右，到了理宗绍定四年（1231），"才收四万余贯"，五年（1232）止收五万余贯。⑤因此，南宋后期，杭州贸易对社会消费的贡献要远远大于泉州贸易。杭州当地之消费力，亦远非泉州可比。

---

① 《梦粱录》卷一二《江海船舰》。
② 《梦粱录》卷一二《江海船舰》。
③ 《梦粱录》卷一二《江海船舰》。
④ 《梦粱录》卷一二《江海船舰》。
⑤ 《西山文集》卷一五《申尚书省乞拨降度牒添助宗子请给》。

商业城市与消费

　　南宋后期商业城市的发展扩大了城市消费。消费中心杭州的面积
与人口。杭州城内丰富多彩的消费活动。

　　南宋江南地区经济发达，大城市的数目增多。龙登高的研究认为，南
宋后期的江南总人口913.3万，其中城市人口137.2万。城市人口比例为
15%。[1] 至于临安的人口，龙登高认为按每户5口算也只有87万人，如果按
每户4.5口算则不足70万人。[2] 根据有关资料分析（参见前文关于南宋中期
临安人口的研究），龙登高的测算明显偏低。笔者估计南宋中后期杭州人口在
234万至288万左右（参见前文）；根据杭州城城区面积来看（参见下文），南
宋后期杭州人口当不少于此数。如果按此推算，南宋后期江南的总人口和城
市人口比例还会更高。但是，不论按照保守估计还是较高的估计，南宋城市
得到较大发展的事实是不可辩驳的。城市人口的增多扩大了城市消费，增加
了城市对商品的需求。长江中下游地区的苏州、建康府、真州，长江中游的
鄂州、荆南府、潭州等都成为商业发达的商业都会。由于海外贸易发达，泉
州、温州、潮州、漳州也都已经发展成了商业发达的商业都会。商业都会为
人们的集中消费创造了场所。此外，宋政府将有些市镇作为县治，还在更多
的市镇设立了长期收取商税的机构，这些市镇渐渐也发展成为商业发达的地
区，消费活动也随之而活跃。

　　南宋后期最重要的商业都会和消费中心依然是都城临安。到宋理宗宝庆二
年（1226），杭州城区面积大概是最初的三倍。这一年，程珌在《城南厢厅续
记》中写道："南北二厢，设于关外，而分任之地皆六七十里。"南北二厢分别
有六七十里，这就相当于北宋初年杭州城区面积的三倍。结合前文关于杭州城
的研究，我们可以看到，杭州城区面积的扩大主要发生在南宋时期。

---

[1]　龙登高《江南市场史——十一至十九世纪的变迁》，第58页。
[2]　龙登高《江南市场史——十一至十九世纪的变迁》，第54页。

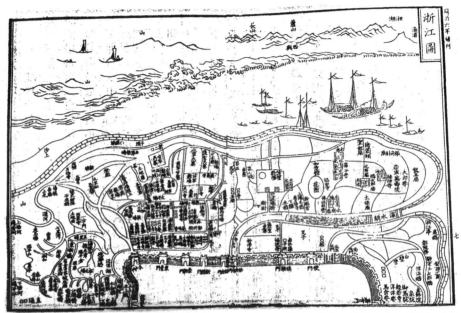

⊙《咸淳临安志》中的浙江图（《咸淳临安志》宋咸淳四年潜说友纂修，清道光十年钱塘汪氏振
　绮堂刊本，该浙江图为该刊本中同治六年补刊图）

⊙《咸淳临安志》中的西湖图（《咸淳临安志》宋咸淳四年潜说友纂修，清道光十年钱塘汪氏振
　绮堂刊本，该西湖图为该刊本中同治六年补刊图）

《都城纪胜·坊院》记曰："今中兴行都已百余年，其户口蕃息近百万余家，城之南西北三处，各数十里。人烟生聚，市井坊陌，数日经行不尽，各可比外路一小州郡，足见行都繁盛。"①《都城纪胜》成书于理宗端平二年（1235）。从上面摘录的这段文字看，杭城在南西北三个方向上的城区扩展要快于东边，东厢的面积可能要小于西厢。吴自牧在《梦粱录》中写道："自高庙车驾自建康幸杭驻跸，几近二百余年，户口蕃息，几近百万余家。杭城之外城，东西南北各数十里。人烟生聚，民物阜蕃，市井坊陌，铺席骈盛，数日经行不尽，各可比外路一州郡。足见杭城繁盛耳。"②吴自牧的《梦粱录》成书时间大约是1276年临安陷落后，写的大概是度宗咸淳年间的临安。

从文字上分析，吴自牧在《梦粱录》写作中显然参考了《都城纪胜》。但是，仔细看以上两段文字，在描写杭城大小时，还是有细小的区别。《都城纪胜》中有一句"城之南西北三处，各数十里"；而在《梦粱录》中，吴自牧写道："杭城之外城，东西南北各数十里。"另还有一处，《都城纪胜》中有一句"各可比外路一小州郡"；在《梦粱录》中有类似的一句是"各可比外路一州郡"。

从语句措辞来看，吴自牧在写《梦粱录》时并非简单地抄录《都城纪胜》，而是根据现实的变化修正了旧资料。根据这两段文字的对比，笔者认为，从理宗端平年间以来，杭州城虽然人口增长已经基本上停滞，但是城区面积却还在小规模的扩大过程中。在人口增长不大的情况下，城区面积的继续扩大有可能来自人的生活区域的拓展。根据元初马可·波罗以及意大利僧侣鄂多立克等外国人的记载，贯穿杭州南北的繁华大街长达六七十里，住在郊外市街的人反而比都城内多。鄂多立克写的报道中有这样一段："这个杭州的都城有十二个门，

---

① 此处引文选用《西湖老人繁胜录三种》之《都城纪胜》，宋史资料萃编第三辑，文海出版社有限公司，1981年，第89—90页。《西湖老人繁胜录三种》之《都城纪胜》为"光绪四年戊寅夏泉唐丁氏镌"。周峰于"点校后记"中说明，《都城纪胜》以曹寅《楝亭十二种》本为底本，以清抄本为校本。

② 《梦粱录》卷一九《塌房》。

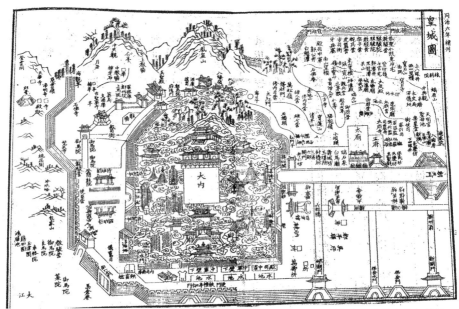

⊙《咸淳临安志》中的行在皇城图（《咸淳临安志》宋咸淳四年潜说友纂修，清道光十年钱塘汪氏振绮堂刊本，该皇城图为该刊本中同治六年补刊图）

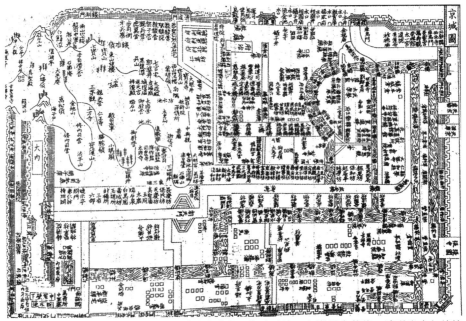

⊙《咸淳临安志》中的行在京城图（《咸淳临安志》宋咸淳四年潜说友纂修，清道光十年钱塘汪氏振绮堂刊本，该京城图为该刊本中同治六年补刊图）

⊙ 衢州出土的南宋咸淳十年史绳祖夫妇合葬墓中的刻有"罗双双"
　 字样的银鞋

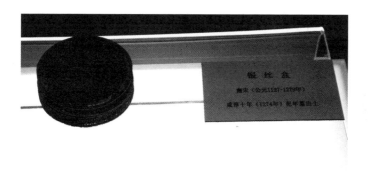

⊙ 南宋的银器

⊙ 南宋陪葬用银鞋。鞋底双钩刻的"罗双双"字

各门的郊外有八哩左右繁华的市街连续着。住在郊外的市街的人口，反而比都城内多。"[1]

由此我们可以知道，南宋临安向外扩展的市街人口聚集，有着大量的商业活动，一直到元初还是消费旺盛的区域。根据《都城纪胜》和《梦粱录》记载，我们可以发现临安在南宋后期人口增长不多。如果南宋后期不是人口增长促进了临安的继续向外扩展，那么城区拓展的因素则应该主要是商业与消费活动活跃。《都城纪胜·坊院》中的记载充分说明了当时临安的商业非常繁荣。在上文所引的一段话后，《坊院》篇继续写道："而城中北关水门内，有水数十里，曰白洋湖，其富家于水次起迭塌坊十数所，每所为屋千余间，小者亦有数百余间，以寄藏都城店铺及客旅物货，四维皆水，亦可以防避风烛，又可免盗

① 转引自赵冈、陈钟毅《中国经济制度史论》，第 325 页。

⊙ 素绢对襟短襦。江苏金坛南宋墓出土

⊙ 对襟宽袖花纱短衫。江苏金坛南宋周瑀（理宗淳祐四年太学生）墓出土

⊙ 袜。江苏金坛南宋墓出土

贼，甚为都城富室之便，其他州郡无此，虽荆湖沙市、太平州黄池，皆客商所聚，亦无此等坊院。"①临安建设的水上塌坊颇有与水争地之势，而且，这些塌坊规模都不小。由此可以推知，当年商业的发展确实对城市建设起到了促进作用。因此，我们可以说，是商业与消费促进了都市的扩展，而扩展开来的都市又反过来为人们提供了适合聚居的城市环境，可以从事商品自由交换以及开展消费活动的场所。

南宋后期的临安消费非常旺盛，各种零售业和服务业都很发达。《梦粱录》中记载的有名有姓的铺席达一百多家，其中有铁器铺、笼子铺、漆器铺、牙梳铺、彩帛铺、头巾铺、幞头铺、金银铺、药铺、饮食店等各种销售生产资料和生活消费品的商铺。②南宋潜说友所著的《咸淳临安志》卷一九、周密《武林旧事》卷六中都有临安诸市的记载。根据《武林旧事》记载，当时临安的租赁服务很发达，可供租赁的物品包括花擔、酒擔、首饰、衣服、被卧、轿子、布囊、酒器、帏帐、动用、盘合、丧具等。③另据《西湖老人繁胜录》记载，当时临安的商业市场中已经有四百四十多行，《武林旧事》卷六之《小经纪》记载了"他处所无"的小经纪达一百七十八种，临安城内商业之发达、消费力之强大以及市场之成熟由此可见一斑。《咸淳临安志》卷一九、《梦粱录》卷一九、《武林旧事》卷六等笔记资料中都有关于南宋临安瓦子勾栏的详细记载，瓦子勾栏数目之多足显当日临安城内娱乐消费之旺盛。《武林旧事》卷六之《诸色伎艺人》中记载了五十五种伎艺、五百一十五位诸色伎艺人的名字。在《武林旧事》所记载的诸色伎艺中，除了书、画、棋等伎艺之外，大部分是为市民百姓提供娱乐消遣的伎艺，其中包括说唱、杂技、体育活动等多类。当然，这些记载，足以说明被记录的各种消费活动和消费现象在南宋后期已经出现或盛行，

---

① 此处引文选用《西湖老人繁胜录三种》之《都城纪胜》，宋史资料萃编第三辑，文海出版社有限公司，1981年，第89—90页，《西湖老人繁胜录三种》之《都城纪胜》为"光绪四年戊寅夏泉唐丁氏镌"。
② 《梦粱录》卷一三《铺席》。
③ 《武林旧事》卷六《赁物》。

⊙ 穿半袜的缠足女艺人。宋《杂剧人物　　　⊙ 穿褙子弓鞋的杂剧女艺人。宋《杂剧
　图》局部 1　　　　　　　　　　　　　　　人物图》局部 2

但是并不意味着它们产生于南宋后期。其实，很多消费活动与消费现象发端甚
早，比如，《武林旧事》卷六《诸色伎艺人》中记载的嘌唱即在丁未年 [1]（应为
宋孝宗淳熙十四年，即 1187 年）就有。但是，因《西湖老人繁胜录》[2]《梦粱
录》《咸淳临安志》《武林旧事》等书或成书于南宋中后期，或成书于元初，即
使是成书于元初者，也以回忆南宋时期的社会生活为内容，因此，这些著作所
记载的消费内容和消费现象在南宋后期定然是存在的（尽管不一定始于南宋后

---

① 《武林旧事》卷六《诸色伎艺人》。

② 孙毓修撰《西湖老人繁胜录》跋中曰："以书中庆元间油钱一条考之，则其人当生于宁宗
时……高宗驻跸临安，谓之'行在'……此书止名'繁胜录'，绝无都城之称，其书当成于耐得翁之
前。梦粱旧事皆作于沧桑之后……惟老人此书得之目睹……"据此知《西湖老人繁胜录》一书作者
西湖老人曾亲历南宋中后期时事。

期），故本书于此处对它们所记载的消费活动与消费现象加以概括性介绍，以用来说明当时的商业都市中的消费情况。

4. 货币与消费

南宋后期巨大的军费与宫廷消费开支。货币贬值、通货膨胀及政府的调控。人民生活消费水平的极度下滑。

理宗朝初年，南宋政府财政危机非常严重。政府财政开支越来越大，最大的开支是军费，宫廷消费开支紧随其后。为了应付财政问题，南宋政府大量增发楮币，使纸币面值大跌，物价飞涨。楮币的价值一度贱如粪土，老百姓购买力和生活消费水平由于货币贬值而下降很多，因此对纸币几乎失去了信任。《历代名臣奏议》记载了当时的著作佐郎高斯得的奏议，奏议中说，当时一年收入达一万二千余万缗，支出却达二万五千余万缗，而政府解决巨额赤字的办法却只不过是增发楮币。[①] 从货币角度分析，我们就更容易理解为什么理宗到了自己亲政后，急于希望通过"端平更化"扭转官员贪污腐化、官员冗杂的局面。作为解决财政压力问题的各种货币政策，也是"端平更化"的一部分。

为了提高纸币（会子）的币值，理宗下令停止发行新的会子。理宗朝的会子源自于绍兴末年开始发行的东南会子。到理宗亲政的端平元年（1234），会子已经发行到第十七界。第十七界会子与绍定五年（1232）发行的第十六界会子同时在市面上流通。按照南宋惯例，发行新会子时，旧会子都进行贬值（称为"折阅"），通常旧会子会贬值一半。端平二年（1235）八月，有臣僚向理宗请求发行第十八界新会子。理宗认为在当时的局面下发行第十八界会子可能导致民间的恐慌，因此只同意"预造桩积，为变通之备"。此后不久，理宗采纳权兵部尚书许应龙的意见，允许现行会子永远行用，不复更改，并且下诏罢去

---

① 《历代名臣奏议》卷六三《治道》。高斯得在奏议中说："国家版图日蹙，财力日耗，用度不给，尤莫甚于迩年。闻之主计之臣，岁入之数，不过一万二千余万，而其所出，乃至二万五千余万。盖凿空取办者过半，而后仅给一岁之用。问其取办之术，则亦不过增楮而已矣！呜呼！"

⊙ 端平重宝之一种

　　有关造纸局，甚至停止各州科买制造会子的原料——楮皮。但是，第十八界会子还是于嘉熙四年（1240）发行面市，同时对第十六界会子进行了回收。究其原因，恐怕是迫于当时的战争形势紧张、军费支出庞大、政府财政已经面临崩溃的危机。随后，南宋政府宣布第十七界会子、第十八界会子永远通行，不再更换。值得注意的是，从端平元年已经发行的第十七界会子至嘉熙四年发行的第十八界会子，中间间隔了六年之久，比宁宗及理宗前十年发行各界会子的时间间隔要长很多。这说明"端平更化"还是起到了一定的积极作用的。另外，到淳祐二年（1242）时，有官员上奏说："自去年至今，楮价粗定，不至折阅者，不变更之力也。"[1]这也说明嘉熙四年后停发新会子的积极效果已经开始显现出来，南宋政府的宏观货币政策在一定程度上稳定了会子的币值。

　　"端平更化"时期，南宋政府除了一度停止发行新会子，还尝试利用各种办法来提高楮币的价值（称为"秤提"）。端平二年（1235）四月，理宗为了缓减货币贬值、物价飞涨的问题，命令封桩库支拨度牒等下发诸路监司和州郡，用来回收第十六界、第十七界会子。[2]此外，南宋政府还动用金、银硬通货来收兑会子，"在京十局共支过金九万一千八百三十余两，银二百一万六千九百

① 《宋史》卷一八一《食货志·会子》。
② 《宋史全文》卷三二，端平二年四月条。

余两，诸州品搭之数不与焉。如官诰、如度牒、如盐钞、印造换给，则又不知纪极矣"。[①] 但是，这次大规模的收兑会子发现了很多伪币，促使理宗采取了一些严禁制造伪楮币的措施。理宗时期市场上出现大量伪楮币的事实，暴露了当时南宋市场上货币管理混乱的问题。同时，从一个侧面可推知由于铜铁钱严重流失和物价飞涨，已经使当时民间购买力大量缩水，以至于给大量伪造楮币制造了可乘之机。

当时南宋政府提高楮币价值的另一办法是使用另一种宏观调控措施，即在田赋政策方面继续执行"钱会中半"。端平元年（1234）还曾宣布，当年所征收的田赋全部折收楮币。当年，南宋政府发行了第十七界会子，却面临民间对会子价值不信任的问题。因此出台田赋全部折收楮币的政策，其用心无非在于促进货币流通，借机回收第十六界会子，以防止楮币继续贬值，并稳定物价。

稳定楮币币值的措施起到了一定的作用。吴潜在嘉熙四年（1240）时说："钱既流通，楮亦增重，目前市邑，粗免萧条急迫气象。"[②] 可惜，由于战争形势恶化，巨大的军费开支和已经难以约束的奢侈消费，使得南宋政府在理宗朝后期不得不再度大量增发楮币。度宗朝咸淳年间，战事紧张，南宋实际统治区进一步缩小，战线却越来越长，军费负担越来越重。南宋朝廷为了应付庞大的开支，又继续增发楮币，结果物价飞涨，人民生活消费水平极度下降，社会危机空前严重。

南宋后期，纸币流通日渐扩大，通货膨胀日益严重。与此同时，铜钱多为人所藏匿，或者被销毁作成器物。在海外贸易中，铜钱也出现严重的外流现象。针对铜钱短缺和外流的问题，南宋政府多次下达命令，禁止销毁铜钱制作器物，防止铜钱过度流往海外。《宋史》记载："淳祐四年（1244），右谏议大夫刘晋之言：'巨家停积，犹可以发泄，铜器钚销，犹可以止遏，唯一入海舟，往而

---

① 《鹤林集》卷二一《缴薛极赠官词头》。
② 《许国公奏议》卷三《经筵奏论救楮之策所关系者莫重于公私之夹》。

不返.' 于是复申严漏泄之禁。"① 淳祐后期，南宋的社会危机变得更加复杂，就经济而言，出现了"钱荒"（主要指铜钱缺少）和物价腾踊并存的情况。时人对于这种局面有很多不同看法。这一点，可以从当时监察御史陈求鲁的一次上言中看到。《宋史》用很大篇幅记录了陈求鲁的上言，这一上言充分反映了当时南宋所面临的社会危机的复杂性，兹录于下："淳祐八年（1248），监察御史陈求鲁言：'议者谓楮便于运转，故钱废于蛰藏；自称提之屡更，故圜法为无用。急于扶楮者，至嗾盗贼以窥人之闾奥，峻刑法以发人之窖藏，然不思患在于钱之荒，而不在于钱之积。夫钱贵则物宜贱，今物与钱俱重，此一世之所共忧也。蕃舶巨艘，形若山岳，乘风驾浪，深入遐陬。贩于中国者皆浮靡无用之异物，而泄于外夷者乃国家富贵之操柄。所得几何，所失不可胜计矣。京城之销金，衢、信之输器，醴、泉之乐具，皆出于钱。临川、隆兴、桂林之铜工，尤多于诸郡。姑以长沙一郡言之，乌山铜炉之所六十有四，麻潭鹅羊山铜户数百余家，钱之不坏于器物者无几。今京邑输铜器用之类，鬻卖公行于都市。畿甸之近，一绳以法，由内及外，观听聿新，则铥销之奸知畏矣。香、药、象、犀之类异物之珍奇可悦者，本无适用之实，服御之间昭示俭德，自上化下，风俗丕变，则漏泄之弊少息矣。此端本澄原之道也。'有旨从之。"② 在监察御史陈求鲁这次上言之后，南宋朝廷于淳祐十年（1250）、十二年（1252）、咸淳元年（1265）数次下达法令，或禁止铜钱下海，或禁止销毁铜钱制造器物，或禁止制造假币。

其实，在嘉熙四年（1240），东南诸路的米价已经出现了斗米3400文的情况（参见后文详论）。因此，陈求鲁所说的"物钱俱重"主要只对铜钱适用。从"自称提之屡更"一语，可推知陈求鲁并非不知道纸币贬值之问题。陈求鲁突出强调了铜钱价格升高问题，使得引起社会危机的最根本的原因被掩盖在大量表象之下。陈求鲁揭示了造成南宋"物钱俱重"这一问题的原因是铜钱被销

---

① 《宋史》卷一八〇《食货志·钱币》。
② 《宋史》卷一八〇《食货志·钱币》。

毁铸成器物、在对外贸易中外流以及奢侈消费。的确，这些问题都是造成南宋"物钱俱重"的重要原因，但是，陈求鲁并未抓住造成这一问题的最根本原因。以我之见，南宋淳祐年间"物钱俱重"的问题之所以变得严重，最根本的原因是当时社会生产力已经遭到严重破坏，生产的总产出已经无法满足社会总需求。而同一时期，由于长期的战争以及南宋统治阶级对劳动人民的残酷剥削，阶级的两极分化日益严重，广大人民对于未来预期严重降低，因此对纸币失去信任造成纸币贬值，而铜钱、销毁铜钱制造的器物已经具有了保值功能和获利功能，因此铜钱币值被渐渐抬高。这一时期铜钱短缺的根本原因不同于北宋神宗元丰时期的"钱荒"。北宋元丰年间的"钱荒"实与社会总供给增加、社会消费总体旺盛有关。但是，在表象上，两个时期的"钱荒"都有销毁铜钱铸造能获利之物的共同特征。淳祐年间"物钱俱重"的问题实际上已经蕴藏着全面通货膨胀的危机。社会生产力继续遭破坏则使社会生产不足、社会总供给进一步与社会总需求拉大距离，在总产出不足的情况下，需要更多的货币来购买（或者说"争夺"）有限的商品。在这一宏观环境之下，南宋统治阶级的奢侈消费则成为雪上加霜之因素，最终使政府无法承受财政支出庞大所造成的压力。终于，在度宗朝时期，为应付庞大的财政开支，南宋政府再次增发楮币，结果造成了物价继续飞涨，使人民生活消费水平极度下降。

（三）影响消费之舆服制度与社会风尚因素

史载中鲜见理宗朝及其后的舆服制度。

南宋后期理宗朝及其后政府针对民间消费的具体舆服制度在史料中不多见。在《宋史》之中，这段时间内针对民间消费的具体舆服制度更是不见于文字。其他一些基本宋代史料，大多不记或很少记南宋末年之制度。《续资治通

⊙ 南宋李嵩（1166—1243）《妃子浴儿图》（局部）中的妇女服饰

⊙ 南宋李嵩《听阮图》（局部）中的女人服饰

⊙ 南宋花罗裙（福州黄升墓出土）

⊙ 南宋素罗镶边大袖。福州黄升墓出土。黄升是南宋理宗时期人，她
　的父亲是绍定二年的状元黄朴

鉴长编》编年记事起于建隆元年，迄于靖康朝，^①无南宋后期之事。《建炎以来
系年要录》编年记事起于建炎元年（1127），迄于绍兴三十二年（1162），记录
高宗朝三十六年事。《建炎以来朝野杂记》也无涉南宋后期理宗朝。《皇朝中兴
两朝圣政》只记南宋高宗、孝宗朝之事。《三朝北盟会编》记徽宗、钦宗、高
宗三朝及金国之事。《宋史纪事本末》则过于约略，且以记事为主，也无理宗
朝及其后的舆服制度的记载。《文献通考》又无"舆服"一门。《宋会要辑稿》
舆服卷次记载"臣庶服"部分也只记到孝宗朝为止。^②实际上，《宋会要》^③最
后编成的时间（即《宁宗会要》编成时间）是淳祐二年（1242）。这就是说，
《宋会要》的史载中并没有淳祐二年之后至南宋灭亡的这段历史记载。《续资治
通鉴》《宋季三朝政要》等或还可待考。《宋季三朝政要》卷四《度宗》部分有
两条记载与舆服制度有一定的关系。其一，该书记："咸淳二年（1266）春……
临安府士人叶李、萧至等上书，诋似道专权，害民误国。似道怒，嗾林德夫告
李等泥金饰斋扁不法。京尹刘良贵以闻，加李等罪，黜窜远州。"^④据此可推知，
咸淳二年，斋扁以泥金为饰，是有违朝廷禁令的，而且朝廷对违禁的惩罚还
不轻。其二，该书记："咸淳五年（1269）春……禁珠翠。都人以碾玉为首饰，
宫中簪琉璃花。都人争效之。时有诗云：'京城禁珠翠，天下尽琉璃。'识者以
为流离之兆。"^⑤看来，即使到了国势日下之时，南宋朝廷依然未完全忽视舆服
制度。不过，从目前所能掌握的史料看，南宋后期针对民间颁布的舆服禁令确
实鲜见。笔者认为，南宋后期针对民间消费的具体舆服制度少见于文字记载的

---

① 《宋史》卷三八八《李焘传》说李焘"仿司马光《资治通鉴》例，断自建隆，迄于靖康，
为编年一书，名曰《长编》……（乾道）四年（1168），上《续通鉴长编》，自建隆至治平，凡一百八
卷……（乾道）七年（1171），《长编》全书成，上之，诏藏秘阁。焘自谓此书宁失之繁，无失之略，
故一祖八宗之事凡九百七十八卷，卷第总目五卷"。今中华书局版《续资治通鉴长编》为原书之残本，
记事只至哲宗朝元符三年（1110）正月。
② 《宋会要辑稿》，舆服四之一〇。
③ 此处指宋代所编的最初的《宋会要》原本，故不用《宋会要辑稿》之名。陈智超先生认为，
《宋会要》不是原名，是《永乐大典》的编者所加。参见陈智超《解开宋会要之谜》，社会科学文献
出版社，1995年。
④ 《宋季三朝政要》卷四《度宗》。
⑤ 《宋季三朝政要》卷四《度宗》。

原因最可能的情况有三种：一是由于南宋末年政治军事形势紧张，朝廷无暇顾及管制消费；二是由于南宋末年局势混乱，即使有史载记录典章制度，大部分资料也已经散失；另外一种情况可能是由于南宋末年社会生产破坏严重，民间消费已经不可能大规模仿效宫廷消费，因而朝廷在维持自身消费的同时，也没有必要再大量颁布禁奢之令。当然，宋代史料卷帙浩繁，有大量的文集、笔记、小说等，或许其中包含有南宋后期理宗朝及其后的针对民间消费的具体舆服制度史料，亦未可知。随着新史料的发现，南宋末期舆服制度对于民间消费的影响这一问题将会有更加明确的答案。

（四）影响消费之广告因素

缺少创新的广告传播方式。市声、招牌、商品或服务的标识、大型展示游行、包装纸——裹贴等。

南宋后期，城市商业的发展推动了城市商业传播的进一步勃兴。都城临安的商业传播现象无疑也是最为突出的。吴自牧的《梦粱录》反映了度宗咸淳年间临安城内的大量商业传播现象和广告形式。

市声广告是当时临安城的主要广告形式之一。当年临安的市声广告具体又可分为叫卖、唱卖、器声等形式。在《梦粱录》朴素、真实的叙述中，我们即使在距离大宋王朝近两千年的今天，也仿佛可以听到当年临安城内各种喧嚣混杂的声音，也仿佛可以看到当年临安城内熙熙攘攘的街市。每天早晨天刚破晓时，临安城内的街道便因为众人出市热闹起来。卖烧饼、蒸饼、糍糕、雪糕等点心的人和做其他生意的人，都来赶早市。各种卖东西的铺位填塞街市，"吟叫百端，如汴京气象"，而且这些叫声"殊可人意"①（《都城纪胜·铺席》中也有"吟叫百端"之语）。由此可见，时人对于繁华都市中生意人的叫卖之声并不抵触。这些叫卖声，对于在城市中生活的人早已熟悉，并没有什么新鲜的地

_____

① 《梦粱录》卷一三之《天晓诸人出市》。

⊙ 南宋李嵩《货郎图》

方。对于那些遥想汴京怀念故国的人来说，这种声音可能更添了一份浪漫色彩。"杭州大街，买卖昼夜不绝"，不仅早市及日间有叫卖声，夜市期间同样有叫卖声，有叫卖糕点的，有叫卖各种熟食的，"亦有卖卦人盘街叫卖"。[①] 生意人为了推销自己的商品，不仅叫卖，而且有唱卖的。比如，当时临安的茶肆除了在门前设置花架，摆放奇花异草等装饰门面之外，还"敲打响盏歌卖"。[②] 这里提到的茶肆"歌卖"不仅要唱，还要敲打瓷盏，已经将器声、唱卖结合在一起了。临安城正月里玩赌博游戏时（"关扑"、"扑卖"），也常常沿门"歌叫"。[③] 唱卖的技巧显然要比叫卖复杂，因为往往需要生意人略懂音韵，至少也得能唱出个调子才行。

研究者多举类似的例子来说明南宋商业的繁荣。笔者则认为《梦粱录》中有一处被研究者忽略的重要史实，那就是书中在提及南宋临安市场内叫卖声的

---

① 《梦粱录》卷一三之《夜市》。
② 《梦粱录》卷一六之《茶肆》。
③ 《梦粱录》卷一之《正月》。

时候，总是不忘记指出与汴京相似，比如前举"吟叫百端，如汴京气象"，再如"皆效京师叫声"（语见《梦粱录·夜市》）。这一方面可以说明作者追思故国之情，但是同时也说明南宋市场中的基本商业传播方式与北宋相比并没有多大进步。唱卖也非南宋末年创新的促销之法，前文已提及北宋、南宋前期已经有唱卖的促销方式。

南宋末年的临安城内，招牌也是一种重要的广告形式。《梦粱录·铺席》记载一百多家有名有姓的店铺名。这些店铺名，以"自淳祐年有名相传者"居多。① 对于店铺名记载如此之详细，虽然有流水账之嫌，但是却使我们可以由此推知，当年这些店铺必有招牌，而《梦粱录》作者则必是有心之人，对这些招牌名见之则录或者参考记载辑录而成。否则仅凭记忆，在多年之后写下如此之多的招牌名字几乎是不可能的。

陈列或悬挂实物以标识经营性质的广告方式，在当时的临安城内也有一席之地。比如，根据《梦粱录》记载，当时临安城内，那些可以只买二三碗酒喝的小酒店门前，常常挂"草葫芦、银马杓、银大碗，亦有挂银裹直卖牌"。② 《都城纪胜》记载："名家彩帛铺堆上细匹段，而锦绮缣素，皆诸处所无者。"③ 这种悬挂实物作为标志的广告形式，与前文所考证的北宋中期的"花栲栲"可谓一脉相承，都是利用符号来标识经营性质的广告方式。这种广告形式与店面设计、店内挂画等方式是有区别的，前者更加注重标识，而后者更加注重促销。至于当时临安酒店门首挂红栀子灯，则是始于风俗。《梦粱录》中有如此解释："如酒肆门首，排设权子及栀子灯等，盖因五代时郭高祖游幸汴京，茶楼酒肆，俱如此装饰，故至今店家仿效成俗也。"④ 但是，酒店门首挂红栀子灯后来也具有一定暗示意义，通常暗示着酒店有妓女提供陪酒等声色服务。

南宋后期，店家门面以及内部装饰依然是重要的促销手段。《梦粱录》记

---

① 《梦粱录》卷一三之《铺席》。
② 《梦粱录》卷一六之《酒肆》。
③ 《都城纪胜》卷一三之《铺席》。
④ 《梦粱录》卷一六之《酒肆》。

⊙ 宋代花鸟纹缂丝

⊙ 宋代八答晕织锦

载："汴京熟食店，张挂名画，所以勾引观者，留连食客。今杭城茶肆亦如之，插四时花，挂名人画，装点店面。……今之茶肆，列花架，安顿奇杉异桧等物于其上，装饰店面……"①想来店面装饰乃是成本最低、最易想到的促销方式之一，所以一直到今日，商家还都在比较普遍地使用。饭店内挂名人画也是招徕顾客的简便方法，如今在许多旅游城市的中小型餐饮店内，也还在沿用着祖先近千年前早已使用的这一促销手段。

陈列或悬挂实物、招牌、叫卖、唱卖、器声等广告形式于南宋后期之前早已有之，而南宋后期这些促销方式依然是街市上主要的商业传播方式。也就是说，宋代科技的发展并没有带来彻底变革商业传播方式的力量。这背后的原因值得我们深思。究其原因，恐怕是因为南宋末年已经失去了扩展和变革商业传播方式的动力。南宋市场中的基本商业传播方式只不过是前代的简单复制。

南宋后期的临安出现了具有广告宣传性质的大型展示游行。《梦粱录》记载："临安府点检所，管城内外酒库，每岁清明前开煮，中前卖新迎年，诸库呈复本所，择日开沽呈样，各库预颁告示，官私妓女，新丽妆著，差雇社队鼓乐，以荣迎引。"②各家酒库借助向点检所呈复酒样的机会，在迎引过程中大下功夫。"至期侵晨，各库排列整肃，前往州府教场，伺候点呈。首以三丈余高白布写'某库选到有名高手酒匠，酿造一色上等醲辣无比高酒，呈中第一'。谓之'布牌'，以长竹挂起，三五人扶之而行。次以大鼓及乐官数辈，后以所呈样酒数担，次八仙道人诸行社队……"③在队伍中，官私妓女分为三等，尽都按照等级盛装打扮，随队而行。街道两旁到处有人聚集旁观，各家酒楼也张灯结彩，允许游人随处品尝。以至于"追欢买笑，倍于常时"。整个游行活动，风光热闹，其间有大型"布牌"式广告，又有盛装打扮的各色游行队伍，简直如同一个狂欢节。各个酒库出品的酒，通过这一盛大游行，大大增加了自己的

---

① 《梦粱录》卷一六之《茶肆》。
② 《梦粱录》卷二之《诸库迎煮》。
③ 《梦粱录》卷二之《诸库迎煮》。

知名度。

虽然说宋代科技发展并没有彻底变革商业传播方式，但是商业传播方式的进步还是有的。值得一提的是，南宋末年具有广告促销作用的商品包装纸（王伯敏称它们为"广告或仿单"[①]）已经比较普遍。当时的包装纸叫作"裹贴"。《梦粱录·团行》记载，那时已经有专门的"裹贴作"。[②] 南宋晚期，用雕印铜版印制包装纸的方法应该比较常见。目前发现有南宋度宗咸淳年间的雕印铜版。王伯敏在其著作《中国版画史》中描述了他所见到的用铜版印制的"万柳堂药铺"的仿单，仿单画作正方形，约有六七寸见方，四周有花边，上部花纹间刻有"万柳堂药铺"五个字，左端刻"广都曹仁"（"仁"残缺右部一横），版之左下边刻"咸淳壬申（1272）万柳堂主人识"等款书数行。该仿单画右上角残损，有两图，两样内容，图上边文字已经模糊不清，仅在一图之上尚可见说明文字"气喘"、"瘉功"等词；所刻"气喘"文字之下有一图，画有两人，一位病者，另一人精神健旺，手持一物，估计是药材；另一图中有一仙鹤及一采灵芝者，"所刻极为细致，比之'济南刘家针铺'的广告，要来得精巧"。[③]

专门的商品包装纸的出现，可以说是商品零售业发展的一个小小进步，而"裹贴作"的出现，则说明当时商品零售业已经非常发达，否则将不足以促成制作裹贴纸的工作走向专业化。但是，终宋一代，也没有出现广告成为一种专门行业的明显迹象。这说明当时的市场对于广告的需要还非常有限，也没有出现促成真正的大众广告诞生的必要条件。有宋一代，广告是促进人们消费的重要因素，但远远没有像政治、军事、经济、舆服制度、消费观念和社会风尚等因素那样深刻地影响着人们的消费。

①　王伯敏《中国版画史》，第51页。
②　《梦粱录》卷一三之《团行》。
③　王伯敏《中国版画史》，第51—52页。

（五）影响消费之观念因素

理宗前中期的节用消费观。自淳祐中后期开始与政治腐败相伴的奢靡消费观。

理宗前期和中期，比较注重节约。尤其是在端平年间，理宗多次下诏推行一些节用措施。端平元年（1234）四月，理宗为了消除用度没有节制的弊病，"诏令尚书省计簿房置局稽考，委都司官同枢密院编修官编类《端平会计录》"[①]。嘉熙二年（1238），理宗应大臣之奏，"给降印册，别其窠名，颁之漕司，下之州郡，每季以册上于朝，会以为书，藏之计簿房，命近臣董其事"。[②] 这些都作为核查户部及州郡出纳的依据，也成为考核官员的标准之一。以上这两项财务管理制度上采取的措施显示了理宗较强的理财观念。端平二年（1235）四月，宰执们向理宗提出，"节用自贵近始，积财在于节用，律下当以身先。乞将俸给自五月始减半帮支，痛自撙节，以示表厉"，理宗"从之"。[③] 该年九月，监察御史李宗勉奏："乞诏大臣检照郑寅等所陈节用项目详加审订，始自宫掖，次而朝廷，又次而郡国，皆以节省为务，毋牵私情，毋惑浮议。日计之虽不足，岁计之则有余。"理宗从之。[④]

在"端平更化"及之后的一段时间内，理宗继续采取了一些节用措施，大力倡导节约观念。之前，每逢"天基节"（理宗的生日），皇宫内都要大设宴席，接受文武百官的上寿祝贺。官员们为了上寿礼，颇费钱财，而皇帝照例都要发给赏赐，更加耗费巨大。从端平三年（1236）开始，理宗多次下诏免去自己生日"天基节"的寿宴，以示节用。按宋朝惯例，每三年要进行一次的郊祀典礼，每次都要耗费大量财物用来摆排场和发放赏赐。《宋史》记载，"理宗四

---

① 《宋史全文》卷三二，端平元年四月庚寅条。
② 《宋史全文》卷三三，嘉熙二年闰四月丁卯条。
③ 《宋史全文》卷三二，端平二年四月庚辰条。
④ 《宋史全文》卷三二，端平二年九月丙子条。

十一年，一郊而已"。[1]《宋史》记载理宗朝郊祀典礼的文字只此一句，因此我们无法肯定只举行一次典礼是出于主动要求节省，还是迫于财政紧张或有其他因素干扰所致。不过，无论如何，由于只举行了一次郊祀典礼，这方面的花费肯定是有限的。

"在中国封建时代，由国家供养的皇室、贵族、官僚、军队等统治集团是社会物质财富的一个庞大消费群体，其消费内容和方式既决定于社会经济的发展状况，又对社会经济的发展产生巨大的影响"。[2]理宗朝前中期推行的节用措施，更多地是迫于当时的政治、军事及经济局面而采取的，尽管有很明显的被动性，但是对当时朝廷及民间的节用消费观念和发展社会生产确实是一种正面的鼓励力量。

不过，从淳祐中后期开始，理宗朝政治走向腐败，消费观念也相应地再次开始倾向于毫无节制的奢侈。理宗也不像当年那样致力革除政治弊病、倡导节制。他自己的生活也越来越奢侈，开始追求富丽堂皇的建筑和讲究游乐的排场。同时，宗室的生活也愈加奢华。文武百官在生活消费方面也与理宗沆瀣一气，大兴奢侈之风。比如，宝祐三年（1255），理宗命董宋臣主持建造佑圣观，建筑极其富丽堂皇，董宋臣为了讨好理宗，还修建了梅堂、芙蓉阁和香兰亭供其休闲消遣。理宗女儿大婚时，时任平江府发运使的马天骥送来的礼物包括罗钿细柳箱百只，镀金银锁百具，锦袱百条，里面还放了一百万贯的楮币，而"理宗为之大喜"。[3]理宗好色，晚年变得更加昏聩。淳祐年间，后宫有夫人尊号者达千人，理宗对她们及相关人员的赏赐很多。显然这足以令他那愚蠢的虚荣心得到很好的满足。据《钱塘遗事》记载，理宗"泛赐无节……内藏告乏，则移之封桩左藏库，何其不节耶"。[4]

---

[1]　《宋史》卷九九《礼志》。

[2]　李晓《宋代工商业经济的结构性发展与政府干预》（博士论文），中国国家图书馆博士论文库。

[3]　《癸辛杂识》续集卷上《公主添房》。

[4]　《钱塘遗事》卷五《理宗政迹》。

度宗荒淫无度远远超过了理宗。度宗朝的朝政基本由贾似道控制，朝廷上下，消费观念崇尚奢侈。度宗朝时，南宋都城临安也是不论贫富，皆沉醉于奢侈之风中。《梦粱录》卷一记载正月风俗时有云："不论贫富，游玩琳宫梵宇，竟日不绝。家家饮宴，笑语喧哗。此杭城风俗，畴昔侈靡之习，至今不改也。"[1]由其中那"畴昔侈靡之习，至今不改也"一句，也可知临安崇尚奢侈的消费观念并非是一朝一夕所形成。但是，度宗作为最高统治者，其消费毫无节制，贾似道等人作为左右国家的权臣则聚敛财富，以奢华为荣，他们的消费观念及消费行为对于奢侈消费毫无疑问具有推波助澜之作用。

（六）南宋后期的消费

南宋后期政府对百姓掊克日甚。南宋政府以增发楮币来满足政府消费。人民生活消费水平下降。雇佣劳动力实质工资降低。米价飙升。繁华都市中的巨大消费及消费细分现象。南宋后期的社会消费格局。

南宋后期，南宋政府对于人民掊克日甚。赵翼在评论南宋之亡时说："统观南宋之取民，盖不减于唐之旬输月送，民之生于是时者，不知何以为生也。"[2]此非妄言，用于评论南宋后期尤为贴切。

宁宗朝"嘉定议和"后，进入了理宗朝时期，南宋朝政日益腐败。理宗绍定元年（1228），江南、两浙各州军应上缴绢帛折计缴钱，除了按照规定买轻货起运之外，一律以铜钱、会子各半上供。不通水运的地方，愿意折缴白银的，每两银折价不超过三贯三百文。因为当时银价、钱价高于物资价值，所以通过这种办法，南宋朝廷其实是加重了征敛。当时，"两浙、江东（上供物帛钱数）共四百一十三万八千六百一十二贯有奇，并输送左藏西库"。[3]

[1]《梦粱录》卷一之《正月》。
[2] 赵翼著、王树民校证《廿二史札记校证》（订补本）卷二五之《南宋取民无艺》，中华书局，1984年，第541页。
[3]《宋史》卷一七九《食货志·会计》。

"嘉定议和"后，南宋朝廷安于所谓的承平局面，各种消费更加奢侈。为了满足奢侈消费，百姓遭受着更加残酷的剥削。而到了南宋后期，普通农户拥有的耕地已经没有北宋时期那么多。"在南宋后期的江南，每户农民平均大约有耕地30—50亩。取其中间数，每个农户平均有田40亩左右"。[①] 这意味着农民必须以所拥有的非常有限的生产资料来提供更多的产品。在劳动生产率已经不可能出现大幅度提高的情况下，为了满足统治阶级消费的需要，农民们其实被迫出让更大比例的劳动成果。

南宋政府在端平年间由于"楮币泛滥，钱荒物贵"，"人情疑惑，市井萧条，禁帑出黄、白金四千余万缗并销两界（会子）"。[②] 如此看来，在理宗朝前期，南宋政府敛财的数量是非常惊人的。尽管敛收巨大，但由于用度无度且"江淮失军弃粮"，南宋中央政府日渐为财政危机所困，以致"中外空虚，公私赤立"。[③] 高斯得于《轮对奏札原注六月六日时为著作佐郎》中云（据郭正忠考证，为高斯得于淳祐六年六月六日作，[④] 文见《耻堂存稿》卷一）："国家版图日蹙，财力日耗；用度不给，尤莫甚于迩年。闻之主计之臣，岁入之数，不过一万二千余万；而其所出，乃至二万五千余万。盖凿空取办者过半，而后仅给一岁之用。其取办之术，则亦不过增楮而已矣！"可见，理宗淳祐年间，南宗政府岁入（钱数）巨大，岁出更大。而且，其岁出二万五千余万有一半多是通过增发滥发楮币而获得。据此可知，其时南宋中央政府已陷通货膨胀之困境，中央财政已然岌岌可危。为了应付巨大的财政开支，满足政府消费，南宋政府只能靠"凿空取办"之术来解燃眉之急。显然，当时的民力已经匮乏，影响了政府的直接敛收。而增发楮币其实并不能解决国家财力"缩水"之问题（郭正忠在考辨时指出，假定高斯得所说岁入中会子占一半而未折成缗钱，其所说之12000

---

① 李伯重《多视角看江南经济史（1250—1850）》，三联书店，2003年，第71页。
② 《鹤山集》卷一九《被召除授礼部尚书内引奏事第四札》。
③ 《鹤山集》卷一九《被召除授礼部尚书内引奏事第四札》。
④ 郭正忠《南宋中央财政货币岁收考辨》，《宋辽金史论丛》（第1辑），第189页。

万岁入折缗钱当为 8727 万缗 [1]）。至于南宋的老百姓，则从未摆脱过被拘催剥削的命运。

度宗咸淳六年（1270），尚书省上言："南渡以来，诸路上供数重，自嘉定至嘉熙，起截之数虽减，而州县犹以大数拘催，害及百姓。" [2] 由此可见，南宋政府的征敛已经直接导致当时广大劳动人民生活消费水平出现了大幅度下降。

赵冈、陈钟毅根据有关史料研究，一律以月为单位计算出中国历史上主要朝代的雇佣劳动力的实质工资（也就是货币工资所能购买的粮食数量），北宋时期实质工资的范围是每月 165—198 市斤米，南宋时期实质工资的范围是每月 15—133 市斤米。赵冈、陈钟毅指出，"若以最低工资额为标准，南宋是一个明显的转折点。南宋以降，最低工资远在两汉及北宋水平之下"。[3] 这意味着，南宋雇佣劳动者的可支配收入和消费支出明显低于北宋时期。

南宋宁宗嘉定末年（1224）的江南粮价是每斗 375 文，理宗前期，1228年至 1132 年之间的两湖粮价是每斗 200 文左右。（不过，这两个数据的比较并不能说明理宗前期比宁宗嘉定末年的平均粮价降低了，因为自孝宗乾道年间以来，两湖的粮价通常都低于江南粮价。也正因为如此，两湖地区是南宋最重要的粮食输出地。）目前笔者没有找到这两个时间段内普通人的月收入资料，因此无法算出相应时间段的个人每日的实质收入。但是，根据粮价判断，理宗前期还没有出现明显的通货膨胀，普通人每月和每日的实质收入应该与南宋中期孝宗乾道年间比较接近，但可能略低。

有史载显示，到了理宗嘉熙年间，米价已经开始飙升。嘉熙四年（1240），东南诸路的米价出现了斗米 3400 文，粮价指数是 17,000（宁宗嘉定年间粮价指数 2500）。[4] 粮食是最基本的生活消费品，直接关系到社会再生产的能力。

---

[1]　郭正忠《南宋中央财政货币岁收考辨》，《宋辽金史论丛》（第 1 辑），第 190 页。

[2]　《宋史》卷一七九《食货志·会计》。

[3]　赵冈、陈钟毅《中国经济制度史论》，第 249—250 页。

[4]　漆侠《中国经济通史·宋代经济卷》，第 1241 页；宋嘉熙四年米价参见《许国公奏议》卷三《经筵奏论救楮之策所关系者莫重于公私之籴》。

因此，南宋后期惊人的粮食价格意味着南宋的社会生产已经开始受到破坏，人民的消费能力已经受到严重打击。

南宋末期，大多数人的消费能力比南宋中期进一步下降。度宗朝时，由于战事兴起，南宋国土面积进一步缩小，军费负担越来越重。度宗和贾似道为了应付庞大的财政开支，再次增发楮币，结果造成了物价飞涨，使人民生活消费水平如坠深渊。咸淳三年（1267）十二月，据第四任行在检点所检察黄震所记载，当时临安米价"元价每斗二贯八百，两日间即减至二贯……近两日俄又增至二贯六百"。[①] 每斗二贯六百文，是北宋末期汴京陷落时的两倍，是理宗前期1128 年至 1132 年之间的两湖粮价（每斗 200 文左右）的十三倍。

但是，即使到了南宋末期，像杭州这样的大城市内，宗室、官僚以及富有人家的消费水平相对于普通老百姓来说，依然维持在比较高的水准。杭州是南宋最为突出的消费中心。在杭州城内，拥有比较完备的批发零售网络，商品零售业、娱乐业都非常发达。龙登高通过研究指出，杭州首先是一个消费市场；其次，杭州是一个转运中心，像丝绸、香料、药材、书籍、文房四宝等高档消费品，从全国各地汇集到此再分流开去；再次，杭州才是一个生产性城市。[②] 龙登高认为："从杭州的输入品来看，城市巨大的消费需求主要由两浙区域来满足，同时由全国各地的商品来补充和提高。"[③] 从两浙路和全国各地输入杭州的产品多种多样，大多是小额商品或奢侈商品，除了粮食之外，大宗商品不多。药材、香料等稀有商品也从海内外汇集杭州，满足了拥有巨大消费潜力的上层人士的需要。由于粮食在不同地区的差价比较大，杭州的粮食主要从两湖地区（尤其是太湖平原）输入。整个杭州城有着数目庞大的人口，按照最低人均日口粮宋量 1 升、全城 288 万人计算（估算的上限，参见前文），每日全城消费的口粮可达宋量 288 万升，即宋量 2.88 万石，则年（以 365 日计）消耗粮食

① 《黄氏日抄》卷七三《申京尹洪尚书覆帖》。
② 龙登高《江南市场史——十一至十九世纪的变迁》，第 36—37 页。
③ 龙登高《江南市场史——十一至十九世纪的变迁》，第 36 页。

⊙ 南宋银鎏金团窠式对鸟纹酒
注和温碗。福州茶园山南宋
许峻墓（淳祐十年）出土。

为 1051.2 万石。当然，由于实际消费的过程中存在着食物结构的多样化因素，杭州全城每日的粮食消耗应该小于宋量 2.88 万石，在 1.23 万石（参见前文）至 2.88 万石之间；每年粮食消耗量应小于 1051.2 万石，在 450 万石（参见前文）至 1051.2 万石之间。[①]

当时临安由于商业发达，消费层次很丰富，消费已经出现细分现象。试举一例来说明。根据《梦粱录》记载，"大抵酒肆，除官库子库脚店之外，其余谓之'拍户'，兼卖诸般下酒，食次随意索唤"。[②] 在这些地方消费，一般酒菜

---

① 据《建炎以来朝野杂记》卷一七《财赋四》之《丰储仓》所记，"行在岁费粮四百五十万斛余"。本书前文已根据李心传的记载指出，这一记载中提到的行在粮食消费是南宋中期光宗绍熙年间的杭州城粮食消费量。

② 《梦粱录》卷一六之《酒肆》。

现点现用。要买散酒，有专门的"角球店"，这种店"零沽散卖，或百单四、七十七、五十二、三十八者是也"。此外，还有可以只买二三碗酒喝的地方，这种地方叫做"打碗头"，多是竹栅布幕装饰。[①]

《梦粱录》中有些篇目集中描绘了南宋杭州城的消费盛况，比如卷一三之《铺席》《天晓诸人出市场》《夜市》，卷一六之《诸色杂货》《茶肆》《酒肆》《分茶酒店》《面食店》《荤素从食店》《米铺》《肉铺》《鲞铺》，卷一八之《物产》等等。从这些篇目中，我们可以看到，当时临安的日用消费品种类异常丰富，尤其是食物种类、品名多得令人有眼花缭乱之感。这说明当时临安居民的食物消费结构并不单一，生活水平远远超过了南宋社会平均消费水平。此外，从《梦粱录》记载的史料中，我们还可以看出，当时临安城的文化娱乐消费异常丰富，消费层次多，且市场服务体系已经比较完善。试举一例以做说明。《梦粱录·湖船》记载："若四时游玩，大小船只，雇价无虚日。遇大雪，亦有富家玩雪船。如二月八及寒食清明，须先指挥船户，雇定船只。若此日分舫船，非二三百券不可雇赁。至日，虽小脚船亦无空闲者。船中动用器具，不必带往，但指挥船主一一周备。盖早出登舟，不劳为力，惟支犒钱耳。"[②]平日游湖，都可租雇船只出游；节日游湖，预订预雇则价格合适，否则节日消费的效应将使租雇价格升高；出游时只要付钱，不用多带器物。种种消费方式、服务方式、各种消费现象（如节日消费效应等），恍如今世。由此可窥当时杭州消费之发达、商业服务体系之完善。

南宋后期的社会消费格局是：政府通过赋税等手段大量敛取社会财富以支持消费；城市由于是剩余财富聚集之地，消费受到宗室、官僚的带动而保持着繁荣兴旺的局面；而民间的消费力却已经走向衰微。民间的生产成果、所创造的财富大量地被南宋政府和特权阶层所占有。但是，南宋政府和特权阶层并没有能够将这些财富合理地在消费与投资之间进行分配。绝大部分社会财富被用

---

① 《梦粱录》卷一六之《酒肆》。
② 《梦粱录》卷一二之《湖船》。

于军费开支和奢侈消费。军费开支虽然有迫于无奈之因，但是奢侈消费则是隐藏在深处的社会财富最大的蠹虫。因为大量军费其实被高级军官所贪污，用于低级军兵的实际开支要远低于政府军费开支的总数目。这种消费状况，使社会的生产资本并未得到充分的积累，限制了生产进一步发展的可能。所以，当战争爆发时，民间的生产无法支撑军粮、军费的供应，出现了民困军弱、进退维谷的困境。南宋政府采用和籴来获取军粮，除了运输等方面的原因（减少异地运输的成本），也有由于赋税征收愈加困难而代之以利诱的考虑。但是，在生产乏力的情况下，即使用利益刺激，即使由国家机器强制推行，和籴往往也会遇到不济之局面。在社会生产缺乏动力、生产发展不大的情况下，为了适应战争和奢侈消费的需要，南宋政府只能通过改变有限的社会财富在不同集团之间的分配比例来满足自身的消费需求。这样一来，由于统治阶级明显处于强势地位，在制度等因素的影响下，社会财富必然更多地流向统治集团一方，从而进一步削弱了生产资本的积累，阻碍了生产的发展，拉大了贫富差距，在社会低收入阶层心中埋下了仇恨的种子，加剧了社会矛盾；同时，使民间日渐陷入贫困，消费水平下降，消费极度疲软，进而使社会完全陷入生产力严重丧失之恶境。

结　语

第一，综观两宋三百二十年历史，社会消费（不论是政府消费还是民间消费）受到政治与军事因素影响非常明显。政治腐败、社会动荡严重降低了人民的生活消费水平。

政治与军事因素主要通过经济因素对消费产生影响。在某些特殊时期，政治与军事因素会成为影响社会消费的突出因素。比如，太祖太宗朝时期，政治与军事因素在诸多因素中，虽然不是影响消费最直接的因素，但却是在这一阶段影响消费最突出的因素。政治与军事因素在这一阶段通过经济因素产生对消费的影响作用非常明显。由于政治上封建权力趋于高度集中，军事上连连胜利使得南北重新统一，因此北宋初年社会人口增长迅速，人民生活趋于安定，社会获得了最基本的生产力。政治的统一为劳动者积累财富创造了稳定局面，使劳动者对于未来的预期更加乐观，从而为促进消费创造了可能性。北宋中期的王安石变法也作为政治因素通过经济因素发生作用，对社会消费产生巨大影响。北宋后期、南宋初年、南宋后期的政治与军事因素都对社会总体消费非常不利。这几个具体时期，或因统治阶级政治腐败、吏治昏暗，或因战争兴起、社会动荡，使得人民生活消费水平极度下降。尽管史料显示战争对政府消费具有短期刺激作用，但是这一刺激因素，最终将被社会生产力遭受破坏所产生的因素所抵消，使经济水平倒退，使人民生活水平严重下滑。

第二，经济因素是影响宋代消费的决定性因素。

傅筑夫曾经说："根据宋代的商品经济和雇佣劳动的发展情况来看，我们认为宋代是中国资本主义萌芽的主要产生时期。"①（关于宋代是否已经有资本主义萌芽，学者们意见颇有不同。比如，邓广铭认为，资本主义的特征主要包括社会中劳动力的商品化、有大规模的手工工厂以及有包买商人出现等特征，但是宋代并不具有这些特征，因此不能认为宋代有资本主义萌芽。② 漆侠先生早期也赞同邓广铭的观点。但是，漆侠在晚期著作中却似乎认同宋代可能出现资本主义萌芽之说。他说："从种种迹象看，宋代很可能产生了资本主义的幼芽，即使没有萌生，也当为期不遥。"③）不过，令人遗憾的是，即便宋代出现了资本主义萌芽，它也没有真正成长起来。

作为影响消费最主要的因素，经济因素使整个宋代的消费建立在封建土地私有制及自给自足的农业经济这两大基础上，并受到政府消费的严重牵制。商品经济在城市中的发展，也成为影响宋代城市居民消费的重要经济因素。

北宋前期，社会经济在五代的乱局中渐渐恢复起来。至宋太宗后期，由于经济的发展，政府的财政收入也开始充裕起来，政府的各项消费能够得到较好的保证。北宋中期，从真宗朝到仁宗朝、英宗朝，北宋的经济继续处于发展当中，为社会消费总支出的增加提供了有力支持。但是，这一时期北宋政府的冗官冗吏日多，奢侈之风渐盛，加上仁宗朝一度兴兵导致军费开支增加，因此政府消费支出越来越大，仁宗朝、英宗朝的政府财政都一度出现了入不敷出的局面。从商品供给总额看，这一时期出现了商品供给总额的高峰，说明由经济发展及战争刺激因素所带来的总体消费增长确实存在着。当然，这一时期出现了明显的通胀。为了解决政府财政危机和诸多社会问题，王安石等人在神宗的支持下推行熙宁变法。综合来看，熙宁新法对于解决政府财政危机、稳定物价、缓和阶级矛盾还是有积极效果的。变法之后的哲宗朝初期，北宋政府的财政状况明显好转。但是，北宋后期政府消费开支日益增加，同时由于土地兼并及战

---

① 傅筑夫《中国经济史论丛》，第 697 页。
② 邓广铭《邓广铭学述》，浙江人民出版社，2000 年，第 163 页。
③ 漆侠《中国经济通史·宋代经济卷》，第 1197 页。

争的影响，社会生产受到破坏，再加上滥发纸币，因此社会经济出现了衰退。在社会危机加重的情况下，统治者继续穷奢极欲，广大劳动人民的生活消费水平受到很大的影响。

南宋初期，熊熊战火席卷东南的大片富庶之地，致使社会生产受到严重破坏。当时出现了"物贵钱少"的局面，民间消费受到明显的影响，许多地方的商业与人民生活呈现凋敝之状。绍兴朝中后期，随着社会局面渐渐稳定，东南地区强大的生产潜力很快便发挥出来，经济迅速恢复并得到发展，物价也降了下来，人民的消费水平有所提高。南宋中期的孝宗前期，社会稳定，经济状况良好，因此有"小元祐"之称。孝宗朝之后，政府与民间的消费之风日益奢侈，同时，土地兼并又日趋严重。南宋在理宗朝出现了明显的经济衰退症状，物价持续攀升。南宋后期，战事又起，政府消费开支迅速变大。南宋政府对于社会经济的衰退几乎没有什么有效的办法，一度希望通过收买公田来解决政府财政危机、物价飞涨以及货币贬值等问题，最终却没有解决衰退的问题。收买公田直接侵犯了统治阶级的利益，造成南宋统治集团内部的分裂，加之执行过程中大户与官僚沆瀣一气侵害中小户的利益，更加剧了社会矛盾。南宋末年，由于战事扩大，社会生产受到严重破坏，而南宋统治阶级的消费却依然不改奢侈之风，因此社会生产已经无法支撑南宋政府进行持续的战争和荒淫无度的奢侈消费。南宋政权在风雨飘摇中进行了几十年的抗蒙战争，最终走向覆灭。

第三，舆服制度约束着民间消费，但民间消费并不完全遵从这种制度。

各种舆服制度由宋朝政府向民众颁布，对民间消费产生约束、限制及引导的作用，但是民间消费并不完全遵从这种制度，从而出现某些消费现象屡禁屡流行的情况。

舆服制度与许多制度一样，从某种意义上看是一种特殊形式的"广告"。而且，这种"广告"具有真正的全面告知性，只是对于不同阶级的人来说，具有不同的意义。对于宋代的宗室、官僚们来说，舆服制度标榜了他们高高在上的地位，向世人告知他们所消费的产品、所享受的服务具有高级地位的象征意义，具有特殊身份的确认意义。对于宋代的老百姓而言，舆服制度告诉他们应该知道自己属于什么样的地位，应该消费什么样的产品，以及享受什么样的服务；如果他们企图超越自己的身份和地位去追求更高级的消费，他们就会被警告，且会受到相应的惩罚。另一方面，舆服制度作为一种特殊形式的"广告"，还以制度性方式为老百姓设立了模仿、羡慕和追随的对象。由于这种刺激作用，许多人即使意识到违反舆服制度去消费本属于高级阶层消费的产品将会遭受惩罚，但是他们依然想要去尝试。心理需求的力量因此超越了制度的力量而发生作用。宋代的舆服制度及其在执行中的境遇，正好说明了舆服制度在中国封建时代对于统治的重要意义。因此，既然有这样强有力的特殊形式的"广告"，现代意义上的商业广告是不可能突破这种力量的。因为，现代意义上的广告具有某种形式上的平等，它至少在形式上告诉大众，不论乞丐还是百万富翁，就媒体广告中所展现的产品与服务而言，任何人都有权利去拥有。当然，前提是一个人必须有足够的消费力才能享受到这种形式上的平等。但是，在宋代，有比现代商业广告更加强大的引导消费的力量，它并不遮遮掩掩，它明目张胆地宣布各色人等必须尊重和遵守的消费标准。

第四，宋代的广告作为重要的商业传播方式，与前代相比，没有大的突破。宋代的广告大多数属于为小商品经济服务的广告。

以往的研究者大多认为宋代广告高度发展，繁荣而兴旺。但是，通过本书的研究，笔者认为，整个宋代的广告基本上处于停滞状态，其所表现出的繁荣只不过是表面的虚假繁荣。

到了宋代，广告只是规模形制上稍有些改变。宋代所具有的广告具体形式大多在前代已经被广泛使用，比如叫卖广告、器声广告、招幌、产品上刻印标识、实物广告等等，与前代相比并没有什么大的不同。即使在商业最为繁荣的宋代商业大都会，广告的发展也比较缓慢，甚至是处于停滞状态。

宋代的人口众多，商业比较繁荣，可是遗憾的是，真正的大众广告却从来没有出现。至宋代，雕版印刷已经比较成熟。但是，雕版印刷术没有大规模应用于广告，更没有出现具有真正大众广告性质的印刷广告。宋代人甚至还发明了活字印刷术。活字印刷术是宋代非常重要的发明之一，但是却没有应用于广告的历史记录。即使在今天看来也是非常了不起的技术革新，并没有在商业发展中获得充分的应用。虽然雕刻铜版印刷广告和广告绢画为宋代广告增添了一点令人振奋的内容，但是它们实际上正好从侧面说明了宋代的生产一直停留在小商品生产的阶段，而宋代的商业化娱乐服务则只能在城市中得以较好地存在。

宋代广告为什么呈现出如此的发展状况，究其原因是受宋代的生产力发展与宋代的各种制度制约的。宋代生产力发展的程度还无法促使社会产生出真正的工业化大生产，也没有能够形成真正的能消费大量工业化产品的社会大众。宋代的广告大多数属于为小商品经济服务的广告。宋代广告对于消费的促进作用，几乎局限于城市之中。宋代政府推行的官僚等级制度、禁榷制度、土贡制度、官营手工业、对海外贸易的管理制度以及舆服制度，所有这一切政治制度与经济制度，从某种意义上讲都是普告天下的"广告"，正是它们确立了在那个时代之中的人与世界、人与物、人与人之间的关系，它们并不宣扬平等，但是它们建构了社会之中最为强大的意义体系。它们排斥了所谓现代意义上的广告，因为它们首先成功排斥了（或者说成功阻遏了）具有形式性平等的大众消费。它们在社会内部确立并维护着明确的等级（尽管因为成熟的科举制度使之具有较强的流动性），使宗室、官僚、高级军官构成的核心消费群心安理得地享受远超社会平均水平的消费。这一核心消费群聚居于北宋的首都汴京、南宋的行在临安以及为数不少的大小城市。在这些城市中，宗室、官僚、高级军官构成的核心消费群拥有巨大的财富，产生着巨大的消费需求。但是，他们最主要的消费不是通过民间商品交易获得，而是通过赋税、进贡、禁榷、官营生产等途径坐享其成。他们制定的各项制度，他们所建构的意义就是最大的"广告"，真正具有现代性质的大众广告在宋代没有必要出现，也没有可能出现。

宗室、官僚、高级军官构成的核心消费群并不能孤立地从事消费活动，他们通过消费活动来建立与其他阶层的联系与区别，只有这样才能突显他们的特权。他们所拥有的额外财富，也需要在消费活动中生产出令他们满意与陶醉的意义。同时，在他们周围，他们的亲戚、随从等也因为他们的主人和上司而享受到了连带的利益，拥有了超过社会平均水平的消费能力。于是，以宗室、官僚、高级军官为核心，巨大的消费力在特权者聚居的城市中得以释放。商品具有逐利的特性促使各地的劳动力为了满足城市消费而生产，生产出的商品源源不断地流向城市。以宗室、官僚、高级军官为核心的消费群的绝对人数毕竟是少数，另外，也因为他们通过自己制定的制度限制低阶层的人们去消费他们能够消费的产品，因此真正的社会化大生产在宋代也没有出现的必要。南宋后期，由于财富高度集中，社会化大生产的阻遏力量变得更加强大。为了满足城市消费的生产者因而只能通过小商品生产才能获得最佳的经济回报。广告也因此只剩下在城市中为小商品经济提供服务的余地。千百年来一直使用的叫卖声因此也一直在宋代的市场中唱着主角，千百年来一直飘扬的酒旗因此也成了反映宋代城市繁荣的主要脸面。

《东京梦华录》《梦粱录》等史籍所描绘的酒旗飘扬的城市广告盛景，只不过是城市消费需求的一种反映，断然不能用来证明宋代广告已经高度发展。因为，宋代广告的性质与前代没有什么实质的区别。它们只为小商品经济提供服务，而且只是为有限的普通生活消费资料，实际上大多数情况下主要是为生活必须的消费品提供信息传播服务。各种制度已经赋予了特权阶层消费高级消费品、奢侈品的特有权力。

第五，宋代的消费观念与社会风尚受到统治阶级的影响甚至左右，以皇帝为首的高层统治集团的消费观念经由国家统治机构影响及社会各个层面。

在宋代三百二十年中的每个具体阶段，各种影响消费的因素对社会消费的影响度不同。消费观念与社会风尚一直是影响消费的重要因素，但影响之强弱随时代不同而变化，具体影响更因时代不同而多有不同。

宋代的消费观念与社会风尚受到统治阶级的影响甚至左右，而以皇帝为首的高层统治集团的消费观念对于社会的消费观念影响尤为深远。以皇帝为首的高层统治集团的消费观念经由国家统治机构影响及社会各个层面。北宋前期，社会生产刚自五代之乱中恢复，太祖、太宗吸取历史的教训，倡导节制消费，不论是北宋政府消费还是民间消费，都崇尚俭朴，反对奢华。北宋中期真宗年间，消费观念出现尚奢之趋向，这种趋向在政府的祭祀活动方面比较突出地表现出来。真宗朝时，皇家开始大量积敛钱财和奢侈品。澶渊之盟后，没有大战事对社会生产造成冲击，在生产得到了发展、社会整体财富得到了积累的基础上，民间消费也愈加旺盛，而消费观念上也出现了比较复杂的情况。仁宗时期，北宋朝廷表现出一定的节约观念。英宗在消费观念上也倾向于保守，这一时期的北宋政府比较注重节约。北宋后期，崇尚奢侈的消费观念明显占了上风。尤其是在徽宗当朝、蔡京当权时期，不仅朝廷消费无度，民间也有崇尚奢侈之风。南宋高宗朝初期，由于南宋与金长期处于交战状态，南宋政府的消费观念比较重视节制。但是，在"绍兴议和"之后，南宋朝野上下很快耽迷于天下太平的美梦，崇尚奢侈的消费观念又逐渐开始大行其道。南宋中期孝宗朝前半期，孝宗力图改变积贫积弱之国势，政治上也曾尝试励精图治，与此相应，政府消费观念也比较重视节约。但是，在孝宗统治的后期，奢侈之风日益抬头。南宋中期，出现了《放翁家训》《袁氏世范》等一些著名的家训，有的家训在民间广为流传。这些家训，普遍推崇节用，反对奢侈，强调消费与储蓄之间的平衡，对于民间消费观念具有深远的影响。到了光宗、宁宗时期，奢侈消费观已经渐渐占了上风。理宗前期和中期，比较注重节约，尤其是在"端平更化"期间，南宋朝廷曾多次推行一些节用措施；但是，由于冗官冗兵积重难返，南宋政府消费依然开支巨大。理宗朝后期，政治日益腐败，统治阶级的消费已经完全被奢侈消费观所左右。度宗比理宗更加穷奢极欲，他的消费观极大地影响着民间的消费观念。在临安等官僚集中的大城市中，奢侈的消费观念非常盛行。在宋代三百二十年历史中，民间消费的观念常常受到统治阶级消费观念的影响，因此民间的消费活动常常模仿宫廷的消费风尚，具有明显的跟风特征。民间消费对统治阶级的消费的模仿，也常常引发政府颁发禁奢令。

第六，宋代社会消费总量与社会平均消费水平在三百二十年中起伏变化。消费品日益丰富，消费者有多种层次。城市人的消费结构日益复杂，消费方式日益多样。宋政府的消费来源主要是两税及榷利收入。从至道末到天禧末年，两税之外的榷利等其他收入在保证政府消费方面逐渐超过两税的地位，这一变化趋势比较平缓。从天禧五年（1021）到熙宁十年（1077）这五十多年间，宋代赋税结构发生结构性剧变，在保证政府消费方面，两税地位迅速下降，榷利地位明显超过两税。政府消费在宋代各个具体阶段的社会总消费中占据重要地位，对民间消费产生巨大的牵制与影响。上层消费者的消费水平与社会下层消费者的消费水平差距巨大。

1. 社会消费总量与社会平均消费水平

北宋前期，社会消费量、消费水平处于整体上升阶段。宋政府消费来源主要是两税及榷利等岁赋收入。根据本研究，至道末年北宋政府岁赋收入约2393.27万贯，其中两税岁入1225.57万贯占51.21%，榷利收入1167.7万贯占48.79%。天禧末北宋政府岁赋总收入约5380.324万贯，两税2639.44万贯占49.06%，榷利2740.68万贯占50.94%。熙宁十年，北宋政府岁赋收入约6151.093万贯，两税1891.893万贯占30.76%，榷利4259.2万贯占69.24%。北宋政府消费对榷利的依赖在天禧五年到熙宁十年这五十多年内大大加强。北宋中期，社会消费量、消费水平以上升趋势为主，但是在仁宗朝的中后期出现了社会消费量与消费水平的下降趋势。至王安石改革之后，社会总体消费量与消费水平有所回升。北宋后期，社会总体消费量继续上升，但是政府消费、社会上层消费在社会总体消费量中的比例很大，这群消费者的消费水平处于高水准，而民间消费，尤其是社会低层的消费者平均消费水平则严重下滑。

南宋前期，仅就南宋统治区域而言，社会总体消费量呈上升趋势，社会消费水平有所提高，政府消费支出亦逐渐增加。南宋中期，社会消费情况呈现出复杂的局面：从社会总体消费量来看，依然有上升趋势（这可以从人口增长明显、农业亩产量提高等因素推知），政府消费在社会消费中的比例继续增大；从消费水平来看，社会上层消费者的消费水平与下层消费者的消费水平明显拉开了距离。社会下层人民生活趋于贫困，甚至给人以南宋经济衰退之感。南宋后期，社会总体消费量先高后低，政府消费支出继续上升，民间消费极度萎缩，城市商业虚假繁荣，城市消费依然旺盛，但是农村消费已经极度疲弱。

2. 消费结构

整体来看，粮食消费、衣服消费在宋代人的消费结构中占据最重要的地位。但是论及不同消费群体的具体消费结构特征，有必要将宫廷和官僚消费群体、军兵消费群体、民间普通消费者、社会底层消费群体分开加以讨论。虽然由于历史数据方面的缺乏，我们无法精确地知道宋代不同消费群体消费结构的具体比例，但是通过研究，我们已经可以描述出宋代不同消费群体消费结构的整体特征。

宋代宫廷和官僚消费群体绝对数目庞大，这一消费群体的消费结构比较复杂。通过研究，我们可以发现，在他们的消费结构中，粮食消费只占一小部分，奢侈消费、文化娱乐消费占有重大比重。

宋代军兵消费群体的整体消费量虽然庞大，但是他们的消费结构也比较单一，主要以粮食、衣物为主；粮食消费在他们的消费结构中占有重要地位；他们的奢侈消费和文化娱乐消费非常少。

宋代民间普通消费者的消费结构以粮食、衣物、住房等为主。城市市民消费群体的消费结构比农村消费群体复杂，文化娱乐消费占有一定的比例。

雇佣劳动者的工资收入比较低，基本上只能进行为维持再生产而进行的消费，不大可能具有非常丰富的消费结构。

宋代社会底层消费群体消费结构非常单一，主要以粮食消费为主，而且常常有衣食之忧。贫苦农民（主要是客户和乡村下户）实际上承担着大量转嫁而来的税役，在宋代各个具体时期都受到残酷剥削，基本无能力进行书籍等文化消费。

粮食是宋代最基本最主要的生活消费品。由于人口的增长、生产力的提高，从大趋势上看，宋代的粮食是持续增产的，且由于政府消费的拉动，粮食商品化程度不断加强。

"宋代粮食商品化的程度，是前代不能比拟的"。[①] "宋代粮食商品化的性质完全是封建的小商品经济，粮食商品化的发展并未冲击自然经济的基础"[②]。为促进粮食流通，丰富粮食市场，宋朝有时对粮食实行商税减免，从而在制度上保证粮食的流通。尽管实际上商税减免的积极效果常常被滥加税收的消极效果所抵消，但是对粮食减免商税的做法，实具有时代之先进性，对于保证社会整体的生存消费意义重大。当然，在宋代，从商品粮中获益最大的无疑是宋朝政府。大量的商品粮对于宋朝政府官僚和庞大军队的基本生活消费起到了重要的支撑作用。

3. 消费方式

从消费主体、消费客体以及两者连接的机制上看消费方式，宋代社会消费的整体消费方式是以家庭消费为主的。广大的劳动阶层以家庭为生产单位，也以家庭为主要消费单位。但是，在城市之中，由于消费品非常丰富，文化娱乐消费日益成为宫廷、官僚、知识阶层的主要消费方式之一。文化娱乐消费在许多情况下以个体方式完成，因此，在北宋的汴京、南宋的杭州这样的大城市中，个体消费方式也是主要的消费方式。军队消费是典型的集团性消费、群体性消费。群体性消费也是宋代人在发达城市中的主要消费方式之一，瓦子中的杂技、赌博、瓦子勾栏中的杂剧演出、旅馆提供的住宿服务、大型游船提供的旅游休闲服务都具有典型的群体消费特征。

---

① 魏天安、戴庞海主编《唐宋行会研究》，河南人民出版社，2007年，第125页。
② 魏天安、戴庞海主编《唐宋行会研究》，第129页。

4. 宋代的消费群体

宋朝社会主要有四大消费群体：一是宗室、官僚，他们拥有特权，拥有巨大财富，几乎不从事生产活动，具有巨大的消费能力。这一群体的消费在整体上趋向于奢侈消费。二是军兵。这个消费群体很少从事生产，主要依靠军费进行消费。由于宋朝军兵数目巨大，因此从整体上说，他们是宋朝集团消费的主体之一。军队里面的将领和官员拥有权力，在财富分配方面明显高于一般士兵，因此他们属于官僚消费群体。三是市民群体。市民群体又可分为三个阶层。市民上层是富豪和食利阶层；中层是工商业主；下层是店员伙计、小本经营者、游民闲人、入城谋生的农民，此外还有伎艺人。四是社会底层的百姓，以农民为主。这一群体人数众多，处于社会消费的最底层。这一群体的可支配收入非常有限，勉强可以养家糊口，基本上只能进行为再生产所必需的消费活动。在战事兴起或宋政府掊克加重时，这一群体常常连基本的生活消费也无法保证。市民消费群的下层也属于社会底层，因此，这两个消费群体有重叠部分。

5. 社会总体消费特征

从社会总体消费的特征来看，宋代的消费以宗室、官僚消费为核心，诱发以大城市为中心的市民消费，庞大的军队消费形成拖累，而在以上所列的几种消费之外的民间消费（尤其是农村消费）则一直处于低发展状态，甚至有时还出现或疲软、或停滞、或倒退的状态。

北宋时期，社会财富渐渐高度集中于汴京等几个主要城市，而城市之外（尤其是广大的农村）的社会生产的发展受到主要城市消费的拉动和牵制。由于这些地域的百姓基本没有多少可供自由支配的财富剩余，因此这些地域的民间消费基本不具活力。经过北宋一百多年的发展后，北宋以宗室、官僚消费为核心的奢侈消费及它所拉动的以大城市为中心的市民消费，实际上已经渐渐影响了整体社会生产力的进一步发展。到了北宋王朝末年，虽然汴京等大城市高度繁荣，但是广大农村地区依然非常落后。这也可以解释为什么表面上非常繁荣的北宋王朝在外族入侵之下被一击即溃。

社会财富高度集中于宫廷、官僚，虽然形成了以大城市为中心的非常繁荣的市民消费，但是同时使大部分的商品交易只能在这些大城市发生。商品经济很难在更大的区域内更加深入地发展，因此大区域的、均衡发展的市场一直没有形成。宫廷和官僚机构用来支持消费的财富又不是主要依靠商品交换所得，而是主要通过赋税征敛来实现，他们用来购买商品的钱财也主要来自俸禄，因此民间实际上一方面要向宫廷和官僚机构提供支撑正常消费的物资钱财，一方面还要向他们提供用来满足奢侈消费的产品。这样一来，宫廷、官僚消费虽然一定程度上拉动了生产，但是在这一过程中，他们为了满足额外的奢侈消费，不断聚集着社会财富，成为社会财富的最终流向地。受到这种核心消费的拉动，在人口聚居的大城市中，市民消费也受到了刺激。然而，由于大区域的、均衡发展的市场无法形成，大规模的成熟的商品经济无法发展起来，因此市民阶层的消费力量也非常有限。同样，由于没有大规模的市场，商业传播活动（包括广告）的发展也只能主要局限于大城市，它们对商业和消费的刺激也只能是局部的。

南宋的整体消费特征与北宋相比，没有质的改变。南宋消费依然以宗室、官僚消费为核心，同样诱发着以大城市为中心的市民消费，庞大的军队消费同样对社会生产和消费形成拖累。宋朝的这一整体消费特征也可从一个侧面说明，南宋政府为什么在长达一百多年的统治期间，在大部分时间之内，政府消费都非常巨大，而且日益奢侈。宋朝廷南渡之后，北方大部分土地归入金统治区，而南方大部分地区比较富庶，南宋都城临安更有东南富庶之地为支撑。在这种情况下，南宋非但没有改变社会财富高度集中的局面，反而借东南富庶之优势进一步加剧了宫廷和官僚机构对社会财富的占有和消费，比起北宋朝廷有过之而无不及。虽然南宋地域经济的发展从整体上看比北宋更加均衡，但是从南宋中后期开始，由于朝廷敛财和奢侈消费日盛，民间已经越来越缺乏财力以支撑南宋政府抗蒙的军事行动。因此，虽然经过几十年的断断续续的抗蒙战争，但是南宋最终还是难逃灭亡的命运。

第七，宋代社会总体消费特征限制了真正的大众消费需求的产生，无法形成真正的大众消费。以宗室、官僚及大城市市民消费为主的消费阻碍平衡发展的全国性市场的形成，农业、农副业及手工业主要为城市中规模有限的消费群体提供商品，商品流向过度单一地以城市为中心，加之农副业排斥手工业，小商品经济排斥工业化生产，不但使宋代的中国社会中很难产生社会化大生产的条件，而且基本奠定了此后中国社会的消费格局及社会生产关系。

整个宋代，在面积有限的土地上生存着数量庞大的人口，社会总体商品交易额非常巨大，而且，生活资料商品的品种类别十分丰富。然而，在以宗室、官僚消费为核心，以大城市的市民消费为主体，以及在庞大的军队消费形成拖累的情况下，商品并没有被大多数人所消费，商品消费的活动场所主要集中在大城市，而全国大部分地区由于消费能力有限，并不能产生真正大众性的商品需求。因此，在宋代，真正具有大众性质的大规模商业传播不可能出现，也就是说，不可能产生现代意义上的广告传播，具有广告性质的商业性传播只能集中于城市。

如果说宋代存在商业革命的话，那也是以宗室、官僚及大城市市民消费为主的城市商业革命。所以，笔者认为斯塔夫里阿诺斯所说的宋代发生了"一场名副其实的商业革命"这一说法并不完全准确。不过，斯塔夫里阿诺斯却敏锐地指出，"同样重要的是宋朝时的商业革命丝毫未对中国社会产生爆炸性的影响，而西方社会产生的与此相应的商业革命却对西方产生了爆炸性的影响"。[1] 他简要地概括了宋朝商业革命"丝毫未对中国社会产生爆炸性的影响"的原因是：汉唐以来至 1911 年的中国历史发展过程中，"传统的官僚贵族统治集团利用新儒学作精神支柱吞噬了新技术和经济发展的作用"，"这种爆炸性的影响在中国是绝对不可能发生的，因为这里的帝国机构太封闭、约束力太强"，"政府

---

① 斯塔夫里阿诺斯《全球通史》（第 7 版）（上），第 261 页。

垄断了供朝廷和行政机构消费的许多商品的生产和分配……另外，政府还完全控制了全体人民所必需的基本商品的生产和分配……这些限制剥夺了中国商人成为无拘束的企业家的机会，使经济失去了自由发展的可能性；同时也助长了官员的腐化和堕落，因为朝廷官员能够利用他们的特权地位去操纵国家垄断商品来为个人牟利"。[1]

对于宋朝发达的商业未对中国社会产生爆炸性的影响这一令人费解的历史问题，斯塔夫里阿诺斯重在从商品的生产和分配的角度给出了概括性的解释，但是并未给出详细的论证，而本书对于宋代影响消费的诸因素及消费的研究，则试图从消费的角度对这一问题进行较为深入与详细的论述。

由于在宋代社会，最大多数人群的消费潜力有限，并且其消费能力受可支配收入、财富状况、对未来预期等具体因素的影响，受政府消费、制度等因素的约束，宋代社会总体消费特征其实限制了真正的大众消费需求，真正大众性质的消费无法产生。同时，从南宋开始出现的人地矛盾日益突出，农副业对工场手工业产生了排斥力。因此，从更长的时间跨度来看，宋代虽然商品交易旺盛，但是却没有真正的大众消费的基础，以宗室、官僚及大城市市民消费为主的消费，不但使当时的中国社会中很难产生社会大生产的条件，而且基本奠定了此后中国社会的消费格局及社会生产关系。以宗室、官僚及大城市市民消费为主的消费也使宋朝对于大城市的依赖大大增加，造成了国家在抗打击方面的脆弱性，一旦大城市遭到不可抗力（如战争、自然灾害等）的打击，整个社会的消费与生产体系就会被严重破坏，国家就会陷入瘫痪的局面。这对后代来说，足可引以为戒！

---

[1] 斯塔夫里阿诺斯《全球通史》（第7版）（上），第266页。

主要参考文献

一、中文历史文献

（清）徐松辑《宋会要辑稿》，北京：中华书局，1957 年。

（元）脱脱等《宋史》，北京：中华书局，1977 年。

（元）马端临《文献通考》，北京：中华书局，1986 年。

（宋）李焘《续资治通鉴长编》，北京：中华书局，2004 年。

（宋）陈均编《皇朝编年纲目备要》，北京：中华书局，2006 年。

（宋）佚名《续编两朝纲目备要》，北京：中华书局，1995 年。

（宋）李心传《建炎以来系年要录》，上海：上海古籍出版社，1992 年。

（宋）李心传《建炎以来朝野杂记》，北京：中华书局，2006 年。

（明）陈邦瞻《宋史纪事本末》，北京：中华书局，1977 年。

（清）毕沅《续资治通鉴》，北京：中华书局，1979 年。

（清）黄以周等辑注《续资治通鉴长编拾补》，北京：中华书局，2004 年。

（宋）王溥《五代会要》，《万有文库》本，上海：商务印书馆，1937 年。

（宋）乐史《太平寰宇记》，北京：中华书局，2000 年。

（宋）王存等《元丰九域志》，北京：中华书局，1984 年。

（宋）吴自牧《梦粱录》，《丛书集成初编》本，北京：中华书局，1985 年。

（宋）周密《武林旧事》，《宋史资料萃编》（第三辑），台北：文海出版社，1981 年。

（宋）周密《癸辛杂识》，《宋元笔记小说大观》（第六册），上海：上海古籍出版社，2007
　年。

（宋）王安石《临川先生文集》，北京：中华书局，1959 年。

（宋）王安石《临川文集》，影印本《钦定四库全书荟要》本，长春：吉林出版集团有限责
　任公司，2005 年。

（宋）罗大经《鹤林玉露》，《宋元笔记小说大观》（第五册），上海：上海古籍出版社，

2007 年。

（宋）叶适《叶适集》，北京：中华书局，1961 年。

（宋）吕祖谦《宋文鉴》，北京：中华书局，1992 年。

（宋）庄绰《鸡肋编》，《宋元笔记小说大观》（第四册），上海：上海古籍出版社，2007 年。

（宋）朱熹《朱子全书》，上海：上海古籍出版社，2002 年。

（宋）李觏《李觏集》，北京：中华书局，1981 年。

（宋）苏轼《东坡志林》，北京：中华书局，1981 年。

（宋）苏轼《苏东坡集》，上海：商务印书馆，1958 年。

（宋）苏辙《苏辙集》，北京：中华书局，1988 年。

（宋）苏辙《龙川略志／龙川别志》，北京：中华书局，1982 年。

（宋）陆游《老学庵笔记》，《宋元笔记小说大观》（第四册），上海：上海古籍出版社，
    2007 年。

（宋）陆游《陆游集·剑南诗稿》（《陆游集》第一至四册），北京：中华书局，1976 年。

（宋）陆游《陆游集·渭南文集》（《陆游集》第五册），北京：中华书局，1976 年。

（宋）岳珂《桯史》，北京：中华书局，1981 年。

（宋）欧阳修《归田录》，《宋元笔记小说大观》（第一册），上海：上海古籍出版社，2007
    年。

（宋）欧阳修《欧阳修全集》，台北：世界书局，1991 年。

（宋）范仲淹《范文正公文集》，北京：中华书局，1985 年。

（宋）范成大《范成大笔记六种》，北京：中华书局，2002 年。

（宋）范成大《范石湖集》，上海：上海古籍出版社，2006 年。

（宋）洪迈《容斋随笔》，北京：中华书局，2005 年。

（宋）洪迈《夷坚志》，北京：中华书局，1981 年。

（宋）孟元老《东京梦华录》（外四种）（《都城纪胜》、《西湖老人繁胜录》、《梦粱录》、《武
    林旧事》），北京：文化艺术出版社，1998 年。

（宋）孟元老《东京梦华录笺注》，伊永文笺注，中华书局，2006 年。

（宋）耐得翁《都城纪胜》，《宋史资料萃编》（第三辑），台北：文海出版社，1981 年。

（宋）佚名《西湖老人繁胜录》，《宋史资料萃编》（第三辑），台北：文海出版社，1981 年。

（宋）潜说友《咸淳临安志》，影印本《宋元方志丛刊》（第四册），北京：中华书局，1990
    年。

（宋）赵汝愚《宋朝诸臣奏议》，上海：上海古籍出版社，1999 年。

（清）赵翼《廿二史札记校证》（订补本），王树民校证，北京：中华书局，1984 年，2001
    年订补。

（明）黄淮、杨士奇《历代名臣奏议》（第一至五册），上海：上海古籍出版社，1989 年。

（宋）黄裳《演山集》，影印本《文津阁四库全书》，北京：商务印书馆，2005 年。

（宋）魏泰《东轩笔录》，《宋元笔记小说大观》（第三册），上海：上海古籍出版社，2007 年。

（宋）陈亮《龙川文集》，北京：中华书局，1985 年。

（宋）叶梦得《石林燕语》，《宋元笔记小说大观》（第三册），上海：上海古籍出版社，2007 年。

（宋）袁褧《枫窗小牍》，《宋元笔记小说大观》（第五册），上海：上海古籍出版社，2007 年。

（宋）杨亿《杨文公谈苑》，《宋元笔记小说大观》（第一册），上海：上海古籍出版社，2007 年。

（明）田汝成《西湖游览志余》，上海：上海古籍出版社，1998 年。

（元）佚名《宋季三朝政要》，《丛书集成初编》本，北京：中华书局，1985 年。

（宋）徐兢《宣和奉使高丽图经》，《丛书集成初编》本，北京：中华书局，1985 年。

（宋）陆游《放翁家训》，《丛书集成初编》本，北京：中华书局，1985 年。

（宋）袁采《袁氏世范》，《丛书集成初编》本，北京：中华书局，1985 年。

（宋）李攸《宋朝事实》，《丛书集成初编》本，北京：中华书局，1985 年。

（宋）陈亮《龙川文集》，《丛书集成初编》本，北京：中华书局，1985 年。

（宋）吴潜《许国公奏议》，《丛书集成初编》本，北京：中华书局，1985 年。

（宋）司马光《司马温公文集》，《丛书集成初编》本，北京：中华书局，1985 年。

（宋）司马光《温国文正司马公文集》，《四部丛刊》本，上海：商务印书馆，1936 年。

（宋）司马光《涑水记闻》，《宋元笔记小说大观》（第一册），上海：上海古籍出版社，2007 年。

（宋）苏轼《苏轼文集》，《中国古典文学基本丛书》本，北京：中华书局，1986 年。

（宋）苏轼《经进东坡文集事略》，北京：文学古籍刊行社，1957 年。

（唐）李林甫等《唐六典》，北京：中华书局，1992 年。

（宋）赵升《朝野类要》，北京：中华书局，2007 年。

（宋）王安石《王文公文集》，上海：上海人民出版社，1974 年。

（宋）佚名《宋史全文》，哈尔滨：黑龙江人民出版社，2005 年。

（清）叶德辉《书林清话》，北京：中华书局，1999 年。

佚名《京本通俗小说》，《万有文库》本，上海：商务印书馆，1937 年。

（宋）范仲淹《范文正公集》，《万有文库》本，上海：商务印书馆，1937 年。

（清）清高宗敕撰《续文献通考》，《万有文库》本，上海：商务印书馆，1936 年。

佚名影印本《两朝纲目备要》，《宋史资料萃编》（第一辑），台北：文海出版社，1967年。

（宋）沈括《梦溪笔谈》，上海：上海书店，2003年。

（宋）周淙《乾道临安志》，影印本《宋元方志丛刊》（第四册），北京：中华书局，1990年。

（宋）梁克家《淳熙三山志》，影印本《宋元方志丛刊》（第八册），北京：中华书局，1990年。

（宋）罗愿《新安志》，影印本《宋元方志丛刊》（第八册），北京：中华书局，1990年。

（清）谢旻等监修《江西通志》，影印本《文津阁四库全书清史资料汇刊》（史部第三二至三四册），北京：商务印书馆，2006年。

（宋）陆九韶《陆氏家制》，影印本《续修四库全书》（第九三册），上海：上海古籍出版社，2002年。

（宋）陆九渊《陆象山先生全集》，据上海中华书局1936年版（该版据明李氏刻本刊印）影印，《四部备要》（子部第五九册），北京：中华书局／中国书店，1989年。

（宋）朱熹《朱子大全》，影印本《四部备要》（子部第五七册），北京：中华书局，1989年。

（宋）李觏《直讲李先生文集》（善本缩微制品），北京：全国图书馆文献缩微中心，1992年。

（宋）章如愚《群书考索》（含前集、后集、续集、别集），《四部类书丛刊》本，上海：上海古籍出版社，1992年。

（宋）王应麟《玉海附辞学指南（外五种）》，《四部类书丛刊》本，上海：上海古籍出版社，1992年。

（宋）张舜民《画墁录：附补遗》（缩微制品），北京：全国图书馆文献缩微中心，2005年。

（宋）范镇《东斋记事》，北京：中华书局，1997年。

（宋）刘一清《钱塘遗事》，影印本《文津阁四库全书》（第一四〇册），北京：商务印书馆，2005年。

（宋）黄震《黄氏日抄》，影印本《文津阁四库全书》（第二三五册），北京：商务印书馆，2005年。

（宋）程大昌《演繁露》，影印本《文津阁四库全书》（第二八一册），北京：商务印书馆，2005年。

（宋）岳珂《愧郯录》，影印本《文津阁四库全书》（第二八六册），北京：商务印书馆，2005年。

（宋）王禹偁《小畜集》，影印本《文津阁四库全书》（第三六三册），北京：商务印书馆，

2005 年。

（宋）郑獬《郧溪集》，影印本《文津阁四库全书》（第三六六册），北京：商务印书馆，
　　2005 年。

（宋）吕陶《净德集》，影印本《文津阁四库全书》（第三六七册），北京：商务印书馆，
　　2005 年。

（宋）苏辙《栾城集》，影印本《文津阁四库全书》（第三七一至三七二册），北京：商务印
　　书馆，2005 年。

（宋）秦观《淮海集》，影印本《文津阁四库全书》（第三七三册），北京：商务印书馆，
　　2005 年。

（宋）刘一止《苕溪集》，影印本《文津阁四库全书》（第三七八册），北京：商务印书馆，
　　2005 年。

（宋）薛季宣《浪语集》，影印本《文津阁四库全书》（第三八七至三八八册），北京：商务
　　印书馆，2005 年。

（宋）王之望《汉滨集》，影印本《文津阁四库全书》（第三八〇册），北京：商务印书馆，
　　2005 年。

（宋）朱熹《晦庵集》，影印本《文津阁四库全书》（第三八二册），北京：商务印书馆，
　　2005 年。

（宋）楼钥《攻媿集》，影印本《文津阁四库全书》（第三八五册），北京：商务印书馆，
　　2005 年。

（宋）蔡勘《定斋集》，影印本《文津阁四库全书》（第三八六册），北京：商务印书馆，
　　2005 年。

（宋）彭龟年《止堂集》，影印本《文津阁四库全书》（第三八六册），北京：商务印书馆，
　　2005 年。

（宋）杨万里《诚斋集》，影印本《文津阁四库全书》（第三八七至三八八册），北京：商务
　　印书馆，2005 年。

（宋）吴泳《鹤林集》，影印本《文津阁四库全书》（第三九一至三九三册），北京：商务印
　　书馆，2005 年。

（宋）廖行之《省斋集》，影印本《文津阁四库全书》（第三九〇册），北京：商务印书馆，
　　2005 年。

（宋）魏了翁《鹤山集》，影印本《文津阁四库全书》（第三九一册），北京：商务印书馆，
　　2005 年。

（宋）真德秀《西山文集》，影印本《文津阁四库全书》（第三九二册），北京：商务印书
　　馆，2005 年。

（宋）高斯得《耻堂存稿》，影印本《文津阁四库全书》（第三九五册），北京：商务印书
　　馆，2005 年。

（宋）陈傅良《止斋先生文集》（善本缩微制品），北京：全国图书馆文献缩微中心，2001
　　年。

（宋）王炎《双溪文集》（善本缩微制品），北京：全国图书馆文献缩微中心，1986 年。

（宋）《宋大诏令集》，北京：中华书局，1962 年。

二、今人中文著作

翦伯赞主编《中国史纲要》（第三册），北京：人民出版社，1979 年。

程民生《宋代地域经济》，开封：河南大学出版社，1992 年。

朱瑞熙、张邦炜、刘复生、王曾瑜《辽宋西夏金社会生活史》，北京：中国社会科学出版
　　社，1998 年。

李华瑞《宋史论集》，保定：河北大学出版社，2001 年。

李剑农《中国古代经济史稿》，武汉：武汉大学出版社，2006 年（本书 20 世纪 50 年代中
　　期初版）。

吕思勉《中国制度史》，上海：上海世纪出版集团、上海教育出版社，2005 年。

赵冈、陈钟毅《中国经济制度史论》，北京：新星出版社，2006 年（本书 1986 年初版）。

李晓《宋朝政府购买制度研究》，上海：上海人民出版社，2007 年。

陈振《宋代社会政治论稿》，上海：上海人民出版社，2007 年。

何忠礼《宋代政治史》，杭州：浙江大学出版社，2007 年。

李华瑞《宋夏关系史》，石家庄：河北人民出版社，1998 年。

陶晋生《宋辽关系史研究》，台北：联经出版事业公司，1984 年。

安国楼《宋朝周边民族政策研究》，台北：文津出版社有限公司，1997 年。

漆侠《中国经济通史·宋代经济卷》，北京：经济日报出版社，1999 年。

葛金芳《中国经济通史·宋代卷》，长沙：湖南人民出版社，2002 年。

邢铁《宋代家庭研究》，上海：上海世纪出版集团、上海人民出版社，2005 年。

漆侠、乔幼梅《中国经济通史·辽夏金经济卷》，北京：经济日报出版社，2007 年。

吴承洛《中国度量衡史》，北京：商务印书馆，1993 年。

郭黎安编著《宋史地理志汇释》，合肥：安徽教育出版社，2003 年。

吴松弟《中国人口史》第三卷《辽宋金元时期》，上海：复旦大学出版社，2000 年。

吴松弟《中国移民史》第四卷，福州：福建人民出版社，1997 年。

龙登高《宋代东南市场研究》，昆明：云南大学出版社，1994 年。

龙登高《江南市场史——十一至十九世纪的变迁》，北京：清华大学出版社，2003 年。

傅宗文《宋代草市镇研究》，福州：福建人民出版社，1989年。

汪圣铎《两宋财政史》，北京：中华书局，1995年。

汪圣铎《两宋货币史》，北京：社会科学文献出版社，2003年。

汪圣铎《两宋货币史料汇编》，北京：中华书局，2004年。

梁庚尧《南宋的农村经济》，台北：联经出版事业公司，1984年。

姜锡东《宋代商业信用研究》，石家庄：河北教育出版社，1993年。

姜锡东《宋代商人和商业资本》，北京：中华书局，2002年。

李晓《宋代工商业经济与政府干预研究》，北京：中国青年出版社，2000年。

陈高华、吴泰《宋元时期的海外贸易》，天津：天津人民出版社，1981年。

黄纯艳《宋代海外贸易》，北京：社会科学文献出版社，2003年。

李华瑞《宋代酒的生产和征榷》，保定：河北大学出版社，1995年。

戴裔煊《宋代钞盐制度研究》，北京：中华书局，1981年。

郭正忠《宋代盐业经济史》，北京：人民出版社，1990年。

孙洪升《唐宋茶业经济》，北京：社会科学文献出版社，2001年。

周宝珠《宋代东京研究》，开封：河南大学出版社，1992年。

林正秋《南宋都城临安》，杭州：西泠印社，1986年。

陈国灿《宋代江南城市研究》，北京：中华书局，2002年。

王曾瑜《宋朝阶级结构》，石家庄：河北教育出版社，1996年。

赵晓耕《宋代官商及其法律调整》，北京：中国人民大学出版社，2001年。

魏天安《宋代行会制度史》，北京：东方出版社，1997年。

张金花《宋诗与宋代商业》，石家庄：河北教育出版社，2006年。

魏华仙《宋代四类物品的生产和消费研究》，成都：四川科学技术出版社，2006年。

张锦鹏《宋代商品供给研究》，昆明：云南大学出版社，2003年。

傅筑夫《中国经济史论丛》，北京：三联书店，1980年。

李春棠《坊墙倒塌以后：宋代城市生活长卷》，长沙：湖南人民出版社，2006年。

方建新《二十世纪宋史研究论著目录》，北京：北京图书馆出版社，2006年。

朱瑞熙、程郁《宋史研究》，福州：福建人民出版社，2006年。

萧清《中国古代货币史》，北京：人民出版社，1984年。

包伟民、吴铮强《宋朝简史》，福州：福建人民出版社，2006年。

包伟民《宋代地方财政史研究》，上海：上海古籍出版社，2001年。

瞿同祖《中国封建社会》，上海：上海世纪出版集团、上海人民出版社，2005年。

朱伯康、施正康《中国经济史》（上），上海：复旦大学出版社，2005年。

姚家华、孙引《中国经济思想简史》，上海：上海三联书店，1995年。

石世奇《中国传统经济思想研究》，北京：北京大学出版社，2005 年。

全汉昇《中国经济史论丛》，香港：香港中文大学新亚书院、新亚研究所，1972 年。

郭正忠《三至十四世纪中国的权衡度量》，北京：中国社会科学出版社，1993 年。

龚延明《中国古代职官科举研究》，北京：中华书局，2006 年。

龚延明《宋代官制辞典》，北京：中华书局，1997 年。

三、今人中文论文

全汉昇《南宋稻米的生产与运销》，《宋史研究集》（第四辑），台北："中华"丛书编审委员会，1969 年。

全汉昇《南宋杭州的消费与外地商品之输入》，《历史语言研究所集刊》（七），北京：中华书局，1987 年。

吴晓亮《略论宋代城市消费》，《思想战线》1999 年第 5 期。

王荣《略论宋代市民消费》，《沈阳师范大学学报（社科版）》2003 年第 6 期。

余江宁《论宋代京城的娱乐生活与城市消费》，《安徽教育学院学报》2004 年第 2 期。

陈国灿《宋代江南城镇的物资供应与消费》，《中国社会经济史研究》2003 年第 1 期。

刘益安《略论北宋开封的物价》，《中州学刊》1983 年第 2 期。

程民生《宋代物价考察》，《漆侠先生纪念文集》，石家庄：河北大学出版社，2002 年。

顾全芳《北宋的华靡之风》，《山西大学学报（哲学社会科学版）》1988 年第 3 期。

徐吉军《宋代都城社会风尚初探》，《浙江学刊》1987 年第 6 期。

郭正忠《南宋中央财政货币岁收考辨》，《宋辽金史论丛》（第 1 辑），北京：中华书局，1985 年。

贾大泉《宋代赋税结构初探》，《社会科学研究》1981 年第 3 期。

胡建华《北宋入中制度背景初探》，《西南师范大学学报（哲学社会科学版）》1989 年第 1 期。

包伟民《宋代的上供正赋》，《浙江大学学报（人文社科版）》2001 年第 1 期。

袁一堂《北宋钱荒：从财政到物价的考察》，《求索》1993 年第 1 期。

汪圣铎《宋代地方财政研究》，《文史》总第二十七辑。

汪圣铎《宋代财赋岁出与户部月支》，《文史》总第十八辑。

高聪明《从"羡余"看北宋中央与地方财政关系》，《中国历史研究》1997 年第 4 期。

全汉昇《北宋物价的变动》，《中国经济史论丛》，香港：香港中文大学新亚书院、新亚研究所，1972 年。

四、外文中译本文献

[德] 马克思、恩格斯《共产党宣言》,《马克思恩格斯选集》第 1 卷,北京:人民出版社,
　　1995 年。

[德] 马克思《资本论》,北京:人民出版社,2004 年。

[德] 马克斯·韦伯《经济通史》,上海:上海三联书店,2006 年。

[英] 亚当·斯密《国民财富的性质和原因的研究》,北京:商务印书馆,1974 年。

[美] 保罗·A·萨缪尔森、威廉·D·诺德豪森《经济学》(第 12 版),北京:中国发展出版
　　社,1995 年。

[美] 曼昆《经济学原理》,北京:三联书店、北京大学出版社,1999 年。

[法] 谢和耐《蒙元入侵前夜的中国日常生活》,刘东译,南京:江苏人民出版社,1995
　　年。

[法] 谢和耐《中国社会史》,耿昇译,北京:中国藏学出版社,2006 年。

[美] 马润潮《宋代的商业与城市》,马德程译,台北:台湾中国文化大学出版部,1985
　　年。

[日] 斯波义信《宋代商业史研究》,庄景辉译,台北:稻禾出版社,1986 年。

[日] 斯波义信《宋代江南经济史研究》,方健等译,南京:江苏人民出版社,2001 年。

[日] 斯波义信《南宋米市场分析》,《日本学者研究中国史论著选译》(第五卷),北京:
　　中华书局,1993 年。

[日] 斯波义信《宋元代粮食消费与生产水准之探讨》,邓广铭、漆侠主编《国际宋史研讨
　　会论文选集》,河北大学出版社,1992 年。

[日] 桑田幸三《中国经济思想史论》,沈佩林、叶垣、孙新译,北京:北京大学出版社,
　　1991 年。

[法] 马克·布洛赫《封建社会》,张绪山译,北京:商务印书馆,2005 年。

五、外文文献

SHIBA Yoshinobu(斯波义信),*Commerce and Society in Sung China*,Translated by Mark
　　Elvin,Michigan:Ann Arbor,1970.

后　记

　　借本书即将付梓之际，我想简单谈谈我进行宋代消费史研究的历程，并说一说我在此研究基础之上对当代中国发展问题的看法。

　　我从小对历史感兴趣，工作之后，花了几个月的工资买了全套二十四史，学习前辈治史之经验，时常翻阅，写些札记。我最感兴趣的是中国宋代的历史以及中国近代史。对宋代历史感兴趣，是因为这个朝代对于后世中国的影响实在是非常之大，研究宋代历史，实对我们思考当下中国之现实问题有启发作用。对中国近代史感兴趣，是因为我认为作为一个中国人，有必要记住自己的祖国是如何因贫弱和落后而被列强所欺辱，也有必要记住她又是如何通过艰苦卓绝的奋斗而获得新生。研究中国近代史的成果之一，是花了六年业余时间创作了一部近两万诗行、共三十七卷的长篇叙事诗——《长征史诗》。研究宋史却一直没有什么像样的成果，只是抽空写过一本以北宋为历史背景的武侠小说《龙吟记》。写这本小说的用意之一是想要以通俗文学的形式吸引国人关注自己国家的历史。这些看起来似乎毫不相干的研究与写作所引起的各种反应，正可借用《诗经》中的一句话来形容：知我者，谓我心忧，不知我者，谓我何求。随着对宋史研究的深入，我后来陆续购买了《宋会要辑稿》《太平寰宇记》《元丰九域志》及宋元地方志等宋史研究必备之史籍。同时，我也继续大量阅读宋史研究前辈们的著作。因此，中国国家图书馆就成了我经常光顾的地方。

　　历史研究，如驾一叶小舟航行于苍茫的大海。中国古代典籍卷帙浩繁，让人有望而生畏之感。在前辈的著作文章面前，我也总是心怀敬畏。多年来，我从不敢动笔写什么历史研究的大文章。后来，一直到做博士论文，才战战兢兢尝试去构想一个大的历史研究主题。我认为消费是个关系国计民生的问题，从读大学时就开始思考消费与国势盛衰的关系。我的硕士研究生论文就曾论及当代中国社会的消费问题。在构思博士论文时，我最初确定的题目很大。写了数万字后，与导师山本武利先生交流。汇报中，我有一段话专门谈到了我对宋代消费的研究心得。结果，先生一针见血地指出我原来的构思过于庞大，不如专门研究宋代的消费史更加有价值，且能有所创新。虽然，先生的指点只寥寥几句，却如禅宗中的当头棒喝，让我顿时有醍醐灌顶之感，我意识到之前自己的研究过于博杂，而有碍精深。那三年中，先生每年都从早稻田大学来中国一两次，当面听我的汇报，给出精辟的意见。我的副导师黄升民先生也敦促我做消费史研究，给了我巨大的鼓励与支持。这样一来，我那多年来的"野路子"历史研究所积累的东西，便都派上了用场。从此后，我才算是步入宋代消费史的研究领域。

由于有了明确的研究目标，多年以来的积累仿佛泉水突然从地下源源不断地涌出。那些深藏于卷帙浩繁的古代典籍中的史料，突然令我有如晤旧友之感。某种资料大概会存在于哪些书中，某一史载大概会位于某本书的某处，似乎一下子在我的脑海中清晰起来。于是，在艰苦无比而又乐趣无穷的研究中，我将我的宋代消费史研究一步步地往前推进。

在本书中，我构建了自己的研究体系，提出了自己的一些观点，对前人研究中的讹误进行了纠正，就有争议的问题进行了商榷。我想说，指出前人的研究问题，并非是对前辈学者的不敬，而恰恰是对前辈研究者最大的尊重。因为，学术正是在不断纠错与争论中方能前进。

如若把写本书的感想总结一下，可归纳为三个字："苦"、"乐"、"忧"。"苦"是说研究过程非常辛苦；"乐"是说研究过程亦非常快乐；"忧"是说通过研究，以史为鉴，我对当今中国发展中的诸多问题感到忧虑。

我国在现代化建设过程中，取得了举世瞩目的巨大成就。应该说，我国人民整体生活消费水平处于历史以来的最好时期。但是，国家经济的高速发展并不意味着社会就不存在问题与潜在危机。如果我们不能够居安思危，深刻认识问题与潜在危机，我国多年发展带来的繁荣局面极可能在未来危机爆发时被破坏。

多年来，我国的消费需求处于较低的水平，消费率基本在50%—60%之间。我国消费水平远远低于世界上许多国家，以2002年消费率（60%）为例，我国的消费率比印度要低近20个百分点，比日本低17个百分点（有关数据参见《国际统计年鉴2006》《中国统计年鉴2006》《中国统计摘要2007》）。同时，我国的消费率还呈持续下降的趋势。2006年，我国消费率为50%。2000—2005年期间，我国消费占GDP的比重在下降，平均每年降低2个百分点，到2005年，消费只占到了GDP的52%，其中，政府消费占GDP的13.9%，居民消费约占GDP的38%，投资占42.6%，净出口占5.5%（有关数据参见《中国统计年鉴2006》）。2007年，我国消费率进一步降到48.8%。如果将我国的消费率、消费率的变化趋势以及近年来中国经济的高速发展结合起来看，我们就会发现，我国社会的消费需求相对于高速发展的经济而言呈现出疲软症状。这一症状说明，我国经济发展的成果并没有充分被广大的劳动者所分享。这种情况，是社会出现两极分化所导致的必然结果（自2000年以来，我国居民收入差距逐年拉大，衡量收入分配差距的基尼系数已经超过了0.4的国际警戒线，2006年达到0.496）。在经济发展并出现两极分化的社会中，数目有限的高收入人群聚集了大量的社会财富，数目广大的中低收入人群可支配收入的增长却非常有限。高收入人群由于不断聚集大量的社会财富，其拥有资源的能力也几乎是呈几何数级增长（高收入者显然可以获得更多的生产力资源）。但是，当数目有限的高收入者的消费达到一定的饱和点时，消费将不再出现明显增长，此后投资（或储蓄）将会大大增加，投资（或储蓄）的增长则进一步为投资者提供了创造新财富的可能性，从而造成富者愈富的"马太效应"。另一方面，由于经济发展给中低收入者带来的利益相对不明显，他们对于未来收入的预期自然并不乐观。有限的可支配收入、低未来预期和只拥有相对有限的财富使广大的中低收入者消费乏力，最终造成整个社会的消费疲软。2006 年，我国城镇家庭最高收入户（城镇家庭总户数的 10%）的家庭平均每人全年消费性支出 21061.68 元，比最低收入户（城镇家庭总户数的 10%）的 3422.98 元高出 17638.7 元，比最低收入户中的困难户（城镇家庭总户数的 5%）的家庭平均每人全年消费性支出 2953.27 元高出 18108.41 元。2006 年，我国城镇家庭最高收入户的家庭平均每人全年消费性支出大约是最低收入户中的困难户的 7 倍。2006 年，我国农村居民高收入户（五等份分，即农村居民户数的 20%）的家庭平均每人生活消费支出 5276.75 元，比低收入户（五等份分，即农村居民户数的 20%）的家庭平均每人生活消费支出 1624.73 元高出 3652.02 元。如果在城乡之间进行比较，贫富户的消费水平差距将更加明显，我国城镇家庭最高收入户的家庭平均每人全年消费性支出 21061.68 元，比农村低收入户的家庭平均每人生活消费支出 1624.73 元高出 19436.95 元，前者约是后者的 13 倍（有关数据根据《中国统计年鉴 2007》计算所得）。长此以往，我国社会不仅会成为城乡二元社会，还会在整体上成为贫富分化的二元社会。若发展到那一步，我国社会的稳定性将面临巨大的威胁，社会的和谐将成为一个遥远的梦想。

北宋社会和南宋社会等中国古代王朝就曾经由于权力高度集中、财富高度集中、土地兼并严重而导致贫富分化，最终阻碍了社会生产力的发展，导致了异常脆弱的贫富二元社会结构。在当代中国，情况与宋代不太一样，却也有类似之处。当代中国，经济高速发展，经济规模非常巨大，国家财政收入也数目可观（2007 年国家财政收入超过 5.1 万亿元人民币）。但是，在经济高速发展、经济规模快速增长的同时，由于权力高度集中、财富高度集中，社会也出现了二元化发展的趋势。权力高度集中、财富高度集中是引起当代中国贫富分化的重要原因之一，这一点与宋代类似。与宋代不同的是，宋代曾出现的加速贫富分化的重要"催化剂"是土地兼并，但当代加速中国贫富分化的重要"催化剂"则显得更加隐蔽——它们是高度集中的资本与高度集中的权力相结合的高度集中的生产力资源。因此，如果不能合理分配生产力资源，当代中国社会的二元化发展趋势将无法避免，广大人民的生活消费水平也不可能得到普遍提高，中国可能再次落入历史轮回的怪圈。不论是北宋、南宋，还是当代中国，归根结底，生产力资源分配不均是导致贫富差距最深层的原因。当代中国面临的最大威胁则是被经济高速发展所掩盖的生产力资源分配不均、社会贫富二元化问题。

意大利哲学家、历史学家本尼戴托·克罗齐（Benedetto Croce，1866—1952）曾经在《历史的理论与实践》（1960）中写道："如果当代的历史直接来自生活，那么所谓的非当代历史也是如此，因为显然只有对现实生活产生兴趣才能进而促使人们去研究以往的事实。所以，这个以往的事实不是符合以往的兴趣，而是符合当前的兴趣，假如它与现实生活的兴趣结合在一起的话。"尽管我并不认同克罗齐先生的唯心主义哲学，但是对于他的这段话，我则有强烈的内心共鸣。他的这段话，正好可以用来说明我研究宋代消费史的主要兴趣之一——对于如何解决当代中国发展道路上遇到的消费需求疲软、社会贫富两极分化等问题的兴趣。当然，我研究宋代消费史还有一些其他方面的兴趣，比如宋朝国势盛衰与消费的关系等。这些已经在本书绪论中有充分的说明了。北宋政治家王安石曾说："所谓文者，务为有补于世而已矣。"（《上人书》）前辈之言，发人深省，我希望我的这本书也能对研究宋代消费史有抛砖引玉之作用，也希望这本书能为解决当代中国发展道路上遇到的消费需求疲软、社会贫富两极分化等问题提供些许的历史智慧。

不论是本书正文部分，还是在这个后记中，由于我的水平有限，可能会有疏漏甚至错误之处，还请读者们提出宝贵的批评意见。当然，本书中的任何疏漏与错误都应由我完全承担，与其他任何人没有关系。

学术，天下之公器。既然以历史之镜看到当下中国的诸多问题，吾辈当勉力去解决这些问题。虽万千人，吾往矣！